서발턴 차이나

Subaltern China: Rural Migrants, Media, and Cultural Practices by Wanning Sun
Copyright © 2014 by Rowman & Littlefield
All rights reserved

Korean translation edition © 2025 by Sanzini Publishing
Published by arrangement with The Rowman & Littlefield Publishing Group, Inc. an imprint of Bloomsbury Publishing Inc.
Through Bestun Korea Agency
All rights reserved

이 책의 한국어 판권은 베스툰 코리아 에이전시를 통하여
저작권자와 독점 계약한 산지니에 있습니다.
저작권법에 의해 한국 내에서 보호를 받는 저작물이므로
어떠한 형태로든 무단 전재와 무단 복제를 금합니다.

서발턴 차이나

농민공과 미디어 그리고 문화적 실천

완닝 순 지음 정규식 옮김

Subaltern China

산지니

감사의 말

이 책은 베이징(北京), 쑤저우(蘇州), 주강삼각주(珠江三角洲)에 거주하는 천 명이 넘는 농촌 출신 이주민들의 참여가 없었다면 쓸 수 없었을 것이다. 이 책 여러 장에 제시된 통계 데이터를 생성한 대규모 설문 조사, 그리고 이 책 전체를 뒷받침하는 수많은 초점집단면접(Focus Groups Interview), 심층 인터뷰, 대화, 종단적 민족지 소통에서 이들 농촌 출신 이주 여성과 남성이 솔직하고 아낌없이 자신들의 이야기와 경험을 공유해주었다. 이들이 제공한 정보와 의견이 이 책의 전반적인 방향에 결정적인 영향을 미쳤으며, 이를 통해 이들을 좀 더 잘 이해할 기회가 주어져 다행이라고 생각한다. 이 책을 그들에게 바친다.

푼 응아이(Pun Ngai, 潘毅)가 여러 NGO를 처음 소개해준 덕분에 다양한 노동 NGO와 지속적인 관계를 맺고 확장할 수 있었으며, 이러한 유대 관계는 내가 많은 농촌 출신 이주민들과 접촉하는 데 중요한 역할을 했다. 이들 단체의 구성원들은 항상 아낌없는 도움을 주었다. 베이징의 왕더즈(王德志), 멍샤오챵(Meng Xiaoqiang), 리다쥔(Li Dajun), 저우저우(Zhou Zhou), 쑤수(Su Su), 돤란팡(Duan Lanfang), 쑤저우의 취안구이롱(Quan Guirong)과 쉬챵(許強), 그리고 주강삼각주의 뤄더위안(羅德遠)과 샤오샹펑(Xiao Xiangfeng)이 그들이다. 나의 현장조사에서 중요한 조력자 역할을 해준 이들을 비롯한 모든 NGO

실무자들에게 감사드린다.

칭화대학교(清華大學)의 왕젠화(王建華)와 자오슈광(Zhao Shuguang) 교수는 베이징에서 대규모 양적 조사를 조직하는 데 큰 도움을 주었다. 이들의 감독하에 투팡징(Tu Fangjing)이 지도하는 다수의 칭화대 신문방송학과 학생들이 교과과정의 일환으로 설문 조사 수행에 참여했다. 이들의 협조에 감사드린다. 푸단대학교(復旦大學)의 뤼신위(呂新雨)와 중국 사회과학원의 부웨이(卜衛)와의 대화는 늘 내게 큰 영감을 주었다. 그리고 베이징대학교(北京大學)의 퉁신(佟新) 교수는 친절하게도 선전에 있는 자신의 대학원 학생인 퉁페이페이(Tong Feifei)와 리우잔궈(Liu Zhanguo)를 연결해주었고, 이들의 협조가 내 민족지 연구에 큰 도움이 되었다.

그리고 중국 외부의 동료들 예컨대 푼 응아이는 물론이고 옌하이롱(嚴海蓉), 도로시 솔린저(Dorothy Solinger), 자오위에즈(Yuezhi Zhao), 정톈톈(Tiantian Zheng), 잭 린촨 치우(Jack Linchuan Qiu), 장리(Li Zhang), 루이자 셰인(Louisa Schein), 팀 옥스(Tim Oakes) 등과의 대화와 토론은 큰 즐거움과 유익이 되었다. 나는 이들의 변함없는 격려와 동료애, 그리고 지적 열정과 통찰력의 공유에 큰 빚을 지고 있다. 또 호주에서 저스틴 로이드(Justine Lloyd), 데이비드 굿맨(David S. G. Goodman), 아니타 챈(Anita Chan), 루이스 에드워즈(Louise Edwards), 타마라 자카(Tamara Jacka), 루이지 톰바(Luigi Tomba), 앤드류 킵니스(Andrew Kipnis), 조나단 웅거(Jonathan Unger) 등의 여러 친구 및 동료와 생각과 의견을 교환할 수 있는 행운을 누렸다. 그리고 변함없이 아낌없는 지원을 해준 궈잉지에(Yingjie Guo)에게도 특히 감사드린다.

이 시리즈의 편집자인 마크 셀던(Mark Selden)은 10년 넘게 내 작업의 든든한 조언자이자 지원자였으며, 내 모든 연구 논문을 출판하는 데 핵심적인 역할을 해왔다. 언제나 그랬듯이 이 책에서도 그의 날카롭고 통찰력 있는 의견과 논평을 통해 더 명확하게 생각하고 글을 쓸 수 있었다.

이 책에 나오는 일부 자료는 이전에 〈Media, Culture & Society〉, 〈Javnost-The Public〉, 〈Journal of Chinese Cinema〉, 〈Asian Studies Review〉, 〈Journal of Contemporary China〉 등의 여러 저널에 이미 게재된 것이다. 물론 이 책에서 완전히 수정하고 업데이트했지만, 이러한 자료를 재가공하고 재사용하도록 승인해준 이들 저널에 감사의 마음을 전한다.

나의 딸 에리카 비티(Erica Beattie, Chi Chi)는 자신도 모르게 자신만의 방식으로 이 책에 기여했다. 그리고 부모님은 내 작업에 큰 관심을 가지고 도덕적, 실질적 지원을 아끼지 않았다.

이 책에 단독 저자로 내 이름이 올라가 있지만, 사실 원고가 결실을 얻기까지 여러 사람의 지속적이고 신뢰할 수 있는 작업에 큰 도움을 받았다. 리즈 자카(Liz Jacka) 교수는 모든 장의 초고를 여러 번 읽어주었고, 그녀의 비판과 논평이 원고를 더 높은 수준으로 끌어올리는 데 중요한 역할을 했다. 존 알렉산더(John Alexander)는 항상 세심하고 신뢰할 수 있는 편집 조력자였다. 하지만 마지막으로 아마도 가장 고마움을 전해야 할 사람은 바로 내 삶과 연구의 동반자인 짐 비티(Jim Beattie)인데, 이 책에 대한 그의 기여는 여기서 모두 설명할 수 없을 정도로 크고 다양하다.

이 다년간의 연구 프로젝트는 호주연구위원회(ARC DP1095380)의 "Discovery Project"의 지원으로 수행되었다. 이는 내 고용주인 시드니 공과대학교, 특히 중국연구센터(China Research Center)에서 주관하고 지원한 것이다.

이 책의 표지에 실린 사진은 이전에 〈타임〉 잡지가 2009년 올해의 인물 입선자로 '중국 노동자'를 발표하면서 사용한 것이다. 이를 찍은 사진작가 송차오(宋朝, www.songchao.cn)의 친절한 허락을 받아 이 책의 표지사진으로 사용했다.* 이 이미지와 〈타임〉 잡지가 중국 노동자를 이러한 방식으로 기리기로 한 결정의 중요성에 관한 자세한 논의는 이 책 6장을 참조하기 바란다.

* [편집자주] 이 책의 원서 『Subaltern China』의 표지에 사용된 사진은 다음 QR코드를 통해 확인할 수 있다.

차례

감사의 말   5

1부 연구 배경과 방법, 분석틀
1장 농민공 재배치   13
2장 중국의 서발턴   50

2부 헤게모니적 조정
3장 뉴스 가치, 안정유지, 그리고 목소리의 정치   93
4장 '도시영화'와 '조화사회 만들기'의 한계   139

3부 서발턴 정치
5장 다큐멘터리 비디오, 문화적 행동주의, 그리고 대안 역사   189
6장 디지털-정치적 리터러시와 자기-민족지로서의 사진   243

4부 문화적 중개
7장 노동자-시인, 정치적 개입, 그리고 문화적 중개   291
8장 '다공' 문학과 새로운 성-도덕 경제   342

결론   385
부록   402
참고문헌   412
찾아보기   433

1부
연구 배경과 방법, 분석틀

1장
농민공 재배치

몇 년 전 상하이의 한 명문 대학 미디어 및 커뮤니케이션 학과 교수와 상하이(上海)의 한 사교 모임에서 대화를 나눈 적이 있다. 당시 나는 중국 농민공(農民工)들의 문화적 실천에 관한 민족지(ethnographic, 혹은 문화기술지) 연구를 시작하던 참이었는데, 그 교수에게 내 연구 프로젝트를 설명하는 자리였다. 당시 그 교수의 얼굴에 드러난 불신의 표정이 아직도 기억에 생생하다. "농민공들의 문화적 실천이라는 것이 대체 뭔가요? 그들은 돈을 벌기 위해 도시로 옵니다. 문화에는 관심이 없어요. 만약 그들이 무언가 할 수 있는 시간과 흥미가 있다면, 그건 더 많은 돈을 벌기 위해서입니다!"

하지만 모두가 이 말에 동의하는 것은 아니다. 예컨대 2011년 출간된 『중국 신세대 농민공(中國新生代農民工)』이라는 책에서 저자인 황촨후이(黃傳會, Huang Chuanhui)는 농민공 문화가 실재함을 다음과 같이 확언한다.

오늘날 농민공 문화는 이들에게 헌신하는 수많은 집단에 의해 생산된다. 이들 집단은 주로 NGO의 지원을 받으며, 동부 연안의 대도시에 위치한다. 이들은 대체로 젊은 이주노동자 자원봉사자들로 구성되며, 교육 역량과 예술적 재능, 리더십 및 동원 능력을 지닌 사람들의 주도로 농민공을 대상으로 다양한 활동을 하고 있다(Huang C. 2011, 162).*

　　농촌에서 도시로 이주해 온 노동자들을 일반적으로 '농민공'이라고 부른다.** 이 표현은 문자적으로 엄밀하게는 '농민 노동자(peasant worker)'를 의미하지만, 현재는 도시와 도시 근교에서 일하기 위해 시골을 떠난 농촌 호적지 신분의 누구에게나 느슨하게 적용된다. 중국의 문화 엘리트를 대표하는 이들 두 사람이 드러낸 농민공 문화에 대한 이러한 이질적인 견해는 중국 농촌에서 도시로 이주한 노동자에게 흔히 상상되는 두 가지 방식을 잘 보여준다. 비록 서로 정반대인 것으로 보이지만, 이들은 소위 노동자 계급 문화의 위상에 대해 단정적인 평가를 한다는 측면에서 공통점이 있다. 즉 상하이대 교수는 농민공 문화가 실재하지 않는다고 판단하며, 황촨후이는 그것이 현실에서 실재한다고 단언한다. 한편 황촨후이는 비록 도시 문화 경관의 일부로서 새로운 농민공 계급 문화의 존재를 확실히 긍정하지만, 이 문화가 국가의 영향을 받는 주류 문화와 나란히 존재하며 노동자 계급 주체성에 대한 문화적 상상력과는 무관하게 작동하는 것으로 가정한다. 그리고 더 큰 문제는 농민공 문화의 주체를 교육받은 엘리트가 주도하는 도시의 NGO 지원

---

* 　[원주] 특별한 언급이 없는 한 이 책의 모든 번역은 내가 한 것이다.
　　[역주] 이 책의 원본인 중문판은 『中國新生代農民工』(2011, 人民文學出版社)이며, 2014년 제6회 루쉰 문학상(르포 문학부문)을 수상했다. 2016년에 영문판 『Migrant Workers and the City: Generation Now』(2016, Fernwood Books Ltd)로 번역 출간되었다.
** 　[역주] 중국 농민공은 개혁개방 이후 소유제의 다원화, 기업형태의 다양화가 진행되면서 새롭게 출현한 집단으로서 이제까지 민공(民工), 품팔이[打工者], 공돌이[打工仔], 공순이[打工妹], 맹목적 유동인구[盲流], 외래공(外來工) 등 다양한 호칭으로 불려왔으며, 아직도 농민공들은 농촌 호적 소유자라는 신분적 특수성으로 인해 농민도 아니고, 노동자도 아닌 모호한 집단으로 규정되고 있다.

집단에 한정시킴으로써, '평범한' 농민공의 일상적 실천(예컨대 모바일 기술과 미디어의 다양한 활용, 대중 미디어의 소비, 도박 탐닉 등)이 도시의 문화를 변화시키는 데 수행할 수 있는 역할을 간과한다는 것이다.

일부 학자들(예컨대 Zhao, 2008; Zhao, 2010에서 인용된 Lü)이 지적하듯이 일상적인 문화적 생산과 소비에 대한 학문적 관심은 이제까지 사회적·문화적·경제적 엘리트들에게 과도한 주의를 기울여왔다. 이와 대조적으로 농민공들은 그들의 노동을 통해서만 주로 인지되었고, 따라서 앞서 언급한 상하이대 교수의 관점이 잘 보여주듯이 이들에게는 '문화가 없는' 것으로 널리 인식되었다. 그리고 농민공의 삶에 초점을 맞춘 몇몇 연구들도 대체로 모바일 기술의 사용에 관한 것에 연구 범위가 제한되는 경향이 있다(Qiu, 2009; Wallis, 2013). 따라서 우리는 농민공들이 그들을 대상으로 하는 국가 매체의 선전을 어떻게 해석하는지, 도시 엘리트들이 농민공을 재현하는 방식에 어떻게 대응하는지, 그리고 자신들의 목소리를 내기 위해 무엇을 하고 있는지 등에 대해 여전히 거의 모른다. 하지만 이제 농민공들의 문화 및 미디어 실천에 대한 새로운 지식을 창출하는 것이 정치적으로나 학문적으로 절박한 문제가 되었다. 농민공들의 문화적 실천과 전략 및 표현이 이들의 노동에 대한 사회학적·경제학적 분석과 함께 고려되어야만 이 주변화된 사회 집단의 정치적 주체화에 대한 세밀한 설명이 가능하기 때문이다.

이 책의 후속 장들에서는 중국 농민공에 관한 설명이 이들의 광범위한 활동에 대한 민족지학적 통찰 없이는 완전하지 않다는 것을 명확하게 보여줄 것이다. 즉 농민공을 제대로 이해하기 위해서는 이들이 PC방에서 휴식 시간을 어떻게 보내는지, 독서나 시청 성향이 이들보다 사회경제적으로 우월한 집단과는 어떻게 다른지, 생산라인의 근무 교대 사이에 핸드폰으로 어떤 사진을 찍고 전송하는지, 건설 현장의 임시 숙소에서 무슨 게임을 하는지, 중국 산업 도시의 비공식 주택가에 있는 비디오방에서 어떤 농담들을 나누는지, 농민공을 유치하려는 정부의 선전에 대한 이들 불만의 본질은 무엇인지, 체불 임금에 대한 필사적인 탄원에 아무런 응답이 없을 때 이들이 의지할 수밖에 없는 항의의 형태는 무엇인지, 그리고 자신들의 경험을 진솔하게 이야기하면서 이에 감응해 눈물을 흘리던 순간 등을 종합적으로 고려해야만 한다.

농촌 출신 이주민의 문화적 실천에 대한 새로운 이해의 절실함과 중요성을 설명하고, 이러한 이해를 달성하는 데 민족지학적 접근법이 가장 적합함을 입증하기 위해 중국중앙텔레비전(中國中央電視台, China Central Television, CCTV)이 매년 음력 설 전야에 개최하는 엔터테인먼트 축제인 '춘완(春晩)'과 농촌에서 이주해 온 사람들의 관계를 숙고할 필요가 있다. 최근 제작된 춘완에서는 지금까지 볼 수 없었던 농민공의 모습이 등장하기 시작했다. 특히 2011년 춘완에서 청년 농민공 듀엣 밴드인 욱일양강(旭日陽剛)이 부른 〈봄날에(春天裏)〉라는 노래가 선풍적인 인기를 끌면서, 밴드 성원인 왕욱(王旭)과 류강(劉剛)의 이름이 전국적으로 유명해지게 되었다. 투박하고 정제되지 않은 목소리로 노래하며 원초적인 남성미와 에너지를 발산하는 이 두 시골 출신 가수들은 철저하게 각본대로 실행되어 점점 고루해지고 진부한, 하지만 광고 수익 측면에서는 여전히 가장 수익성이 높은 중국 TV 오락 프로그램에 신선한 바람을 불어넣었다. 사랑, 이별, 순수함의 상실, 환상의 종말이라는 보편적인 주제를 다룬 이들의 노래 가사는 다양한 감정을 자극하며 시청자들에게 깊은 공감을 불러일으켰다.

2011년 춘완 방영 2개월 후 양쯔강 삼각주(揚子江三角洲)의 쑤저우(蘇州)시 우중(吳中)구 무두(木瀆)진에 있는 공장의 젊은 농민공들과 이야기를 나누었을 때, 그들은 나에게 이들 두 가수의 유명세는 팬들의 지지가 없었다면 불가능했을 것이라고 말했다. 특히 한 노동자는 이렇게 말했다.

> 이 두 지원자는 춘완 프로그램 출연에 선발되기를 간절히 바라며 CCTV에 자신들의 공연 동영상을 보냈어요. 하지만 온라인에서 가장 높은 조회 수를 기록한 영상 클립에만 기회가 주어집니다. 이들의 노래는 우리의 감정을 잘 표현했기 때문에, 우리는 모두 핸드폰으로 그들에게 투표했어요. 우리와 같은 이주노동자들의 표가 워낙 많았기 때문에 CCTV는 그들을 뽑을 수밖에 없었지요.[*]

매년 열리는 CCTV의 춘완 축제는 중국에서 가장 높은 시청률을 자랑하는 TV 프로그램이다. 동시에 가장 세밀하고 꼼꼼하게 조사 연구된 행사이며, 따라서 (국가의) 공식적인 이념 지침을 준수하고 있음이 보증된다. 이러한 측면에서 이 두 명의 농민공 가수의 출연은 (정부가) 포용과 인정에 대한 정치적 필요성을 인식한 결과로 해석할 수밖에 없다. 하지만 이와 동시에 나와 이야기를 나눴던 젊은 노동자들은 왕욱과 류강이 농민공의 정서를 앞으로도 계속 표현할 것인지에 대해서는 확신하지 못했다. 이에 대해 또 다른 노동자는 "일단 유명해지면 그들도 다양한 형태의 상업적 포장을 받을 겁니다. 돈과 명성에 허우적대겠지요. 아마 자신들이 농민공이었다는 것을 잊으려 할지도 모릅니다. 하지만 자신들의 정체성을 잃어버리는 순간, 그들의 노래도 더는 인기가 없을 거라는 걸 깨달아

---

[*] 특별한 언급이 없는 한 이 책의 모든 인용문은 저자의 개인 및 심층 집단 인터뷰 또는 전자 통신에서 발췌한 것이다.

야 해요."라고 말했다.

이번 춘완에서는 왕욱과 류강의 노래 외에도 선전(深圳)시에서 온 농민공들의 이색적인 댄스 공연도 인상적이었다. 건설 노동자로 추정되던 서른 명 이상의 활기찬 젊은이들이 똑같은 파란색 작업복과 안전모를 쓰고 각자 손에 벽돌을 든 채, 불가능해 보일 정도로 어려워 보이는 브레이크댄스 스타일의 고난도 기술을 선보였다. 하지만 쑤저우에서 만나 이야기를 나눴던 노동자 중 한 명이 나에게 이들의 배경을 설명해주었다. "이 댄서들은 실제로 농촌에서 이주해온 노동자들이에요. 이들은 재미로 거리에서 브레이크댄스 같은 춤을 추곤 했어요. 그러다가 선전시 정부가 이들을 주목하게 됐고, 이들로부터 정치적 이득을 얻어낼 작정을 한 겁니다. 몇 달 동안 인원을 좀 더 모집하고 훈련시켜서 전문 댄서들과도 견줄 정도의 실력을 갖게 한 거죠." 그리고 또 다른 노동자는 나에게 "무대에 오른 모든 사람이 진짜 농민공은 아니에요. 그들 중 일부는 전문 댄서에요. 그냥 흉내만 내는 거죠."라고 말했다.

이러한 CCTV 공연은 **'강력한 국가의 주인'**에서 완전히 다른 무언가로 변화된 중국 노동계급의 재구성을 특징짓는 복잡성과 모순을 잘 보여준다. 선전시 농민공으로 소개된 이들의 댄스 공연에 배경음악으로 나온 〈우리 노동자에게는 힘이 있다〉*라는 노래는 친숙하면서도 낯설었다. 사회주의 시기에 가장 자주 들었던 노래 중 하나로 1960년대를 살았던 사람이라면 누구나 흥얼거릴 수 있을 정도로 유명했기에 친숙했고, 틀림없이 수많은 시청자의 향수

---

*   [역주] 원제는 '咱們工人有力量'으로 1947년 마커(馬可)가 작사 작곡했으며, 자무스(佳木斯) 발전소 노동자들이 처음 불렀다. 2009년 5월 중국공산당 중앙위원회 선전부가 추천한 애국가 100곡에 선정됐다.

를 자극했을 것이다. 하지만 이제 더는 노동자가 정치적 경제적 사회적 힘을 가지지 못하게 된 극적으로 변화된 사회체제에서 이 노래 가사는 만약 현실을 비꼬는 게 아니라면, 무언가 억지스럽고 부자연스럽게 다가왔기에 낯설게 느껴지기도 했다. 특히 한 농민공은 이에 대해 "이 노래 가사의 첫 두 소절은 이렇습니다. '우리 노동자에게는 힘이 있다. 우리는 아침부터 밤까지 열심히 일한다.' 둘째 소절은 사실이지만, 첫째 소절은 새빨간 거짓말이에요. 춤을 추던 노동자들은 부자들의 파티에 불려온 행복한 광대들 같아요."라며 매우 신랄하게 비판했다.

  CCTV 공연은 1950년대부터 문화대혁명 시기까지 혁명적 수사학의 핵심이었던 '노동자가 국가의 주인'이라는 언명을 호출하면서 포용의 외양을 연출하기 위해 사회주의적 담론의 형식을 적절히 활용했다. 하지만 본래 프롤레타리아트의 주체성과 연결되었던 정통성이 점차 공허해지고 있는 것에 대한 농민공들의 예리한 지적은 중국 노동계급의 재구성 과정에 존재하는 긴장과 모순을 잘 보여준다. 이들의 지적은 상하이 푸단대학(復旦大學)의 마르크스주의 학자인 뤼신위(呂新雨, Lü Xinyu)*의 의견과도 공명한다. 뤼신위는 중국 노동자와 농민은 수적으로도 매우 많고 혁명 역사에 없어서는 안 될 존재로서 과거에는 사회주의 중국의 정치적 도덕적 중추였지만, 이제 이들은 현대 중국 정치에서 '서발턴(subaltern)'** 계급이

---

* [역주] 푸단대학 신문학원 교수이며, 중국 다큐멘터리의 대표적인 연구가로서 '신 다큐멘터리 운동'이란 개념을 제시했다. 주요 연구 주제는 당대 중국 다큐멘터리, 영화 이론, 희극미학 등이며, 대표 저서로『다큐멘터리 중국: 당대 중국의 신다큐멘터리 운동(紀錄中國: 當代中國的新紀錄運動)』,『기록과 은폐(書寫與遮蔽)』등이 있다.
** [역주] 서발턴(subaltern)은 안토니오 그람시(Antonio Gramsci)가 중요하게 사용한 개념이며, 이후 탈식민주의(post-colonialism) 이론가들에 의해 확장되었다.

되었다고 말한다. 계속해서 뤼신위는 "중국 노동자와 농민의 소멸과 관련된 이러한 심대한 변화가 함축하는 것이 도대체 무엇일지" 질문한다(Zhao, 2010: 9에서 재인용). 그리고 다른 학자들도 "노동계급의 상당수가 '철밥통'(해고의 염려가 없는 안정적인 직장을 의미함)을 잃고 중국공산당의 역사적 사명에서 멀어진 이후, 자신들의 특권을 상실하고 새로운 빈민 대열에 합류하게 되었다"는 것에 동의한다(Guo, 2008: 40).

하지만 CCTV가 과거 사회주의 시기의 수사와 형식을 교묘하게 활용하는 것처럼, 농민공들도 마찬가지로 지배적 미디어의 형식들을 기발하게 전유한다. 예컨대 지난 몇 년간 노동 NGO 단체들과 농민공 활동가들은 자신들만의 '춘완' 무대를 성공적으로 연출했다. '다공 춘완(打工春晚)'*이라고 불리는 이들의 연례행사는 지난 10년간 규모와 영향력이 계속 커지고 있다. 중국 여러 도시에서 이주노동자로 구성된 예술단이 주최하는 현지 공연에서는 농민공들의 일상을 재현하는 노래와 춤, 상성(相聲, 중국식 만담), 단막극 등이 공연된다. 특히 베이징 외곽의 이주노동자 마을인 피춘(皮村)에서 열린 2012년 '다공 춘완'은 '베이징 노동자의 집 문화발전 센터(北京工友

단순히 사회경제적 지위가 낮거나 열악한 집단이 아니라, 이에 더해 자신의 불만이나 분노를 표출할 언어와 문화적 수단조차 지배 집단에 빼앗긴 이들을 의미한다. '하층민', '하층집단', '하위주체' 등으로 번역되기도 하는데, 본래의 의미를 충실히 담아내기 어려워 그냥 '서발턴'으로 표기하는 경우가 많다. 이 책에서도 '서발턴'으로 통일하여 옮겼다.

* [역주] 중국어로 '다공(打工)'의 문자적 의미는 임금을 받고 노동하는 것을 뜻하지만, 주로는 개혁개방 시기에 일자리를 찾아 농촌을 떠나 도시로 온 사람들(打工者, 혹은 打工人)을 의미하며, 따라서 농민공들이 하는 노동을 지칭하기도 한다. 이들은 저임금과 열악한 노동 환경의 직업에 주로 종사하며, 성별에 따라 '다공쯔'(打工仔, 주로 공돌이), '다공메이'(打工妹, 주로 여공)로 불리기도 한다. 그리고 뒤에서 자세히 논의될 이들이 쓴 시와 문학 등을 '다공 시(打工詩)', '다공 시가(打工詩歌)', '다공 문학(打工文學)' 등으로 표현한다.

之家 文化發展中心)'의 주최로 이 단체의 주요 활동가인 왕더즈(王德志, 문화적 현상으로서의 '다공 춘완'과 왕더즈의 활동에 대한 논의는 이 책 5장을 참조) 등이 기획했으며, CCTV에서 가장 유명한 프로그램 진행자인 추이용위안(崔永元)이 진행을 맡았다.* 노동자들의 미디어 및 문화적 활동의 확고한 지지자이자 유력한 전략가인 중국 사회과학원(CASS)의 부웨이(Bu Wei, 蔔衛) 교수는 '다공 춘완'의 매력은 이 행사가 주류 매체에서 흔히 표현되는 것처럼 농민공들을 사회적 동정과 연민의 대상으로 만드는 것이 아니라, 이들도 목소리와 행위성을 가진 주체임을 보여준다는 사실에서 비롯된다고 믿는다(Bu, 2012).

2014년까지 '다공 춘완'은 유명인(예컨대 중국 미스월드 챔피언 출신 유웨이웨이餘薇薇)과 주류 미디어 인사들(중국 최고의 여성 언론인 양란楊瀾)의 지지를 얻으며 매우 성공적으로 자리 잡았다. 그러나 생방송으로 전 세계에 송출되고 전국적인 시청자를 동원하는 정통 주류 '춘완' 행사와는 달리, 2014년 '다공 춘완'은 여전히 사전에 녹화되어 설 연휴 기간에 QQ와 CCTV의 농촌 채널에서만 방영되었다. 이처럼 '다공 춘완'과 정통 주류 '춘완'은 규모나 영향력, 그리고 제도적 정당성의 측면에서 절대적으로 비교 불가능한 차이를 보인다. 하지만 '다공 춘완'의 존재 자체가 이제까지 주류 미디어가 2억 6,200만 명이 넘는 농민공들의 문화적 욕구를 충족시키지 못했고 이들을 소외시켜왔음을 암묵적으로 비판하는 것이기에, 비록 주변적이고 인기가 덜한 채널이긴 하지만 공중파 방송에서 방영 시간

---

* [역주] '베이징 노동자의 집'에서 전개하는 문화적 활동과 실천에 관한 더 자세한 소개는 본인이 번역해 출간한 『중국 신노동자의 미래』(나름북스, 2018)를 참조할 수 있다.

을 확보한 것만으로도 획기적인 일이었다. 따라서 이 자체가 '다공 춘완'의 중대한 승리라고 할 수 있다. 그러나 동시에 이는 행사 주최 측이 자발적으로 관영매체에 의해 자신들의 이익이 대표되도록 하는 것으로도 이해될 수 있으며, 따라서 또 다른 관영 주도 미디어 행사로 전락할 위험도 있다. 이러한 측면에서 볼 때, '다공 춘완'과 국가 미디어의 진화하는 관계는 주류 미디어와 대안적 미디어 및 문화적 실천 간의 복잡한 관계를 검토할 수 있는 시각을 제공한다.

이 책의 관심사와 주제 및 접근 방식

농민공과 춘완의 관계는 다양한 사회 집단 간의 불평등한 관계를 조정하는 데 있어 미디어와 문화가 수행하는 중심적인 역할을 잘 보여준다는 점에서 무엇보다 중요한 함의가 있다. 마오쩌둥 이후 중국의 문화와 불평등 사이의 관계를 설명하려면 다음 두 가지를 비판적으로 검토해야만 한다. 첫째는 패권 집단과 주변부 사이의 전유, 협상, 경쟁의 과정이고, 둘째는 미디어와 문화적 형식 사이의 연결고리 및 이를 가능하게 만든 역사적 경험이다. 사실 특수한 역사적 경험과 이와 관련된 특정 미디어 및 문화적 형식 사이의 본질적인 연관성은 노동계급 문화를 연구하는 학자들이 항상 주목했던 주제이다. 예컨대 우리는 빅토리아 시대 남성 작가들의 작품에 유독 유모와 보모가 많이 등장하고(McClintock, 1995), '산업 소설'은 산업화 시대의 독특한 감정 구조를 포착한 문학 장르이며(Williams, 1958), 19세기 프랑스의 프롤레타리아 노동자 시인들은 노동의 의미를 이해하기 위해 육체노동만이 아니라 정신적 노동에도 참여했으며(Rancière, 1981), '자연주의 소설'(예컨대 에밀 졸라의 작품들)

은 대도시의 초기 소비사회의 눈부신 발전을 가장 잘 포착한 상대적으로 소외된 문학 장르(Bowlby, 1985)라는 것을 잘 알고 있다. 하지만 지난 수십 년간 중국이 겪은 심오하고 극적인 사회적 변화에도 불구하고, 중국의 특정한 역사적 경험과 밀접하게 연관된 미디어 및 문화적 형식 사이의 이러한 종류의 연관성(특히 농민공의 변화하는 운명과 관련된)을 연구하려는 체계적 시도는 거의 없었다. 따라서 나는 현대 중국에서 이러한 연결고리를 풀기 위해서는 다음의 세 가지 상호 연관된 차원을 고찰하는 것에서부터 시작해야 한다고 주장한다.

첫 번째 차원은 특정 미디어와 문화적 형식에 내재한 일련의 문제로 구성된다. 특히 우리는 농촌 출신 이주민 작가와 예술가들이 그들에게 제공되는 다양한 미디어 및 문화적 형식과 관련해 자신을 어떻게 위치시키는지를 살펴볼 필요가 있는데, 이를 통해 포섭과 배제의 정치를 좀 더 이해할 수 있을 것이다. 그리고 농민공들이 각각의 미디어 및 문화적 형식에서 어떻게 구성되고 있는지를 검토해야 하며, 이는 특정 종류의 사회적 경험과 사회성(sociality)이 왜 특정한 형태의 스토리텔링에 적합한지 이해하는 데 도움이 될 것이다. 예컨대 다른 나라와 마찬가지로 중국에서도 뉴스 제작은 뉴스 가치의 구조, 미디어 생산의 리듬, 뉴스 피드의 주기에 의해 통제된다. 마찬가지로 영화나 텔레비전의 서사는 사회적 이슈나 갈등을 해결하는 시각적 매개 방식을 활성화해야 한다. 텔레비전 드라마는 일상적이고 단편적인 특성 때문에 비교적 안정적이면서도 때로는 격정적인 일련의 사회적 관계가 시간이 지남에 따라 전개되고 발전하는 과정을 길게 다룰 여유가 있다. 이에 반해 영화는 대체로 두 시간 이내로 제한되며, 주로 좀 더 우연한 마주침 내에서 발생하는 긴장과 갈등을 발전시키고 해결하는 데 관심이 있다.

두 번째 중요한 차원은 역사적 경험과 그러한 경험을 서사화하는 데 채택된 미디어 및 문화적 형식 사이의 관계를 구현하는 미디어 산업의 구조이다. 여기서 당-국가, 언론 기관, 자본은 모두 중요한 요소이며, 각각의 역할과 책임을 수행한다. 즉 문화적 생산수단의 소유권, 미디어 상품의 마케팅과 유통, 미디어 및 문화 콘텐츠의 규제와 통제, 자금 및 후원 약정의 이행, 그리고 미디어 종사자의 경우 허용된 미디어 전문성 표준의 유지 등의 임무를 수행한다. 이는 특히 마오쩌둥 이후 중국의 상징체계에서 더욱 분명하게 드러나는데, 국가와 시장 그리고 독립적 영역의 구분을 모호하게 만드는 다양한 생산양식이 확산했으며, 소비는 점차 계층화되었고(예컨대 고급 대 저급 취향 및 감성), 미디어와 문화의 형식 및 실천(저널리즘, 텔레비전 드라마, 영화, 사진, 문학, 그리고 이들의 온라인 버전)은 번성했지만 변덕스러운 국가의 통제 및 규제와 수익성 추구는 여전히 매우 민감하게 남아 있다.

세 번째 차원은 오늘날의 지배적인 수사와 담론을 특징짓는 정치 및 이데올로기적 지형의 변화를 설명하는 것과 관련된다. 덩샤오핑(鄧小平), 장쩌민(江澤民), 후진타오(胡錦濤)와 원자바오(溫家寶), 그리고 2013년 이후 시진핑(習近平)과 리커창(李克強)으로 이어지는 일련의 정치 체제를 거치면서 우리는 사회주의 시기의 집단적 계급 투쟁 담론에서 민족통합과 사회화합 담론으로의 극적인 전환을 목격했다. 1990년대 장쩌민 체제가 '자본주의적 발전의 과잉'으로 특징지어졌다면(Zhao, 2008: 37), 2003년부터 시작된 후진타오-원자바오의 뉴딜 정책은 이러한 과잉발전으로 인해 심화한 사회적 불평등과 불만을 해결하기 위해 지속 가능성을 목표로 하는 '과학적 발전' 개념을 제시하고 '조화로운 사회(和諧社會)'라는 새로운 정책 이념을 장려했다. 이 새로운 정책 이념은 사회 안정이라는 최우선 목표에 따라 "혁명 유산의 재전유와 사회주의 시기 구호의 재접합"으로 작용했다(Zhao, 2008: 38). 그러나 중국 미디어 커뮤니케이션 학계의 저명한 정치경제학자인 자오(趙月枝, Zhao Yuezhi)가 경고했듯이 이 새로운 정책 이념의 효과는 실증적으로 평가되고 분석할 필요가 있으며, 결코 공허한 사회주의 수사의 재탕으로 치부하거나 혹은 액면 그대로 받아들여서는 안 된다. 앞서 살펴본 CCTV '춘완'에서 이주노동자들의 댄스 공연의 배경음악으로 나온 사회주의 시기 노래에 대한 농민공 인터뷰 대상자들의 냉소적인 해석에서 중국의 현대 문화지형을 특징짓는 이데올로기적 곤혹을 포착할 수 있다.

이처럼 당의 노선에 내외적 모순이 없는 것은 아니다. (국가의) 공식적인 담론은 경제 성장과 효율성, 사회 정의, 그리고 최근에는 사회적 화합과 '인민'에 대한 존중이라는 인도주의적 요구에 따라 계속 수정하고 재조정되어야 했다. 이에 따라 농민공 주체에 대한 담론도 계속해서 미세하게나마 재배치되었다. 예컨대 원자바오 전 총리는 다수의 공개 연설에서 "우리가 무엇을 하든지, 그것의 목적은 인민들이 더 많은 행복과 존엄을 누리도록 하려는 것"이라고 말했다(Mu, 2011). 그리고 시진핑-리커창 지도부도 '인민 중심'이라는 화법을 계속 이어가고 있다. 그러나 이 새로운 인도주의적 담론은 경제 성장, 사회 안정, 정치적 정당성이라는 세 가지 원칙을 반드시 지켜야만 수용되는데, 이는 '인민', 특히 가장 가난하고 불안정한 사람들에 대한 진정한 존중과 항상 일치하는 것은 아니다. 이러한 측면에서 레이먼드 윌리엄스(Raymond Williams)가 지적하듯이 자체적으로 형성되지 않은 각종 압력에 대응하여 지배적 질서가 어떻게 지속적으로 '갱신, 재창조, 방어 및 수정'되는지를 이해하는 것이 무엇보다 중요하다(Williams, 1989: 58).

이 책에는 농민공 집단에 속한 농촌 출신 이주자, 노동 NGO, 도시 소비자, 문화 및 지식인 엘리트와 이들이 재현하는 미디어 및 문화 기관, 그리고 가장 중요한 당-국가 등 다양한 주요 행위자가 등장한다. 이 책은 이러한 행위자들의 상호작용을 고려하면서 서발터니티(subalternity)의 가장 중요한 구현체인 농민공의 형상을 집중적으로 조명한다. 즉 지난 30년간의 중국 경제 개혁 과정에서 이러한 행위자들이 서발턴 주체를 어떻게 (스스로) 재현하고 재구상하며 재배치했는지를 탐구하며, 주요 연구 주제는 다음과 같다. 첫째, 중국 노동자와 농민의 재구상을 탐색하면서 특정한 패권적 미디어 형식 및 형태와 실천을 동원하는 '문화정치(cultural politics)'에 주목한다. 둘째, 서발턴 계급의 정치적 의식의 형성을 이해하기 위해 농민공 집단이 새로운 장르와 미디어 형식을 발명하고, 기존의 (심지어 지배적인) 미디어 및 문화 형식과 실천을 전유하는 몇 가지 방식을 검토한다. 셋째, 가장 중요한 것은 서발턴과 지배적 문화정치가 병렬로 존재한다고 가정하는 대신, 이들이 서로의 담론적 자원을 차용하고 이데올로기적 공간에 상호 침투하며 서로의 기호학적 질서를 불안정하게 함으로써, 서로를 어느 정도로 공동 생산하는지의 범위를 설정하고자 한다. 하지만 이러한 문제들을 다루기 전에 먼저 농민공은 누구인가 혹은 무엇인가라는 단순해 보이는 질문을 짚고 넘어갈 필요가 있다.

농민공의 모호한 정체성

농민공은 종종 '저층(底層)' 집단의 성원으로 인식되었다.* '저

---

* [역주] 중국에서 '저층'이라는 개념은 1990년대 중반 이후 대규모 실업 노동자와

층'이라는 개념은 말 그대로 사회의 가장 밑바닥 혹은 최하층 집단을 의미하며, 수직으로 배열된 사회적 위계질서의 공간적 은유를 잘 보여준다. 영어에 능통한 중국의 많은 문화연구 학자들이 나에게 '저층'은 중국 문학 및 저널리즘 글에서 주변화된 사회 집단을 지칭할 때 자주 사용되는 단어로서 '서발턴'이라는 개념과는 별개로 존재하지만, 그래도 '저층'이 수입 용어인 '서발턴'에 대한 최고의 번역이라고 말한다. 저층은 또한 사회 계층화에 관한 정책 성명서나 사회학 문헌에서도 사용되며, 단순히 경제적으로 가장 낮은 계층에 속하는 사람들을 의미한다. 즉 계급과 계급분석의 쟁점을 교묘하게 우회하는 용어이다. 더욱이 '저층' 개념은 서발턴 연구자들이 하층과 중간층 및 상위 계층 간의 호혜적이고 상호 구성적인 관계성에 관해 제기한 비판적 질문을 회피한다. 그리고 '저층'의 상대적인 권력 결핍을 경제적 상황에만 고정함으로써, 이들의 취약성이 문화적·교육적·정치적 영역에서는 어떻게 나타나는지에 대한 질문도 회피한다.

'저층' 부류에 속한 몇몇 이질적인 사회 집단은 상대적으로 열등한 사회경제적 지위에 있다는 측면에서 이들을 설명하는 정치적으로 좀 더 완곡한 표현인 '취약 집단(弱勢群體)'이라는 광범위한 우산 아래 종종 함께 뭉뚱그려지기도 한다. 비록 어떤 집단이 사회적 계층 사다리의 가장 밑바닥에 속하는지는 불분명하지만, 중국의 특수한 호적체계인 '호구 제도(戶口制度)'가 이러한 차별에 결정적인 역할을 한다는 점은 널리 받아들여지고 있다. 1950년대 후반

> 농민공의 출현으로 나타난 사회변동 과정에서 등장했다. 즉 이 개념에는 사회주의 시기 국가의 주인이자 주도계급이었던 노동자 계급이 사회적 생산 및 분배 구조와 도시의 일상에서 철저하게 소외된 채 하층 계급으로 전락한 현실에 대한 비판이 내포되어 있다.

부터 시행된 이래로 오랫동안 뿌리 깊게 자리 잡은 중국의 호구 제도는 도시와 농촌을 효과적으로 차별화했으며, 인구의 최대 70%가 농촌 호구를 보유하고 있었다. 호구 제도는 1950년대 후반부터 1970년대 후반까지 농촌 주민들을 농촌에 묶어두기 위해 사용되었는데, 지난 수십 년 동안 호구 제도의 개혁으로 인해 농촌 주민들도 노동의 기회를 찾아 고향을 떠나는 것이 가능해졌다(Chan and Buckingham, 2008; Jacka, 2006; Solinger, 1999; F. Wang, 2005; L. Zhang, 2002). 특히 1970년대 후반 경제 개혁이 시작된 이래, 대부분 농촌 호구를 가진 내부 이주자의 수가 기하급수적으로 증가했다. 2013년 중국 인구 조사 통계에 의하면 내부 이주자 수는 2억 6,200만 명에 달했는데, 이는 전 세계 유동 인구의 4분의 1 이상에 해당한다(Zhonghua renmin, 2013a). 이들 내부 이주민의 대다수가 농촌 출신이며, 2010년 기준으로 이들 중 무려 47%가 1980년 이후 출생자들이다(Xinhua, 2011). 이후 이들 집단은 매우 빠르게 중국 노동력의 주축이 되었다.

그러나 호구 제도의 일부 측면이 완화되어 전국적으로 대규모의 이동이 이어졌지만, 그렇다고 해서 호구 제도의 차별적 기제가 완전히 사라지지는 않았다. 따라서 여전히 사회적 성원으로서의 자격을 의미하는 시민권(Solinger, 1999)의 차별적인 '이원 구도'가 농촌 인구에 대한 사회적 배제의 체계적 관행을 형성하는 데 중추적인 역할을 계속하고 있다. 이러한 배제는 의료, 교육, 주택, 고용 등 다양한 사회적 혜택의 불평등한 분배에서 가장 뚜렷하게 드러난다(Chan and Selden, 2013; Chan and Buckingham, 2008; Dutton, 1998; Jacka, 2006; Pun, 2005; Solinger, 1999; F. Wang, 2005; L. Zhang, 2001a, 2002). 중국 정부는 수출 지향적 발전의 수요를 충족시키기 위해 농촌에서 도시로의 이주를 적극적으로 장려했지만, 농촌 출신 이주민을 끈

질기게 차별하는 무수한 법적 제약을 폐지할 의지는 없었다. 이들 농민공 중 소수는 사회경제적 지위가 향상되어 도시 호구를 취득할 수 있게 되었지만, 대다수는 여전히 농촌 호구를 유지한 채 불안정 노동자(打工)로 살아가며, 사회적 이동이 불가능하지는 않더라도 그것이 얼마나 어려운 것인지를 절감하고 있다.

농촌 출신 이주민들이 광범위하게 느끼는 희망과 목표에 대한 심각한 결핍감은 서로 다르지만 밀접하게 연관된 두 가지 수준에서 나타난다. 첫 번째는 '도시의 이방인'(L. Zhang, 2001b)에게 부과되는 다양한 법적 제약으로 인해 체계적으로 물질적 배제를 경험한다는 것이다. 두 번째는 이러한 배제로 인해 발생하는 일련의 심리적 귀결이다. 특히 중요한 심리적 결과 중 하나는 전반적으로 농촌 출신 이주민들이 도시에서 소속감을 느끼기 어렵다는 것이다. 노동자들의 시에서 매우 생생하게 표현되는(7장의 논의 참조) 이러한 불확실성과 취약성에 대한 감각은 젊은 이주노동자들 사이에서 가장 두드러지게 나타난다. 도시에서 몇 년 일한 후 결혼과 정착을 위해 농촌으로 돌아갔던 기성세대와 비교했을 때, 일생을 도시에서 보낸 사람들을 포함하여 1980~1990년대에 태어난 수많은 농민공 2세대들은 취업 기회와 생활 환경의 불안정성과 결혼 전망 및 도시 소속감 측면에서의 불확실한 미래에도 불구하고 도시에 계속 남아 있기를 더 원한다. 시공간적 측면에서의 이러한 경계 상태(도시도 농촌도 아니고, 과거와 미래도 절충하기 어려운)는 농민공들에게 심대한 실존적 불안을 초래한다(Chan and Pun, 2010; Chang, 2009; W. Sun, 2010a; Yan, 2008).

호구 제도로 인해 가장 크게 희생된 두 사회 집단은 농사로 생계를 유지하는 농촌 주민과 도시로 이주한 농민공이다. 대부분의 건강한 농촌 노동자들은 생활 형편을 개선하기 위해 취업 기회를 찾아 마을을 떠났다. 1980년대와 1990년대에 태어난 젊은 농민공들에게 도시는 비록 불확실하고 미약할지라도 미래가 있는 곳이다. 반면 현재 여성과 어린이 그리고 가난한 노인들이 주로 거주하는 농촌은 이들에게 탈출하고 싶은 과거를 의미한다. 최근 몇 년 동안 중국 중앙 정부는 농민들이 농업에 계속 종사하거나 다양한 형태의 지역 사업, 무역 또는 생산 활동에 참여하도록 장려하기 위해 의무적인 농업세 폐지를 포함한 일련의 정책을 시행했다. 그러나 이러한 유인책에도 불구하고 대부분의 젊은 농민공들은 도시에서 여러 직업을 전전하고 있으며, 농촌 마을로 돌아와 정착하는 것을 주저한다.

'농민공'이라는 용어는 농촌에서 이주해 온 노동자를 지칭하는 데 매우 광범위하게 사용되지만, 이들 대규모 사회 집단의 모호한 사회경제적 정체성을 포착하기에는 곤혹스러운 측면이 있다. 이들은 도시 호구가 없기에 정의상 농촌 거주자이지만, 실제로는 도시와 도시 근교에서 거주하고 일한다. 더욱이 농민공이라는 호명의 '문화 정치적' 효과와 그것이 농촌 출신 이주노동자의 자기 인식에 미치는 영향을 명확하게 이해하기 어렵다. 나와 이 문제에 대해 논의했던 농촌 이주민 역량 강화 단체의 일부 활동가들은 '농민공'이라는 용어는 농촌에서 이주한 노동자들이 더는 농업에 종사하지 않거나 실제로 농업에 종사한 적이 없는데도 계속해서 이들을 '농민'으로 분류하려는 것이기에 그들에게 모욕적이라고 주장한다. 그리고 이 활동가들은 이 용어가 비슷한 일을 하는 도시 노동자들이 누릴 수 있는 권리와 자격을 농민공에게는 부여하지 않아도 된다는 일종의 도덕적 면죄부를 제공한다고 주장한다.

많은 공장의 젊은 노동자들과 서비스 및 접객업에 종사하는 여성들과의 대화를 통해 이들은 일반적으로 자신을 농민공이라는 정체성보다는 단순히 자신의 노동력을 파는 불안정 노동자(打工)로 표현하고 있으며, 농민공이라는 용어는 건설 현장에서 일하는 농촌 출신 이주자에게만 해당하는 것으로 생각하고 있음을 분명하게 알 수 있었다. 그리고 농민공이라는 호명은 일부 형태의 농촌 출신 이주자들의 경험이 다른 이들보다 더 진정성 있고 대표적이라는 추정을 조장할 수 있다는 점에서 잠재적으로 본질주의적이다. 이처럼 농민공 개념은 매우 논쟁적이고 복잡한 성격을 갖고 있지만, 정책 성명서와 언론 보도, 그리고 학술 논문뿐 아니라 일부 이주노동자 NGO 내에서도 여전히 이 용어가 널리 사용되고 있다.

농촌에서 이주한 노동자를 가장 많이 고용하고 있는 산업부문은 제조업이다. 실제로 농민공은 민간 부문과 외자기업의 제조업 부문 고용의 주력군이 되었다. 2013년 중국 국가통계국 자료(Zhonghua renmin 2013b)에 의하면 제조업 부문은 현재 전체 농민공 노동력의 35.7%인 9,300만 명 이상의 노동자를 고용하고 있으며, 이들 중 대다수가 법정 최저임금을 받으며 숙련 노동자나 관리자로 승진하는 경우는 거의 없는 것으로 조사됐다. 이처럼 제조업 부문에서 농민공의 상당수를 고용하고 있지만, 모든 농민공이 공장에서 일하는 것은 아니다.

중국의 산업화와 기업 구조조정 과정에서 가장 큰 타격을 입은 또 다른 집단은 바로 국유기업(State-Owned Enterprise, SOE) 노동자들이다. 이 집단은 다시 도시에 거주하던 상시적 노동자와 노동 기관에서 파견한 농촌 출신 이주노동자로 구분할 수 있다. 국영기업의 도시 노동자들은 농민공보다 더 나은 고용안정성과 임금 및 노동조건의 혜택을 받았지만, 이들도 1990년대 후반 이후 수많은 국영기업의 매각과 폐쇄로 인해 대량 해고에 직면했다. 이러한 산업 구조조정 과정에서 퇴직되거나 해고당한 도시 노동자들은 대부분 '도시 빈민'의 대열에 합류하게 되었으며, 가구소득이 지역별로 설정된 빈곤선 아래로 떨어지면 최저생계보장(最低生活保障)의 수혜자가 되었다(Solinger, 2010). 그리고 이들 중 상당수는 일자리를 얻기 위해 처음으로 농민공과 직접 경쟁을 해야만 했다.

 농촌에서 이주한 노동자들은 임금 격차를 최소화하고 보편적 복지 혜택을 극대화하는 저임금 체계에 속했던 '초기의 국가 부문 노동자'와는 상황이 다르다. 그리고 도시 주민이며 주택과 건강 보험 및 연금을 받는 국가 보조금의 수혜자이지만, 이전 세대의 노동자들이 누렸던 고용안정은 결핍된 '새로운 국가 부문 노동자'와도 다르다. 도시에서 일하는 '농민'이며, 단일한 계급을 구성하지 않는 농민공에게 마르크스주의적 계급 정의를 적용하기에는 여러 문제가 있다. 따라서 많은 연구자가 경제적·정치적·사회적 지위에 대한 베버(Max Weber)의 개념을 인용하여 농촌 출신 이주민들을 현대 중국 도시의 최하위 계층으로 간주하는 것을 선호한다(예컨대 Li Qiang, 2004). 또 다른 연구자들은 이들을 '새로운 노동계급'(Carrillo and Goodman, 2012)의 일부로 보거나 '농민공 계급'으로 묘사하고, 이들을 '불완전한 혹은 미완성의 프롤레타리아트화'(Chan and Selden, 2013; Pun and Lu, 2010b) 과정의 어딘가에 위치시키는 것을 선호한다.

 이처럼 호구 제도가 농민공의 모호한 정체성을 형성하는 데 중요한 역할을 한다는 것은 분명하지만 내가 농촌 출신 이주 가사노동자에 관한 연구에서 주장한 것처럼(W. Sun, 2009a), 이 제도의 차별적 성격은 물질적 요소와 상징적 요소를 모두 가지고 있다. 호구 제도는 단순히 사람들을 농촌과 도시 인구로 나누는 것만이 아니라, 각 집단이 서로에 대해 상상하고 이야기하는 무수히 많은 방식을 형성한다. 이 책은 이와 같은 전제에서 출발하지만, 이보다 훨씬 더 폭넓은 '무대'에서 전개되는 주류 및 주변부를 막론한 중국 미디어와 문화적 실천의 전반적인 배치를 고찰하고, 다양한 이해관계와 필요 및 권리 담론 사이에서 발생하는 논쟁과 타협의 과정을 탐색한다.

농민공 구성의 복합성

농민공의 다양하고 복합적인 성격과 이들이 중국 사회변화에 미치는 다면적인 영향을 고려할 때, 본 연구에서는 더 넓은 '무대'를 설정하는 것이 중요하다. 2억 6,200만 명에 달하는 이 집단은 농민공이라는 공통의 이름을 달고 있지만, 이들을 단일화하기는 쉽지 않다. 1980년대 중반에 중국 농촌 출신 이주자들이 가장 많이 종사하는 여섯 가지 고용 유형은 제조업, 서비스 및 접객업, 건설업, 가내 의류 가공업, 쓰레기와 폐기물 수거, 가사노동으로 확인되었다(Solinger, 1999). 하지만 중국 정부의 2012년 농민공 조사(Zhonghua renmin, 2013b) 자료에 의하면 이들의 고용 구조에 약간의 변화가 생겼음을 알 수 있다. 즉 농민공 고용의 6개 주요 영역이 제조업(35.7%), 건설업(18.4%), 가사 및 기타 서비스업(12.2%), 소매 및 소규모 자영업(9.8%), 운송, 보관 및 우편배달업(6%), 식당 및 접객업(5.2%)으로 나타났다. 성별로는 66.4%가 남성으로, 이제 여성이 전체 농민공의 3분의 1을 차지하게 되었다(Zhonghua renmin, 2013b).

농민공 집단 내부의 차이는 노동자와 고용주의 관계, 노동조건, 조직화된 대표성 수준, 기술 수준, 민족, 소득, 연령, 결혼 및 부모 상태 등의 사회학적 차원에 따라 분류될 수 있다. 그리고 이러한 차이는 도시에서의 소비를 감당할 수 있는 능력, 도시 및 도시 생활과의 유대감, 주거 환경, 교육 기회, 고향의 토지와 가족에 대한 애착 수준 등 노동자의 일상생활에서도 발견할 수 있다. 그리고 노동자들은 그들의 정체성, 소속감, 주체성뿐만 아니라 미래와 도시에 대한 불안, 희망, 두려움, 욕망 등에 깃든 정서적 환경 등 문화적 측면에서도 구분될 수 있다.

더욱이 특정한 고용 단위에서 이주노동자들이 개별적으로 경험하는 고유한 문제들로 인해 각기 다른 고충이 발생할 수 있다. 예컨대 가사노동자는 고용주의 존중 부족으로 인해 자존감이 만성적으로 손상되거나(Hu, 2011; W. Sun, 2009a; Yan, 2008), 혹은 때때로 성희롱을 당할 수도 있다(W. Sun, 2009a). 그리고 건설 노동자들은 종종 제때 임금을 받지 못하거나 아예 받지 못하는 경우가 많으며, 이로 인한 분노로 촉발되는 '폭력의 문화'가 만연해 있다(Pun and Lu, 2010a, 2010b). 또 공장 노동자들은 생산라인에서 성수기 동안의 주 7일 하루 12시간 노동으로 인한 소외감을 감당해야만 한다(W. Sun, 2012b). 한편 특정 유형의 감정적 반응이 특정 이주노동자 집단에 대한 고용주 및 도시 거주민의 인식을 좌우할 수도 있다. 예컨대 일반적으로 가사노동자는 고용주에게 불신을 받으며, 건설 노동자는 대중들의 연민과 걱정을 자극하고, 성 노동자는 혐오와 도덕적 증오를 유발한다. 그리고 이주노동자들의 미디어 및 정보 기술 사용 경험의 다양성에서도 문화적 차이를 확인할 수 있다. 예컨대 나이가 많은 건설 노동자들은 텔레비전, 뉴스, 독서 또는 인터넷을 거의 활용하지 않지만, 공장의 젊은 노동자들은 일반적으로 PC방에서의 컴퓨터 게임과 스마트폰 및 태블릿과 같은 모바일 기술을 포함한 매우 다양한 엔터테인먼트와 커뮤니케이션 자원에 접근할 수 있으며 대부분 다양한 소셜미디어에 정기적으로 접속한다.

농민공 집단의 다양성은 건설 노동자와 공장 노동자가 경험하는 고충의 성격을 비교하고, 이들 집단이 선호하는 서로 다른 행동 유형과 동원 방식을 고려하면 더욱 분명하게 드러난다. 현재 중국 건설 산업에는 4,800만 명 이상의 농민공이 고용되어 있으며(Zhonghua renmin, 2013b), 대부분이 남성이다. 이들은 다른 직종의 사람들보다 삶의 경험이 다양하며, 일반적으로 나이가 많고 교육 수준이 낮다. 교육 수준이 높고 소득 증대뿐만 아니라 (도시 거주의 희망과 같은) 다른 삶의 방식을 경험하기 위해 도시로 오는 공장 노동자와 달리, 건설 노동자들은 일반적으로 가능한 한 많은 돈을 벌어 가족의 빚을 갚고 자녀의 교육과 결혼식 비용을 마련하거나 고향에 새집을 짓는 것을 목표로 한다. 공장에서 일하는 젊은 남녀 이주 노동자와 비교해 건설 노동자들은 고향에 대한 애착이 더 큰 경향이 있으며, 이들 중 일부는 아예 수확 등 바쁜 농번기에는 고향으로 돌아갔다가 농한기에 다시 도시로 돌아오기도 한다. 그리고 2008년에서 2010년 사이에 베이징에서 진행한 건설 노동자와의 대규모 인터뷰를 통해, 이들은 한 건설 현장에서 몇 달간 일한 후 같은 도시나 다른 도시의 또 다른 현장으로 이동하는 것이 일반적이라는 사실을 알 수 있었다.

특히 건설 노동자와 공장 노동자는 계약 기한과 조건에서 한 가지 중대한 차이가 있다. 공장 노동자는 계약서에 명시된 대로 매달 임금을 받지만, 이에 반해 건설 회사는 대부분 노동자와 계약을 체결하지 않기에 정기적으로 임금을 지급하지 않는다. 대신에 건설 회사들은 연말이나 노동자들이 일을 그만둘 때 임금을 지급한다. 더욱이 급여를 비롯한 기타 노동조건이 대체로 노동자와 회사 간의 구두 계약을 기초로 하며, 중개인을 통해 조정되는 경우가 많다(Pun and Lu, 2010a, 2010b). 이에 따라 중국 도시의 건설업 부문에서 임금 체불로 인한 노동쟁의가 만연해 있다. 실제로 임금 체불은 예외가 아니라, 일반화되어 있는 것처럼 보인다. 이러한 임금 체불

〈그림 1.1.〉 점심을 먹고 있는 베이징의 건설 노동자들.
사진은 멍샤오챵(Meng Xiaoqiang)의 허락을 받아 사용함.

과 삭감이라는 광범위하며 견고하고 지속적인 문제는 푼과 루가 건설업에 종사하는 이주노동자들에게서 정식화한 '폭력의 문화'를 초래했다(Pun and Lu, 2010b).

건설 노동자들과 비교했을 때 공장 노동자들은 산업 체제 내에서 훨씬 더 높은 수준의 규율에 종속되어 있다. 산업화는 "농촌의 젊은 신체를 산업화에 적합하고 생산적인 노동자"로 바꾸기 위해 다양한 공간적·제도적 관행을 도입함으로써(Pun, 2005: 77), "게으르고 비생산적인" 노동자들의 "몸과 마음, 행동과 신념, 몸짓과 습관, 태도와 적성"을 변화시킨다(Pun, 2005: 79). 산업 경영 규칙의 경직성과 자신들의 문화적 배경과의 정서적 유대 상실, 도시에 소속되고 동일시될 수 없는 상황 등이 결합해 젊은 노동자들 사이에 소외감, 절망, 실존적 불안이 만연하게 되며, 삶의 의미와 노동의 가치에 관한 수많은 물음이 제기된다(Chan and Pun, 2010; W. Sun, 2010a). 중국 공장에서 드물지는 않지만, 산발적으로 발생하는 파업 및 기타 형태의 집단행동에서 분명하게 나타나듯이 공장 노동자들은 권리에 가장 민감한 집단이기도 하다(Leung and So, 2012). 하지만 몇몇 연구에서 볼 수 있듯이 중국 정부는 노동권 관련 행동을 조직하는 노동자들의 역량을 계속해서 엄격하게 제약하고 있다. 노동자들의 저항과 법적 조치가 증가하고 있음에도 불구하고, 노동운동의 효율성에 필수적인 자주적 노조의 설립과 결사의 자유에 대한 권리를 가까운 미래에 쟁취할 수 있을지는 여전히 불투명하다(Chan, Pun, Selden, 2013).

다양한 이주자 집단 간의 유사점과 차이점은 그 자체로도 중요하지만, 나의 궁극적인 관심은 고용 형태와 사회성 양식의 차이가 물질적인 측면뿐 아니라 상징적인 측면에서도 어떻게 발현되는지를 조명하는 데 있다. 예컨대 '공장 노동'이 가장 많은 비율의 농민공을 흡수했지만, 이 집단의 일상과 일은 영화나 텔레비전 드라마와 같은 주요 미디어와 문화적 형식 또는 저널리즘과 같은 미디어 및 문화적 실천의 서사 소재가 되지 못했다. 흥미롭게도 산업 노동자의 소외와 착취의 일상적 경험은 대부분 시라는 장르에 국한되어 재현된다. 실제로 중국의 글로벌 공장이 밀집한 주강삼각주(珠江三角洲)에서 탄생한 '노동자들의 시'는 하나의 소수 문학(minor literary) 현상으로 발전했으며, 이 특수한 문학 형식이 공장 노동자들의 사회적 경험이라는 시공간적 특이성을 어떻게 담아내고 있는지를 깊이 탐구해볼 가치가 있다(7장 참조).

또 다른 예를 들어보면 가사노동자는 전체 이주노동자의 극히 일부에 불과하다는 사실에도 불구하고, 이 집단과 고용주 간의 관계는 오랫동안 드라마 시리즈와 다큐멘터리를 포함한 텔레비전 서사물의 주요 소재를 제공해왔다. 이러한 서사물에서 보모(가사노동자)는 농촌 출신 이주자와 도시의 사회경제적 엘리트 사이의 사회적 불평등을 상징하는 은유로 기능한다. 이처럼 가정부와 고용주 사이의 갈등이 안방극장 텔레비전 드라마에서 매일 펼쳐지지만, 오히려 뉴스에서 가장 많이 다뤄지는 것은 건설 노동자와 회사 사이의 갈등이다. 물론 이러한 갈등을 어떻게 다룰 것인지는 사회 정의나 사회조화를 장려할 것인지 아니면 다른 가치를 증진할 것인지 등 그날의 정치적 명령에 따라 결정된다. 고층건물에서 뛰어내리거나 다양한 형태의 자해로 위협하는 '미디어적 사건'을 기획해 노동쟁의 해결을 압박하려는 건설 노동자들의 시도는 건설 업계에서 흔히 발생하는 임금 체불 및 임금 삭감 문제와 불가분하게 연동되어 반복되는 시각적 이미지로 자리 잡았다. 이 책 3장에서 명확하게 드러나듯이 이러한 사건 중 상당수가 '미디어적 사건'으로서 의미가 있는 이유는 노동자들이 단순히 세간의 주목을 이끌기 위해 (자살이나 고공농성 등의) 곡예를 펼쳤기 때문이 아니라, 많은 노동자가 언론의 관심을 끄는 것만이 정의를 향한 절박한 요구를 실현할 수 있는 유일한 희망이라고 믿고 있기 때문이다.

책의 구성

이처럼 복잡하고 끊임없이 변화하는 환경에 대응하여 이 책은 농촌 출신 이주민, 지식인 엘리트, NGO 활동가, 도시 중산층, 미디어 및 문화 기관, 당-국가 등을 포함한 중국의 복합적인 문화적·사회적 재구성 과정에 참여하는 모든 이들의 담론과 실천 그리고 다양한 상호작용을 탐색한다. 나의 핵심 주장은 어떠한 사회 구조의 재편이든 문화 영역에서의 동시적인 재작업이 요구되며, 좋은 방향으로든 나쁜 방향으로든 사회적 변화에는 정치경제와 문화정치라는 두 개의 엔진이 필요하다는 것이다. 이 책은 농민공의 형상이 서발터니티(하위주체성)의 정치경제와 문화정치에서 핵심임을 입증하기 위해 시작되었다. 농촌에서 이주해 온 노동자들은 단순히 미디어와 문화적 표현물의 소비자일 때가 많지만, 때로는 그것의 생산자이기도 하다.

이러한 측면을 고려할 때, 이 책의 첫 번째 과제는 미디어 및 문화적 형식의 소비자이자 생산자로서의 이들 경험에 대한 민족지학적 고찰을 생성하는 것이다. 게다가 농민공은 다양한 미디어 형식과 문화적 표현에서 (자기) 재현과 정체성 구축의 대상이기도 하다. 따라서 본 연구의 또 다른 중요한 과제는 농민공이 배치되는 주요 방식을 보여주는 문화적-이데올로기적 지형을 세밀하게 그려내는 것이다. 이 책의 마지막이자 아마도 가장 어려운 과제는 문화 분석과 민족지를 통합하여 두 가지 목표를 달성하는 것이다. 첫 번째 목표는 지배적 미디어와 문화 형식에 대한 대응으로서의 대안적인 사회적·문화적 실천의 출현을 추적하는 것이다. 두 번째 목표는 대안적인 정치 공간을 만들기 위해 투쟁하는 서발턴들의 미디어 및 문화적 실천이 직면한 기회와 도전의 성격과 심도를 측정하는 것이다.

왕후이(Wang Hui, 汪暉)는 불평등이 심화하는 시대에 중국 내외의 지식인들에게 '재정치화(repoliticization)' 작업에 참여할 것을 촉구하면서 다음과 같이 말한다.

당대의 '탈정치화(depoliticization)' 과정은 이 역사적 변형의 산물로서, 그 아래에서 새로운 사회적 불평등은 자연스러운 것으로 되어왔다. 이러한 불평등에 대한 비판은 그 자체의 성공을 위한 전제조건으로 반드시 재정치화를 실현해야 한다. 이 재정치화의 핵심은 이론과 실천의 방면에서 '자연적인' 중립적 국가를 파괴하는 것이다. '탈자연화(de-naturalization)'는 탈정치화와 맞서기 위해 반드시 이용되어야 한다(Wang H, 2009: 13-14).*

총 4부로 구성된 다음 장들에서는 중국 현대 문화지형에서 농촌 출신 이주민의 배치(자기 배치포함)를 통해 농민공을 비롯한 프롤레타리아 주체를 재구성하는 데 있어 몇 가지 핵심 지점을 탐색한다. 각 장은 나름의 방식으로 다양한 미디어 및 문화 형식의 문화적 논리가 현재 '중국 특색의 신자유주의'(Harvey 2005)로 알려진 지배적인 정치적-이데올로기적 논리와 비록 대체로 모순적이기는 하지만, 어떻게 서로 교차하고 상호작용하여 때로는 예측 가능하고 때로는 그렇지 않은 결과를 낳는지를 보여준다.

제1부에서는 경험적, 방법론적, 이론적 측면에서 연구를 위한 배경을 설정한다. 이어지는 2장에서는 '서발턴 연구집단(Subaltern Studies Group)' 학계만이 아니라, 중국 연구와 관련해서도 핵심적인 주요 개념들을 검토한다. 즉 '인정의 정치(politics of recognition)'와 의식화 고양을 위한 미디어 및 기술 활용 능력의 역할을 포함하여 본

---

*   [역주] 저자가 인용한 왕후이의 이 책은 『The End of the Revolution: China and the Limits of Modernity』(London: Verso, 2009)인데, 한국에서는 아직 출간되지 않았다. 다만 책에 수록된 주요 논문들은 국내에도 일부 번역되었으며, 특히 여기에 인용된 내용은 『뉴레프트 리뷰』(길, 2009)에 「탈정치화된 정치, 동에서 서로」라는 제목으로 번역 출간되었다. 이외에도 왕후이가 제시한 '탈정치화', '재정치화' 등의 개념에 관한 역사적 이해와 이론적 함의에 대해서는 그의 주요 논저를 선별해 번역 출간한 『탈정치 시대의 정치』(돌베개, 2014)를 참조할 수 있다.

〈그림 1.2.〉 중국 광둥성 선전의 삼성전자 공장 밖에 있는 휴대폰 판매점. 이런 매장에서 고객들은 1위안(사진 중앙의 표지판에 기재된 금액)의 가격으로 영화, 동영상, 인기곡들을 다운로드할 수 있다. 사진: 저자(Wanning Sun)

연구에서 다루는 관련 이슈를 개괄한다. 그리고 서발턴들의 실천을 연구할 때 발생하는 몇 가지 주요 방법론적 문제를 논의하고, 이 연구에 접근하기 위해 내가 채택한 전략은 무엇인지를 간략하게 설명하는 것으로 마무리한다.

제2부에서는 농촌에서 이주한 사람들을 '타자'로 배치하는 가장 보편적이고 영향력 있는 주류 서사의 장인 뉴스 미디어와 '도시영화(urban cinema)'*가 어떻게 사회적 갈등과 관계를 조정하는지 탐

---

* [역주] '도시영화'란 도시화가 그려낸 다양한 사회적 경관과 새로운 도시 주체들의 정체성 형성 및 갈등을 주요 소재로 다룬 영화를 통칭한다.

색한다. 이러한 미디어 매체들은 사회적 불평등에 대한 헤게모니적 이해를 영속화하는 주류 문화의 힘과 역량을 잘 드러내는 전형적 예시이다.

구체적으로 3장에서는 농촌에서 이주한 건설 노동자의 형상과 이들의 임금 삭감 및 체불에 맞선 끊임없는 투쟁을 뉴스 저널리즘이라는 확대경을 통해 집중 조명한다. 즉 뉴스 미디어가 어떻게 경제적 현실을 설명하고, 사회적 갈등을 조정하며, 노동자의 정체성을 (재)정의하고, 그러한 정체성 구성이 이루어지는 과정에서 이데올로기적 수용성의 척도를 재설정하는지를 고찰한다. 그리고 뉴스 유형의 생산과 뉴스 소비자로서의 서발턴들의 경험을 대조하여 이주노동자들의 뉴스 읽기 습관은 어떻고, 또 뉴스의 진의(가치)에 대한 이해는 어떠한지에 관한 민족지학적 설명을 제공한다. 특히 이 장은 정치적 인정과 경제적 보상을 위한 건설 노동자들의 투쟁에서 성공과 실패를 결정하는 모순적인 힘들의 상호작용에 초점을 맞춘다. 이러한 힘에는 일반적으로 사회적 조화와 안정을 유지하고, 정치적 정당성을 강화하기 위한 중국 뉴스 생산의 정치적 논리가 포함된다. 그리고 뉴스의 선택과 보도에서 극적인 분위기와 갈등 및 행위에 특권을 부여하는 뉴스 생산 과정에서의 미디어 논리도 포함한다. 이 장에서는 종종 모순적인 논리를 사용하여 항의와 저항을 표현하고자 하는 농촌 출신 이주민들의 갈망이 어떻게 이들을 가장 절박한 국면으로 이끌어 고층건물에서 뛰어내리는 것과 같은 서발턴들의 '발화행위'(speech act, 혹은 화행) 형태로 체현되는지를 보여준다. 서발턴은 '말'을 할 수 없을지는 모르지만, 자신들의 몸으로 서발턴적 존재감을 드러낼 수 있다. 이 장의 논의는 비록 뉴스가 사회적 갈등과 사회적 관계를 드러내는 가장 영향력 있는 미디어 형식이긴 하지만, 이것이 분노한 농민공들과 같은 집단의 침투와 개입 그리고 전유에 영향을 받지 않는다는 의미는 아님을 잘 보여준다. 그리고 당국의 권위적인 미디어 형식은 유순한 독자를 양산하는 대신, 그들이 세뇌하려고 하는 바로 그 사회적 집단의 구성원들 사이에 정치적 자각과 사회화를 초래하는 의도하지 않은 (심지어 자신들의 관점에서 볼 때 불리한) 결과를 만들어낼 수도 있음을 보여준다.

    4장에서도 지배적 텍스트와 청중으로서의 서발턴들의 반응을 병치하여 보여주지만, 그 초점을 저널리즘에서 '도시영화'로 전환한다. 이 장에서는 국가가 후원하는 영화와 상업영화 등의 주류영화가 건설 업계의 악명 높은 노동분쟁, 산업재해, 사망사고 등의 사례에 접근하는 다양한 방식들을 살펴본다. 그리고 이주노동자들이 이러한 영화를 볼 때 무엇이 그들을 웃거나 울게 하는지를 질문하면서, 영화가 관객들에게 울림을 주는 특정한 계급적 방식에 특히 주목한다. 이러한 분석을 통해 알 수 있듯이 '도시영화', 특히 도시 코미디의 광범위한 매력은 다음 두 요소 사이의 창조적 긴장을 활용하는 능력에 있다. 첫 번째 요소는 상업영화는 현실적이고 폭넓은 공감을 불러일으키면서, 서사적으로 매력적인 방식으로 도시 경험을 전달해야 한다는 것이다. 이는 광범위한 사회적 긴장, 계급에 기반한 불만, 그리고 영속적으로 존재하는 '도시의 이방인'(예컨대 농촌 출신 이주민)과 같은 시사적 주제를 다룰 필요가 있음을 의미한다. 또 다른 요소는 상업영화는 기업의 이윤 창출만이 아니라, 정치적 안전판 역할을 하는 영화들을 제작할 필요가 있다는 것이다. 이는 영화를 통해 비극적인 경험에 희극적 위안을 주고, 사회적 불만을 증폭시키기보다는 완화하는 방법을 찾을 것을 요구한다. 비록 뉴스와 마찬가지로 주류영화는 농촌 출신 이주민에 대한 일부 도시 중심적인 관점을 영속화하는 데 책임이 있지만, 동시에 불의한 사회적·경제적 현실과 존엄한 존재로 존중받을 개인의 권리를 인정해야 하는 책무에도 반응하고 호응해야 한다. 이처럼 영화는 마치 양날의 검과 같이 도시와 농촌 출신 이주민 관객 모두를 위한 현실 도피적 오락을 생산하는 동시에, 농촌 출신 이주민들의 정치적 사회화를 촉발할 수 있는 잠재력도 갖고 있다. 따라서 주류 상업 영화는 다양한 형태와 모습으로 존재하는 서발턴들을 재발견하고 추적할 수 있는 풍부한 기록 저장소(아카이브)로 자리매김한다. 그렇기에 사회적 변화를 위한 가능성을 결코 무시할 수 없다.

제3부에서는 '자기재현'의 형태로 나타나는 서발턴 정치를 논의한다. 즉 NGO와 이주민 활동가들이 수용하고 있는 두 가지 '스몰 미디어' 실천인 영상과 사진에 대해 살펴본다. 동영상이나 핸드폰 카메라의 사진과 같은 스몰 미디어의 생산과 소비는 농촌 출신 이주민, 그중에서도 특히 청년들의 일상생활에서 필수적이다. 따라서 스몰 미디어 기술들이 서발턴 정치에서 갖는 잠재적 유용성 사이의 관계를 진지하게 고려할 필요가 있다.

구체적으로 5장은 국영 TV 프로그램, 독립 다큐멘터리 영화, 농촌 출신 이주민 활동가들이 제작한 비디오 다큐멘터리 등 각종 형식의 다큐멘터리에 나타나는 다양한 '인정의 정치'에 대한 분석으로 시작한다. 이러한 분석은 몇몇 특정 형태의 서발턴 정치가 발생하는 배경을 보여준다. 이는 소형 디지털 비디오 캠코더를 사용하여 사회의 지배적인 세력에 '반박'하고, 농민공들의 의식을 고양하며, 대안적인 역사를 기록하려는 일부 농촌 출신 이주 문화 활동가들의 작업에 대한 민족지로 이어진다. 이들의 기록에서 드러나는 몇 가지 통찰은 특히 주목할 만하다. 첫째, 주류 제작물에서 농촌 출신 이주민은 어떤 경우에는 연민, 호기심, 도덕적 연대의 대상으로, 또 때로는 통치, 관음증, 연구, 치안의 대상으로 설정된다. 둘째, 이러한 지배적인 목소리에 반박하려는 목적의 서발턴 미디어 정치에서 NGO 활동가들의 명시적인 목표와 풀뿌리 수준에서 이주노동자들의 참여와 관심을 유발하는 실제 역량 사이에는 종종 현격한 불일치가 존재한다. 이는 이들 미디어 활동가들이 서발턴으로서 '담론적 말하기'를 본격적으로 시도하면서 엘리트 독립영화 제작자들과 유사한 시각적 언어와 관용구 및 스타일을 채택하는 경우가 많은데, 이러한 접근 방식은 일반적으로 오락을 추구하는 농촌 출신 이주민 관객들의 취향과 기대에 부합하지 않기 때문이다. 따라서 이로부터 우리는 명백하고 분명한 서발턴 주체라는 것은 존재하지 않으며, 서발터니티(하위주체성)는 점진적(gradation) 변화의 문제임을 알 수 있다. 셋째, 동원 및 의식 고양과 같은 활동에서 활동가 집단의 성공은 비록 반드시 그런 것은 아니지만, 일시적이고 순회하며 유동하는 '스몰 미디어' 실천에 참여해야 할 필요에 따라 점차 좌우되고 있다. 텔레비전이나 영화와 같은 '빅 미디어'와 달리 디지털 비디오는 제작 예산과 인력 및 기술력 요구치가 낮고, 배급 및 유통 규모도 제한적이다. 따라서 디지털 비디오는 활동가들에게 접근이 쉽고, 참여자들이 국가의 감시와 통제를 피할 수 있는 저렴하고 실용적인 도구로 인식된다.

6장은 글로벌 포토저널리즘(photojournalism), 국가가 후원하는 사진전, 전문 사진작가들의 작품집, 그리고 이주노동자들이 직접 핸드폰 카메라로 촬영한 아마추어 이미지 등의 주요 담론 공간에서 중국 농민공들의 영상 이미지가 생산되는 방식에 대한 비판적 개괄로 시작한다. 여기서 우리는 국가의 후원을 받는 사진들에서 농촌 출신 이주자들이 반복적으로 등장하지만, 그들의 가시성은 대부분 웃고 행복해 보이는 감정노동을 기꺼이 수행하여 '조화로운 사회'에 기여함을 조건으로 한다는 사실을 알 수 있다. 이어서 다음의 두 가지 농촌 출신 이주민 주도의 기록 작업에 대한 민족지적 서술로 넘어간다. 첫째는 노동자들이 자신들의 노동조건과 일상을 기록하기 위해 핸드폰 카메라를 활용하는 현상을 설명하고, 둘째는 NGO의 지원을 받는 농촌 출신 이주민 사진 프로젝트의 제한적 성공에 대한 사례 연구이다. 주류 표현 양식에 대응하여 이주민 활동가들은 핸드폰 카메라를 사용해 그들의 일상적 경험을 기록하고 인증하며, 스마트폰과 소셜미디어를 통해 이러한 이미지를 유포한다.

농촌에서 이주해 온 노동력의 상당수는 주로 1980년대와 1990년대에 태어난 2세대 이주민으로 구성되어 있다. 이들은 그들의 부모보다 더 도시화되었고, 교육 수준이 높으며, 기술적으로도 숙련되어 있다. 이 장에서는 5장에서 살펴본 영상 및 영화제작자에 대한 논의에 따라 '디지털-정치적 리터러시'의 개념적 중요성을 지적하고, 서발턴 의식과 '디지털 리터러시(digital literacy)'의 관계가 그 어느 때보다 변증법적이고 상호 얽혀 있음을 주장한다.* 이는 더욱이 농촌 출신 이주민 미디어 활동가들의 수가 적고 영향력도 미미하지만, 값싼 노동력을 생산하면서 동시에 그 노동력을 생산하는 자신들의 이미지를 포착하는 행위가 집단적 정체성의 구성원으로서의 자기 인식에 어떤 영향을 주는가라는 질문 이면에 심대한 함의가 있음을 보여준다. 그러나 동시에 5장과 6장은 모두 지식인 엘리트와 그들이 대변하고자 하는 이주민 노동자들의 관계에서 일부 노동 NGO들의 모호한 입장을 암시한다. 이 장들에서 우리는 활동

---

* [역주] '디지털 리터러시'란 디지털 시대에 필수적으로 요구되는 정보 이해 및 표현 능력을 일컬으며, 디지털 기기를 활용하여 원하는 작업을 실행하고 필요한 정보를 얻을 수 있는 지식과 능력을 의미한다.

가들과 지지자들이 일상적인 실천에서 정치적, 경제적, 심미적 딜레마를 어떻게 살아내고 있는지를 살펴보고, 다양한 미디어 활동가들이 처한 전략적 어려움과 한계를 인식하게 된다.

제4부에서는 자기재현(self-representation)에 대한 분석적 초점을 이어가면서, 재현(representation)과 자기재현의 구분이 유지되기 어렵기에 문화적 중재자와 매개자가 명확하게 수행해야 할 역할이 있음을 주장한다. 7장은 독특한 문학 형식으로서의 '다공 시가(打工詩歌)'의 탄생과 발전 과정을 추적하고, 이것이 갖는 증언과 저항 및 역사적 연대기로서의 성격을 고찰하며, 문학적 현상으로의 '노동자 시가'에 대한 공적 논쟁에서 나타난 핵심 지점들을 조명한다. 이 장에서는 지역 정치세력과 주류 문학계, 그리고 노동자 시인들의 관계에 대한 질문을 통해 문화적 매개, 문화 자본, 사회적 이동의 정치성을 고찰한다. 이를 통해 서발터니티의 다중적, 관계적, 논쟁적 성격을 드러낸다. 여기서 우리는 누가 '진정한' 서발턴인지의 질문은 물론 중요하지만, 다른 한편으로 이 질문은 모호함과 모순으로 가득하다는 것을 알 수 있다. 도시의 주류 시인들의 작품은 진정성을 이유로 농촌 출신 이주민 시인들의 도전을 받지만, 농촌 출신 이주민 시인들도 대체로 그들이 대표한다고 주장하는 이주노동자들로부터 취향과 스타일이 '너무 엘리트적'이라고 여겨진다. 한편 사회적·문학적 현상으로서의 '노동자 시가'는 대중적 상상력을 계속 포착하고 있다. 이를 인용하는 노동 사회학자들을 포함한 일부 연구자들은 '노동자 시가'를 중국 노동자들의 삶과 산업화의 경험에 관한 가장 진실한 기록이라고 평가한다. 하지만 또 다른 사람들은 이를 조잡하고 문학적 가치가 부족하며, 좀 더 세련되게 다듬고 개선할 필요가 있다고 생각한다.

8장은 권력에 대항하려는 이주노동자 작가들의 개입주의적 역할에 관한 탐구를 이어간다. 이 장에서는 주로 이주민 여성들이 직접 쓴 소설에서 섹슈얼리티와 모빌리티(이동성)의 재현이라는 프리즘을 통해, 이러한 문학 작품들이 농촌에서 이주해 온 여성들이 극도로 계층화된 도시사회 세계를 헤쳐나가기 위해 어떻게 성(性, sex)을 활용하는지에 대한 대안적 설명을 제공하는지를 보여준다. 따라서 독자들은 여공(다공메이, 打工妹)의 관점에서 도시 생활을 공감하게 되고, 그들의 결정과 행동이 도덕적·물질적 세계에 강요된 제약과 한계에 기초한 것임을 이해하게 된다. 이 장에서는 이러한 작품들이 주류 대중적 서사물보다 농촌 출신 이주민 여성의 성적 경험에 관한 더 진실하고 사실적인 설명을 제시하기 때문이 아니라, 그들의 강요된 성적 생활에 대한 좀 더 설득력 있는 해석을 제공하기에 매우 중요한 도덕적 개입을 구성한다고 주장한다. 일부 농촌 출신 이주 여성 작가들은 자신들의 작품을 '자기 체험적'이고 '자기 문화기술적'인 것으로 제시함으로써, 서발턴 연구자들이 '전략적 본질주의'*라고 부르는 것에 효과적으로 관여한다. 이 장에서는 진정한 서발턴 장르로서 이러한 작품들의 전망에 대한 질문도 제기한다. 성적인 인물을 중심으로 하는 중국 대중문화 경관의 복잡성과 복합성은 진정한 서발턴 관점에 관한 우리의 탐색을 단일하고 깔끔한 재현의 영역으로 제한하려는 어떠한 시도에 대해서도 주의할 필요가 있음을 경고한다. 서발턴 문학의 특성인 유동성과 미끄

---

*　[역주] 탈식민주의 이론가 스피박(Gayatri chakravorty Spivak)이 페미니즘의 여성 주체 논쟁에서 본질주의의 모순을 피하면서 동시에 본질주의를 전유하기 위해 제안한 개념이다. 가령 가부장제의 억압 주체인 '남성'을 데리다의 해체론을 이용하여 해체하면서 저항 주체로서의 '여성'을 구성하는 것은 논리적 모순이고 이론적 허구이지만, 저항 담론의 토대를 구축하기 위해서는 '여성'이라는 일종의 본질주의적인 범주를 상정하는 것이 필요하다는 것이다. 그렇지 않으면 여성이 주체가 된 저항 담론이 아예 출발할 수 없기 때문이다.

러짐은 이주노동자들 사이에서 그 독자층의 규모를 측정할 수 없게 만든다. 이 장에서 볼 수 있듯이 '다공 문학(打工文學)' 영역은 다양한 외부 세력의 침투와 교배 및 정치-경제적 압력에 취약하다.

이 책은 총 4부와 결론으로 배치되어 있지만, 각 장의 논의에서 나타난 입장과 실천이 개별적, 병렬적, 대립적인 요소로서 독립적으로 존재하는 것이 아님을 분명히 밝혀둔다. 또 이러한 배치는 사회의 주변부에 있는 사람들이 헤게모니에 저항해야 하는 부담스러운 과제를 짊어져야 한다는 의미도 아니며, 3부와 4부에서 살펴본 대안적 관점과 실천에서 모색한 가능성의 공간이 영향력과 범위 면에서 주류 헤게모니에 필적할 만하다고 암시하려는 의도도 아니다.

이 책은 개혁기 중국의 불평등을 분석하는 데 매우 유용하고 중요한 영역으로서의 문화를 명시적이고 체계적으로 접합하여 설명한 최초의 책 중 하나이다. 불평등을 측정하는 엄밀한 분석적·경험적 척도에 대한 지속적인 견해 차이에도 불구하고, 만약 사회과학자들이 현대 중국에서 불평등이 가장 중대하고 난해한 사회적 현실이라는 합의에 도달했다면, 불평등에 대한 분석과 비판은 반드시 도덕적·정치적 측면 모두에서 전략적 개입을 위한 토대를 마련하는 것에서 시작해야 한다. 그리고 이러한 이론적·개념적·분석적·경험적 작업은 정치와 자본주의, 그리고 사회적 경험의 영역에 문화를 재배치하는 과정에서 미약하고 부분적인 방식으로라도 반드시 기여해야 한다. 이 책이 수행하려는 바와 같이 문화와 계급 간의 관계를 설명하는 것은 확실히 이러한 지적 탐구의 필수적인 차원을 구성한다.

2장
중국의 서발턴

세상은 점점 더 중국의 부상과 번영, 그리고 빠르게 성장하는 중산층과 슈퍼 부자의 출현에 관한 이야기로 넘쳐난다. 이러한 현상이 점점 더 전 세계적 상상력을 불러일으키면서, 중국은 영국이 1세기 반 이상 걸려 완성한 수준의 산업화를 불과 30년 만에 달성했다는 것이 미디어 논평에서 가장 자주 등장하는 말이 되었다. 많은 사람이 중국이 이룩한 경제 성장과 생활 수준의 향상을 거의 기적에 가까운 성취라고 환호했다. 그러나 지난 30년간의 경제 개혁과 발전이 중국을 지구상에서 가장 평등한 사회 중 하나에서 세계까지는 아니더라도 아시아에서 가장 불평등한 사회 중 하나로 변화시켰다는 사실 또한 의심의 여지가 없다(Anagnost 2008; Davis and Wang 2009; Harvey 2005; Lee and Selden 2008; Whyte 2010; Zang 2008). 하지만 주변으로 내몰린 수많은 사회적 집단으로 이루어진 또 다른 중국은 대체로 가려져 있다. 자신들의 삶에서 더 큰 평등과 더 적은 차별을 원하는 소박한 꿈을 가진 이들 집단의 구성원들은 시진핑 주석이 주창하는 '중국의 꿈'의 핵심인 공동부유(共同富裕)를 통한 중국의 부흥이라는 비전에 불안한 그림자를 드리우고 있다.

이 책은 농촌에서 이주해 온 노동자의 형상을 중심으로 '서발턴 차이나'를 체계적이고 심도 있게 탐구하려는 시도이다. 도로시 솔린저(Dorothy Solinger)의 획기적인 저서 『중국 도시의 시민권 경합:

농민 이주자, 국가, 시장의 논리』(1999)의 출판 이후 중국 농촌 출신 이주민의 삶을 다룬 몇 권의 책들이 출간되었다. 중국의 농민공 문제에 관한 학문적 관심과 연구 지원이 증가하고 있지만, 이러한 작업은 대체로 사회학과 정치학 분야에서 이루어지고 있으며 주로 제도와 구조적 문제에 초점을 맞추는 경향이 있다. 그리고 중국 노동계급의 정체성을 재현하는 문화정치에 관한 체계적인 연구와 지원은 여전히 찾아보기 어렵다. 현대 중국의 노동자와 농민들이 새롭게 획득한 서발턴으로서의 정체성에 관한 뤼신위의 비판적 분석(1장 참조)이 이 책에서 다루고자 하는 핵심적 질문의 토대를 형성한다. 과거 국가의 주인이자 '역사상 가장 진보적인 세력'이었던 중국 노동자와 농민들은 어떻게 현대 중국 정치에서 서발턴 지위로 전락하게 되었는가? 나아가 새롭게 획득한 서발턴적 위치에 대응하는 중국 노동자와 농민 집단의 '서발턴 정치'가 출현했는가? 만약 그렇다면 이들의 서발턴 정치는 어떤 형식과 형태를 취하는가?

뤼신위의 작업은 사회주의 시기 수십 년 동안의 중국 노동자의 정치적 지위에 주목한다. 1949년에 중화인민공화국을 건국한 중국 공산당은 새로운 국가 경제만이 아니라, 새로운 노동자 계급 정체성 정치의 건설이라는 거대한 과제에 직면했다. 즉 이전에 지주와 자본가들에게 착취와 억압을 받던 노동자와 농민을 어떻게 동원하여 사회주의 근대화 과정에 동일시하고 적극적으로 참여하게 할 것인지가 가장 큰 도전이 되었다. 이를 위해 중국공산당의 이데올로기적 지도하에 '문화 생산'은 계급 정체성 전환이라는 사상을 적극적으로 장려하는 데 초점이 맞춰졌다. 이러한 정체성 구조의 전환은 '번신(翻身)'이라는 용어의 광범위한 사용으로 구현되었다. 문자 그대로 '몸을 뒤집는다'라는 의미의 이 용어는 신체적 은유를 통해 억압받던 사람들이 마침내 일어나 말할 수 있는 주체가 되는 정치적 정체성의 완전한 전환을 암시한다. 따라서 '번신'은 "정치적·경제적 억압을 벗어던지고, 완전한 시민권을 획득한다는 확장된 의미"를 가지고 있다(Hershatter, 2007: 87). 중국 한 마을의 혁명적 경험을 기록한 윌리엄 힌튼의 영향력 있는 저서(Hinton, [1966] 1997)를 통해 서구 학자들에게 친숙해진 '번신' 개념은 "억압이 있는 곳에는 반란이 있다"라는 마오쩌둥의 유명한 논리를 바탕으로 하며, 일반적으로 혁명적 대의의 중요한 차원인 계급 의식의 성공적인 동원에 필수적인 것으로 여겨진다.

서발턴 연구: 이론, 개념, 맥락

이 책에서 나는 중국 농민공들의 하위주체성(서발터니티)이 현재 글로벌 자본주의의 힘, 당-국가의 권위주의, 그리고 중국 사회경제적 엘리트들의 신자유주의적 가치에 대항하여 어떻게 읽힐 수 있는지 탐구하는 데 관심이 있다. 서발턴 이론에 관한 나의 관심은 의도적으로 실용적이며, 학문체계에 구속되지 않는다. 서발턴 이론의 발전, 유산, 실패의 맥락과 조건을 체계적으로 설명하려는 시도에 매몰되고 싶지 않으며, 서발턴 연구집단(Subaltern Studies Group) 안팎의 논쟁을 재현하는 데도 관심이 없다. 그보다는 나의 연구와 분석적·방법론적 측면에서의 관련성을 규명하기 위해 서발턴 연구의 주요 이슈와 쟁점을 간략하게 조명하고자 한다. 서발턴 연구집단의 본래 비판 대상은 주요 서발턴 연구자인 라나지트 구하(Ranajit Guha)가 말한 '식민주의적 엘리트주의'와 '부르주아-민족주의적 엘리트주의'이다(Guha, 1988: 37). 일부 서발턴 연구집단의 학자들은 이 두 가지 유형의 엘리트주의가 어떻게 인도 민족주의 역사학에 지속적인 영향을 미쳤는지를 보여주었다. 이들에 의하면 식민주의적 엘리트와 민족주의적 엘리트 역사학은 모두 역사를 만들어가는 민중(people)의 역할을 이해하고 인정하는 데 실패했다. 구하는 서발턴 연구집단의 선언문으로 널리 알려진 한 논문에서 엘리트주의 역사학은 "주요 행위자는 토착 사회나 식민 당국의 지배 집단이 아니라, 도시와 농촌의 노동자와 중간 계층으로 구성된 서발턴 계급과 집단, 즉 민중"임을 보지 못했다고 지적한다(Guha, 1988: 40).

구하는 인도의 서발턴 정치가 엘리트 정치와 '평행적'이고 '자율적'으로 존재했다고 주장한다(Guha, 1988: 40). 그리고 이 둘 사이의 핵심적인 차이는 자신들의 '동원의 문법'에 있다고 지적한다(Biswas, 2009: 202). 엘리트 정치는 영국 의회제도의 인도식 적응에 의존했으며, 좀 더 합법적이고 수직적인 동원을 지향했다. 이에 반해 서발턴 정치는 엘리트 정치보다 더 폭력적이었으며, 동원의 형태는 전통적인 친족 및 영토 조직에 의존하여 수평적으로 작동했다. 그리고 서발턴 정치에는 자신들의 고유한 '관습, 규범, 가치'와 다양한 저항 개념이 존재했다(Guha, 1988: 40-43).

엘리트 정치에서 민족주의가 서술되고 재현되는 방식을 거부하면서, 서발턴 연구집단의 학자들은 서발턴 의식의 문제를 연구하기 위한 대안 전략을 모색한다. 디페시 차크라바르티(Dipesh Chakrabarty)는 구하가 서발턴 의식을 저항하는 농민들의 머릿속에 존재하는 것이 아니라, 엘리트와의 관계에 있다고 주장함으로써 매우 중요한 공헌을 했다고 평가한다. 따라서 연구자들은 '저 밖에' 존재하는 의식의 증거를 찾기보다는, "엘리트와 서발턴, 그리고 서발턴 자신들 사이의 실천에서 수행되는 특정한 관계를 해독"하기 위해 노력해야 한다는 것이다(Chakrabarty, 2000: 23). 이는 엘리트 역사학에 내재한 대표성의 논리를 피하기 위해 서발턴 연구 역사가들이 방법론적인 측면에서 "단순히 엘리트의 편견만이 아니라, 이러한 기록의 텍스트적 속성을 읽기 위한 의식적인 전략을 개발하여 엘리트의 사고방식이 서발턴들의 저항적 형상과 실천을 재현하는 다양한 방식을 수집해 복원"할 필요가 있음을 의미한다(Chakrabarty, 2000: 23). 구하는 이에 대한 예시를 다음과 같이 제시한다.

> 물론 경찰, 군인, 관료, 지주, 고리대금업자를 비롯해 반란에 적대적인 사람들이 자신의 감정을 기록하는 보고서, 특보, 회의록, 판결문, 법조문, 편지 등이 그들의 의지를 대표한다는 것은 사실이다. 그러나 이러한 문서들은 반란자들의 의지도 내포하기 있기에, 어느 한 편의 의지만으로 그 내용이 구성될 수는 없다(Guha, 1988; Spivak, 1988b: 13에서 인용).

이 문장의 행간에서 볼 수 있듯이 구하는 "따라서 그 증거물 내에 필연적으로 깃들어 있는 요소로서 반란자 의식의 존재를 읽을 수 있어야 한다"고 주장한다(Spivak, 1988b: 13에서 인용). 서발턴 연구집단에서도 특히 대중적 지식인인 가야트리 스피박(Gayatri Spivak)이 볼 때, 서발턴 연구집단의 '변화 이론'에서 가장 급진적인 측면 중 하나는 자신이 "기호 체계 사이의 기능 전치"라고 부르는 의미 체계의 근본적인 기능 변화를 제안한다는 것이다(Spivak, 1988b: 4). 스피박은 서발턴 의식을 연구하는 사람들은 의식을 외부에 존재하고 측정할 수 있는 것이 아니라, 그 자체로 "기호학적 사슬로 구성되는" 담론적 과정으로 보아야 한다고 주장한다. 그리고 "비판적 의문을 제기"하는 독해 방식을 제안하는데, 여기서 독해는 이제 텍스트가 실제 삶을 어떻게 재현하는지를 발견하는 것이 아니라 기호학적 사슬의 작동, 파괴, 그리고 단절과 재연결로 구성된 사회적 행동을 읽어내는 것이다(Spivak, 1988b: 5). 이처럼 스피박에게 서발턴 연구집단의 작업은 해체의 기획이며, 따라서 사회적 변화의 정의와 해석 및 이론화의 교정과 전환으로 구성된 '변화의 이론'을 제공한다. 스피박은 긍정적인 해체는 모든 것을 부정하는 것이 아니라, "당신의 기획에 간섭하는 것에 대해 긍정"(Spivak, 1990: 47)하도록 요구하는 것이기에 오히려 "교정적이고 비판적인 운동"(Spivak, 1990: 104)이라고 역설한다. 즉 긍정적 해체는 형이상학적 혹은 수사학적 의미에서 모든 것을 파괴하기보다는, 권위적인 언어와 그 권위에 대한 요구를 심문하는 "수사관 역할"을 한다는 것이다(Donaldson, 1995: 192). 이러한 심문에서 가장 중요한 것은 '변화의 주체'를 부르주아 엘리트에서 "반란자 혹은 서발턴"으로 대체하여 재배치하는 '해체적 역사 읽기' 방법이다(Spivak, 1988b: 3).

이처럼 해체는 "긍정적 본질주의의 전략적 사용"을 특징으로 하며, "철저하게 명백한 정치적 이해관계"에 의해 동기 부여된 독해법이다(Spivak, 1988b: 13). 이러한 독해법은 엘리트 역사학의 텍스트를 정치, 이데올로기, 경제, 역사, 젠더, 계급, 언어 및 기타 여러 요인에 의해 굴절된 의미의 네트워크로 간주한다. 그리고 연구자의 임무는 텍스트 안의 요소들이 어떻게 서발턴 의식을 회복할 수 있는 흔적을 제공하는지를 "그 내부로부터 그러나 결을 거슬러" 고려하는 데 있다.

스피박에게 서발턴은 단순히 사회경제적 측면에서 엘리트에 종속된 위치에 있다는 의미가 아니다. 오히려 서발터니티는 불만을 인식하고 인정받을 수 있도록 허용하는 구조와 제도에 접근할 수 없는 존재에 관한 것이다(Spivak, 2010: 228). 따라서 서발턴은 공적 영역, 가부장제와 국가의 담론 및 도구들, 그리고 자유주의적인 "유럽의 세속적 상상" 기계에 대한 접근권의 결핍으로 정의된다(Spivak, 2007; Spivak, 2009: 195). 이러한 결핍으로 인해 지배 엘리트들은 서발턴의 말과 글을 듣거나 볼 수 없게 된다. 그러나 서발턴의 침묵은 문자 그대로의 침묵이 아니라, 유럽 중심의 자유주의적 계몽주의와 인본주의의 권력 독점이 초래한 봉쇄 혹은 난제(aporia)이다. 따라서 스피박의 가장 유명하고 논쟁적인 "서발턴은 말할 수 없다"라는 주장은 서발턴이 정말로 말을 할 수 없다는 의미가 아니라, 자신의 목소리를 공인하고 인식할 수 있게 하는 제도적 수단이 없다는 의미이다(Spivak, 1988a: 306). 서발턴들은 공식적인 대의 제도가 정한 경계선 밖에서 말하기 때문에, 그들의 발화는 가치를 인정받을 수 있는 구조나 제도가 없으며, 궁극적으로 포착되거나 인식되지 못한다는 것이다(Spivak, 1996).

스피박의 서발턴 개념은 활동가와 비평가들에게 '인정의 정치'와 행동주의 및 혁명적 투쟁에 대한 인정 가능성의 한계를 재고하도록 자극한다. 그리고 특권을 부여받은 연구자의 윤리적 입장에 대해서도 추궁한다. 스피박은 힌두교 전통인 '사티(sati, 과부 화형)'[*]에 대한 서구의 비난이라는 맥락에서 논의를 전개하면서 마르크스, 푸코, 데리다, 들뢰즈와 같은 서구 인본주의자들이 타자의 문화에 대한 '대상화된' 지식을 생산하는 데 내재적으로 공모하고 있음을 드러낸다. 즉 스피박은 '사티'를 "백인종 남성이 황인종 남자에게서 황인종 여성을 구하는" 기묘한 상황으로 묘사하면서, 억압된 서발턴 여성을 대변하려는 서구의 노력이 오히려 이들을 계속 침

---

* [역주] 사티는 힌디어로 '용감한 아내'라는 의미이며, 과거 인도에서 행해졌던 힌두교 의식으로 남편이 죽어 화장할 때 그의 아내가 불 속에 뛰어들어 남편의 시체와 함께 산 채로 화장되던 풍습이다.

묵시키고 있다는 사실을 독자들에게 상기시킨다(Spivak, 1988a: 297). 스피박은 식민주의자들과 인도 민족주의 엘리트들이 서발턴들에게 '인식론적 폭력'을 가했다는 사실을 부정하지 않는다. 그보다는 "서발턴은 말할 수 있는가?"라는 질문을 제기함으로써, 제3세계 서발턴들에게 "목소리를 부여하는" 서구의 "본질주의적 유토피아 정치"가 이질적인 사람들 사이의 문화적 연대와 행위성을 미리 상정하는 위험이 있음을 주장한다(Spivak, 1999: 257). 그리고 서발턴 연구집단의 학자들에게 서발턴 스스로 말하도록 하기보다는 "대변하려는" 경향을 경계할 것을 촉구한다.

내가 서발턴 연구에 동참하는 이유는 학문적 유행을 모방하려는 욕망에서 비롯된 것이 아니다. 사실 전반적으로 볼 때, 서발턴 연구는 여전히 최신 담론이라고 할 수는 없다. 가장 저명한 서발턴 연구 학자 중 하나인 파르타 차테르지(Partha Chatterjee)는 2012년 프린스턴대에서 열린 '서발턴 연구 이후'라는 학술대회의 기조연설에서 지적 프로젝트로서 인도 학자들이 생산한 서발턴 역사는 "그들의 시간성에 의해 중층 결정"되기에 "널리 퍼져나갈 수 없었다"라고 주장했다. 서발턴 연구집단이 설정한 과제는 이를 위해 동원된 분석틀과 방법만으로는 진전될 수 없다. 예컨대 차테르지는 농민 반란 정치를 오늘날 인도의 대중 정치와 비교하면서 농민 반란에 관한 이론적 패러다임이 더는 정치적 대중의 형성을 이해하는 데 충분하지 않다고 지적한다. 따라서 연구자들은 새로운 지적 프로젝트를 찾아야만 한다.

그러나 동시에 서발턴 연구는 아직 제대로 인식되지 못하거나 답변되지 못한 많은 질문을 남겼기에 그냥 죽음을 맞게 할 수도 없다. 차테르지는 이러한 질문들에 답하기 위해서는 텍스트, 역사, 국가 중심에서 "민족지, 현실성, 일상, 지역"으로 패러다임을 전환할 필요가 있다고 주장한다(Chatterjee, 2012: 49). 예컨대 차테르지는 이제까지의 서발턴 연구는 순수하게 서발턴들의 목소리만 탐색하면서 대중문화의 영역, 특히 '시각적 영역'을 탐구하는 데는 실패했다고 지적한다.

> 따라서 이제 많은 사람이 책이나 신문을 읽지 않는 국가에서는 대중적인 영역에서 엄청나게 유통되었지만 이제까지 역사 기록의 자료로 고려되지 않고 무시되었던 대중 인쇄물, 달력, 책 삽화, 광고, 스튜디오 사진 등의 아카이브를 통합한 새로운 학문이 출현하고 있다(Chatterjee, 2012: 49).

나는 이미 서발턴 연구 초기에 수행되었던 '서발턴 정치'의 발굴이 주로 텍스트에 기반하고 있음에 주목했는데, 이제 역사가들은 지적 역사에 관한 관심에서 '실천(practices)'에 대한 연구로 전환할 필요성을 느끼고 있다. 이러한 이유에서 차테르지는 민족지의 발전을 새로운 방향에서 바라본다. 서발턴 연구와 달리 "민족지 연구는 더는 자신들의 거대한 텍스트를 생산하지 않는 사람들의 실천적 활동의 근간일 것으로 추정되는 암묵적인 개념 구조를 밝히는 데 관심을 두지 않으며", 그 대신에 "사람들이 자신을 위해 수행하는 활동으로서 체화된 실천(관행)을 이해"하려고 시도한다(Chatterjee, 2012: 49).

중국에서의 서발턴 연구

중국 노동계급의 행위성, 목소리, 정체성 문제에 관심을 가진 사람들에게 보이지 않는 것들을 가시화하고, '말할 수 없는' 서발턴에게 목소리를 부여하고자 하는 서발턴 연구는 엄청난 매력을 가지고 있다. 중국 역사학 연구자 게일 허샤터(Gail Hershatter)는 20세기 초 상하이의 성매매에 관한 연구에서 남아시아 식민지 역사에서 발전한 서발터니티 이론이 중국에서 젠더와 계급을 횡단하여 억압받는 민중들의 예속 관계를 탐구하는 데 어떻게 생산적으로 활용될 수 있을지를 묻는다. 혁명 이전 중국에서 매춘부의 자기 재현을 찾으려는 허샤터의 시도는 대부분 공백으로 남았지만, 이러한 서발턴들의 형상은 매우 다양한 공식 및 공공 문서에 존재한다. 허샤터는 이러한 문서들을 통해 서발턴들의 경험보다는 문서 기록자들이 이들을 규제하고자 하는 통치 전략에 대해 더 많은 것을 알 수 있었다. 그러나 허샤터는 구하와 함께 민중을 역사 속으로 다시 불러들이려는 서발턴 연구집단의 시도에 동참하면서 중국 역사학 연구자들이 '서발턴-발화'를 이해하려는 시도에서 직면한 도전에 주목한다. 허샤터에 의하면 이러한 방법론적 도전은 중국의 혁명 담론에서 특히 식별 가능한 서발턴 발화 형태인 '고통 말하기(speaking bitterness, 訴苦)'가 "그들의 고통을 인정하고, 저항을 미화하며, 이 두 범주에 명확하게 속하지 않는 역사는 모두 삭제하는" 국가의 공식 언어라는 사실에서 비롯된다(Hershatter, 1993: 108).

허샤터는 혁명 이전 중국의 매춘 역사에 관한 연구와 혁명 시기의 '고통 말하기' 의례에 대한 분석을 통해 역사가로서의 연구 질문과 대상을 재구성하게 되었다. 즉 서발턴의 경험을 연구하는 역사가는 "선험적 실재를 발굴"하려고 해서는 안 되며, 서발터니티의 존재를 주어진 것으로 당연하게 여겨서도 안 된다고 확신한다. 오히려 역사가는 "노동자들이 자신들의 경험을 이해하는 범주"와, 이러한 "역사적 주체들이 자신의 경험을 의미화하는 범주들을 회복"하려고 시도해야만 한다. 그리고 역사가들은 "서발턴들이 어느 정도로 헤게모니적 범주를 정당화하고 또 전복하는지를 모두" 이해하려고 노력해야만 한다(Hershatter, 1993: 106, 108). 나아가 허샤터의 연구는 서발터니티의 계층화를 경고한다. 예컨대 반식민지 상하이의 지식인들은 자신들의 종속성을 드러내기 위해 더 종속적인 집단의 일원인 매춘부의 은유를 끌어왔다. 따라서 허샤터는 서발터니티의 개념을 연구하려는 모든 시도는 반드시 그것의 "복합적"이고 "관계적"인 속성을 인식하는 것에서 출발해야 한다고 경고한다. 즉 자신을 비롯한 역사학자들에게는 서발턴에게 자율적 주체성이 있는지의 문제가 아니라, 그들에게 서발턴적 지위를 유발하는 서발턴과 엘리트 사이의 관계를 어떻게 추적할 것인지가 중요한 문제라는 것이다.

한편 앤 아나그노스트(Ann Anagnost)도 1920~30년대의 중국 문학과 중국공산당의 농민 동원을 묘사한 문학 작품에 관한 연구에서 서발터니티 문제를 주제로 다룬다. 허샤터와 마찬가지로 그녀도 서발턴들의 '발화행위(speech act)'로서의 '고통 말하기'에 주목한다. 아나그노스트의 중국 혁명 시기의 서발턴 발화에 관한 문학 연구는 대변혁 시대 중국의 서발턴 정치와 관련된 두 가지 유용한 통찰을 보여준다. 첫째, 지식인 엘리트와 중국공산당은 모두 "존재의 정치(politics of presence)"에 적극적으로 참여했다(Anagnost, 1997; Yan, 2008). 아나그노스트가 지적하듯이 '고통 말하기' 의례의 효과는 과거에 경험했던 고통을 되살리고 "현재화"하는 능력에서 비롯된다. 이러한 과거를 재현하는 과정은 서발턴 계급 주체에게 목소리를 부여하는 과정을 승인함으로써, 서발턴의 정당하고 진정한 대표자로서의 당의 역할을 강화하는 것이기에 매우 중요하다. 둘째, 서발턴 발화로서의 '고통 말하기' 의례는 독특한 물리적 차원을 갖는다. 즉 '고통 말하기' 의례는 일반적으로 서발턴 주체가 울부짖으며 고통의 비명을 지르는 공개 공연의 방식으로 진행되기 때문에, 서발턴 발현에서 신체가 언어만큼, 때로는 그보다 더 중요한 필수 요소이다.

인류학자인 리사 로펠(Lisa Rofel)도 서발터니티가 어떻게 "문화적으로 생산, 수용, 수행, 도전, 부정되는지"의 문제에 주목한다(Rofel, 1999: 98). 로펠은 1980년대 말과 1990년 초반에 저장성(浙江省) 견직산업에서 일하는 중국 여성 노동자들이 중국의 근대성과 관련하여 자신들을 어떻게 위치시키는지를 연구했다. 로펠이 조사한 노동자들은 각기 다른 시대, 즉 1950년대 혁명기, 문화대혁명 시기, 마오쩌둥 이후 시기에 성년이 된 세 세대의 집단으로 구성되었다. 로펠은 이 세 세대의 여성 공장 노동자들이 여성과 노동자로서의 정체성뿐만 아니라, 중국 근대성에서 자신들의 위치와 관련해서도 서로를 의식적으로 구별하고 있음을 발견했다. 중국의 근대화 과정이 "노동자의 탈중심화" 방향으로 진행되면서 다양한 연령대의 노동자들이 점점 더 주변화되는 경험을 하게 되었다(Rofel, 1999: 97). 그러나 로펠은 다양한 세대 집단의 노동자들이 자신들의 주변화 문제에 대해 같은 방식으로 협상하지는 않는다는 사실을 발견했다. 이는 각 세대 집단마다 국가 및 사회주의적 수사에 대해 서로 다른 관계를 맺고 있으며, 이에 대한 기억으로 인해 현재 그들의 서발터니티 경험을 각기 다양한 방식으로 이해하도록 만들었기 때문이다.

로펠은 다양한 연령 집단의 중국 여성 공장 노동자들을 비교함으로써, 서발턴 자신들의 정체성이 "생산 관계에 (본질적으로) 내재된" 것이 아님을 확신하게 되었다. 따라서 서발터니티에 관한 연구는 젠더, 계급, 국가가 어떻게 교차하여 "역사적으로 다양한 범위의 서발턴과 서로 다른 정체성"을 만들어내는지를 반드시 고려해야 한다(Rofel, 1999: 98). 서발턴 형성의 역사적 특수성을 파악하기 위해서는 문화를 조작하는 것이 아니라, 문화를 통해 실제로 통제력과 영향력을 획득하는 것으로 권력을 이해해야만 한다. 따라서 연구자들은 "수사적 전략, 담론적 실천, 서사 양식"에 더욱 주목할 필요가 있다(Rofel, 1999: 168).

남아시아 식민주의에 대한 비판적 대응으로 발전한 서발터니티 개념은 이론적·분석적 매력을 통해 본래의 역사적·사회적 맥락을 넘어 확장되었다. 이후 외부자들도 서발턴 연구집단이 발전시킨 개념, 비판적 도구, 관점, 방법론을 활용하여 그들 자신의 특수한 맥락에서 서발터니티와 관련된 주제를 다루게 되었다. 여기에 소개된 중국 연구 학자들의 통찰은 이러한 비판적 적용과 생산적 참여를 잘 보여준다. 중국 혁명 시기의 '서발턴 정치'와 식민지 인도의 '반란의 정치'를 비교해보면, 가장 근본적인 차이점은 혁명기 중국의 서발턴 정치는 국가가 공인하고 지정했으며 국가의 언어로 말해졌다는 것임을 알 수 있다. 인도의 식민지 역사에서 침묵당했던 서발턴과 달리, 중국 혁명 담론에서의 서발턴은 말을 할 수 있었을 뿐 아니라 사실상 서발턴적 위치로 환영을 받았고, 자신들의 이익을 대표한다고 주장하는 세력에 의해 서발턴으로서 발언하도록 세워졌다.

'고통 말하기'라는 전형적인 서발턴 '발화행위'는 이제 사라졌는데, 이는 뤼신위가 언급한 포스트 사회주의 시대에 변화하는 중국 노동자와 농민의 운명을 잘 보여준다. 중국공산당은 자신의 지도 역할을 "가장 선진적인 생산력"의 대표로 재정의함으로써, 노동자와 농민을 현대화의 정치적·사회적·경제적 주변부에 배치했다.* 그 결과 '진정한' 포스트 사회주의 서발턴이 탄생했지만, 이제 국가가 공인하는 서발턴 발화와 정치는 더는 유효하지 않게 되었다. 예컨대 푼 응아이(Pun Ngai, 潘毅)는 중국 남부의 농촌에서 이주한 여성 공장 노동자에 관한 지속적인 민족지 연구를 통해 '다공메이(打工妹)'(농촌에서 이주한 젊은 여성 노동자, '여공')들은 국가, 가부장제, 세계 자본주의라는 '삼중 억압'에 종속되어 있다고 결론 내린다. 이들의 열등한 사회적 지위는 국가 통제, 도시-농촌 격차, 친족과 가족, 성별 차이, 생산 관계, 도시 소비 등 다양한 요인에 따라 결정된다. 따라서 푼 응아이는 권력의 지배는 "계급 관계가 함의할 수 있는 것보다 훨씬 더 복잡한" 방식으로 작동한다고 주장한다(Pun, 2005: 196). 푼은 다공메이들과 함께 생활하고 일하고 먹고 쇼핑하는 밀접한 상호 교류의 현장조사 과정에서 말과 언어를 빼앗긴 일부 이주 여성 노동자들이 자신들의 서발턴 의식을 꿈, 절규, 육체적 고통을 통해 표명하는 수많은 사건을 목격했다. 이러한 '비언어적' 표현들을 목격하면서 푼은 "서발턴은 말할 수 있는가? 혹은 절규해야 하는가?"라는 질문을 던진다(Pun, 2005: 165). 이러한 질문을 통해 푼은 이주 여성들의 절규와 신체적 고통은 "근본적으로 정치적"이라고 여기며, "저항의 소수 유형(장르)"을 구성하는 것으로 간주해야 한다고 주장한다(Pun, 2005: 193).

---

* [역주] 장쩌민 전 중국 국가주석이 2000년에 제시한 '3개 대표론'과 관련되는데, 즉 "당이 중국 선진 생산력의 발전 요구, 선진 문화의 전진 방향, 인민의 근본 이익을 가장 폭넓게 대표하기만 하면 인민의 지지를 받을 수 있다"라는 주장이다. 이는 기존 노동자·농민 중심의 중국공산당의 계급적 성격을 탈피한 것으로, 이후 선진 생산력을 대표한다는 명목하에 사영 기업가의 입당을 허용하는 방침으로 이어진다.

한편 옌 하이롱(Yan Hairong)은 2008년 농촌에서 이주한 여성들을 조사하기 위해 베이징의 도시 중산층 가정에서 일하는 가사노동자들에 관해 연구했다. 농촌에서 이주한 가사노동자들은 비록 공장에 있는 '다공메이(여공)'들과는 매우 다른 시공간 체제에서 생활하고 일하지만, 이들도 마찬가지로 명백한 종속 조건에 놓여 있다. 고용주, 감독관, 그리고 다양한 국가 기관에 의해 낙후된 가치관과 비합리적인 시각을 가졌다고 규정된 가사노동자들은 관습적으로 '낮은 소양(素質)'의 구현체로 평가되었다. 옌은 직업지도사와 감독관들이 가사노동자들에게 말하는 방식을 관찰하면서, 도시 편향적인 발전주의적 담론의 독특한 '발화행위'적 특징에 주목한다. '고통 말하기' 의례를 뒤집어놓은 이러한 '발화행위'는 중국 농민공들을 도덕적·문화적으로 열등한 위치로 몰아넣는다. 이와 동시에 옌은 가사노동자들과의 인터뷰와 이주 여성들 사이의 대화를 관찰한 결과, 서발턴은 문자 그대로의 의미에서는 물론 말을 할 수 있지만 "담론적 의미에서는 실제로 말할 수 없다"라고 결론짓는다(Yan, 2008: 246). 이들은 스피박이 인식한 것처럼 '대표성의 정치'에서 지배 계급에 참여할 수 없거나 그럴 의향이 없으며, 자신들의 목소리를 생산하고 정당화할 수 있는 제도적 수단에 접근할 수도 없기 때문이다. 그렇다고 해서 농촌에서 이주한 가사노동자들이 서발턴 정치에 참여하지 않는다는 의미는 아니다. 옌에 의하면 이는 '존재의 정치'인 동시에 '목소리의 정치'이기도 하다. 옌은 '다공메이'는 도시와 농촌, 그리고 존재와 부재 사이에 존재하는 '경계적 주체'라고 주장한다. 이들은 도시에서 고군분투해야만 하는 엄혹한 환경에도 불구하고, 그리고 그들의 존재가 환영받든 아니든 간에 계속해서 결연하게 버텨나간다. 옌은 도시에서 끝까지 머무르려는 이들의 결의가 서발턴의 '의식적 전술'을 구성한다고 말한다.

이상에서 살펴본 서발턴 연구의 이론적 관점 및 분석 방법과의 연계는 중국 서발터니티에 대한 중요한 통찰을 제공한다. 이러한 통찰들이 이 책의 개념적 토대 구축에도 매우 적절하고 중요한 도구가 되었지만, 21세기 포스트 사회주의 중국의 미디어와 문화적 재현이라는 시각을 통해 '불평등의 문화정치'를 체계적이고 포괄적으로 탐구한 연구는 아직 없었다. 이 책은 한편으로는 이러한 중국 연구 학자들의 성과를 이어받으면서도, 다소 다른 방향에서 이주노동자들을 서발턴 형상으로 연출하는 정치와 과정을 분석한다. 그리고 다음과 같은 몇 가지 개념적 질문을 고찰한다. ① 무엇보다 사회적 불평등의 심화라는 엄중한 현실이 뚜렷하게 나타나는 포스트 사회주의 중국에서 목소리, 가시성, 행위성, 그리고 권력의 정치는 어떻게 경합하는가? ② 정치적, 사회적, 경제적 종속의 현실과 경험이 표출되는 주요 범주는 무엇인가? ③ 국가, 문화적 엘리트, 도시 거주민, 농촌 출신 이주민의 새로운 주체적 위치는 이들 상호 관계의 경합 과정에서 어떻게 재구성되는가?

나는 이러한 핵심 질문에 따라 서발턴 연구집단의 서발터니티에 관한 이론화 작업을 긴밀히 활용하면서, 포스트 사회주의 중국에서 젠더, 장소, 계급, 국가가 어떻게 교차하여 종속, 투쟁, 협상의 독특한 조합을 생산하는지 검토한다. 그리고 서발턴에게 목소리를 부여하려는 시도에서 나타나는 서발턴 의식의 대상화라는 위험에 대한 학자들의 경고에 주의하며, 민족지 연구를 수행하고 설명하는 데 있어서 나의 입장을 분명하게 밝힌다. 나는 주류와 대안의 공간 및 실천 모두에서 서발턴 주체의 흔적을 탐구하며, 서발터니티는 관계적이고 불확정적인 현상이라는 접근법을 취한다. 나는 '비판적 개입'을 촉진하기 위한 서발턴 연구 학자들의 해체적 읽기 방법을 활용하며, 이를 통해 당-국가, 도시 문화 엘리트, 노동 활동가,

농촌 출신 이주자 등 다양한 정치적 행위자들의 목소리가 서로를 교란하고 불안정하게 만드는 권력의 작동방식을 드러낼 것이다.

이 책 대부분은 농촌 출신 이주민에 대한 '주류의 재현'과 이주노동자, 지지자, 활동가들의 '자기재현'이 대비되도록 병치하여 구성했다. 그리고 가능한 한 헤게모니적 미디어 형식 및 제작 관행과 가장 주변적인 미디어 소비자들의 소비 관행을 대조적으로 보여줄 것이다. 이러한 병치의 논리가 바로 '비판적 개입'이다. 중국 근대화 과정에서 농촌 출신 이주민의 위치에 관한 주류 해석을 추궁하기 위해서는 이에 대한 대안적 혹은 심지어 반대되는 서사가 있음을 보여주지 않고서는 불가능하다. 마찬가지로 주류 담론이 실제로 얼마나 '헤게모니적'인지는 특히 이에 적대적인 위치에 있는 사람들이 이러한 담론을 어떻게 활용하는지를 보지 않고서는 제대로 가늠할 수 없다.

이 책은 서발턴 형상으로서 농촌 출신 이주노동자(농민공)를 중점적으로 다룬다. 그러나 현재 중국의 맥락에서 서발터니티를 탐구하려면 국가, 도시 중산층, 초국가적 지식인, 그리고 중국 노동자들의 때로는 수렴하고 때로는 분기하는 이해관계 등 광범위한 다른 요소들을 고려해야만 한다. 중산층은 다양한 방식으로 서발턴 정치에 참여한다. 이들은 농민공에 대한 미디어 및 문화적 재현을 제작하거나 창조하는 미디어 전문가들이다. 그리고 주류 및 독립 제작물의 담론적 공간을 점유하는 동시에 이러한 재현물의 관객이기도 하다. 중산층들의 상대적으로 높은 교육 수준, 소비력, 사회경제적 지위를 고려할 때, 상업적 주류 매체에서 제작되는 미디어 콘텐츠 대부분은 이들의 취향과 감성을 충족시키려고 노력한다. 이와 동시에 사회 정의와 평등 문제에 관심이 많은 도시에서 교육받은 중산층들은 독립영화, 노동자 시('다공 시'), 농촌 출신 이주민 문학의 주요 관객이기도 하다.

물론 도시 중산층은 단일한 실체가 아니며, 농민공에 대한 이들의 태도도 항상 일정하지는 않다. 이들은 이념적 성향, 정치적 관점, 소외된 집단에 대한 태도의 측면에서 내부적으로 매우 다양하다. 일부 도시민들은 농촌에서 이주한 노동자들을 값싼 노동력으로만 볼 수도 있고, 농민공의 공헌에 대한 인식도 그 정도에 불과하다. 또 다른 사람들은 노동자들의 분노를 달래고 진정시켜 갈등을 피하려고 농민공들의 경제적 권익이 인정되고 보호되기를 원할 수도 있다. 또 다른 일부는 연민, 죄책감, 또는 진정한 인도주의적 관심에 따라 농촌 출신 이주자들이 존엄과 존중을 받아야 한다고 믿는다. 그리고 농촌에서 이주한 노동자들의 노동운동을 적극적으로 지원하고 거기에 참여하는 작가, 언론인, 대학교수 및 공공 지식인을 비롯한 지적·문화적 엘리트들은 종종 노동 NGO에 자문과 컨설팅을 제공하기도 한다. 이들 중 소수는 사회 정의를 위한 압력 행사와 신자유주의적 경제 발전 의제에 대한 비판을 핵심 활동으로 하는 '신좌파'의 일원으로 분류된다.* 그리고 또 다른 일부는 농촌에서 이주한 사람들도 도시 주민들과 동일한 정치적, 사회경제적, 문

---

* [역주] 중국의 '신좌파'는 1990년대 이후 중국의 시장화 개혁과 경제 성장을 신자유주의적 흐름으로 비판하며 등장한 사조로 당시 자유주의 지식인들과 개혁의 정당성, 중국 사회의 성격, 시장 경제와 사회공정, 자유와 평등, 민주, 중국의 근대화 노선 등에 관한 광범위한 논쟁을 주도했다. 국내에 알려진 대표적인 신좌파 사상가로는 왕후이(汪暉), 추이즈위안(崔之元), 간양(甘陽), 왕샤오광(王紹光) 등이 있으며, 이후 왕후이를 비롯한 일부 신좌파들은 국가주의적 경향으로 경도되었다는 비판도 받았다. 이에 대한 자세한 논의는 다음의 저작들을 참조할 수 있다. 백승욱, 「신자유주의와 중국 지식인: 자유주의의 쇄신인가 초극인가?」(한국사회학회 사회학대회 논문집, 2000), 『세계화의 경계에 선 중국』(창비, 2008); 조경란, 『현대 중국 지식인 지도』(글항아리, 2013); 이욱연, 『포스트사회주의 시대 중국 지성: '중국' 재발견의 길』(서강대학교 출판부, 2017).

화적 권리와 자격이 있다는 시민권적 관점을 갖고 있다. 농촌 출신 이주민과 노동 NGO는 이러한 지식인들을 자신들의 목소리와 역량 강화를 위한 투쟁에서 비록 진정한 동맹으로 여기지만, 이들에 의해 대변되는 것에 항상 만족하지는 않으며, 본인들의 정치적 의제를 증진하려는 데 궁극적으로 '관심이 있는' 좌파 지식인들에게 자신들의 '자기재현'이 동원되는 것을 원하지도 않는다.

이와 동시에 우리는 모든 농촌 출신 이주민이 서발턴의 위치에 동일시된다고 가정할 수는 없는데, 신자유주의적 자본축적 시대의 중국 노동자는 단일한 실체가 아니다. 다양한 범주의 노동자(농촌 출신 이주노동자, 국영기업 노동자, 중국 남방의 민영 및 합작 공장 노동자, 중국 동북의 러스트 벨트 국가 노동자 등)들이 불만, 동원 및 집단행동 양식, 주체적 정체성 등의 측면에서 모두 각기 다른 실천을 수행한다(C. K. Lee, 2007; Leung and So, 2012). 농촌 출신 이주민 집단 자체는 성별, 연령, 교육 수준, 고용 형태, 출신지, 그리고 이주의 경험과 경제적 성공 및 사회적 유동성 정도에 따라 내부적으로 차별화된 방대한 인구로 구성된다. 이러한 모든 요소가 이들 각 개인이 근대성의 지배적인 담론과 관련해서 자신들을 어떻게 인식하며, 또 스스로 그 안에 위치시키는지에 대한 질문에 큰 영향을 미친다.

국가, 자본, 국제적 지원을 받는 NGO와 초국적 문화 엘리트들은 모두 중국의 농민공들을 대표하여 발언하기를 원한다. 일부 농촌 출신 이주자들은 이들이 제안한 주체적 위치를 받아들이지만, 또 다른 일부는 이를 거부하거나 협상을 선택한다(Jacka, 2006). 예컨대 경제 발전 관점에서는 농촌 출신 이주자들을 주로 값싼 노동력으로 보지만, 반면 사회 안정의 관점에서는 이들을 '소양(素質) 부족'으로 간주하여 한편으로는 규제와 통제가 또 다른 한편으로는 인정과 회유가 필요하다고 본다. '소양'은 "인간의 신체와 품행에 본질적으로 양육된 육체적, 심리적, 지적, 도덕적, 이념적 자질"을 의미하며(Jacka, 2009: 524), 국가와 시장이 농촌 출신 이주민들을 관리하고 통치하기 위해 마음대로 활용하는 담론이다. 이주민들은 국가의 바람직한 시민이 되고, 노동 시장에서 경쟁력을 갖추기 위해서는 교육 수준을 향상하고 기술을 개발하고 예절을 개선하며, 행동과 관점이 더 문명화되고 현대화되어야 한다는 말을 끊임없이 듣는다(Yan, 2008; W. Sun, 2009a; Jacka, 2009). '소양' 이데올로기를 내면화한 일부 농촌 출신 이주자들은 소양 수준을 높이기 위해 교육적, 문화적, 행동적 차원에서 부단한 활동을 한다. 또 어떤 이들은 자신을 다른 '농민공'들보다 우월한 존재로 부각하려고 노력한다. 이러한 측면에서 농촌 출신 이주민들이 국가의 선전, 중간계급 소비자, 미디어 전문가, 문화 엘리트 등과의 관계에서 자신을 위치시키는 방식을 파악하는 것이 필수적이다. 그리고 국유기업의 도시 노동자, 현재 복지로 생계를 유지하는 해고된 공장 노동자, 개별적 '다공(打工)'으로 간주되는 농촌에서 이주한 노동자를 비롯한 다양한 노동자 집단 내의 관계에서 이주노동자의 위치가 표현되고 관리되는 방식도 고려할 필요가 있다.

인정의 정치

서발턴 연구의 핵심 관심사 중 하나는 서발턴이 자신들의 주장을 식민지 지배자와 부르주아 엘리트들이 인정할 수 있도록 하는 데 아무런 장애가 없다는 의미에서 '담론적으로 말할 수' 있는가이다. 오늘날 중국 노동자의 경우 이들에게 '식민 지배자'는 역설적이게도 당-국가, 도시 중간계급, 초국가적 자본주의 엘리트 등 다양한 형태를 취하며, 서발턴 실천 운동은 이들 세력과 협상하고 때로는 반대하면서 '응답'해야 한다. 이 책의 핵심 목적은 중국의 서발턴들이 그들 자신과 강력한 타자 모두를 향해 자신의 경험에 관한 '말하기의 정치'에 어떻게 참여하는지를 묻는 것이다. 그리고 서발턴을 대표하여 말하고자 하는 이들의 강력한 세력이 '듣기'와 '인정'의 정치에 어떻게 관여하는지도 마찬가지로 중요한 질문이다. 이 질문의 목적은 '사회조화' 건설의 '주선율(主旋律)'*이 지배하는 정치적 맥락과 사회적, 문화적, 윤리적 관심보다 이윤을 우선시하는 경제적 상황에서 중국 농촌 출신 이주민의 배치라는 인정의 정치가 어떻게 전개되는지를 이해하는 것이다. 중국 농민공들의 사회적·경제적·도덕적 정체성은 '정치적 요구 만들기(political claims-making)'의 지배적인 문법을 통해 어떻게 (재)정의되고 구성되며, 그들에게 어떠한 정치적·사회적·경제적 인정이 주어져야 하는가? 그리고 노동자들의 다양한 인정 요구가 주류 표현 양식 내에서 논의되도록 허용될 수 있는 수용 가능성의 매개변수는 무엇인가?

인정은 인간의 필수적인 욕구이자 인간 존엄성과 정체성의 근본이다. 찰스 테일러(Charles Taylor, 1994)는 '인정과 다문화'에 관한 연구에서 인정은 필연적으로 '대화적 과정'을 활성화한다고 주장한다. 그리고 이러한 과정에서 주체들 간의 이상적인 상호관계가 형성되며, 각 주체는 서로를 동등하면서도 분리된 존재로 인식한다. 정치학 이론가들은 타인에 의한 인정은 자아의식의 발달에 필수적이며, 인정을 거부당하거나 잘못 인정되는 것은 "자기 자신과의 관계가 왜곡되고 자신의 정체성이 손상되는" 고통을 겪는 것이라는

---

* [역주] 주선율이란 국가나 정부의 이데올로기적 입장을 적극적으로 옹호하고 이를 웅변적으로 보여주는 태도 혹은 논리를 지칭한다.

데 동의한다(Fraser, 2000: 109). 인정 개념의 핵심은 대화적이고 호혜적인 관계에서 두 당사자 간의 동등한 참여자로서의 지위이다. 낸시 프레이저(Nancy Fraser)에 따르면 '잘못 인정(misrecognized)'된다는 것은 "단순히 타인의 태도, 신념 또는 표현에서 왜곡, 무시, 폄훼되는 것이 아니다. 오히려 문화적 가치의 제도화된 패턴으로 인해 상대적으로 존중이나 존경을 받을 자격이 없는 것으로 구성되어 사회적 상호작용의 완전한 참여자의 지위를 거부당하는 것"이다(Fraser 2000, 113-14). 마지막으로 아마도 가장 중요한 점은 '인정의 정치'는 인정을 위한 문화적 투쟁의 필수적 측면이지만, 문화적 투쟁의 과정이 경제적·정치적 평등을 위한 투쟁과 분리되어 있다기보다는 이를 위한 투쟁의 수단 또는 요소라는 것이다. 이와 관련해 아이리스 영(Iris Young)은 "집단에 대한 문화적 폄훼가 구조적인 경제적 억압을 생산하거나 강화하는 한, 이 두 가지 투쟁은 계속될" 것이라고 주장한다(Young, 1997: 159).

프레이저가 정치학 이론가들로부터 단서를 얻어 인정 개념을 이론화하면서 '정치적 요구 만들기의 문법'이라고 부른 것에서 논의를 시작하는 것이 유익할 수 있다(Fraser, 2000). 예컨대 누가 정치적 공통어(예: 신자유주의), 지배적인 문화 형식(예: 저널리즘과 사진), 헤게모니적 의미화 실천(예: 시각성)을 생산·구체화·영속화하는 수단에 접근할 수 있는가? 한 집단의 관점을 '우리' 모두가 공유하는 공통지식으로 변환하여 특정 사회 집단의 이익과 국가의 이익을 결합하도록 채택된 공통의 서사 형식과 양식 및 전략은 무엇인가? 사적이고 개인적인 갈망, 꿈, 욕망이 '공공의 알레고리'가 되어 특정 사회 집단의 욕망과 갈망을 다른 집단의 그것보다 더 정당화하도록 만드는 과정은 무엇인가(Rofel, 2007)?

이 책의 또 다른 중요한 목적은 주변화된 집단이 점유하고 있는 대안적 담론 공간에서 어떤 종류의 인정이 추구되고 경합하는지를 이해하는 것이다. 서구의 다문화 자유주의 사회의 소수자 집단과 마찬가지로 중국의 농민공들이 '인정 투쟁'에 참여하는 것은 단지 정치의식의 발현일 뿐만 아니라, 정치적 의식을 고양하는 결과를 낳는다. 그러나 인정을 위한 투쟁과 인정을 부여하는 과정이 무엇인지, 그리고 실제로 이러한 과정들 사이의 관계가 무엇인지에 대한 전체적 윤곽은 다소 모호하다. 따라서 '만들어지는 요구'의 성격이 무엇인지를 명확하게 할 필요가 있다. 즉 경제적 정의에 대한 요구인가 혹은 사회적 평등이나 정치적 참여를 위한 것인가, 아니면 이들 모두를 조합한 요구인가? '요구 만들기'의 주요 전략은 무엇인가? 이들의 요구는 동일성에 근거한 것인가, 아니면 차이에 기초한 것인가? 그러한 요구 만들기의 명시적 혹은 암묵적 목적은 무엇인가? 사회적 안정을 유지하기 위한 것인가, 아니면 당-국가에 정치적 정당성을 제공하기 위한 것인가? 혹은 동등한 시민권 자격과 공평한 사회경제적 분배를 보장하는 좀 더 정의로운 시스템에서 일하려는 열망에서 비롯된 요구인가? 농촌에서 이주한 사람들의 경제적 정의를 추구할 권리에 대한 인정이든, 아니면 국가 경제발전에 대한 기여의 인정, 혹은 동등한 정치적·사회적 권리를 가진 시민으로 대우받고자 하는 욕구의 인정이든 간에 이들의 인정 추구는 어떤 형태와 범주를 통해 요구되는가? 나아가 서발턴적 위치는 해당 집단만이 아니라 도시와 중간계급 등 주류와의 관계성인데, 과연 누가 서발턴을 대표하여 서발터니티의 요구를 만드는가?

    이 책의 이러한 두 가지 목적을 모두 달성하기 위한 핵심은 '정치적 요구 만들기'의 문법을 풀어내는 것이다. 데이비드 하비(David Harvey)는 신자유주의가 단순히 시장 근본주의의 원리에 관한 것이 아니라, "많은 사람이 세상을 해석하고, 살고, 이해하는 상식적인 방식으로 통합될 정도로 우리의 사고방식에 광범위한 영향을 미치는" 헤게모니적 담론이 되었다고 주장했다(Harvey, 2005: 3). 이를 고려할 때, 다양한 인정의 정치를 해명하기 위한 작업은 신자유주의 담론 체제가 사회주의 시대의 의미 체계를 어떻게 해체했는지를 이해하는 것으로부터 시작해야 한다. 예컨대 앞서 언급한 '고통 말하기'가 중국 혁명 담론에서 프롤레타리아 주체의 가장 효과적인 발화행위였다면(Anagnost, 1997; Rofel, 1999), 프롤레타리아 담론을 축출하고 전유하며 대체하려는 '중국 특색의 자본주의'의 발전으로 인해 어떤 종류의 '정치적 요구 만들기' 범주들이 출현했는가? 이주자 경험의 어떤 차원이 비준을 받을 수 있으며, 어떠한 경제적·정치적·문화적 기여가 인정되어야 하는가? 만약 미디어와 대중문화 산물이 누군가의 '새롭게 경험된 필요'(Rofel, 2007: 14)를 모든 사람의 세계관으로 전환하는 수단이라면, 서발턴 정치로 사회적 불평등 문제를 다룬다는 것은 왜 어떤 종류의 역사적 주체의 위치, 요구, 정체성은 인정되는 반면, 다른 것들은 추방되는지를 묻는 것이다.

서발턴 의식과 리터러시(LITERACY)의 문제

'정치적 요구 만들기'의 문법을 다룬다는 것은 무엇보다도 노동자들의 문해력 수준, 나아가서 정치적 의식과 문해력 사이의 연관성을 묻는 것을 의미한다. 1820~30년대 영국 노동자들의 계급 의식을 연구한 톰슨(E. P. Thompson)은 이발소나 선술집과 같은 모임 장소에서 신문을 큰 소리로 읽는 대중적 관행과 도시 포스터의 인기 덕분에 문맹으로 인해 노동자들이 정치적 담론에서 배제되지는 않앗다고 말한다. 그리고 문해력 향상이 계급 의식의 형성에 중요한 역할을 했다고 지적한다. 라디오, 텔레비전, 영화, 인터넷과 같은 전자 매체가 아직 존재하지 않던 시대에 팸플릿 인쇄는 대면적 소통을 대신해, 최대한 많은 사람에게 생각과 정보를 전달하는 가장 효과적인 '증식' 기술로 여겨졌다. 톰슨에 의하면 표현의 자유에 대한 신념이 노동자 계급 이데올로기의 명백한 입장이었으며, 이러한 원칙으로 인해 '급진적인 독서 대중'의 형성과 급진적인 언론의 출현이 가능했다(Thompson, 1991: 805).

이와 유사하게 레이먼드 윌리엄스(Raymond Williams)는 자본주의 초기 단계에 노동자들은 읽는 법은 배웠지만 쓰는 법은 배우지 못했다고 지적한다. 명령을 따르고 성경을 이해하는 데는 오직 읽기 능력만 필요했다. 지배 계급의 입장에서는 노동자들의 일정 수준의 문해력은 그들의 종속을 강화하는 데 도움이 된다고 생각했지만, 더 높은 수준의 문해력은 현 상태를 비판하거나 심지어 반대할 수 있는 공간을 만들 수도 있었다. 그러나 역설적이게도 노동자들의 문해력 수준을 통제하려는 지배 계급의 욕망은 다름 아닌 이윤 추구에 동기를 둔 자본주의 자체에 의해 침식되었으며, 이는 독서 대중의 확대와 노동자들의 문해력 향상을 초래했다. 윌리엄스는 19세기의 새로운 '기술적 진보'로서 대중 언론, 일요 신문, 신문과 정기 간행물에 연재된 소설 등을 추적하면서 일반 대중으로 확대된 문해력, 노동계급 신문의 출현, 그리고 일요 신문을 주로 공동체 공간에서 큰 소리로 읽는 방식 등이 모두 공공 영역에서 '정치적 관심이 확장'되는 데 공헌했음을 보여주었다(Williams, 1961: 184).

중국 농촌 출신 이주민들의 읽고 쓰는 문해력 수준은 연령과 직업에 따라 매우 다양하다. 예컨대 베이징의 한 설문 조사에 의하면 조사된 농촌 출신 이주민 중 12%만이 고등학교를 졸업했고,

65%는 중학교 수준의 문해력을 갖췄으며, 16%는 초등학교 교육만 받았고, 2%는 문맹인 것으로 나타났다. 이는 농촌에서 이주한 사람의 무려 83%가 중학교 수준 이하의 문해력을 가지고 있을 수 있음을 의미한다(Li H, 2009: 59-60). 좀 더 최근의 전국 조사에서도 비슷한 결과가 나왔는데, 응답자 중 고졸이 13.3%, 중졸이 60.5%, 초졸이 14.3%, 문맹이 1.5%로 조사되었다(Zhonghua renmin, 2013b). 한편 농촌 출신 이주민들의 읽기 문해력 문제는 그들의 미디어 및 기술 문해력 문제와 분리될 수 없다. 톰슨이나 윌리엄스는 이러한 영역에서의 노동자 문해력 문제를 고려하지 않았지만, 개인 및 가정 소비를 위한 디지털 정보와 통신 기술의 전례 없는 배열로 특징지어지는 21세기에는 결코 이를 무시할 수 없다. 농촌에서 이주한 노동력의 상당수는 1980년대와 1990년대에 태어난 2세대 이주민으로서, 일반적으로 그들의 부모보다 더 많은 교육을 받았으며 기술적으로 더 능숙하다.

앞서 톰슨이 말한 인쇄물 문해력 영역에서의 영국 사례와 마찬가지로 중국은 지난 10여 년 동안 문화적 소비 및 생산 영역에서 비슷한 민주화 과정을 거쳤으며, 이는 농촌 출신 이주민들을 포함한 다양한 이해관계를 가진 수많은 집단에 혜택을 주었다. 농촌 출신 이주민들은 이제 '정보 소외계층'의 회색 지대에 속하는 것으로 여겨지며(Cartier, Castells, and Qiu, 2005), 일상생활의 새로운 소셜미디어에 이들의 활동이 잘 기록되어 있다(Chiu, 2012; Tong, 2012). 온라인 출판을 통해 매우 적은 비용이나 무료로 읽기 자료에 접근하고 출판할 수 있게 되었고, 핸드폰은 시각적 이미지를 생산, 저장, 소비하고 독서 자료를 저장하고 공유하기 위해 어디에서나 편리하게 사용되며, 휴대용 기기가 이제 사람들이 실제로 독서를 하는 주요 방식 중 하나가 되었다. 그리고 디지털 비디오 레코더(DVR, 혹은

Personal Video Recorder)의 출현은 1인 독립영화 제작자라는 사회적 정체성을 형성했다.

이와 동시에 마오쩌둥 이후 중국의 지배적인 의미-형성 체계와 기제는 여전히 '심각하게 권위주의적'으로 남아 있으며(Jhally, 2002: 334), 대체로 기업 및 국가 이익 등 소수의 편협한 이해관계에 봉사한다. 농촌에서 이주한 노동자들도 다른 중국 동료 시민들과 마찬가지로 주류 미디어에서 국가 관객의 일원으로 환영받는다. 이들은 재현의 대상으로서, "공식 선전, 중산층의 사회 개혁주의적 감성, 사회적 화제에 대한 대중의 관심사가 모두 뒤섞여 경합하는" 마오쩌둥 이후 중국의 점점 더 "다의적이고 혼종적인" 담론 세계를 가로질러 이동한다(Sun and Zhao, 2009: 97). 즉 특정 미디어와 문화적 형식은 농촌에서 이주한 노동자들을 오락을 추구하는 소비자, 주권 국가의 자발적 주체, 대안이나 진실 생산의 참여자, 또는 권리를 가진 동료 시민으로서 위치시킬 수 있다. 이러한 측면에서 농촌 출신 이주자들이 자신의 경험을 매개하고자 하는 특정 장르/형식과 어떻게 관련되는지를 이해하는 것이 매우 중요하다. 이들은 주류 미디어와 문화적 표현의 행간을 읽고, 지배적이고 주변적인 서사 형식과 콘텐츠 모두에 내장된 의미를 협상할 수 있을 만큼 충분한 미디어 리터러시 능력을 갖추고 있는가? 미디어를 소비할 뿐만 아니라 생산할 수 있을 만큼의 충분한 능력이 있는가? 국가 및 상업 매체의 헤게모니적 미디어와 문화적 표현과의 관계에서 '수동적인 독서 대중'으로서의 위치는 일부 형태의 사회성에서 이들을 배제하는데, 과연 이들에게 이념적 합의에 도전하거나 아직 실재하지는 않더라도 집단적 정체성에 대한 인식을 고양하기 위한 잠재적인 조건을 창출할 수 있도록 허용되는가?

이러한 질문에 답하기 위해서는 단순히 미디어 텍스트 본연의 '미디어 효과'나 생산 및 소비 과정 자체에 초점을 맞춰서는 안 된다. 그보다는 미디어 실천이 일반적인 사회적·정치적 변화에 미치는 영향을 질문하는 접근법이 필요하다. 닉 콜드리(Nick Couldry)는 다음과 같은 단순해 보이는 질문을 통해 '미디어 실천'의 중요성을 강조한다. 즉 "사람들은 전반적인 상황과 맥락을 가로질러 미디어와 관련하여 무엇을 하는가? 또는 좀 더 구체적으로 어떤 범주의 실천이 미디어를 지향하며, 다른 실천들을 배열하는 데 있어서 미디어 지향적 실천의 역할은 무엇인가?" 등의 질문을 제기한다(Couldry, 2004: 115).

중국 농민공의 맥락에서 콜드리의 질문을 배치해보면, '미디어 리터러시'의 개념을 다시 생각해볼 필요가 있다. 일반적으로 미디어 리터러시는 다양한 출처로부터 미디어 콘텐츠를 획득·분석·해석하고 미디어로부터 얻은 다양한 정보를 활용하여 업무와 개인 생활의 변화 및 개선을 이루는 능력으로 이해되며, 그렇기에 많은 사람이 미디어 리터러시가 자기역량 강화의 핵심이라고 생각한다. 흔히 사람들이 매우 광범위하고 다양한 미디어 양식과 장르 및 형식의 메시지를 분석·평가·생성할 수 있게 하는 일련의 기술로 여겨지는 21세기의 미디어 리터러시는 문학의 점증하는 시각화 및 디지털화가 인쇄물 리터러시 수준에 어떠한 영향을 미쳤는지를 비롯해 점점 더 시각적 및 디지털 리터러시의 문제도 고려해야 한다.

리터러시는 사회 집단의 정치적 의식 형성에 관심이 있는 모든 사람에게 중요한 문제이다. 이 책의 중요한 목표는 농민공들의 미디어 및 문화적 실천과 그들이 실제로 보여준 서발턴 의식 수준 사이의 연관성을 이해하는 것이다. 문화 생산에서 전례 없는 미디어화, 디지털화, 기술 융합을 목격하고 있는 21세기 중국에서 이러한 문제들을 다루기 위해, 우리는 톰슨이 분석했던 당시의 영국 이후 2세기 동안 일어난 경이로운 기술 변화를 고려해 리터러시 개념을 재고해야만 한다. 그리고 읽기 리터러시와 다른 형태의 리터러시 사이의 상호 연관성을 철저하게 파악할 필요가 있다. 이와 관련해 베이징에서 1,000명 이상의 농촌 출신 이주자를 대상으로 수행한 대규모 설문 조사(이하 '베이징 설문조사')에서 응답자들에게 가장 좋아하는 유형의 문학(표 2.1)과 잡지(표 2.2)는 무엇인지를 질문했다. 이들의 응답을 보면 19세기 영국과는 대조적으로 오늘날 중국 정치의 특징은 의미 있는 급진적인 노동계급 언론과 급진적인 노동계급 독서 대중이 모두 부재한 것처럼 보인다. 그리고 중국 노동자들은 소수의 노동 NGO에 의해 조직된 '민중 연극'이나 전복적 예술, 의식 고양 활동에 비교적 적게 참여하는 것으로 나타났다.

그러나 전반적으로 중국 노동자들은 19세기의 영국 노동자들보다 높은 수준의 읽기-쓰기 능력을 보유하고 있으며, 젊은 농촌 출신 이주자들은 새로운 소셜미디어 기술에 대한 흡수력도 높은 것으로 알려져 있다(Qiu, 2009). '베이징 설문조사'에서도 농촌에서 이주한 노동자들은 여러 기술 플랫폼들을 통해 다양한 목적으로 광범위하게 독서하는 것으로 나타났다(표 2.3).

이러한 통계는 다음과 같은 중요한 질문을 제기한다. 즉 정치적 의식은 오직 사회적으로 주변화되고 경제적으로 착취당하는 개인으로서의 계급 경험을 통해서만 형성되는가? 아니면 중국 농민공의 정치적 의식 수준은 기술 발전이 가능하게 한 미디어 생산자이자 소비자로서의 정치화 및 사회화 과정에 유입되는 정도와 일정하게 연결되어 있는가?

〈표 2.1〉 농민공들이 좋아하는 문학 유형

문학 유형	응답자 수*	응답 비율
판타지	105	11.5
로맨스	205	22.4
사랑	111	12.1
무예	243	26.5
고전	113	12.3
독서를 별로 하지 않음	139	15.2
합계	916	

출처: '베이징 설문조사' 중 QB10 문항(부록 참조).
* 이 질문에 응답하지 않은 94명의 참여자는 자료에서 제외되었다.

〈표 2.2〉 농민공들이 좋아하는 잡지 유형

잡지 유형	응답자 수*	응답 비율**
격려와 자기계발	134	14.4
전기	48	5.2
유머	207	22.3
무예	62	6.7
생활상식	261	28.1
감정	128	13.8
기타	41	4.4
잡지를 별로 읽지 않음	48	5.2
합계	929	

출처: '베이징 설문조사' 중 QB11 문항(부록 참조).
* 이 질문에 응답하지 않은 81명의 참여자는 자료에서 제외되었다.
** 반올림 오류로 인해 합계가 100%로 나오지 않았다.

〈표 2.3〉 농민공들의 일반적인 독서 자료 접근 수단

접근 수단	응답자 수*	응답 비율**
PC방	83	8.9
휴대폰	278	29.7
책/잡지	372	39.7
공공 게시판	72	7.7
무료 유인물	40	4.3
기타	37	3.9
별로 읽지 않음	55	5.9
합계	937	

출처: '베이징 설문조사' 중 QB15 문항(부록 참조).
* 이 질문에 응답하지 않은 73명의 참여자는 자료에서 제외되었다.
** 반올림 오류로 인해 합계가 100%로 나오지 않았다.

서발터니티 연구하기: 민족지적 방법

　미디어 리터러시와 농촌에서 이주한 노동자들의 인정 투쟁에 관한 이러한 질문들을 가장 효과적으로 추적하기 위해서는 콜드리가 강조한 문화 및 미디어 실천의 중심성을 인정하면서도, 그러한 실천의 핵심인 미디어 텍스트의 중요성을 간과하지 않는 접근법이 필요하다. 이를 위해서는 인류학적 연구와 해체적 읽기의 결합이 가장 적합하다. 미디어 및 커뮤니케이션 연구의 표준 분석 도구인 텍스트 분석, 수용자 연구, 또는 미디어 생산에 대한 정치경제적 설명도 물론 중요하지만, 이러한 연구방법으로는 이 책에서 제기하는 종류의 질문에 대한 적절한 답을 제공하기 어렵다. 따라서 현장조사 연구의 핵심 요소는 인류학자인 조지 마쿠스(George Marcus, 1998)가 '복수 현장 민족지(multi-sited ethnography)'라고 부른 방법을 채택하여 '대중문화의 형태'로서의 미디어 생산 및 소비에 관해 분석하는 것이다(Dornfeld, 2002: 248). 이러한 종류의 민족지를 수행하

기 위해서는 항상 이동 중인 사람들의 움직임을 추적하는 방식만이 아니라, 더 중요하게는 유동하는 주체가 생산한 미디어 텍스트가 다양한 장소에서 "그것을 생산하고 소비하는 사람들의 삶과 교차"할 때의 충격을 이해하는 방법을 탐색할 필요가 있다(Dornfeld, 2002: 248).

민족지 연구자는 서로 다르고 심지어 경쟁적이기도 한 서사와 실천들을 어떻게 기록할 것인지의 문제와도 직면한다. 따라서 특정 사회 집단이나 정치적 행위자의 관점을 더 공인되고 객관적이며 진실한 것으로 특권화하는 것을 피하려면 서발턴 연구에서 주장하는 '비판적 개입'의 방법을 수행해야 한다. 이 책의 앞으로 이어지는 장들에서 국가, 문화 엘리트, 서발턴의 다양한 목소리가 어떻게 서로를 불안정하게 만드는 방식으로 경합하는지를 분석할 것이며, 이를 통해 권력의 작동방식을 드러낼 것이다. 이 책에서 서발터니티의 관계적이고 다중적인 성격을 조명하기 위해 농촌 출신 이주자 개인, NGO 활동가, 지식인, 국가가 운영하는 미디어 종사자들의 다양한 미디어 생산 및 소비의 전략과 실천을 가능한 곳곳에 병치하여 보여주려는 것도 바로 이러한 이유 때문이다. 예컨대 권위 있는 장르로서의 뉴스가 어떻게 생산되는지에 대한 분석은 뉴스 보도의 대상인 농촌에서 이주한 노동자들이 자신들의 권익을 옹호하기 위해 어떻게 뉴스 생산의 논리를 활용하는지를 함께 고찰하지 않으면 결코 완전할 수 없다. 이와 마찬가지로 농촌에서 이주한 노동자 시청자들의 대화는 그들이 영화 텍스트를 어떻게 해석하는지에 대해 많은 것을 드러내지 못할지 모르지만, 이러한 것들이 계급에 기반한 사회성과 집단적 정체성을 촉진하는 중요한 촉매제로 작용한다.

인류학자들(예컨대 Farquhar, 2002; Schein, 2002)이 자주 사용하

는 '순회식 민족지(itinerant ethnography)' 개념은 내가 현장조사 자료를 수집하는 방식에도 매우 유용하다. 이와 관련하여 루이자 쉐인(Louisa Schein)은 디아스포라인 몽족(Hmong)의 비디오 제작과 사용에 관한 자신의 연구를 설명하면서 다음과 같은 현장조사 기법의 중요성을 강조한다.

> '순회식 민족지'는 '장소 없음(siteless)'의 자세로 문화정치의 탈영토화된 성격을 인식하는 것이다. 이러한 전략에서 일부 연구는 축제나 국제회의 또는 VCR이 켜진 거실과 같이 일시적으로 사람들이 모이는 장소에서의 순간적인 마주침으로 이루어진다. 그리고 비디오 제작자나 고국으로 돌아온 이주민과 같은 또 다른 사람들은 유동적이기에 이들의 움직임을 추적할 필요가 있다(Schein, 2002: 231).

이러한 '순회식 민족지'의 유용성은 오늘날 인도의 서발턴 상태를 연구하는 맥락에서 보면 잘 입증된다. 특히 채터지는 서발턴 연구의 미래 방향을 설명하면서 다음과 같이 말한다.

> 남아시아에서의 서발턴들의 삶을 연구하는 미래의 역사가들은 이 지역 출신 이주민들이 그들이 거주하는 다양한 세계를 풍부하게 설명하기 위해, 현대의 모든 커뮤니케이션기술을 활용하고, 언어와 미디어를 전환하고 혼합하면서, 출생지와 거주지를 오가며 이야기를 전달하는 방식에서 무언가를 배울 수 있을 것이다(Chatterjee 2012, 49).

중국의 농촌 출신 이주자들에 관해서도 똑같이 적용될 수 있다. 나는 이 책의 논의에서 마쿠스의 '복수 현장 민족지' 방법을 사용하며 긴즈버그, 아부-루고드, 라킨(Ginsburg, Abu-Lughod, Larkin,

2020) 등의 미디어 및 시각 문화를 연구하는 인류학자들의 연구를 따라 '이동하는' 사람들과 비디오 제작자, 그리고 이미지들과의 광범위한 '순간적 마주침'을 유효한 현장조사 자료로 다룬다. 더욱이 이 책에서의 민족지 작업 대부분은 디지털 미디어 실천을 고찰하는데, 이는 미디어 콘텐츠와의 마주침에서 나타나는 '장소 없음'과 '순간성'을 활용할 가능성과 도전을 함께 제기한다. 민족지 학자들에게 농촌에서 이주한 노동자와 풀뿌리 조직이 제작한 사진과 비디오 형태의 디지털 자료는 오늘은 보이지만 내일은 삭제될 수 있으며, 마찬가지로 온라인에서의 디지털 이미지의 움직임을 추적하는 것도 불안정하기 때문이다. 방법론적으로 볼 때, 디지털 이미지를 저장·전시·배포·유통하는 과정에서 개인과 조직이 수행하는 논의·결정·협상의 '순간적 마주침'을 꼼꼼하게 기록하는 것도 중요한 과제이다. 우리는 오직 이러한 방법을 통해서만 서발턴의 존재를 추적하고 가시화할 수 있다.

'순회적', '순간적', '장소 없음'의 민족지는 텔레비전 시청, 영화 감상, 신문 읽기 등의 실제 미디어 소비 행위에서 특정 미디어와 문화 상품에 대한 농촌 출신 이주자들의 행동적, 언어적, 정서적 반응을 포착하는 데 매우 중요하다. 여기에는 이주노동자 개인이 참여하는 사회화, 공감대 형성, (탈)정치화 활동, 그리고 모든 차원의 정동 노동에 대한 관찰도 포함된다(Shih, 2007). 기숙사에서 직장 동료들과 생존에 관한 개인적인 이야기를 나누고, PC방에서 인스턴트 메시지 서비스로 새로운 친구들과 '채팅하는' 등의 활동은 대부분 기록되지 않고, 뒤죽박죽이며 모순투성이지만 서발턴 정치의 중요한 부분이다. 그리고 이러한 것들은 순간적이기에 더욱 경험적인 가치가 있다. 이 책에서 사용한 자료에는 농촌 출신 이주자들에게 일상생활의 맥락에서 특정 미디어와 문화 형식의 어떤 지점에 참여하거나 동일시하는지, 또는 거부하거나 분리되는지에 대해 이야기하도록 요청하는 보다 의도적인 인터뷰도 포함되어 있다. 이는 그들의 미디어 및 문화 생산과 소비 관행(또는 그러한 관행의 부재)을 이들이 갈등을 해결하고 저항을 유발하며 타협을 제안하는 더 큰 체계, 즉 의미형성 도구와 대안 전략 및 생존 메커니즘 배열의 일부로 파악하기 위해서이다.

마지막으로 서발턴들의 활동과 행동주의를 기록하는 민족지 연구자들은 서발턴 경험을 대상화할 위험에 대한 서발턴 연구자들의 경고에 유의하면서, 자신을 객관적인 방관자가 아니라고 인식하는 것이 중요하다. 더욱이 연구 대상인 미디어 생산자 및 조직과의 관계는 종종 긴즈버그가 '시차 효과(parallax effect)'로 설명하는 것에서 잘 드러난다(Ginsburg, 1995: 65). '시차 효과'는 서로 다른 관점을 통합함으로써, 특정 현상에 대한 이해가 향상되는 것을 의미한다. 예컨대 민족지 연구자와 미디어 제작자는 "동일한 사회 현상에 대해 각기 유사한 재현을 생산하면서 서로 나란히 위치할 수 있다"는 것이다(Himpele, 2002: 303). 이는 내 연구의 경우에 확실히 그렇다. 농촌에서 이주한 사람들의 삶과 일에 대한 나의 민족지는 농촌 출신 이주민 미디어 활동가와 작가들이 자신들의 삶과 일을 설명하는 것과 병치하는 경우가 많다. 하지만 때로는 그렇게 깔끔하게 정리되지 않을 때도 있다. 많은 경우 노동자들의 일상적 삶의 경험에 대한 접근성이 부족하기에, 농촌에서 이주한 작가와 활동가들의 기록과 병행해서 나의 민족지적 작업을 생산하기보다는 노동자들의 자기-민족지 기록(문학과 논픽션, 시각적이고 담론적인)의 재현을 일종의 증거로 다룰 수밖에 없음을 깨닫게 된다. 때로는 직접 체험한 인류학적 자료의 부족을 메우기 위해 나는 나의 "훌륭한 민족지 파트너들"(Farquhar, 2002: 17)인 이주민 작가, 시인, 영화제작자, 사진작가들이 만든 재현물 자체를 증거의 한 형태로 활용하는데, 이는 논리적·실용적 측면에서만이 아니라 민족지도 "다른 문학적 형식과 마찬가지로 하나의 장르"이며 사회적으로 구성된다는 점에서 다른 자료들과 동등하다는 인식론적 기반에서도 정당화된다(Karp, 1986: 132).

나는 2010년에서 2012년 사이에 중국의 여러 지역에서 소위 '시간 경과(time-lapse)' 종적 연구를 수행했다(W. Sun, 2009a). 그리고 베이징 칭화대학교 언론커뮤니케이션학부 연구팀의 도움을 받아 2011~2012년에 베이징에서 거주하거나 일하는 약 1,300명의 농촌에서 이주한 사람들의 문화생활을 연구하는 광범위한 양적 조사도 수행했다(베이징 조사에 사용된 설문지는 부록 참조). 이 설문 조사는 농촌 출신 이주민들과 다른 사회 집단의 비교 데이터를 생성하기 위함이 아니었다. 그보다는 농촌 출신 이주자 집단 내에서 미디어 및 문화적 실천의 주요 경향에 대한 기초적 인상을 생성하는 것을 목표로 했다. 설문 조사에서 얻은 데이터는 연구 프로젝트의 근간이 되는 경험적·개념적 문제를 구체화하고, 세부적으로 조정하는 데 큰 도움이 되었다. 그리고 설문 조사 결과는 민족지학이나 사회학 등 기타 분야의 향후 비교 조사에도 유용하게 활용될 수 있을 것이다.

2004~2006년에 내가 수행했던 베이징의 농촌 출신 이주 여성 가사노동자에 관한 민족지 연구 프로젝트가 중요한 전제가 되었지만, 이번 2010~2012년의 현장조사를 통해 이 책에 사용된 대부분의 민족지 자료가 산출되었다.* 이번 연구 프로젝트를 위해 베이징,

---

* 2004~2006년의 연구 프로젝트를 통해 출간한 『중국의 하녀(Maid in China)』는 베이징 가사노동자들에 대한 민족지이자 불평등의 문화정치에 관한 연구이다.

쑤저우(蘇州), 그리고 선전(深圳) 지역에서 현장조사를 수행했다. 현지 노동 NGO의 도움으로 베이징 북서쪽 하이뎬구(海澱區) 시베이왕진(西北旺鎭) 외곽에 있는 건설 노동자들을 여러 차례 방문했다. 그리고 폭스콘, 올림푸스, 삼성, 소니, 리코 등 주요 전자제품 제조업체의 본거지라고 자부하는 양쯔강 삼각주의 산업 중심지인 쑤저우시 외곽의 무두진에서도 현지 노동 NGO의 도움을 받아 공장 노동자들과의 지속적인 교류를 이어갔다. 마지막으로 2010년에는 둥관(東莞)과 선전시에서 공장 노동자, 이주민 작가, 노동 운동가들을 대상으로 약간의 인터뷰를 진행했다. 이 책에서 대표되는 두 가지 주요 고용 집단은 건설 노동자와 공장 노동자이다. 이 밖의 다양한 직종에 종사하는 이주노동자들의 삶과 노동에 대한 설명은 나를 비롯한 다른 학자들의 이전 연구를 참조할 수 있다(Gaetano and Jacka, 2004; Jacka, 2006; W. Sun, 2009a; Yan, 2008).

세 그룹의 사람들과 조직들이 나의 민족지학적 교류의 주축을 이루었다. 이들 중 첫 번째 그룹은 개별적으로나 집단적으로나 농민공들 그 자체이다. 2010년부터 2012년까지 이 범주에 속하는 약 50명의 사람과 심층적이고 개방적인 대화를 나눴으며, 각 대화는 보통 20분에서 2시간 동안 진행되었다. 이들 중 일부는 이 시기에 내가 진행한 여러 초점집단면접(Focus Groups Interview) 조사에도 참여했다. 이들 대부분은 직장을 옮겨 다니기에 그 후로 직접 대면할 기회가 거의 없었지만, QQ의 도움으로 가상 공간에서 이들 중

특히 중국 텔레비전 드라마에 나타난 이주 여성들의 구성과 그들의 삶에 대한 광범위한 분석, 그리고 이주민 가사노동자의 미디어 및 문화 소비 관행에 대한 상세한 설명을 담아냈다. 따라서 이번 『서발턴 차이나』에서는 직업군으로서의 가사노동자나 미디어 형식 및 장르로서의 텔레비전 드라마를 크게 부각하지 않았다.

일부를 '우연히 마주칠' 때마다 온라인으로 대화를 이어갈 수 있었다.* 나에게 QQ 아이디 번호를 알려준 사람의 대부분이 항상은 아니지만 자주 온라인에 접속하는 것처럼 보였기 때문에, 이들과 우연히 마주칠 확률이 매우 높았다. 나의 온라인 인사말과 질문에 대한 그들의 응답은 대체로 짧지만 신속했다. 이들의 일과 삶에 대한 나의 민족지 작업에는 이러한 종류의 '순회적'이고 '순간적'인 데이터가 상당 부분 포함되어 있는데, 나는 이러한 연구방법을 '장소 없음'보다는 '복수현장 문화기술' 방법이라고 인식한다.

두 번째 그룹은 문화 및 미디어 종사자이자 활동가이기도 한 이주노동자들이었다. 이들 중 일부는 노동 NGO에 소속되어 있었지만, 그렇지 않은 사람들도 있었다. 3년의 조사 기간에 나는 이들 중 6명과 지속적인 관계를 발전시킬 수 있었는데, 이들의 이주노동자이자 문화 활동가로서의 경험이 내 연구의 중요한 구성 요소가 되었다. 나는 그들이 살고 일하는 곳을 거듭 방문하고 이메일과 QQ를 통해 정기적으로 소통하면서 이들의 개인으로서의 열망과 좌절, 그리고 집단으로서 직면한 도전과 기회에 대해 더 풍부하고 미묘한 감각을 갖게 되었다. 따라서 이 집단에 대한 경험적 데이터는 장기간의 현지 조사를 통해 수집한 '낡은 방식의' 민족지와 온라인 커뮤니케이션을 통해 그들이 작성해 나에게 보낸 자료 형식의 '디지털 민족지'로 구성된다(Horst, Hjorth, Tacchi, 2012).

세 번째 그룹은 노동 NGO에서 일하는 사람들이었는데, 나는 다양한 측면에서 이들의 지원과 도움을 받았다. 첫째, 이들은 농촌에서 이주한 노동자들에 대한 자신들의 통찰과 직접적인 경험을

---

* 텐센트QQ(腾訊QQ)는 중국에서 가장 많이 사용되는 온라인 커뮤니케이션 도구로 알려진 인스턴트 메시징 서비스이다. www.imqq.com 참조.

통해 얻은 지식을 나에게 아낌없이 공유해주었다. 둘째, 노동 NGO의 시설과 서비스를 이용하거나 다양한 문화 및 여가 활동에 참여하기 위해 해당 단체에 방문한 농촌 출신 이주노동자들을 만날 기회를 제공했다. 보통 노동 NGO를 통해 노동자들과 처음 접촉할 수 있었기에 초점집단면접 조사도 가능했는데, 대부분 이 단체들이 노동자를 위해 마련한 공간에서 진행되었다. 셋째, 가장 중요한 것은 그들이 하는 일상적인 업무 수행(주로 노동자 기숙사에서 이루어지는 다양한 서비스 제공, 교육 활동, 유용한 읽기 자료 전달 등)에 나도 팀의 일원으로 참여할 수 있도록 허락해주었다. 대표적인 활동은 노동법과 노동 정책에 관한 읽기 자료를 노동자들에게 전달하고, 기숙사 밖에서 무료 영화를 상영하고, 노동자들이 무료로 이용할 수 있는 이동식 도서관과 독서 공간을 제공하는 것 등이다. 이러한 활동은 내게 일상적인 환경에서 이주노동자들과 교류할 소중한 기회였으며, 이처럼 개방적이고 대체로 즉흥적인 만남을 통해 많은 귀중한 통찰을 얻을 수 있었다.

NGO들과의 교류 수준은 지역마다 다양했다. 예컨대 베이징과 쑤저우에 있는 몇몇 NGO에서는 미디어 역량 강화 활동 등에 상당 정도로 참여할 수 있었지만, 다른 지역 단체와의 교류는 제한적이었으며 조직 자체의 활동보다는 그곳에서 일하는 개인들과의 지속적인 교류 형태가 더 많았다. 하지만 전반적으로 노동 NGO는 내가 원래 기대했던 것보다 훨씬 더 중요하고 실질적인 방식으로 내 연구 프로젝트에서 중요한 역할을 했다. 처음에 나는 단순히 이 단체들을 통해 이주노동자에 대한 초기 접근성을 확보하고, 인터뷰와 초점집단면접 조사도 진행할 수 있기를 바라며 프로젝트를 시작했다. 하지만 점차 NGO 활동가들이 농촌 출신 이주자 미디어 및 문화의 형식, 관행, 관점을 생산하고 홍보하는 데 있어 매우 중요한 조력자이자 촉진자 역할을 하고 있으며, 이들의 배우, 실무자, 활동가, 선구자로서의 역할이 서발턴 문화와 의식 형성에 필수적인 차원이라는 점에서 이들 역시 내 연구의 중요한 주체임을 깨닫게 되었다. 물론 이들의 입장과 관점이 그들이 진보하게 하려던 노동자들의 입장이나 관점과 항상 일치하지는 않았을 것이다. 그러나 이는 서발터니티의 관계적이고 다층적인 성격을 보여주는 하나의 예시일 뿐이며, 이러한 긴장과 모순은 나에게 NGO 활동가들을 협력자이자 연구 주체로 여겨야 할 또 다른 근거를 제공했다.

민족지 연구자로서의 내 역할에도 긴장감이 있었다. 민족지 연구자는 자신의 연구 대상과 항상 평행한 우주에 존재하지는 않는다. 대부분의 문화인류학자들이 냉철한 증거를 생산하려는 참된 열망을 가지고 현장에 나가지만, 결국에는 이타적이고 이기적인 이유로 다양한 수준의 옹호나 나아가 행동주의에 참여하는 경우가 많다는 사실은 부인할 수 없이 자명하다. 나의 경우에 이러한 참여는 때로 노동자들과 그들의 조직들에 목소리를 부여하고, 가시성을 높이기 위한 옹호 활동에 동참하는 것이었고, 이를 통해 현장에서 이주노동자들에게 접근하고 관찰하고 교류하려는 나의 목적도 달성했다. 그리고 흔하지는 않지만 때로는 국제적 학자의 자격으로 특정 사안과 프로젝트에 대한 조언, 자문, 피드백의 형태로 이들 조직에 유용한 도움을 제공하기도 했다. 과도한 개입의 위험을 염두에 두면서도 나의 이러한 참여가 노동자와 그들의 지원 조직들이 직면한 기회와 도전, 그리고 때로는 이들 사이의 곤혹스러운 관계에 대해 더 크고 진정성 있는 통찰을 제공할 수도 있기에 항상 기꺼이 최선을 다했다.

내가 서발턴 연구에 주목하게 된 것은 포스트 사회주의 중국의 사회적 불평등과 계층화가 특정 집단을 '하위 계급(underclasses)'으로 간주할 수 있을 정도로 실질적이고 체계적인 종속과 예속의 조건을 만들어냈다는 강한 믿음 때문이다. 이러한 하위 계급들의 목소리, 행위성, 투쟁에 관한 질문은 이제 정치적·학문적으로 시급한 문제가 되었다. 위에서 이미 말했듯이 나의 관심은 서발턴 연구집단의 학문적 작업과 마찬가지로 '민중'을 역사 서술에 다시 포함할 필요가 있다는 정치적 신념에서 비롯된다. 그리고 이전에 억압되고 억눌렸던 목소리들이 다시 말할 수 있고 '통치자'의 관심과 행동을 요구할 수 있는 공간을 추적하고 발굴하며 창출하려는 지적 의제에 의해 추동된다. 이러한 의제들이 바로 내가 이번 장에서 개략적으로 서술했으며, 이어지는 장들에서 계속 추구할 접근법, 분석 초점, 민족지적 연구방법을 형성한다.

2부
헤게모니적 조정

3장
뉴스 가치, 안정유지, 그리고 목소리의 정치

도입: 세 노동자 이야기

    2003년 10월 24일 오후, 당시 총리였던 원자바오가 중국 중부에 있는 충칭시(重慶市)의 한 농촌 지역을 시찰하러 갔다. 그때 슝더밍(Xiong Deming)이라는 여성 농민이 원자바오 총리 옆에 앉게 되었다. 지역 간부들이 마을 사람들에게 시찰 중에 어떠한 '허튼소리'도 하지 말라고 경고했음에도 불구하고, 슝은 원 총리에게 다가가 자신 남편의 임금 체불에 대해 뭔가 해줄 수 있는지 물었다. 그녀는 남편이 건설 현장에서 일을 마친 지 1년이 넘었지만, 아직도 임금을 받지 못했다고 말했다. 이야기를 들은 총리는 자신이 할 수 있는 일을 하겠다고 약속했다. 대화를 나눈 지 6시간 뒤인 같은 날 밤 11시에 슝의 남편은 밀린 임금을 받았다. 슝은 순식간에 유명인사가 되었다. 언론 기자들이 66번이나 방문했고, 천 명 이상의 이주노동자들이 그녀에게 연락해 밀린 임금을 받기 위해 도움을 요청했다(Xie E, 2004).

    2005년 5월 11일, 중국 북서부 간쑤성(甘肅省)에 사는 27세의 건설 노동자인 왕빙위(Wang Bingyu)는 밀린 임금 5천 위안을 받기 위해 직장 상사의 집을 찾아갔다. 그는 이미 법률 시스템을 통해 이 문제를 해결하려고 시도했었지만, 법적 절차에 최소 6개월이 걸린다는 사실을 알게 되었다. 이후 노동 중재 제도에 회부되었지만, 이역시도 아무런 진전이 없었다. 아버지가 병원 치료를 받아야 하는 절망적인 상황에서 왕빙위는 직접 이 문제를 해결하겠다고 결심했다. 그러나 돈을 받기는커녕, 심한 구타와 공개적인 모욕만 당했다. 더는 분노를 참을 수 없었던 그는 현장에서 4명을 칼로 찔러 죽인 뒤 자수했고, 한 달 후 사형 선고를 받았다. 사형 집행을 기다리는 동안 그는 중국 관영 통신사인 신화통신(新華通訊)과 10시간 넘게 인터뷰를 했고, 그해 9월 그의 이야기가 발행되었다. 신화통신의 보도는 왕과 그의 동료 이주노동자들에게 동정적이었고, 중국의 사회적·경제적 정의의 개선을 강력하게 호소했다(Zhao, 2008).

2002년 12월 7일, 중국의 경제특구 중 하나인 선전에서 농촌 출신 이주노동자의 아내인 황(Huang) 씨가 작업 중 다친 남편 뤄(Luo) 씨를 대신해 항의하기 위해 남편이 일하는 건설 현장 근처에 있는 30미터 높이의 기둥 꼭대기에 올라갔다. 그들은 너무 가난해서 치료비를 감당할 수 없었는데, 남편을 고용한 회사에서는 의료비 지급을 거부했다. 대안이 없던 뤄의 아내는 기둥에 올라 자살하겠다고 위협했지만, 행인들이 이를 보고 경찰에 신고했다. 구조 활동은 성공적이었고, 현지 경찰의 중재로 회사는 즉시 치료비를 지급하기로 합의했다(Renmin wang, 2003). 이 사건은 중국 언론, 특히 사회 정의 문제를 잘 다루는 것으로 유명한 '남방 언론'에 대대적으로 보도되었다. 그러나 일부 논평가들은 중국에서 가장 취약한 사회 집단인 이주노동자들이 겪는 심각한 부정의를 한탄했고, 다른 논평가들은 이주노동자들이 법을 무시하고 극단적인 방법에 의존하는 '미친', '비이성적인' 경향이 있다고 비판하는 등 언론의 양극화가 뚜렷했다. 한 달 후, 또 다른 건설 노동자가 같은 회사와 산업재해 보상 문제로 분쟁에 휘말렸다. 이 노동자도 앞선 사례를 따라

건물에 올라가 투신하겠다고 위협했다. 그는 경찰에 의해 구조되었지만, 이후 경찰 업무를 방해했다는 이유로 15일 동안 구금되었다(Renmin wang, 2003).

이 세 가지 이야기에 등장하는 건설 노동자들의 참상은 수백만 농민공들의 경험에서 전형적으로 나타난다. 농촌 출신 이주 건설 노동자에 관한 사회학적 연구에 따르면, 임금 체불 현상에는 적어도 세 가지 이유가 있다. 첫째, 중국에는 국가로부터 독립적으로 운영되며 농민공의 권리를 효과적으로 보호하는 노동조합이 존재하지 않는다. 둘째, 중국 정부는 건설사가 개별 노동자와 노동계약을 체결하도록 요구하고 있지만, 소수의 노동자만이 이러한 계약관계를 맺고 있으며 농민공의 대부분은 임시직으로 고용된다. 셋째, 개혁기 중국의 건설 산업은 국가와 자본 간의 복잡하게 얽힌 배열로 인해 (하위) 계약 단계가 다양하고 경쟁이 치열하며, 각 단계 내에서 노동자 역할의 경계가 불분명하다는 특징이 있다(Pun and Lu, 2010a; 2010b). 이러한 복잡한 배열은 노동자들이 지휘 체계와 임금 지급 불이행의 책임소재를 정확하게 파악하는 것을 불가능하지는 않더라도 매우 어렵게 만든다.

중국에서 방대한 규모로 나타나는 농촌에서 도시로의 이주의 사회경제적 맥락과 중국 건설업에서 농민공들의 삶과 노동은 그 자체로 중요하지만, 여기서는 이러한 문제에 초점을 두지 않는다. 임금 체불과 삭감이라는 광범위하게 고착화한 견고한 문제가 건설업 분야 이주노동자들 사이에서 고육지책을 취할 수밖에 없는 경향을 낳았다고 말하는 것으로 충분하다(Pun and Lu, 2010a; 2010b). 중국에서 가장 유명한 노동사회학 연구자 중 한 명인 리챵(李强, Li Qiang)은 이러한 절망적인 참상을 다음과 같이 묘사한다.

강탈로 인한 사회적 갈등은 중국 전역에 존재한다. 특히 임금 체불과 임금삭감 문제로 갈등이 심화하는 경우가 빈번하게 발생한다. 밀린 임금을 받기 위해 일부 이주노동자들은 자살로 위협하고, 그중 일부는 실제로 목숨을 끊기도 한다. 밀린 임금을 받지 못하면 높은 건물에서 뛰어내리거나, 벽돌담에 몸을 던지거나, 수면제를 과다 복용하거나, 분신자살하거나, 높은 크레인에서 뛰어내린다. 언론에 보도된 사건만 집계해도 이러한 일은 너무 많이 발생한다(Li Qiang, 2004: 263).

건설업에 종사하는 이주노동자와의 지난 몇 년 동안의 민족지 작업 교류를 바탕으로, 나는 이들의 마음속에 가장 중요한 것은 약속된 금액을 제때 받는 것이며, 노동자들은 이러한 권리를 지키는 데 수반되는 위험과 이익을 저울질해야만 한다는 사실을 알게 되었다. 나는 2010년 10월 2주 동안 베이징에 기반을 둔 농촌 출신 이주민 지원 단체의 일원과 함께 베이징 서쪽 하이뎬구 외곽에 있는 여러 기숙사를 매일 방문했다. 그곳은 농촌에서 이주한 건설 노동자들에게 임시로 제공되는 기숙사였다.* 한번은 기숙사 건물에 들어가기도 전에 뭔가 일이 벌어지고 있다는 것을 알 수 있었다. 팽팽한 긴장감이 감도는 분위기였다. 실제 폭력은 보이지 않았지만, 언성이 높아졌고 노동자들의 표정에서 분노와 흥분이 느껴졌다. 우리는 노동자 중 한 명에게 다가가 무슨 일이 벌어지고 있는지 물

---

* 나의 민족지 작업과는 별개로, 이번 방문의 목적 중 하나는 노동자들에게 자신들의 권리를 알려주는 자료집과 홍보물, 그리고 신문과 잡지 형태의 무료 독서 자료를 전달하는 것이었다. 이는 노동자들이 항상 고마워하는 일이었다. 노동자 기숙사 방문이 불법은 아니었지만, 우리는 현장 감독관이나 회사 관리자의 관심을 끌지 않기 위해 항상 최대한 눈에 띄지 않게 주의했다. 함께 간 NGO 동료는 노동자들에게 잠재적으로 '선동적'인 자료를 가져왔다는 이유로 여러 번 협박을 받았다고 내게 말했다.

었다. 그는 우리에게 두어 달 일을 하고 나면 월급을 받기로 되어 있었는데, 월급을 주기로 약속했던 사장이 사라졌다고 말했다. 절망에 빠진 노동자들은 현장 작업소장을 둘러싸고 붙잡아, 그가 떠나지 못하게 막고 있었다. 십여 명 이상의 남성에게 제압당할 수 있다는 신체적 위험을 감지한 베이징 사람인 작업소장은 현명하게도 도망칠 생각조차 하지 않았다. 우리가 그곳에 도착했을 때는 이미 이러한 교착상태가 반나절 동안 계속되고 있었고, 많은 사람이 상황을 지켜보기 위해 모여 있었다. 작업소장은 사장이 어디에 있는지 모르며, 사장의 실종은 자신과 무관하다고 설명하느라 애를 먹었다. 그리고 자신을 놓아주지 않으면 경찰에 신고하겠다고 반복해서 말했다. 그러나 노동자들은 이에 설득되지 않았다. 작업소장은 결국 휴대전화로 경찰에 신고했고, 30분 뒤 두 명의 경찰관이 경찰차를 타고 나타났다. 양측의 이야기를 모두 들은 후, 상급 경찰관은 먼저 작업 소장에게 "지금 사장한테 전화해서 당장 노동자들에게 지급할 돈을 준비해놓으라"고 말했다. 이어서 노동자들에게는 "함께 갈 대표 두 명을 뽑아서 돈을 받으러 가라"고 말했다. 이 말을 들은 일부 노동자들은 두 명만 사장 집에 가면 구타당할 것이 걱정되니 함께 가고 싶다고 말했다. 그러나 경찰은 그럴 생각이 없었다. "뭐가 무서워요? 법은 당신들 편이에요"라며 안심시켰다. 하지만 노동자들의 걱정은 사라지지 않았다. 폭력적인 보복이 두려워 결국 노동자 중 아무도 대표로 자원하지 않았다. 작업소장은 경찰이 있는 동안 현장을 떠날 수 있었고, 군중은 마침내 해산했다. 노동자들은 결국 종일 아무것도 얻지 못했다.

경찰의 중재로 폭력적인 충돌 가능성은 피했지만, 적어도 그날 노동자들의 임금 지급 요구는 관철되지 않았다. 함께 간 NGO 동료는 이러한 노동자와 경영진 간의 갈등은 건설 현장에서 흔한 일이며, 항상 경찰이 개입하는 것은 아니라고 말했다. 그날 저녁, 이 사건을 회상하면서 나는 현장조사 노트에 다음과 같이 기록했다.

> 이러한 사건들은 대부분의 이주노동자들이 더욱 극단적인 행동을 하도록 고려하게 만드는 절망감을 잘 보여준다. 이것은 우리가 텔레비전에서 보거나 신문에서 가끔 접하는 고층건물에서 뛰어내리는 더욱 극적이고 미디어화된 광경의 전조이다. 이주노동자들은 미디어의 힘에 대한 이론적 지식이 많지는 않지만, 직관적으로 목소리, 인정, 보상을 얻기 위해서는 자신들의 행동을 더 파급력 있는 단계로 계속 수위를 높일 필요가 있음을 알고 있다. 이러한 폭력의 문화를 고려하면, 불만을 품은 이주노동자들이 취하는 겉보기에 극단적이고 절박한 조치들(총리에게 고발, 자살극, 살인 난동 등)을 더욱 잘 이해할 수 있게 된다(2010년 10월 현장조사 노트).

이 장의 도입부에 소개한 세 가지 이야기는 극적으로 다른 결과를 낳았지만, 각각 농촌에서 이주한 노동자, 건설 회사, 그리고 당-국가라는 세 주요 행위자가 등장한다. 좀 더 정확하게 말하면, 각 이야기는 국가 당국과 노동자, 국가 당국과 건설 회사, 노동자와 건설 회사 간의 세 가지 역학 관계를 배경으로 한다. 하지만 미디어의 개입이 없었다면, 이러한 노동자들의 투쟁 중 어느 것도 대중에게 알려지지 않았을 것이다. 더욱이 미디어는 각각의 사례에서 다양한 역학 관계를 조정하는 각기 다른 역할을 한다. 정의를 추구하는 과정에서 각 이주민 개인은 미디어와 특정한 관계를 형성한다. 국가 당국은 사회적 화합을 촉진하고 안정을 유지하기 위해 '사회적 취약 집단(弱勢群體)'에 대한 관심과 연민을 표시해야 하지만, 이를 사업 유치와 투자 유지라는 마찬가지로 중요한 책무와 조화시켜야 한다. 그 결과 국가 당국은 다양한 국면에서 농촌 이주민을 관리하기 위해 서로 다르거나 심지어 모순되는 전략을 채택한다.

노동자와 농민을 국가의 주인이자 인민의 모범으로 상정했던 사회주의적 수사와 달리, 이 이야기들에 등장하는 노동자들은 비참함부터 위험함까지 다양한 모습으로 존재한다. 각 이야기의 귀결은 다르지만, 세 이야기에 등장하는 농민 노동자들은 자부심보다는 불만이 체화되어 있다. 더 중요한 것은 이들 중 누구도, 심지어 슝더밍조차도 국가 정치체에서 합법적이거나 특권적인 정치적 지위를 상징할 만큼 충분한 담론적 권위를 부여받지 못했다는 점이다. 사실 이 새로운 서사에서 (불)합법성의 경계에 있는 농촌에서 이주한 건설 노동자들은 종종 난민처럼 불안하고 불편한 존재로 등장한다. 즉 초대받지 않은 낯선 땅에 도착한 난민처럼 동정적인 대우를 받음과 동시에, 침입과 소란을 상징하기도 한다. 이러한 이야기들은 논쟁의 여지는 있지만 아마도 "세계에서 가장 중요한 텍스트 체계"인 뉴스에서 농촌에서 이주한 건설 노동자가 서발턴의 형상으로 존재하는 복잡한 방식을 잘 보여준다(Hartley, 1996: 22-23). 그리고 가장 권위 있는 "근대적 의미-형성 관행"인 저널리즘이 주인공에서 서발턴으로의 담론적 전환을 촉진하는 역할을 할 수 있음을 우리에게 경고한다(Hartley, 1996: 32). 그러나 중국의 사회적, 정치적 의식의 형성 과정에서 뉴스가 하는 역할에 대한 깊이 있는 탐구는 거의 없었다. 셔드슨(Michael Schudson)이 미국의 맥락에서 언급했듯이, "하나의 제도로서 뉴스를 깊이 있게 고찰한 역사학자나 정치 및 사회 이론가는 거의 없다"고 할 수 있다(Schudson, 2002: 481). 중국 연구 학계에서 뉴스가 자주 언급되기는 하지만, 대부분 뉴스를 선전 수단에 불과한 것으로 치부하는 경우가 많다. 예컨대 농촌 출신 이주민과 미디어의 관계에서, 농촌에서 이주한 사람들의 목소리가 뉴스 매체에 포함될 '가치 있는' 것으로 인식되기 위한 전제조건이 무엇인지를 고려하려는 체계적인 시도는 없었다. 우리는 중국의 뉴스 생산 과정에서 수행하는 다양한 행위자들 사이의 역학 관계가 어떻게 작동하여 특정 이해 관계자의 목소리를 증폭·축소·변환하고, 특정 정치 및 사회적 의제를 촉진하는 결과를 낳는지에 대해 거의 알지 못한다. 그리고 우리는 뉴스가 독자들(즉 소비자, 시민 또는 '대중')을 어떻게 다루는지, 또 뉴스에 관한 관심과 해석이 계급적 경험을 통해 어떻게 형성되고 영향을 받는지는 더욱 모른다.

중국의 학자들은 중국 미디어에서 이주자의 목소리가 상대적으로 부재한 이유를 설명하기 위해 두 가지 핵심 요인과 이에 대한 가능한 해결책을 제시했다. 첫째는 농촌 출신 이주자들이 미디어를 통해 권한을 강화할 수 있는 역량이 부족한 이유는 그들의 '미디어 리터러시' 수준이 낮기 때문이라는 것이다. 일반적으로 미디어 리터러시는 다양한 출처에서 정보를 획득·분석·해석·전달하고, 미디어에서 얻은 다양한 유형의 정보를 활용하여 업무와 생활에 변화와 개선을 가져올 수 있는 개인의 능력으로 이해되며, 자기역량 강화의 핵심으로 여겨진다. 이러한 관점은 미디어 리터러시 스펙트럼의 양극단에 상반된 두 가지 사회 집단, 즉 한쪽에는 과학, 교육, 문화, 건강 분야의 전문 교육을 받은 도시민이 있고, 다른 한편에는 농촌 출신 거주민이 있다고 가정한다. 이러한 견해에 따르면 이 두 집단 간의 사회적 불평등을 줄이기 위한 열쇠는 학교 교육에 있으며, 특히 미디어 리터러시 교육이 필수가 되어야 한다(Zeng, 2005; Zheng S, 2010). 농촌 출신 이주자와 낮은 미디어 리터러시의 연관성은 일반적으로 학계와 교육받은 도시 주민 모두에게 상당히 중요하게 활용된다. 예컨대 교육 수준의 향상이나 소외계층을 위한 문화시설 제공 등을 주장할 때, 이의 필요성을 보여주는 적나라한 현실로 제시된다.

두 번째 관점은 이주노동자를 문제의 근원으로 규정하기보다는 주변화된 사회 집단에 목소리를 부여하는 책임을 미디어의 어깨에 두는 것이며, 미디어의 역할에 대한 두 가지 상반된 견해를 보인다. 일각에서는 미디어가 "억압을 완화"하는 권한을 발휘하는 안정제 기능을 해야 한다고 주장한다(Yang D, 2005: 78). 이러한 견해에 따르면 미디어는 사회적 갈등을 개선하고, 안정을 유지하기 위한 "목소리 공유(voice-sharing)" 전략을 고안해야 한다. 예컨대 한 연구자는 "강력한 사회 집단은 자신의 이익을 보호하기 위해 자신들의 담론 공간 일부를 약한 사회 집단에 넘겨주어, 이들이 불만을 표출할 수 있는 통로를 가질 수 있게 할 필요가 있다"고 주장한다. 또 다른 이들은 미디어가 "인민을 대신해 청원(爲民請命)"하는 권한을 행사해야 한다고 믿는다. 무엇보다 "사회적 약자들은 자신의 이익이 침해당했을 때, 자연스럽게 미디어를 통해 해결책을 찾게 된다. 미디어는 잘못을 폭로하고, 여론을 동원하며, 권력자에게 압력을 가할 권한과 책임이 있다. 물론 여기에는 용기가 필요하지만, 언론인은 자신이 사회의 양심을 대표한다는 사실을 반드시 기억할" 필요가 있다(Wei F, 2004: 20). 이러한 '사회적 양심으로서의 미디어'라는 입장이 다양한 연구들에서 가장 일반적으로 나타나는 관점이다(H. Chen, 2004; Li Y, 2006; Chiao and Li, 2005; Wei F, 2004).

미디어에 대한 이러한 기대감의 배열은 두 가지 다른 버전의 '인정의 정치'를 보여준다. 사회 안정을 위해 농촌 이주민들에게 목소리를 부여해야 한다고 주장하는 사람들은 미디어가 압력 조절 장치로서 기능을 수행하려면 실용적인 유화(宥和)의 정치가 중요하다고 말한다. 반면 사회적 양심을 옹호하는 사람들에게 미디어의 역할은 정부의 나팔수나 시장 경제의 도구만이 아니라, 주변화된 집단의 대변자가 되는 것이다. 그러나 농촌에서 이주한 사람들은 정말 미디어 리터러시의 부족 때문에 고통받고 있는가? 만약 미디어가 압력 밸브 역할을 충실히 수행한다면 농민공의 정치적, 경제적, 사회적 권익이 정말 대표될 수 있는가? 그리고 미디어가 주변화된 집단의 효과적인 옹호자가 되기를 기대하는 것은 어느 정도로 현실적인가?

이러한 질문에 답하기 위해 본 장에서는 건설업에 종사하는 농민공의 형상과 임금 삭감 및 체불이라는 구조적 문제에 맞선 이들의 끊임없는 투쟁에 주목한다. 이의 목표는 뉴스 장르의 헤게모니적인 사회현실 구성이라는 더 큰 환경에 맞서 건설 부문 노동자들이 참여하는 소수(minor) 형태의 미디어 행동주의의 출현과 쇠퇴를 추적하는 것이다. 그리고 인쇄 매체나 텔레비전 뉴스들이 어떻게 계급 갈등을 조정하고, 경제적 현실을 보도하며, 이념적 수용성의 척도를 (재)정의하는지 살펴본다. 또 이러한 뉴스 보도가 어느 정도로 농민공들의 정보 욕구를 충족하며, 흥미를 유발하는 데 성공했는지 고찰한다.

첫 번째 절에서는 미디어 논리와 정치 논리의 상호작용이 어떻게 이주노동자들의 목소리, 인정, 보상을 위한 투쟁에서 때로는 유리하고 때로는 불리한 조건을 만들어내는지 살펴본다. 이어서 이주노동자들의 뉴스에 대한 인식, 뉴스 가치에 대한 이해, 그리고 이주노동자들의 실제 미디어 리터러시 수준과 정치적 목소리, 사회적 인정, 경제적 보상을 위한 투쟁에서 뉴스 미디어를 활용하는 능력 간의 관계를 민족지 연구를 통해 검토한다.[*] 이러한 작업을 연계

---

[*] 나는 2009년부터 2011년까지 베이징을 여러 차례 방문하면서 건설 노동자들과

하여 당-국가와 관영매체가 헤게모니적 뉴스 장르에서 서발턴들을 어떻게 위치시키는지, 그리고 서발턴들은 이러한 강력한 의미 체계와 관련하여 자신들을 어떻게 자리매김하는지를 설명한다.

정치적 의제, 뉴스-만들기, 그리고 절박한 노동자

이 장의 서두에 소개한 경제적 정의를 추구하는 건설 노동자의 이야기는 가장 행복한 결말을 갖고 있다. 농민과 총리의 만남으로 이루어지는 이러한 이야기는 이주노동자와 관련된 공식 뉴스 보도의 전형적인 소재이다. 착취의 현실보다는 '작은 사람들'에 관한 당-국가의 연민과 관심이 뉴스 기사의 '주요 멜로디(주선율)'이다. 그러나 대다수 농민공에게 국가 지도자들을 만나고, 더욱이 이들이 자신들의 이야기를 기꺼이 경청하며, 시장과 면담할 수 있는 것은 현실에서는 기대할 수 없는 동화 같은 일이다. 평범한 농민 여성인 슝더밍은 '가뭄에 콩 나듯' 한 우연한 기회에 바로 그때 그 장소에 있었던 믿을 수 없는 행운을 얻었고, 자신의 말이 정부 관료주의와 언론 검열, 지역 간부의 위협으로 꽉 찬 소음을 뚫고 전 국민에게 전달되는 기적을 실감했다. 총리와의 예상치 못한 짧은 대화는 임금 체불을 금지하는 수많은 새로운 규칙과 규정의 제정, 이를 위반한 수많은 건설 회사의 폐쇄 또는 처벌, 그리고 9천만 명 이상의 노동자에게 총 1천억 위안에 달하는 밀린 임금 지급 등 100일간의 전국적인 임금 체불 관행 단속인 '임금 독촉 폭풍(討薪峰爆)'의 촉매

폭넓은 대화와 교류를 나누었다. 이 장에서 사용된 모든 개인적인 대화와 인용문은 특별한 언급이 없는 한, 모두 이 시기에 작성된 것이다.

제가 되었다.

이러한 이야기는 개혁 시대 중국의 전형적인 정치 동화로, 총리와 정부는 분투하는 농민 여성과 그녀로 대표되는 3억 명의 농민을 구할 준비가 되어 있는 매력적인 왕자의 화신으로 등장한다. 전 세계의 미디어와 대중문화가 동화 만들기에 열광하는 것과 마찬가지로, 중국 미디어도 원자바오와 슝더밍의 이야기에 매료되었다. 중국 내륙 시골의 무명 농민이었던 슝은 하루아침에 유명인사가 되었다. 슝은 2003년 CCTV가 선정한 올해의 인물로 뽑혔으며, 말 한마디로 전 국민에게 감동을 준 여성으로 유명해졌다. 원-슝 동화의 신화를 생생하게 유지하기 위해 2009년 말, 한 언론매체는 슝이 성공적으로 양돈업을 시작했으며 자신의 이름을 사용한 돼지고기 제품의 특허를 받았다고 후속 보도했다(Xu S, 2009). 슝이 하고 싶은 말은 무엇이든 언론은 들을 준비가 되어 있는 것 같았다.

왕빙위에 관한 두 번째 이야기는 비극적으로 끝났지만, 역설적이게도 농촌에서 이주한 노동자가 처음으로 법을 통해 보상을 요구한 유일한 사례라는 점에서 가장 주목받는다. 농민공들은 이러한 이야기와 자신들의 경험을 통해 법체계를 통한 정의 추구는 시간과 비용이 많이 들기에 실행 가능한 선택사항이 아님을 알게 된다. 어느 중국 평론가는 이러한 이주노동자들의 '선택 없는 선택'에 대해 "정의를 추구하는 공적이고 사회적인 메커니즘이 제대로 작동하지 않고, 합리적이고 합법적인 목소리의 전달 통로가 차단되면, 비정상적이고 예외적이며 개별적으로 고안된 수단이 유일한 선택이 된다"고 말한다(Xu X, 2007).

세 번째 이야기는 농민공이 고층 빌딩 꼭대기에 올라 자살 위협을 하는 사례가 최초로 보도된 사건으로 2002년 말경에 발생했다. 이 사건은 이후 1년여 동안 전국적으로 유사한 사건이 꾸준히 확산하는 계기가 되었고, 이러한 사건 대부분은 농촌 출신 이주자들이 경험하는 사회적·경제적 불의에 동정하는 맥락으로 구성되었다(Wei F, 2004). 이러한 사회 정의의 서사 속에서 뉴스 미디어의 자살 시도 보도는 대체로 명확한 도덕적 이분법을 채택하여, 회사를 '늑대'로 노동자를 '양'으로 묘사한다(H. Chen, 2004). 이러한 구도에서는 노동자와 회사 사이의 다층적 계약관계의 복잡성이나, 지방 정부와 건설 회사 간의 모호하고 종종 공모적인 관계는 거의 언급되지 않는다. 그리고 이와 같은 서사 구도는 임금 체불 문제가 지속적이고 일상적으로 발생한다는 사실을 전달하는 데 적합하지 않으며, 임금 체불의 일상성 때문에 '뉴스의 보도 가치성'이 떨어진다.

뉴스는 갈등, 충돌, 스펙터클을 선호하는데, 자살이나 자해 시도는 드라마, 서스펜스, 갈등, 그리고 해결을 제공하는 '좋은 서사'의 많은 요소를 자동으로 갖추고 있다. 이러한 사건들의 선정적 가치는 명백하고 직접적인 상업적 이익을 제공한다. 그러나 미디어 전문가들은 보도 행위 자체가 사건의 진행 과정에 간접적으로 개입함으로써, 잠재적으로 중국 내 사회 정의 향상에 기여한다는 사실도 알고 있다. 이들은 중국에서 사회적·경제적으로 가장 주변화된 사회 집단에 목소리를 부여함으로써, 독단적 기업들의 파렴치한 관행을 단속하려는 당-국가를 의도적으로 지원한다. 따라서 선정주의적인 뉴스 가치와 결합한 사회 정의 의제는 경제 개혁의 방향을 다시 설정할 필요를 점차 느끼고 있는 후진타오-원자바오 정부의 인식과 깔끔하게 맞아떨어진다. 2002년부터 다양한 중앙 및 지방 정책이 시행되어 노동자들이 자신의 권리를 보호할 수 있는 이론적·법적 기반을 제공했다. 이러한 정책들을 공표하기 위한 공동 노력의 방편으로 미디어들은 규칙을 지키지 않는 기업의 부당 행위를 폭로하는 데 앞장섰다. 예컨대 2003년 1월 15일 중국 국무원은 "농민공의 고용 관리 및 서비스 제공 문제에 관한 통지"를 발표하고, 임금 체불을 해결해야 할 핵심 문제 중 하나로 제시했다(H. Chen, 2004: 6).

이러한 정책들은 노동자를 달래고 사회적 긴장을 완화할 필요가 있다는 인식에서 비롯된 '인정의 정치'에 기반한 것이었다. 이는 거의 20년간의 경제적 합리성과 효율성이 급격한 사회적 불평등을 초래했으며, 값싼 노동력으로 경이로운 경제 성장을 가능하게 했던 밑바닥 사람들이 경제 개혁의 혜택을 느끼지 못한다면 사회적 안정과 정치적 정당성에 심각한 우려를 초래할 수 있음을 인정한 것이었다. 미디어들은 분노한 이주노동자들에게 목소리를 부여하고 규칙을 지키지 않는 경제 주체들을 비난함으로써 사회 정의의 대의를 옹호할 수 있는 새로운 역량을 발견했으며, 정부의 모든 정치적 지원을 받으면서 '감시견' 역할을 하는 것에 매우 만족한 것처럼 보였다. 이러한 뉴스 기사들은 비록 농촌 출신 이주민의 경제적 권리를 인정하고 보호할 것을 촉구했지만, 농민공들이 경험하는 불공정을 이들에게 동등한 지위를 부여하지 않는 '호구 제도'의 차별적 성격 문제로 연결해 다루는 것은 꺼렸다(Fraser, 2000).

그러나 미디어들은 이러한 사회 정의 의제가 양날의 검이라는 사실을 곧 깨달았다. 많은 미디어 종사자들이 건물이나 크레인 꼭대기 등 눈에 잘 띄는 공공장소에서 미친 듯 항의하는 이주노동자들을 지나치게 많이 보도하는 것은 사회적 갈등을 완화하기보다는 오히려 악화하는 역효과를 가져올 수 있음을 깨달았다. 그리고 이러한 사건 현장에서 미디어가 신뢰할 수 있는 존재가 되었다는 것은 불법적이거나 비윤리적인 기업 관행을 통제하려는 정부의 노력이 효과가 없었다는 의미일 수도 있다. 미디어가 기업들을 부정적으로 조명하고 규제를 강화하며 기업 운영을 면밀하게 조사할 필요성을 강조하면, 잠재적 투자자와 자본을 이탈하도록 위협해 경제 성장을 위태롭게 할 위험도 있다.

2009년 초 나는 CCTV의 한 뉴스 제작자와 이야기를 나누던 중 중국 언론이 광범위한 임금 체불 문제를 보도하지 않은 것에 대해 불만을 제기할 기회가 있었는데, 그녀는 이에 대해 "시기가 좋지 않았다"라고 말했다. 나중에 그녀가 자세히 설명했듯이, 2008년 베이징 올림픽 이전 몇 년 동안은 정치적으로 민감한 시기였기에 사회적 부조화를 시사하는 뉴스 보도는 피해야 했다. 그리고 2008년 올림픽이 끝난 후에 중국은 세계 다른 나라와 마찬가지로 세계적 금융 위기로 타격을 입었고, 이로 인해 잠재적 또는 실제 투자자의 이탈을 막기 위해 사업상의 부정행위와 노동자 착취에 대한 불리한 보도는 원칙적으로 중단되었다.

앞선 사례들은 농촌 출신 이주자들에게 목소리를 부여하는 일이 실제로 발생하고 있음을 보여준다. 그러나 이것이 농촌 출신 이주자들이 정치적 의제를 설정하는 과정에 참여할 수 있게 되었다는 의미는 아니며, 그들이 보도할 가치가 있는 뉴스의 합법적인 공급원이 되었다는 의미도 아니다. 이것이 의미하는 바는 고통받고 절박한 노동자의 형상이 때로는 담론적으로 유용할 수도 있고, 때로는 불편할 수도 있다는 것이다. 따라서 서발턴은 육체적으로는 보이지만, "담론적으로 말할 수 있는" 수단은 가지고 있지 않다.

경제 개혁 시기에도 이념적 입장은 눈에 띄게 변화했다. 중국의 전국적 일간지이자 당-국가의 기관지인 인민일보가 1970년대 후반부터 30년간 농촌 출신 이주자 문제에 대해 보도한 내용을 정량적으로 조사한 결과, 몇 가지 흥미로운 결과가 나왔다. 경제 개혁 1단계(1978~2002년)의 기사는 이주노동자를 맹목적인 유동 인구로 조명했으며, 지리적 불안정성으로 인해 잠재적인 사회 혼란의 원인이자 사회 서비스 비용의 부담이 되었다는 부정적인 보도 경향을 보였다. 농촌 출신 이주민에 대한 보도는 1993~1995년에 정점을 찍었으며, 농촌에서 도시로의 이주를 통제하기 위한 정부의 규제 및 제한 조치에 초점을 맞춘 기사가 많았다. 이는 덩샤오핑의 중국 남부지역 순방을 계기로 2002년이 되어서야 본격적인 시장 자유화가 시작되었고, 이로 인해 값싼 노동력에 대한 전례 없는 수요가 창출되면서 농촌 출신 이주 노동력이 남부 연안의 대도시로 대거 유입되었기 때문이다. 이에 따라 1990년대와 대조적으로 2002~2003년에는 친농민공 성향의 뉴스 보도가 급격히 증가했는데, 이때가 새롭게 등장한 후진타오-원자바오 정부가 좀 더 인간 중심적인 접근 정책을 도입한 시기였다(D. Huang, 2012: 166). 따라서 이 시기에 농민공이 고층건물에서 뛰어내리는 사건이 더 자주 보도되었다는 사실은 놀라운 일이 아니다. 그러나 집권 2년 만에 후-원 정부는 공식적으로 '조화사회(和諧社會)'를 지도이념으로 내세우며, 정치적 수사에 중대한 변화를 예고했다. 2004년 9월 공산당 중앙위원회 제16기 4차 전체회의에서 처음 언급된 '조화사회' 이념은 각 언론에 다음과 같은 분명한 신호를 보냈다. 즉 사회적 갈등은 계급 투쟁이 아니라 '인민 내부의 모순'으로 표현되어야 하며, 미디어와 문화 생산자들은 개인들 사이의 '고립된' 부조화 사건에 이목을 집중시키기보다는 사회적 조화를 촉진하기 위해 최선을 다해야 한다는 것이다. 원래 사회적 정의 의제에 의해 추진되었던 보도들은 이 새로운 지도이념과 명백하게 상충했다.

    이러한 담론적 변화는 임금 체불 문제에 대한 언론 보도에서 다양한 방식으로 입증된다. 이제 언론은 사건을 취재하기 위해 신고를 접수하고 현장으로 달려가는 대신, 뒷전으로 물러나서 경찰과 지방 당국에 당면 사안의 처리를 맡기는 방식을 선택했다. '조화

사회'라는 새로운 이념을 내면화하면서 미디어 종사자들은 '미디어의 부재'가 극단적인 행동을 고민하는 이주노동자들의 시도를 크게 저하할 것으로 판단했다. 이후 미디어들은 주로 법적 수단을 통해 승리한 사례를 찾는 데 주력했다. 그리고 개별 노동자가 극단적인 행동을 하는 경우, 이제는 이주노동자들도 이성적으로 법을 존중해야 한다는 메시지를 강조하는 방식으로 사건을 다루게 되었다. 일례로 2009년 12월 10일 농촌에서 이주한 노동자 궈 씨는 휘발유병과 '체불 임금 지급'이라는 문구가 적힌 플래카드를 들고, 산둥성(山東省) 웨이하이시(威海市) 도심 광장에서 가장 높은 동상에 올랐다. 현장에 있던 신문 기자와 사람들의 거듭된 간청 끝에 궈 씨는 동상에서 내려오는 데 동의했다. 기자의 조언에 따라 그는 지역 노동중재국에 도움을 요청했고, 중재국의 개입과 노력으로 2주 후 9천 위안이 지급되었다. 현지 신문 웨이하이완바오(威海晚報)에 게재된 이 이야기는 궈 씨가 "자신의 극단적인 행동을 후회"하며, 동료 노동자들에게 적절한 법적 수단을 통해 정의를 추구하라고 촉구하는 것으로 마무리됐다. 기사에는 "모든 사람은 법을 통해 자신의 권익을 수호할 권리가 있다"라는 그의 말이 인용되었다(Shen D, 2009).

이러한 '건물 투신' 서사의 순열을 추적하는 것은 유익하다. 고층건물에서 투신하겠다는 위협과 관련된 첫 번째 사례(이 장 도입부의 세 번째 이야기에 등장하는 2002년 사건)는 확실히 주로 노동자들에 대한 동정과 비양심적인 경영 행위에 대한 비판으로 구성된 '상투적인 서사'를 촉발했다(Bird and Dardenne, 1988). 본래 비극적 정서와 불의에 대한 강한 반감을 고취했던 이러한 사사들은 점차 지겹고 회의적인 이야기가 되었다. 언론인들은 약자를 대신해 사회 정의를 추구하는 영웅적인 형상을 잘라내는 대신, 코헨이 언급한 '동정의 피로'를 경험했다(Cohen, 1973). 정부의 정치적·물질적 지원을 상실한 언론인들은 점차 더 냉담하고 비개입주의적인 입장을 갖게 되었고, 이에 따라 노동자들은 그들이 경험한 불의에 동정을 받을 자격은 있지만, 자신들의 권리를 적절히 수호할 능력이 없는 신파극의 모방자로까지 그려지게 되었다. 실제로 최근 이와 유사한 사건에 대한 언론 보도들은 명시적 또는 암묵적으로 이주노동자들이 수행하는 이러한 극단적 행동은 단지 "보여주기식 쇼(作秀)"에 불과하며, 언론인 자신들을 포함한 도시의 '관객'들은 "그들의 불행은 안타깝지만, 그들의 경범죄에는 분노"할 수밖에 없다고 주장하는 경향이 있다(Wei F, 2004).*

미디어 보도의 어조도 동정에서 조롱으로 변했다. 노동자들의 투쟁을 '리얼리티 TV 쇼'로 그리는 것은, 이들의 절박함을 경감시켜 도덕적 정당성을 부정하는 것을 함의한다. 이는 사회경제적 정의를 위한 노동자들의 투쟁에 대한 자발적 인정과 지지의 철회를 의미한다. 하지만 일각에서는 중국의 건설업에 종사하는 이주노동자들의 투쟁을 리얼리티 TV에 비유하는 것은 현실을 오도할 뿐만 아니라, 분노한 노동자들에게 매우 모욕적이라고 생각한다. 이에 대해 사회적으로 소외된 사람들을 대신해 발언하는 것으로 널리 존경받는 CCTV의 유명 진행자인 추이용위안(崔永元)은 다음과 같이 말했다. "이주노동자들의 시위를 쇼라고 부르는 것은 매우 모욕적입니다. '건물 투신' 자살 시도를 쇼라고 하는 사람들에게 저는 이렇게 말하고 싶습니다. 좋아요, 이게 정말 쇼라면 당신이 직접 해보지 그래요? 이러한 사건들은 일촉즉발의 순간이며, 만약 상황을

---

* [역주] 중국을 대표하는 문학가이자 사상가인 루쉰의 "불행함을 슬퍼하고, 투쟁하지 않음에 분노한다(哀其不幸 怒其不爭)"라는 말에 빗댄 표현이다.

진정시키려는 시도가 실패하면 생명을 잃을 수도 있음을 알아야 합니다(Jang Y, 2010)."

　노동자들의 행동을 구경거리, 홍보용 쇼, 교묘한 조작으로 프레이밍하는 것은, 이러한 주변화된 개인들도 유명인이라는 미디어 논리로 이어지기에 '우리' 관객들은 이제 과도한 감정 이입 없이 '가벼운 마음으로' 이를 볼 수 있게 된다. 그리고 노동자들의 투쟁에 대한 보도에 '쇼'라는 단어를 추가하면 '시적인 것'(비극)에서 '산문적인 것'(희극)으로, 숭고함에서 우스꽝스러움으로의 수사학적 전환이 쉬워진다. 따라서 이는 단순히 단어 하나를 추가하는 의미가 아니라, 홀 등(Hall et al, 1978)이 말한 상황에 대한 '근본적 정의(定意)'의 심대한 개조를 나타낸다. 미디어 전문가와 도시 관객들의 이러한 교묘한 수법으로 농민공들에게는 상징적 폭력이 가해지고, 개별 노동자들이 정의와 도덕적 보상을 얻을 수 있는 유일한 통로로 여겼던 수단을 빼앗아간다. 사건과 관련된 배우(노동자)들의 동기, 행위 방식, 정념은 변함이 없지만, 이제 이들은 더는 정의를 위한 투사로 인식되지 않는다. 오히려 실제 삶보다는 미디어의 논리에 밀착되어 진정성과 인정을 요구하는 리얼리티 쇼의 아마추어 배우로 그려지며, 법에 무지하고 제멋대로이며 파괴적인 행동을 일삼는 이들로 치부된다.

　최근 몇 년간 '사회적 조화'를 촉진하고 '정치적 안정'을 유지해야 할 필요에 따라 요구된 '인정의 정치'로 인해 미디어들은 점점 더 주변화된 집단에 대한 유화 전략을 채택하게 되었다. 미디어의 관심을 끌기 위해 극단적인 행동을 하는 '문제 있는 개인'을 다루는 대신, 설 연휴 전에 노동자들이 제때 임금을 받을 수 있도록 확실하게 필요한 조처를 하는 지방 정부 공무원을 소개하는 등 좀 더 '긍정적인' 뉴스가 선호되었다. 이러한 보도들은 농촌에서 이주한 노동자들이 좋은 정부와 도시 중산층의 연민을 받는 수혜자이며, 이들의 권리를 존중하려는 당-국가를 신뢰해야 한다는 메시지를 전달한다. 고질적인 노사관계에 긍정적인 방향을 제시하는 보다 혁신적인 방법은 일부 국영 TV 축하 공연에서 발견된다. 예컨대 2011년 5월 1일 노동절을 기념하는 CCTV 축하 공연인 '노동자 찬가(Ode to Labor)'에서는 농촌에서 이주한 노동자들이 새로운 단체교섭 계획에 대해 온라인 메시지로 문의하는 코미디 공연을 선보였다. 이는 중국의 전국적 노동조합 조직인 '중화전국총공회(中華全國總工會, All China Federation of Trade Unions, 이하 '전총')'가[*] 향후 몇 년 안에 새로운 단체교섭 체계의 구축을 목표로 최근 착수한 계획을 말한다. 비록 이 계획은 아직 몽상에 불과하지만, 코미디 공연 속의 이주노동자들은 기쁨이 넘쳐 보였다. 이는 아마도 이제까지의 국영 TV 공연 행사 중에서 사회적 불평등과 경제적 불의의 현실을 가장 그럴듯하게 암시하는 것이었으며, 그렇기에 농촌 출신 이주자들의 사회적 경험을 재현하는 방식이 완전한 회피에서 적어도 상징적 시늉으로 현저하게 변화했음을 보여주는 것이기도 하다.

농촌에서 이주한 노동자가 건물에서 뛰어내리겠다고 처음 위협한 지 10년이 지난 오늘날에도 임금 체불 문제는 여전히 지속되고 있다. 2007년의 한 조사에 따르면 보고된 82건의 자살 시도 사례 중 34건은 진짜였고, 48건은 시늉이었다. 성공적인 분쟁 해결 비율은 30%에 불과했으며, 더 비극적인 일은 10건이 실제 사망으

---

[*] [역주] 중국에서 유일하게 승인된 전국적 노동조합 조직이 '중화전국총공회'이다. '공회는 국가행정 체계와 일치하는 조직망을 갖추고 있으며, 전국적으로 광범위하게 기층까지 깊숙이 침투해 있다. 즉각 경제부문에 10개의 산업별 공회 전국위원회가 있으며, 각 성과 자치구, 직할시에 31개의 총공회가 있고, 총공회의 관할 아래 다시 시·구·현·기층기업 공회 등이 설립되어 있다. 정규식, 『노동으로 보는 중국』(나름북스, 2019) 16p 참조.

로 이어졌다는 것이다(Xu X, 2007). 그러나 이러한 끔찍한 수치에도 불구하고, 돈에 쪼들리고 감정적으로 무너진 노동자들은 천차만별인 성공 여부에도 계속해서 자살 위협을 통해 말하고 들려지기 위한 투쟁을 지속하고 있다. 그리고 미디어는 이러한 사건의 도덕적, 서사적 기준을 형성하는 데 계속해서 중요한 역할을 하고 있다.

낮은 성공률에도 불구하고, 일부 노동자들은 좀 더 합리적이거나 '정상적인' 방식으로 미디어를 활용하기보다는 극단적인 행동을 선호하는데, 이는 경험을 통해 전자의 방식이 효과적이지 않다는 것이 입증되었기 때문이다. 2005년 8월 산시성(陝西省) 시안(西安) 출신의 건설 노동자 40명이 미디어가 체불 임금 지급 요구에 도덕적 힘을 실어주기를 바라며, 지역 언론인들을 기자회견에 초청했다. 언론인들이 떠난 지 9시간 후, 갑자기 30여 명의 '청부 용역'들이 나타나 노동자들을 난폭하게 공격해 2명의 중상자를 포함해 6명이 다쳤고, 노사 간의 협상은 순식간에 중단되었다(Xu X, 2007).

이주노동자들은 도시 중산층 시민들이 당연하게 누리는 법적 대표권과 다양한 문화적 자원에 대한 접근성이 부족하기에 자신들의 당연한 경제적 권리를 인정받기 어렵다는 사실을 곧 깨달았다. 그 결과 노동자들은 건설 현장에서 열심히 일하면서도 언제 임금을 받을 수 있을지 모른다는 심리적 스트레스를 안고 살아가며, 경영진과의 협상을 위한 다양한 전술의 장단점을 서로를 통해 배우게 된다. 여기서 때로는 기숙사가 서로의 경험을 공유하고 전략을 논의하는 '교습 공간'이 되기도 한다(Pun and Lu, 2010a). 나는 노동자들의 기숙사를 방문하면서 이러한 '교습 현장'을 여러 번 목격했다.

장진허(Zhang Jinhe)도 이러한 '교습자' 중 한 명이다. 2007년 12월 어느 날, 장진허는 손에 유서를 들고 후베이성(湖北省) 우한시(武漢市)에 있는 30층짜리 건물에 올라, 밀린 임금을 받지 못하면 투신

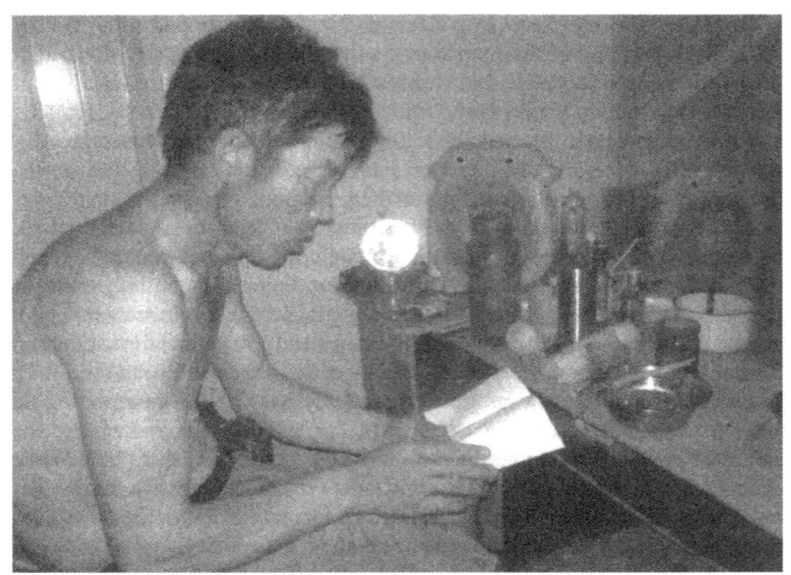

〈그림 3.1.〉 베이징의 한 기숙사에서 자신의 노동권에 관한 자료를 읽고 있는 건설 노동자.
사진은 멍샤오챵(Meng Xiaoqiang)의 허락을 받아 사용함.

하겠다고 위협했다. 장진허는 결국 임금을 받았다. 이러한 성공에 힘입어 장 씨는 많은 동료 노동자들에게 자칭 조언자가 되었다. 장진허는 2007년부터 2009년까지 자신과 비슷한 상황에 있었던 수많은 노동자에게 몇 명이 자살 시도를 할 것인지, 어떤 건물을 택할 것인지, 유서는 어떻게 쓰고 플래카드에는 어떤 문구를 넣을지, 어떤 정부 기관과 연락하고 어떤 언론사와 접촉할 것인지, 그리고 시위를 중단하기 전에 어떤 약속을 확답받을 것인지 등의 핵심적인 세부 사항에 대한 전략 수립에 도움을 주었다. 장진허는 지금까지 자살 위협이 경제적 정의를 추구하는 가장 효과적인 방법이라고 주장하면서, 이러한 힘든 과정을 통해 교훈을 얻었다고 강조했다. 장 씨와 그의 동료 노동자들은 몇 년 전 사장이 임금을 주지 않고 도망갔을 때, 처음에는 경영진을 찾아가 '정당하게 요구'했지만, 하청 업체에 이미 급여가 지급되었다는 말만 들었다고 한다. 이후 그들은 노동 중재 사무소를 찾아갔고, 그곳에서도 같은 말만 들었다. 다음으로 법원에 갔지만, 초기 비용으로 천 위안을 내야 했다. 마지막으로 언론에 접촉했지만, "체불 임금 지급을 요구하는 노동자들 사례가 너무 많고", 이에 대해 언론이 할 수 있는 일이 없다는 말만 들었다("Nongmingong tiao lou", 2009). 모든 '합리적' 선택지가 차단된 상황에서 장진허는 절박한 심정으로 자살 시위를 벌였다. 장진허는 자살 시위에서의 성공 경험들을 통해 언론으로부터 '건물 투신 쇼(跳樓秀)'의 연출자라는 명성을 얻었다.

최근 노동자들은 체불 임금을 받기 위해 훨씬 더 '혁신적인' 방법을 동원하고 있다. 2010년 10월 11일 허난(河南)성 정저우(鄭州) 출신의 건설 노동자 30여 명이 황하(黃河) 강변에 있는 역사적인 장군 동상 옆에서 제의를 지냈다. 노동자들은 강의 신에게 희생의 제물로 닭 몇 마리를 죽여 바치고 무릎을 꿇어, 임금 요구를 하는 자신들을 축복해달라고 빌었다(Wang W, 2010). 1년 후 정저우에서도 12명의 이주노동자들이 대중의 관심을 끌기 위해 마찬가지로 참신한 방식을 선택했다. 이들은 강둑에 구덩이를 파고 그 안에 몸을 묻은 채, "내 피와 땀 같은 돈을 돌려달라"는 플래카드를 들고 시위했다(Xinshan, 2011). 이 사건에 앞서 같은 도시의 또 다른 교외에서 스무 명이 넘는 노동자들이 임금을 지급하지 않은 회사의 약속 파기로 인해 마음이 상했음을 표시하기 위해 하트 모양으로 무리 지어 앉는 '퍼포먼스'를 열었다(Shandong shangbao, 2011). 이러한 행사들 대부분은 그 참신성 덕분에 간신히 언론의 관심을 끌 수 있었다.

미디어의 홍보 효과를 활용하려는 노동자들의 열망은 텔레비전, 신문, 인터넷에서 극적인 저항 이미지를 연출하는 데서 그치지 않는다. 일단 위험한 장소에서 몸을 던지는 노동자들의 시위 이미지가 생성되면, 수많은 새로운 소셜미디어 공간으로 확산해 개인의 핸드폰, 컴퓨터, 이메일 계정으로 다운로드될 수 있다. 특히 중국 이주노동자들 사이에서 핸드폰과 저가의 정보통신 기술이 창의적으로 잘 활용되기에, 이러한 이미지들은 전통적인 미디어에서보다 훨씬 더 오래 살아남을 수 있다(Qiu, 2009). 중국 여러 도시에서 발생한 경찰의 만행, 정부의 통제, 청년들의 죽음과 관련된 일련의 비극을 보도하는 미디어(특히 뉴미디어)의 역할을 분석한 치우(Qiu, Jack Linchuan)는 '뉴미디어 사건'이 TV로 중계되는 행사나 의식(주로 웅장하고 매끄러운 형식으로 중요한 공간에서 진행됨)과는 매우 다르지만, 대중적 자각을 고양하고 실질적인 사회변화에 효과적일 수 있다고 주장한다. 여기서 논의하는 건설 노동자들의 행동은 치우가 서술한 소외된 청년들의 저항과 유사한 사회적 결과를 초래할 수 있는 것처럼 보이지만, 이들의 투쟁에서 죽음이 배치되는 상황은 근본적으로 다르다. 치우의 연구에서 소외된 청년들의 죽음은 일단 미디어(뉴미디어 포함)에 보도되면 대중의 지지와 사회변화의 촉매제가 되지만, 이와 달리 이주민 건설 노동자들의 경우에는 미디어의 존재가 없었다면 죽음이나 자살 시도의 광경이 보이지도 않았을 것이다.

요컨대 농촌에서 이주한 노동자들의 극단적인 행동은 미디어와 도시 대중의 눈에는 초기의 정념을 상실했을지 모르지만, 이제 부정적인 언론 노출을 꺼리는 지방 정부와 자본의 관점에서는 오히려 진정한 근심의 대상으로 여겨지고 있다. 노동자들은 미디어와 언론을 끌어들일 수 있기에, 이들의 감정적이고 폭력적인 반응을 촉발하는 것에 대해 지방 정부와 자본은 두려워하며, 이러한 두려움이 때로 문제의 소지가 있는 고용주들을 제어하는 역할을 할 수도 있다. 베이징의 한 건설 현장에 있는 하급 관리자는 노동자들이 노동조건에 만족하고 있음을 내게 확신시키기 위해 회사가 더는 노동자들에게 임금 지급을 미룰 수 없다고 말하면서 사장을 변호했다. "당신은 들어보지 못했을지 모르지만, 이주노동자들은 이제 신이니까 항상 행복하게 해줘야 해요. 그렇지 않으면 크레인이나 고층건물에 오르고, 관리사무소나 대중교통을 봉쇄하거나, 언론에 접촉하는 등 온갖 짓을 다 할 수 있어요"라고 말했다.* 이러한 두려움은 건설 노동자와 회사 간의 분쟁을 다룬 중국의 인기 영화인 〈내게 빚진 10만 5천 위안(欠我十萬零五千)〉(2009)**에 나오는 체불 임금에 관한 이사회 회의에서 최고경영자가 한 다음과 같은 발언에서도 입증된다. 그는 "농촌 출신 이주민과 관련된 문제는 신중하게 다뤄야 합니다. 이제는 텔레비전, 신문, 인터넷이 어디에나 있기에 언제 나쁜 여론이 우리를 공격할지 모릅니다"라고 말했다.

'뉴스-만들기'에 개입하려는 노동자들의 시도에 관한 이러한 설명은 농민공, 미디어, 그리고 당-국가가 끊임없이 변화하는 연합, 협상, 강압, 공모, 지배의 그물망에 서로 얽혀 있음을 보여준다. 푼 응아이의 연구에서처럼 꿈, 비명, 육체적 고통을 통해 말하는 '여공(打工妹)'들과 달리 건설 노동자들은 좀 더 대중적이고 가시적인 저항의 정치에 참여한다. 그러나 동시에 건설 노동자들은 남방 지역의 공장에서 일하는 여공들과 마찬가지로 '말할 수 없는' 서발턴들이다. 이들은 지난 10여 년간 서발턴적 존재로 도시 공간에 육체적으로 접속하면서 자신들의 절박한 상황을 고조시켰으며, 도시

---

*   2009년 10월, 베이징 차오양에서 이 관리자를 인터뷰함.
**   [역주] 2009년 6월 13일 중국에서 개봉한 코미디 영화로 순진한 농부인 주인공이 형의 병원비를 구하기 위해 도시로 떠나면서 벌어지는 다양한 일들을 다룬다.

주민, 언론, 지방 정부의 양심을 담보로 잡는 데 다양한 정도로 성공을 거두었다. 이는 특히 '존재의 정치'(Anagnost, 1997; Yan, 2008)를 구체화한 사례로서, 이들 투쟁의 목적과 수단은 '말할 수 있는 권리'만큼이나 '존재할 수 있는 권리'에 관한 것이다. 그러나 이러한 서발턴들의 '존재의 정치'는 중국 혁명 담론에서 나타난 '고통 말하기'와는 매우 다른 방식으로 작동한다는 점을 강조할 필요가 있다. 즉 과거 고통의 기억을 '현재화'하기 위해 서발턴에게 말하게 하는 방식이 아니라(Anagnost, 1997), 이주민 건설 노동자들은 담론적으로 말하는 것이 허용되지 않기에 그들 존재의 비가시성을 명확하게 드러낼 방법을 찾아야 한다. 자살을 향한 이들의 몸짓은 스피박의 말을 빌리자면(비록 맥락은 매우 다르지만), "다른 어떤 수단도 통하지 않을 때, 몸에 새기는 메시지"이다(Spivak, 2004: 93).

이주노동자들의 성공과 실패에 대한 공정한 분배는 투쟁의 승패를 선형적이고 단순하게 설명하는 것에 대해 경고한다. '극단적 행동'이라는 스펙터클을 연출하는 것은 조정과 매개를 낳을 수 있고, 그렇기에 서발턴 주체로서 권리 추구의 잠재력을 가지고 있다. 그러나 이와 동시에 조정과 매개가 저항과 투쟁의 전략으로 채택되는 맥락은 시간이 지남에 따라 변화하며, 이러한 전략의 효과를 결정하지는 않더라도 구체화할 수 있는 '정치적 변덕'에 영향을 받는다. 이어지는 장들에서 다룰 노동자 시인, 다큐멘터리 영화제작 활동가, 노동자 사진작가들과 비교하면, 건설 노동자들은 가장 본능적이고 체화된 형태의 행동주의를 감행한다. 이는 특히 감정적이고 불안정한 상황에서 주로 발생하며, 그것의 효과는 대체로 불확정적이고, 결과를 예측할 수 없으며, 노동자에게 미치는 영향도 매우 불확실하다.

전략, 인식, 입장-뉴스 소비와 계급 경험

　　미디어를 활용하려는 노동자들의 시도와 헤게모니적 미디어 형식을 병치해 보면 차별적 권력 관계가 선명하게 대비되며, 국가가 용인하는 (만약 제재받지 않는다면) 이중 폭력, 즉 상징적이고 물질적으로 노동자를 강탈하는 과정이 드러난다. 뉴스는 지배 계급의 헤게모니적 언어의 필수 요소로서, 바르트(Roland Barthes)의 말처럼 "풍부하고, 다층적이며, 유연하고, 모든 존엄의 수준을 마음대로 배치할 수" 있다(Barthes, 1972: 148). 말하고 들릴 수 있는 수단을 박탈당해 자신의 몸을 통해서만 저항할 수 있는 이주민들의 필사적인 노력에도 불구하고, 지배 계급의 '조화와 포용'이라는 신화는 끊임없이 "스스로 재창조"된다(Barthes, 1972: 149).

　　뉴스는 지배 계급의 언어로 전달될 뿐만 아니라, 수용자들 사이에서 다양한 수준의 소외를 초래하며, 뉴스 서사와 관계 맺고 동일시하며 의미를 발견할 수 있는 능력을 위계화함으로써 계급의 표지로서 기능한다. 여기서는 이주노동자들이 권위 있는 미디어 장르인 뉴스와 헤게모니적인 사회적/정치적 과정으로서의 '뉴스-만들기'를 어떻게 이해하고 관계 맺는지를 살펴볼 것이다. 역사적으로 노동계급 의식의 형성에 결정적인 역할을 해온(Thompson, 1991) '급진적인 언론'과 '급진적인 독서 대중'이 오늘날 중국에서는 거의 부재하기에, 이러한 과정을 이해하는 것은 특히 시급하다. 물론 노동 NGO에서 정기적인 소식지를 발행하여 노동자의 고충을 알리고, 자신들의 이익과 권리를 보호하는 방법에 대한 정보를 제공하고 있다. 이러한 소식지와 책자는 NGO 실무자가 노동자들의 기숙사와 작업장을 방문하거나, NGO가 주최하는 대중 행사에서

〈표 3.1〉 농민공들의 주요 독서 목적

독서 목적	응답자 수*	응답 비율**
정보 검색	146	15.6
심화학습 준비	138	14.8
여가 및 오락	343	36.8
정서/감정 고취	76	8.1
격려, 자기계발	160	17.1
기타	19	2.0
별로 읽지 않음	51	5.5
합계	933	

출처: '베이징 설문조사' 중 QB14 문항(부록 참조).
* 이 질문에 응답하지 않은 77명의 참여자는 자료에서 제외되었다.
** 반올림 오류로 인해 합계가 100%로 나오지 않았다.

노동자들에게 무료로 배포된다. 심지어 베이징에 있는 어느 노동 NGO는 이주노동자를 대상으로 한 뉴스와 기타 자료를 온라인으로 출판하는 것을 주요 목적으로 삼고 있다.* 그러나 이러한 간행물은 대다수의 농촌 출신 이주민에게 전달되지 못하며, 모든 소식지가 '급진적'이라고 분류될 수 있을지도 의문이다. 이주노동자들과 나눈 대화에 따르면 일부는 이러한 간행물의 내용이 잠재적으로 유용하다고 생각하지만, 또 다른 일부는 긴 노동으로 인한 피로를 풀기 위해 의식을 고취하는 자료보다는 여전히 긴장을 풀어주는 가벼운 독서를 선호한다. 이는 농촌 출신 이주민의 독서 습관에 관한 '베이징 설문조사' 결과에서도 확인된다(표 3.1).

2009년에서 2011년에 베이징의 건설 노동자와 쑤저우의 공

---

* 이 노동 NGO의 이름은 '도시 외곽의 마을'이라는 뜻의 '성변촌(城邊村)'이며, 웹사이트는 http://www.chengbiancun.com 이다. 이에 대해서는 6장에서 더 자세히 논의한다.

장 노동자들과 진행한 일대일 및 초점집단면접을 통해, 노동자들이 뉴스에서 원하는 내용과 뉴스가 실제로 전달하는 내용 사이에는 광범위한 괴리가 존재한다는 것이 분명해졌다. 한 건설 노동자는 이렇게 말한다.

> 저는 두 종류의 뉴스 기사에 관심이 있어요. 첫째는 우리처럼 도시에서 일하는 농촌 출신 노동자들의 삶, 즉 우리의 임금, 권리, 노동조건에 대해 어떤 새로운 정책이 발표되었는지에 관한 소식이에요. 하지만 이런 종류의 뉴스는 거의 없어요. 둘째로는 노동자들의 임금을 체불한 탐욕스러운 사장을 폭로해 처벌하고, 노동자들에게 정의가 실현되는 모습을 보고 싶어요. 그러나 이런 뉴스도 거의 없어요.

이러한 인식은 또 다른 건설 현장의 노동자에게서도 나타난다.

> 저는 저 같은 농촌 출신 노동자들에게 무슨 일이 일어나고, 어떻게 사기를 당하는지 알려주는 뉴스와 시사 문제에 관심이 있어요. 주변에 사기와 속임수가 너무 많은데, 이에 대한 뉴스를 읽으면 사기당하지 않는 방법을 좀 배울 수 있어요. 그리고 농촌에 사는 사람들을 위한 정부의 새로운 정책, 즉 농민들을 위한 새로운 지원이나 농업세 감면 등에 관한 뉴스에 관심이 많아요. 지금은 제가 고향집에 없지만, 정부가 농촌 주민들을 위해 무엇을 하기로 결정했는지는 제게 너무 중요해요. 하지만 이런 정보는 자주 접하기 어려워요.

이러한 언급들은 모든 이주노동자들이 뉴스 읽기에 관심이 많다는 것을 의미하지는 않는다. 물론 건설 노동자와 공장 노동자를 막론하고, 많은 노동자가 기회가 있을 때마다 뉴스를 읽고 시청하겠다고 내게 말했다. 한편 내가 인터뷰한 일부 이주민 여성들은 남편이나 남자친구는 뉴스에 관심이 있지만, 자신들은 사람들의 감정과 정서에 관련된 것에 더 관심이 많다고 말했다. 이는 뉴스 선택과 생산에 정치적·경제적 고려가 작동하기에, 농촌에서 이주한 노동자들은 뉴스에 나오는 내용에 무관심하거나 철저하게 불신하는 경우가 많음을 분명하게 보여준다. 따라서 농촌에서 이주한 노동자들의 뉴스 읽기 습관과 하나의 장르로서의 뉴스에 대한 인식과 뉴스의 가치성에 대한 이해가 중간계급과 현저하게 다를 수 있다. '베이징 설문조사'의 데이터에 의하면 농촌에서 이주한 노동자들은 도시에서의 일과 미래에 영향을 미칠 수 있는 지역공동체, 생활, 정책 등과 관련된 뉴스를 압도적으로 선호하는 것으로 나타났다(표 3.2).

〈표 3.2〉 농민공들이 선호하는 뉴스 유형

뉴스 유형	응답자 수*	응답 비율
국가적 사안	151	16.2
국제뉴스	108	11.6
지역사회 뉴스(법률 및 범죄 포함)	300	32.2
이주노동자들의 생활과 관련된 뉴스	180	19.3
도시와 이주 정책에 관한 뉴스	183	19.6
기타	10	1.1
합계	932	

출처: '베이징 설문조사' 중 QB22 문항(부록 참조).
* 이 질문에 응답하지 않은 78명의 참여자는 자료에서 제외되었다.

허난성 출신의 수천 명의 다른 동료들처럼, 30대 청년인 샤오왕은 베이징 동부 차오양구에서 폐기물 수거 일을 하고 있다. 그는 중고 신문, 잡지 등 재활용품으로 판매될 수 있는 인쇄물을 수집해 팔아 돈을 번다. 베이징에서 현장조사를 진행하는 동안, 나는 날마다 한적한 주택가에서 트럭 옆에 앉아 타블로이드판 대도시 일간지를 읽으며 손님을 기다리는 샤오왕을 마주쳤다. 그와 여러 차례 이야기를 나누고 나서야, 나는 샤오왕이 '뉴스'를 얻기 위해 신문을 읽지 않는다는 사실을 알았다. 그는 당일 신문을 사본 적이 없었고, 그가 읽은 신문은 지역 주민들이 버린, 이미 다 읽은 오래된 것이었다. 어떤 신문은 발행된 지 몇 달이 지났거나, 혹은 1년이 넘은 것도 있었다. 샤오왕은 뉴스의 핵심 요소인 '시의성'을 결여한 자료들을 읽으면서도 전혀 개의치 않았다. 그리고 뉴스 가치의 진실성이 담보되어야 한다고 생각하지도 않았다. 내가 그에게 오래된 신문을 읽으면서 무엇을 얻었냐고 거듭 물었을 때, 그는 매우 무미건조하고 자조적으로 "그냥 의미 없이 읽는" 것이라고 말했다. 그는 도시의 이주노동자들의 삶에 관한 이야기만이 아니라, 중국 농촌에 관한 이야기에도 관심이 있다고 말했지만, 이런 이야기는 항상 부족했다. 그래도 그는 도시 사람들의 일상, 유명인의 사생활, 베이징 거리의 사소한 범죄에 연루된 개인들의 행운과 불행에 관한 이야기들을 상당히 재밌게 보면서, "그게 진짜인지 아닌지 누가 신경이나 쓰겠어요"라고 말했다. 중국 도시에 있는 많은 농촌 이주자들처럼 샤오왕도 도시 사람들이 버린 쓰레기로 생계를 유지하지만, 또 한편으로 도시인들의 문화적 산물에서 새로운 의미를 찾아 자신만의 정신적인 세계를 지탱한다. 그는 물질적 대상으로서의 신문과 상징적 형식으로서의 뉴스를 모두 재활용한다. 헤게모니적인 텍스트가 서발턴 독자의 손에 들어가면 그것이 어떻게 사용될지 아무도 확신할 수 없다.

　대부분의 뉴스가 주로 도시적이고 친시장적인 편향성을 갖고 있기에, 이주노동자와 농민의 관심을 끄는 뉴스가 드물다는 것은 당연하다. 샤오왕과 같은 농촌 출신 이주자들은 일반적으로 '3저'

〈그림 3.2.〉 휴식 시간에 책을 읽고 있는 폐기물 수거 일을 하는 농민공. 사진은 짐 비티(Jim Beattie)의 허가를 받아 사용함.

(낮은 소비력, 낮은 소득, 낮은 생활 수준) 집단으로 여겨진다. 따라서 이들은 미디어 콘텐츠나 상업광고의 '이상적인' 소비자로 존재하지 않는다. 미디어가 청중을 시민이라기보다는 소비자로 인식하는 경향은 농촌 출신 이주민의 심각한 인권 및 경제적 권리 침해에 대한 보도는 점점 더 꺼리면서, 반면 상점의 환불 정책에 대한 개별 고객의 불만은 끊임없이 추적한다는 사실에서 가장 명확하게 드러난다. 마찬가지로 시청자 상담 서비스와 쇼핑 채널과 같은 다른 미디

어 형식들도 도시 소비자들이 불만을 토로하고, 소비자 역량 강화를 위한 정보를 얻을 수 있는 풍부한 공간을 제공한다.

농촌에서 이주한 노동자들의 불만과 갈등을 달래고 해소해야 한다는 지배 계급의 인식이 커지고 있음에도 불구하고, 주류 미디어는 대체로 설득력 있는 관심과 배려의 메시지를 전달하는 데 실패한 것으로 보인다. 더욱이 나와 이야기를 나눈 노동자들은 진실을 전달하는 도구로서의 뉴스에 대해 전반적으로 불신감을 드러냈다. 비공식적인 초점집단면접에서 나는 몇 명의 건설 노동자들에게 뉴스의 역할에 대한 인식을 물어보았는데,[*] 그들은 다음과 같이 대답했다.

> 노동자 A: 뉴스요? 다 거짓이에요! 다 뻥! 그게 우리랑 무슨 상관있어요? 뉴스는 좋은 것만 말하고 나쁜 건 말하지 않는데, 어떻게 좋은 일만 그렇게 많을 수 있어요?
> 노동자 B: 뉴스는 아마도 우리가 아니라, 전문직 사람들에게나 유용할 겁니다.
> 노동자 C: 뉴스는 그저 구호 같은 것이지, 실생활에서 일어나는 일과는 아무런 관련이 없어요. 뉴스와 실제 생활의 차이는 하늘과 땅 차이예요.
> 노동자 B: 뉴스에서 보면 우리나라 지도자들이 외국의 지도자들을 만나는데, 그게 우리랑 무슨 상관이에요.
> 노동자 D: 뉴스는 아주 좋은 일이나 아주 나쁜 일을 다뤄요. 월급을 못

---

[*] 내가 그들에게 던진 질문은 "뉴스를 자주 읽거나 시청하는지, 그리고 뉴스가 당신에게 중요한가?"였다. 이러한 초점집단면접 조사는 2009년부터 2011년까지 진행되었는데, 당시는 임금 체불에 관한 기사가 대체로 통제되었고, '사회 정의'보다 '사회조화'라는 주제가 우선시되었다.

받거나 열악한 노동조건 같은 우리 문제들은 그다지 좋지도 않지만, 그렇게 나쁜 일도 아닌 것 같아요. 그래서 뉴스에 잘 나오지 않는 거죠.

노동자 A: 뉴스가 진실을 보도할 것이라고 어떻게 기대할 수 있겠어요? '참고소식(參考消息)'* 같은 매체에는 당 관계자만을 위한 내부 버전이 있고, 우리는 이용할 수 없어요.

쑤저우에 있는 공장의 젊은 노동자 집단에게 비슷한 질문을 던졌는데, 마찬가지로 이러한 불신과 무관심의 냉담한 반응이 나왔다. 두 집단 사이에 주목할 만한 차이는 공장 노동자들의 경우 대안적인 뉴스 매체에 관한 관심과 식별 능력이 뚜렷하게 나타난다는 점이다.

노동자 A: 저는 생계에 어려움을 겪고 있어요. 제가 왜 이라크에서 일어나는 일에 관심을 가져야 하죠? 만약 누군가가 저를 앉혀놓고 '국가의 큰 문제'(국가대사)에 대해 이야기하려 하면 상당히 역겨울 것 같아요.

노동자 B: (웃음)맞아요! CCTV 뉴스를 보고 그게 뉴스라고 믿는다면, 머릿속에 물이 들어차 있는 게 분명해요.

노동자 C: 심지어 광고에 뉴스보다 더 많은 진실이 담겨 있어요. 사실 CCTV 뉴스에서 가장 정확한 정보는 일기예보예요(웃음).

노동자 A: 심지어 '뒷골목 뉴스(道聽塗說)'가 CCTV 뉴스보다 더 정확해요!

---

* '참고소식(參考消息)'은 관영 신화통신의 자매지로 유명하며, 공산당 내부 간행물 성격을 갖고 있다.

노동자 B: 진짜 뉴스를 원하면 인터넷에 접속해요. 인터넷 뉴스가 텔레비전보다 빠르고, 진실이 더 많이 담겨 있어요.

노동자 C: 저는 봉황TV에서 새벽 뉴스와 시간대 뉴스를 봅니다. 봉황TV는 있는 그대로 보도해서 CCTV와는 완전히 달라요. 그리고 대만의 뉴스 채널도 시청해요.[*]

노동자 D: 뉴스에서 가장 자주 사용되는 단어가 '유관 부서(有關部門)'와 '조사 중(調查中)'이라는 말이라는 거 아세요? 그런데 어느 부서에서 조사를 진행하는지, 그리고 조사 결과는 어떤지 절대 알려주지 않아요. 큰 문제를 작은 문제로 만들고, 그 작아진 문제를 사라지게 만드는 것이 그들의 방식이에요.

공장의 젊은 노동자들의 이 같은 진술은 뉴스 읽기를 서발턴들의 문화적 소비 관행으로 탐구하는 관점에서 고려할 가치가 있다. 많은 사람이 뉴스가 현실을 재현하는 효과적인 형식임을 부정하지만, 일부 젊고 상대적으로 교육 수준이 높은 노동자들은 뉴스를 사회적 구성물로 인식하고 때로는 '타협'하면서 또 '뒤집어 읽기'에 관여할 수 있는 역량이 있으며, 자신들만의 현실을 구성할 대안적 매체를 찾는 데 큰 관심을 보인다. 비록 비판적이기는 하지만 공식 뉴스의 존재론적 세계에 관여하고, 대안적 매체를 통해 자신만의 현실 감각을 구성할 수 있다는 것은 이들이 다른 동료들보다 더 많은 정보와 교육을 받았음을 의미한다. 이러한 젊은 노동자들의 진술은 뉴스 소비 관행과 농민공 집단들의 사회적 이동성 사이의 연결 가능성을 암시한다. 마을의 친족 관계와 전통적 가치가 더는 작동하지 않는 도시에 도착한 일부 농민공들은 미디어 소비의 교육

---

[*] 이 노동자는 인터넷을 통해 이러한 프로그램에 접속한다고 설명했다.

적 기능을 빠르게 인지한다. 도시에서 살아남기 위한 노하우를 축적하려는 이러한 욕구는 속임수와 사기를 피하려고 뉴스를 읽는다는 앞서 언급한 진술에서도 입증된다.

전반적으로 뉴스는 주변화된 집단의 구성원을 뉴스에 관여할 수 있는 사람과 그렇지 않은 사람으로 분류할 수 있지만, 의도치 않게 다양한 직종과 지역의 노동자들을 강력한 지배 계급에 대항하여 단결시키는 잠재적인 연대의 매개 역할을 할 수도 있다. 초점집단면접 조사에 참여한 노동자들에게 저항의 한 형태로 극단적인 행동을 취한 노동자에 대한 미디어의 보도에 관해 질문했을 때, 대부분의 인터뷰 참여자들이 뉴스 미디어가 노동자들을 이런 길로 내몰았던 불의에 대한 깊은 감정은 보도하지 않는다는 점을 강조했다. 이들의 관점에서 볼 때 언론 기사에 나오는 개별 노동자들은 종종 동정적인 대우를 받았지만, 톰슨이 노동자 계급의 감정적 '발작(paroxysms)'과 '불만(grievances)'이라고 부르는 근대성과 도시화가 초래한 정서적·심리적 고통에 대한 인정은 어디에서도 찾아볼 수 없다(Thompson, 1991: 221). 따라서 극단적 행동을 취할 수밖에 없었던 노동자들의 감정을 공감하지 못하는 뉴스 미디어의 부당함에 대한 인터뷰 참여자들의 응답은 계급에 기반한 비판으로 읽힐 수 있다.

고층건물에 오르는 노동자들의 시위에 대한 언론 보도나 혹은 이를 보도하지 않는 것에 대해 초점집단면접 참여자들은 노동자들의 행동을 묘사하는 부정적인 미디어 프레임에 동조하지 않음을 분명히 밝혔다. 이들에게 문제의 노동자들은 '비이성적'이거나 '불합리한' 존재가 아니다. 실제로 내가 만난 수많은 건설 노동자들은 여전히 자살 위협이 '가장 효과적'이라고 믿었지만, 이들 중 일부는 항상 그 시도가 '성공할' 거라고 기대할 수는 없음을 인정했다.

노동자 A: 톈진의 한 건설공사 현장에서 어떤 노동자가 높은 크레인에 올라가는 것을 직접 목격한 적이 있어요. 실제로 뛰어내리지는 않았고, 구조대와 경찰이 아래에서 그를 보고 있었어요. 언론도 현장에 있었고요.

노동자 B: 월급을 못 받으면 저도 똑같이 할 겁니다. 침대 시트에 글을 쓰고, 그걸 공공장소에 전시하고, 또 길바닥에 드러누울 수도 있어요.

노동자 C: 다들 우리를 '야만적'이고 '불합리'하다고 말하고, '흥분', '강박', '분노'라는 말로 묘사해요. 그런데 우리가 어떻게 분노하지 않을 수 있어요? 도대체 어떻게 임금을 지급하지 않은 것을 정당화할 수 있나요? 누가 이성을 잃지 않고 침착할 수 있겠어요?

노동자 D: 하지만 당신도 알다시피, 우리가 이런 극단적인 행동을 할 준비가 되어 있어도 실행에 옮기지 못할 수도 있어요. 보통 우리는 공사장에서 작업이 다 끝날 때까지는 우리가 월급을 받지 못할 수도 있다는 사실을 알지 못해요. 일단 한 건설 현장에서 작업을 마치면, 더는 그곳에 들어가거나 시설물을 설치할 수 없어요. 무단 침입으로 기소될 수도 있거든요. 그리고 공공장소에서 시위하면 교통방해와 같은 다른 죄목으로 기소될 수도 있어요.

장쑤성 쑤저우시에 있는 공장의 젊은 노동자들에게 이 질문을 했을 때, 이들의 반응도 마찬가지로 양면적이었다. 즉 한편으로는 그러한 극단적인 행동의 효과를 '못 미더워'했지만, 또 다른 한편으로는 정의를 추구할 수 있는 더 효과적인 경로가 보이지 않는다고 생각했다.

> 노동자 A: (밀린 임금을 받기 위해 자살을 시도하는 현상에 대한 나의 질문에 답하며) 요즘은 그렇게 건물에서 투신하는 사람이 많지 않아요. 요즘은 상급기관에 민원을 제기하고 도움을 요청해요(샹팡, 上訪).
>
> 노동자 B: 하지만 그렇다고 '샹팡'이 건물에서 뛰어내리는 것보다 더 효과적이라는 말은 아니에요. 우리는 모두 샹팡이 돈과 시간 낭비라는 걸 알고 있어요. 게다가 제가 어디에 불만을 제기하고, 누가 그걸 처리하는지 어떻게 알겠어요? 그리고 그럴 돈도 없고요.
>
> 노동자 C: 그래도 그들은 우리에게 샹팡이 더 효과적이라고 믿으라고 해요.
>
> 노동자 B: 저는 여전히 건물에서 뛰어내리겠다고 위협하는 게 더 효과적이라고 생각해요. 더 빠르고 비용도 들지 않으니까요. 저라면 그렇게 하겠어요.
>
> 노동자 A: 비용이 안 든다고요? 당신 목숨을 잃을 수도 있어요! 그리고 죽지 않더라도 체포되어 구금될 가능성이 커요.
>
> 노동자 B: 정말로 뛰어내리겠다는 말은 안 했어요. 원하는 결과를 얻을 때까지 그냥 건물 위에 있을 거예요. 그리고 성공하지 못하더라도 며칠 구금되는 것은 큰 문제가 아니에요. 며칠 지나면 석방할 수밖에 없어요. 제 생각에 그들은 "밀린 임금 지급을 촉구하는 노동자를 엄중 처벌하는 경찰" 같은 헤드라인의 기사를 보고 싶어 하지는 않을 것 같아요.
>
> 노동자 D: 하지만 기자들은 어느 편에 설지를 저울질할 겁니다. 이런 시나리오를 상상해 보세요. 당신이 기자이고, 내 사장의 나쁜

행동에 대해 들었어요. 그래서 카메라와 펜을 가지고 와서 내 상황에 정말 공감해요. 그런데 사장이 당신에게 2만 위안을 주면서 자기 입장에 서서 상황을 이해해달라고 합니다. 그래서 당신은 결국 상황의 일부 측면은 드러내고, 다른 측면은 은폐하는 '균형 잡힌' 기사를 쓰게 됩니다.

이러한 진술을 통해 노동자들이 뉴스 미디어가 구조화하는 현실을 순진하게 받아들이지 않다는 것을 분명하게 알 수 있다. 그러나 농촌에서 이주한 노동자들의 뉴스에 대한 인식이 모순적이고 양면적이라는 것도 분명하다. 많은 사람이 뉴스가 자신의 계급적 경험을 정확하게 반영한다고 믿지 않지만, 그래도 뉴스에서 '우리 대 그들'의 역학 관계가 계급이 아닌 인종이나 국가를 기준으로 전개될 때는 높은 수준의 동일시 경향을 보인다. 내가 만난 노동자의 대부분, 특히 건설 노동자들은 중국 팀이 출전하는 국제 스포츠 관련 뉴스와 중국의 군사력을 강조하는 뉴스를 즐겨 본다고 말했다. 어느 노동자는 "저는 우리나라 군대가 광장에서 행진하는 모습과 국기가 게양되는 모습을 보는 게 좋아요. 미국인들이 중국이 얼마나 강해졌는지 알기를 원해요"라고 말했다. 군사적 이슈에 대한 이러한 선호는 남성 노동자들 사이에서 널리 공유되고 있다. 이와 관련해 또 다른 노동자는 "최신 무기와 기술을 선보이는 군사 TV 프로그램은 중국이 얼마나 강력해졌는지를 보여줍니다. 우리나라가 더 강력해질수록 우리 삶도 더 풍요로워질 겁니다"라고 말했다.

이러한 주제에 관해 인터뷰한 이주노동자들은 전반적으로 뉴스 장르의 구조화된 특성과 뉴스를 주변화된 집단보다는 특권층에 더 상응하도록 만드는 정치적·제도적 제약에 대해 높은 수준의 인식을 보여준다. 그리고 뉴스 제작의 의사결정에 영향을 미치는 '뉴스의 (보도) 가치'에 대한 예리한 직관력을 보여준다. 이러한 연구 결과는 미디어 리터러시에 대한 전통적인 가정, 특히 교육을 많이 받은 도시 출신의 전문가가 교육을 덜 받은 시골 출신의 사람들보다 당연히 미디어 리터러시 수준이 더 높을 것이라는 가정을 다시 생각할 필요를 제기한다. 다양한 측면에서 '자격 없음'을 매일 상기하며 살아가는 중국 도시의 농촌 출신 이주민의 존재는 미디어 리터러시와 관련해 강력한 교육적 가치를 지닌다. 특히 뉴스의 잠재적 현혹성과 조작 가능성을 인식하도록 촉진한다. 한번은 내가 어떤 건설 노동자에게 뉴스의 작동 원리를 잘 이해하고 있는 것처럼 보인다고 말하자, 그 노동자는 "글쎄요. 저도 대학을 졸업했어요. 농업대학이요"라고 비꼬듯 말했다.

이러한 연구 결과는 노동자들이 정의를 추구하기 위해 미디어를 활용하기로 한 결정이 진실을 전달하는 매개체로서 미디어의 힘이나 정의를 실현해줄 뉴스의 힘에 대한 순진한 믿음에서 비롯하지 않았음을 시사한다. 그보다는 적절한 장소와 시간, 그리고 상황만 주어진다면 미디어가 자신들의 처지를 호의적으로 다루도록 만들 수 있다는 예리한 판단에서 비롯된 것이다. 물론 노동자들은 이렇게 선택한 방법(자살 위협)의 성공률이 다양한 요인에 따라 달라지며, 점점 더 그들에게 불리해질 가능성이 커진다는 사실도 잘 알고 있다. 그러나 동시에 법적 조치를 취하거나 청원을 준비하는 등의 다른 선택지도 시간이 지남에 따라 더는 효과적이지 않기 때문에, 가장 극단적인 형태의 미디어 행동주의를 배제할 수 없게 된다. 특히 상황이 절박해지면 노동자들은 미디어를 통제할 수 있을 거라는 희망을 여전히 버리지 않는다.

'베이징 설문조사' 결과에 따르면 뉴스 보도와 관련하여 이주노동자들에게 가장 중요한 쟁점은 임금 체불과 고용 문제인 것으로

〈표 3.3〉 농민공들에게 가장 중요한 뉴스 주제

뉴스 주제	응답자 수*	응답 비율**
임금 체불	268	29.2
교육	116	12.6
고용	219	23.9
건강보험	139	15.1
직업훈련	80	8.7
주거	72	7.8
기타	24	2.6
합계	918	

출처: '베이징 설문조사' 중 QB20 문항(부록 참조).
* 이 질문에 응답하지 않은 92명의 참여자는 자료에서 제외되었다.
** 반올림 오류로 인해 합계가 100%로 나오지 않았다.

〈표 3.4〉 임금 협상 관련 미디어 보도에 대한 농민공의 평가

평가	응답자 수*	응답 비율**
매우 도움이 됨	259	28.2
약간 도움이 됨	266	29.0
도움이 되지 않음	205	22.4
역효과가 있음	16	17.4
기타	27	2.9
합계	917	

출처: '베이징 설문조사' 중 QB21 문항(부록 참조).
* 이 질문에 응답하지 않은 93명의 참여자는 자료에서 제외되었다.
** 반올림 오류로 인해 합계가 100%로 나오지 않았다.

나타났다(표 3.3). 그러나 이러한 문제를 해결하는 뉴스 미디어의 힘에 대한 신뢰 수준은 매우 다양하며, 설문 응답자의 절반 이상이 임금 협상에 대한 뉴스 보도가 어느 정도 도움이 되었다고 생각했다(표 3.4).

어쨌든 중국 정부는 이주노동자들의 불만이 방치될 경우 나타날 정부의 정책 실패에 대한 대중적 폭로, 갱생되지 않은 기업으로

인한 이익 손실, 그리고 궁극적으로 사회적·정치적 불안정 등 다양한 형태의 바람직하지 않은 결과를 피하기를 원한다. 여기서 '인정을 위한 투쟁'은 서구에서 흔히 볼 수 있는 것처럼 차이를 수용하거나 대안적인 생활방식을 기념하거나 주변화된 문화적 관행을 보존하기 위해 분투하는 비교적 온건한 형태를 취하지 않는다. 오히려 그것은 삶과 죽음의 문제일 수 있으며, (불의에 대한) 항의, (언론과 일반 대중의 공감을 구하는) 탄원, (분노와 절망, 더 중요하게는 희망에 대한) 자기표현의 가장 체화된 형태로 나타날 수 있다. 공공 지식인인 쉬신(徐昕)은 이러한 최후의 수단 이면의 동기에 대해 "고통의 신호를 보내거나 도움을 요청하고, 대중의 관심을 환기하며, 대중의 압박을 불러일으키고, 분쟁을 해결하며, 궁극적으로 자신의 권리를 보호하려는" 의도라고 말한다(Xu Xin, 2007: 117).

현재의 쟁점과 미래 전망

이제까지의 논의들은 농촌 출신 이주자들이 뉴스를 비판적으로 평가하고 해석하는 높은 수준의 역량을 갖고 있음을 보여준다. 이들은 미디어와 도시사회 모두로부터 무력해진 존재로서의 경험에도 불구하고, 아니 오히려 그러한 경험 때문에 견실하게 미디어 리터러시 능력을 증진할 수 있었다. 농촌에서 이주한 사람들은 자신의 행위성을 제약하거나 부정하려는 국영 미디어의 관행에 대해 말하고, 또 가능할 때마다 자신들의 불평등과 불의에 대한 경험을 어떻게 당-국가와 미디어에 전달하는지를 보여준다. 농민공들은 집단적 경험과 미디어의 작동방식에 대한 직관적이고 기민한 이해를 바탕으로 뉴스 미디어의 생명줄인 끊임없이 이어지는 볼거리(스펙터클) 창출에 자신들의 육체를 투여하는 극단적 수단에 의지하기도 한다. 그리고 10여 년이 넘는 기간 동안 이러한 방식을 통한 권리 주장은 다양한 정도의 효과를 발휘했다. 따라서 농촌 출신 이주자들은 미디어 리터러시 수준이 낮으며, 이것이 이들이 미디어에 접근하지 못하도록 하는 핵심 요인이라는 주장은 확실히 틀렸다.

이제까지의 분석에서 알 수 있듯이 지배적인 미디어 담론에 대한 접근성 결핍은 미디어 리터러시 문제와는 거의 관련이 없으며, 오히려 농촌 출신 이주자 집단이 직면한 구조적 불평등과 깊은 관련이 있다. 이러한 불평등은 농촌에서 이주한 사람들이 의료, 교육, 고용, 주거 등 다양한 물질적 혜택에 접근할 수 있는지에 관한 것이다. 하지만 물질적 혜택에 대한 불평등한 접근은 담론적 자원에 대한 불평등 문제와도 밀접하게 연결되어 있다. 미디어를 통해 자신의 목소리를 내거나 혹은 목소리가 들리게 하기 위해서는 현실적으로 다음 항목 중에서 하나 이상의 핵심적인 강점이 있어야 한다. 즉 도시 거주민으로서의 신분(戶口)이나, 공적 영역에서 자신의 관심사를 효과적으로 전달할 수 있는 충분한 사회적·문화적 자본 보유, 혹은 실제로 엄청난 금액의 돈을 가지고 있느냐에 좌우된다. 그러나 도시의 교육받은 전문직들과 달리, 농촌 주민들과 도시에 거주하는 농촌 출신 노동자들은 이 모든 항목에서 낮은 점수를 기록한다. 그리고 이러한 특권이 부정되면, 아무리 미디어 리터러시 능력을 갖추고 있어도 원천적으로 불리한 상황을 극복하기 어렵다.

따라서 노동자들은 경제적 정의뿐만 아니라, 자신들의 권리와 자격에 관한 적절한 정보에 접근할 기회도 부정되고 있음이 분명하다. 이들의 담론적 권리의 결여는 정치적 권리의 지속적인 결핍에 전적으로 기인하며, 이를 통해 더욱 정당화된다. 서발턴은 물질적인 것뿐만 아니라, 담론적으로도 종속화와 주변화를 경험한다.

앞서 인용한 인터뷰에서 이주노동자들이 거듭 지적한 것처럼, 뉴스 미디어가 이와 관련된 문제를 제대로 충분히 다루지 않는다는 사실은 사소한 문제가 아니다. 오히려 정보력을 갖춘 시민이 지속적인 경제 정의를 상상할 수 있게 하며, 이를 위한 전제조건임을 상기시켜준다. 문화적 권리, 정보 접근의 형평성, 목소리, 가시성을 위한 투쟁은 사회적·정치적 정의를 추구하는 의제의 외부에 있지 않으며, 그 자체가 이 과정의 일부이다. 특히 개혁 시대의 중국에서는 호구 제도에 따른 차별이 물질적 불평등뿐만 아니라, 문화적 불평등을 초래하는 것으로 입증되었다.

미디어가 사회 안정을 위한 압력 밸브 역할을 하기를 기대하는 것과 그러한 메커니즘을 실제로 '목소리를 부여하는' 과정으로 전환하는 것은 전혀 다른 문제이다. 이제까지의 논의를 통해 우리는 안정을 유지하는 것이 때로는 불만을 품은 이주노동자들을 달래는 방식으로 이루어질 수 있음을 알게 되었다. 즉 그들이 겪은 불의의 경험을 이야기할 수 있도록 방송 시간을 제공하고, 그들의 '통제할 수 없는' 행동을 눈감아주는 것이다. 그러나 다른 경우에는 당국이 질서 유지를 위해 처벌이 필요하다고 결정할 수도 있다. 대변인으로서의 미디어가 압력 밸브의 역할보다는 여러 측면에서 더 훌륭하지만, 미디어가 농민공의 효과적인 대변인 역할을 하지 못했다는 비난도 오해의 소지가 있다. 저널리즘은 정당성 창출과 안정유지라는 당-국가의 변덕스러운 명령에 영향을 많이 받을 수밖에 없기 때문이다. 사회주의 시기의 정치는 "이전에는 역사와 정치적 삶에서 배제되었던 대중들을 포함하는 것"을 목표로 했지만(Xie J, 2004: 42), 포스트 사회주의 정치는 더는 이러한 이념적 명령을 수용하지 않는다. 그 대신, 그저 조화와 안정을 위협하지 않는 선에서 대중의 만족을 유지하는 것을 목표로 삼을 뿐이다.

더욱이 미디어의 생산 과정, 즉 '뉴스 가치성'의 기준(정치적 편의성, 선정성, 극적 효과)을 정의하고, 신뢰할 수 있는 정보의 출처(당국, 전문가, 기업 리더)와 동일시하며, 뉴스에서 특정 행위자(정부 관료, 경찰 기관)에게 정당성과 지위를 부여하는 과정은 언론인 개인이 아닌 제도적인 미디어 권력에 의해 결정되는 의제를 따라야 한다. 즉 특정 기자의 정의감과 권리를 박탈당한 노동자를 대변하려는 의지, 그리고 이와 관련된 뉴스 수집의 전문성은 칭찬할 만하고 때로는 도움이 되지만, 이들에게 지속적이고 결정적인 영향력을 기대할 수는 없다. 사회적 양심을 가진 언론인과 고통받는 이주노동자 모두의 행위성과 주도성을 약화하지 않으면서, 현실을 이해하는 상징적 과정을 형성하는 것이 '뉴스 만들기'의 근본적인 제도적 책무이자 정당성의 원칙이다. 특히 중국에서의 '뉴스 만들기'는 다른 감각 형성의 관행보다 정치 및 경제와 더 밀접하게 연결되어 있으며, 가장 높은 "제도화 수준"으로 특징지어진다(Bourdieu, 1993: 12). 한편으로는 정치적 안정이라는 명령에 좌우되고, 다른 한편으로는 도시, 생산적 소비자(proconsumer), 그리고 중간계급의 관점에 따른 정보에 근거한 '뉴스 만들기' 의제는 고통받는 이주노동자를 저널리즘의 상징적 공간에서 그림자처럼 흐릿한 형상으로 남아 있게 만든다. 제도로서의 미디어를 개혁하지 않으면, 질적 개선은 없을 것이다. 그러나 1989년 민주화 운동에 대한 탄압 이전의 미디어 개혁 실패를 볼 때, 정치 시스템 전반을 개혁하려는 당-국가의 의지 없이는 어떠한 미디어 개혁 시도도 성공하기 어려울 것이다.

그러기 전까지 우리는 미디어가 때로는 서발턴 정치를 지원하는 역할을 하고, 또 때로는 무력화하는 반복되는 시나리오를 목격하게 될 것이다. 따라서 이주노동자들의 투쟁도 때로는 사회 구조

안에서, 그리고 때로는 그 구조에 반대하는 형태로 계속될 것이다. 목소리, 인정, 경제적 보상을 위한 투쟁에 나서려는 농촌 출신 이주자들의 의도와 동기는 사회적·경제적 불평등이 존재하는 한 계속될 것이다. 그러나 이러한 투쟁의 성공 수준은 당-국가의 '안정 유지' 논리에 따라 결정되며, 이는 다시 끊임없이 변화하는 '인정의 정치'로 전환되어 이어진다.

4장

'도시영화'와 '조화사회 만들기'의 한계

앞 장에서 살펴본 것처럼, 중국에서 지난 20여 년간 산업재해, 임금 체불, 노동쟁의 등과 관련된 문제는 뉴스 미디어에 끊임없이 등장해왔으며, 이러한 문제를 다루는 정치도 시대의 정치적·이념적 요구에 대응하여 계속 변화해왔다. 중국의 다른 미디어 및 문화제작 분야와 마찬가지로 영화 산업도 국가와 시장 간의 때로는 공모하고 때로는 모순되는 역학 관계를 고려해야 한다. 이와 동시에 영화제작에는 몇 가지 독특한 특징이 있다. 국영 미디어가 제작하는 뉴스와 달리 상업영화는 주로 민간 투자자의 자금으로 제작되며, 성공 여부는 흥행 성적에 따라 측정된다. 중국에서 가장 성공한 상업영화는 대부분 '도시 코미디(urban comedies)' 장르로, 정치적으로 안전하면서도 사회적 시의성을 놓치지 않도록 미묘하게 줄타기를 한다. 그리고 당연히 농민공들이 겪는 사회적 불평등과 경제적 불공평에 대한 주제는 뉴스 미디어만큼이나 도시 코미디 영화에서도 꾸준히 등장한다.

영화는 때로 "사회가 어떻게 스스로 보이기 원하는지에 대한 암시"로 이해되었는데(Frisby, 1986: 157), 영화가 어떻게 계급 정체성을 구성하고 사회적 갈등을 해결하는지를 살펴보면 한 사회의 지배적인 도덕적 가치에 대해 많은 것을 얻을 수 있다. 현대 중국의 계급 문화정치가 계급 긴장과 갈등을 어떻게 다루는지에 대한 이해는 이전 시대의 방식과 나란히 놓고 보지 않고서는 온전하게 이루어질 수 없다. 따라서 우리가 현대 영화에서 발견되는 일과 노동의 의미, '노동자'의 주체적 위치, 노동자 계급의 정치적·도덕적 지위에 관한 배치를 이전의 혁명 영화에서 전개되었던 방식과 비교하는 작업은 매우 유익하다. 마찬가지로 지난 20년 동안 뉴스 미디어가 임금 체불에 저항하는 이주노동자들의 시위를 다뤘던 방식은 (이전 장 참조), 도시영화와 같은 좀 더 오락 지향적인 매체에서 이와 유사한 문제를 어떻게 다루고 있는지와 연결해서 이해되어야 한다. 이들 간의 공모와 상보성이 확립되어야만 '조화사회 만들기'라는 문화-정치적 기계에 투여된 강력한 헤게모니적 권력을 이해할 수 있기 때문이다.

영화는 또한 "진정한 현실이 표면으로 드러나고, 억압되었던 소망이 이루어지는"(Kracauer; Frisby, 1986: 156에서 재인용), 사회의 '환상'과 '백일몽'으로 여겨지기도 한다. 만약 이것이 사실이라면, 중국의 주류 상업영화에서 '조화사회'의 달성을 위해 영화적 측면에서 사회적 갈등을 어떻게 중화하는지를 분석하는 것은 농촌 출신 이주민 타자에 대한 도시의 불안 심지어는 공포가 어떻게 다루어지는지에 대한 단서를 제공할 것이다. 장전(Zhang Zhen)이 말한 것처럼, 농촌 출신 이주민은 '국민 영화'의 아이콘이 아니다. 그보다 이주자로서의 존재는 농촌과 도시, 부유한 해안 지역과 가난한 내륙 사이의 '내부 균열'을 폭로함으로써, 통일 국가로서의 중국의 자아상을 문제화한다(Zhang Z, 2007: 6). 마찬가지로 농촌 출신 이주민들은 힘들게 번 돈을 영화관에 가는 데 쓸 가능성이 적고, '합법적인' 방법보다는 해적판으로 영화를 볼 가능성이 크다는 점에서 '이상적인 관객'으로 보기도 어렵다. 그렇지만 드 세르토(de Certeau, 1984)가 '텍스트 밀렵(textual poaching)'이라고 부르는 이러한 과정은 종종 의

도치 않게 농촌 출신 이주자들에게 대안적 의미 창출을 위한 기회와 공간을 제공하며, 이는 결과적으로 다양한 종류의 사회성과 합의 형성 및 정치화를 불러올 수도 있다. 이러한 가능성은 비록 '조화사회 만들기'의 문화적 기술이 매우 강력하고 광범위하지만, 정말 그것이 '전능한' 것인지에 대한 의문을 제기한다.

이러한 모든 요소의 상호작용은 영화 속 인물이자 영화 관객으로서 농촌 출신 이주민이 갖는 함의를 풀어내는 훌륭한 출발점이 될 수 있다. 많은 영화가 현지 도시인과 농촌 출신 외지인의 우연적이면서도 통렬한 만남에 중점을 두고 있으며, 영화는 중국 도시에서 계급, 성별, 장소 간의 사회적 불평등이 확대되고 있음을 보여주는 유용한 텍스트 지표이다. 실제로 도시의 변두리에서 빈약한 수입으로 살아가며 차별과 배제에 대처하는 '도시 속 농촌 외지인'이라는 이주자로서의 서발턴 형상은 중국영화의 곳곳에 존재한다. 영화학자 장전이 『도시세대』라는 책에서 언급했듯이, 도시영화들에서 농촌 출신 이주자들은 "변혁의 시대에 주변적 존재이면서, 문제가 많은 사람"들로 구성된다(Zheng Z, 2007: 2). 그리고 중국의 도시영화는 도시화의 격변으로 인한 "사회경제적 불균형, 심리적 불안, 도덕적 혼란"에 대응하여 생겨난 사회적 인공물이다(Zheng Z, 2007: 2).

중국의 21세기 도시영화는 장전이 말한 '독립영화'와 '주류 상업영화'로 구분되지만, 두 영역 모두 '주변성(marginality)'이라는 주제에 관심을 두고 있다. 다음 장에서 구체적으로 논의할 '독립영화'는 인도주의적 관심과 다양한 다큐멘터리(紀實片) 미학이라는 특징을 보인다. 특히 현재 떠오르는 사회적 문제의 심각성을 드러내고, 예술적·양식적 혁신에 대한 엄격한 추구로 국내 및 초국가적인 문화 엘리트들에게 깊은 인상을 남겼다. 이와 대조적으로 '주류 상업

영화'는 주로 코미디 형식의 '저급영화'로, 훨씬 더 광범위하고 압도적으로 국내 관객들의 흥미를 끈다. 그리고 주류 영화관에서 상영되며, DVD(대부분 불법 복제물) 형태로 널리 유통되는 이런 코미디 영화에는 보통 누구나 아는 유명 배우가 출연한다. 좀 더 진지하고 심각한 독립영화와 달리 상업적 코미디 영화는 농민공들에게 매우 인기가 있지만, 이들은 영화관에 갈 여유가 없기에 영화관이나 독립영화 클럽보다는 주로 DVD나 온라인으로 시청한다.

이러한 인기에도 불구하고 지금까지 주류 상업영화가 개혁 시대의 농촌 출신 이주민을 어떻게 구성했는지, 그리고 노동자와 농민의 삶을 영화적으로 묘사할 때 전통적인 사회주의 방식에서 얼마나 벗어났는지는 거의 주목받지 못했다. 실제로 사회적 불평등이 심화하는 현실에도 불구하고, 기존 영화연구 학계에서 분석을 위한 범주로서 '문화'를 명시적으로 접합하려는 시도는 여전히 크게 부족한 현실이다. 이주노동자들이 주류 상업영화와 관련하여 관객으로서 자신들을 어떻게 위치시키는지, 그리고 도시에서의 경험을 어떻게 다양하게 구성하는지는 여전히 불분명하다. 이러한 학문적 공백으로 인해, 예컨대 영화가 어떻게 서발터니티를 구성하는지, 그리고 '관객됨(spectatorship)'을 통해 서발턴 의식이 형성되는지, 만약 그렇다면 어떻게 형성되는지 등을 포함한 여러 가지 중요한 질문이 아직 대답되지 못한 채로 남아 있다. 이 장에서 나는 이러한 질문들에 다양한 방식으로 접근한다. 첫째, 이러한 영화들이 임금, 노동관계, 산재 사고 및 사망과 관련하여 정의를 추구하는 농민공들을 어떻게 인식(혹은 인정)하고 있는지를 탐구한다. 둘째, 불평등한 사회적 관계와 문화적 자원에 대한 불평등한 접근이 특정 계급의 관람 습관, 관객으로서의 사회성, 의미 창출 방식을 어떻게 형성하는지를 파악한다. 셋째, 이주노동자들이 선호하는 주제,

장르, 미학이 그들의 일상적인 사회경제적 관심사를 어떻게 반영하며, '이주-노동자-관객'으로서의 서발턴 의식의 형성에 필수적인지를 연구한다.

뉴스와 마찬가지로 영화는 "화면에서 보이는 것만이 아니라, 영화를 제작하는 기관과 장치, 그리고 세계의 무수한 양상을 생성하는 관계의 총체"로 확장되는, 계급구성에 특화된 물질적 차원을 가진 것으로 간주해야 한다(Beller, 2006: 14). 영화적 경험은 결코 분석을 위해 쉽게 이용할 수 있는 해부 가능하고, 자명한 정체성을 갖는 것으로 이해될 수 없다. 아밋 라이(Amit Rai)는 인도 영화산업(Bollywood)의 맥락에서 영화 텍스트를 의식성과 정체성에 대한 인과적이고 선형적인 관계를 생성하고, "주어진 권력 위계의 실현된 산물"로서 신뢰하는 재현적 틀에 반대한다. 그 대신 영화는 "반복적으로 새롭게 수행"되며, 다양한 유통 궤적과 소비 환경을 통해 마치 전염병처럼 "유행"하고 다른 무언가로 변이될 수 있는 '사건'으로 이해되어야 한다고 주장한다(Rai, 2009: 3).

이러한 통찰을 바탕으로 나는 농촌 출신 이주민 문제와 그들의 영화적 경험을 돈, 시청 환경, 대상의 배열, 특정한 사회성, 상호 연결된 담론 등의 배치(assemblage)로 접근한다. 따라서 나는 영화를 일련의 '의미화 실천'으로 볼 뿐 아니라, 노동자들의 삶의 경험, 사회성 양식, 노동 체제, 일상, 기술 등 스크린 너머에 있는 모든 것을 탐구한다. 이러한 경로에 따르면 영화 관람 중과 관람 후의 노동자들의 의견과 반응은 모두 깊이 연결되어 있다. 영화는 "서로 다른 사건과 장르 및 체제들을 정렬하고 내장하며, 엄밀히 말해 영화가 이들 사이에 서로 상응하면서도 확실하게 배타적이지는 않은 역할을 할 수 있는 사회적 담론 네트워크"의 일부를 형성하기 때문이다(Casetti, 2011: 3).

현대 중국에서 계급적 경험이 어떻게 영화적 '관객됨'을 형성하는지를 규명하려면 영화 관람에 관한 연구를 다양한 차원으로 확장하는 것이 중요하다. 이러한 접근 방식은 부분적으로는 왜 특정 영화는 노동자들의 흥미를 끄는 반면, 다른 영화들은 외면받는지를 알아보려는 호기심에서 비롯되었다. 그리고 서발턴 경험으로서의 영화적 관객됨을 탐색하는 데 가장 효과적인 분석적·방법론적 시각을 확인하려는 욕구에서 비롯된 것이기도 하다. 여기서는 중국 도시의 사회적 불평등과 관련된 모든 영화를 포괄하면서 피상적으로 설명하기보다는, '이주-노동자-관객'들이 무엇을 좋아하고 싫어하는지에 대한 민족지 작업을 통해 얻은 통찰을 바탕으로 분석할 영화를 선택했다. 이하에서는 먼저 특정 영화가 이주노동자를 가장 잘 재현하고 이들을 관객으로 끌어모으려는 순수한 의도에도 불구하고, 이주노동자들에게 매력적으로 다가가지 못하는 이유에 대한 몇 가지 단서를 제시한다. 이어서 도시 거주자와 농촌 출신 이주자 사이의 경제적 불공평과 사회적 불평등이라는 주제를 다루기 위해 도시 코미디 영화들이 사용하는 다양한 서사 형식과 담론 전략을 살펴본다. 또 가장 성공적인 영화 장르인 도시 코미디 영화가 어떻게 그리고 왜 농촌 출신 이주자를 포함한 광범위한 사회경제적 집단들에 매력적으로 다가가는지를 분석한다. 마지막으로 관객으로서의 이주노동자에 초점을 맞춰 이들의 스크린 너머의 영화적 경험을 재고하고, 의미형성 과정의 필수적 측면으로서 이들의 사회성을 고찰한다.[*]

---

[*] 이 장에서 사용된 NGO 활동가 및 농촌 출신 이주민 개인들의 인용문과 농민공들의 시청 습관에 관한 자료는 2009년부터 2012년까지 베이징에서 진행한 현장조사에서 얻은 것이다.

좋은 의도, 초라한 매력

특정 장르나 주제에 대한 노동자들의 선호도에 관한 나의 배경지식은 베이징의 다양한 농촌 출신 이주민 지원 단체와의 교류 및 노동자들과의 집중적인 대화를 통해 얻은 것이다. 리다쥔(Li Dajun)은 베이징에서 건설업에 종사하는 농민공들을 지원하는 소규모 NGO를 이끌고 있다. 이 단체는 노동자들에게 법률이나 정책 및 서비스에 관한 정보를 정기적으로 제공하고, 임금 관련 고충을 지원하며 독서 자료 배포, 영화 상영, 야유회 조직과 같은 여가 및 문화 활동도 제공한다. 2009년부터 2012년까지 베이징에서 현장조사를 했을 때, 나는 리다쥔과 동료들이 주최한 영화상영회에 참여했다. 이 상영회는 저녁 식사 시간이나 식사를 마친 후에 노동자들의 임시 기숙사 밖의 개방된 공간에서 주로 진행되었고, 다양한 규모의 군중을 끌어모았다.* 수년간 건설 노동자들과 정기적으로 교류하면서 리다쥔은 이주노동자들의 문화적 취향, 선호도, 소비 습관을 파악할 좋은 기회를 얻을 수 있었다.

리다쥔에게 어떤 영화를 상영할지에 대한 결정에는 항상 '균형 잡기'가 필요했다. 그는 선전적 성향이 강한 국가 홍보 영화는 노동자들이 지루해하고 '현실성'이 떨어진다고 싫어할 것을 잘 알기에 일반적으로 잘 상영하지 않았다. 그래서 그와 동료들은 처음에

---

* 영화상영회는 보통 NGO 상근자가 DVD로 제작된 영화를 골라 노트북에 연결된 프로젝터를 통해 대형 스크린에 투사하는 방식으로 진행됐다. 상영회에 참석한 노동자들은 보통 바닥에 앉거나 쪼그려 앉아서 영화를 보았고, 일부는 상영 중에 자유롭게 왔다 갔다 하기도 했다.

는 농촌 출신 이주민의 삶에 초점을 맞추거나 노동자의 관점에서 현실을 반영하려는 '체제 밖'에서 제작된 독립영화를 보여주는 것이 좀 더 가치 있다고 생각했다. 그들은 이러한 독립영화 형식의 이야기가 노동자들에게 현실 도피를 제공하지는 못하지만, 의식 고양과 정치적 동원에는 효과적일 수 있다고 믿었다. 그러나 안타깝게도 리다쥔과 동료들은 도시 문화 엘리트들은 이러한 미학적 실험을 좋아하고 국가 및 주류 상업영화에 대한 대안으로 환영하지만, 이와 대조적으로 노동자들은 이를 너무 '어둡고' '지루하게' 느껴 금방 상영회 자리를 떠난다는 사실을 곧 깨달았다. 리다쥔은 전위적인(아방가르드) 감성의 영화나 이주노동자 활동가들이 직접 만든 이주노동자의 고난과 투쟁을 다룬 영화를 상영하면, 영화가 끝날 때 관객이 두 명 정도밖에 남지 않은 적이 여러 번 있었다고 내게 말했다.

현실 도피적 재미와 의식 고양 사이에서 균형을 잡아야 하는 리다쥔의 딜레마는 노동자들에게 문화 상품을 제공하려는 대부분의 노동 NGO에게 익숙한 문제이다. 노동자들이 너무 진지하고 지적 자극을 주는 영화보다 가벼운 기분전환용 영화를 더 선호한다는 사실은 현재 마케팅 회사에서 중간 관리자로 일하고 있는 유명한 '노동자 시인(打工詩人)'인 쉬챵(許強)의 말에서도 잘 나타난다.

> 노동자들은 영화에서 자신들을 예술적으로 표현하는 것을 보는 데 관심이 없어요. 자신과 동일시할 수 없기 때문입니다. 현실적이지 않다고 생각해서 흥미를 잃을 겁니다. 반대로 이러한 작품에 대해 비판하거나 논평하지도 않을 겁니다. 그들에게는 정치적 의식이 없어요. 주류 문화 환경은 너무 강력한데, 노동자들은 너무 무력해요.

헤게모니 스펙트럼에서 양극단에 있는 국가 제작물과 독립적인 전위예술 작품이 이주노동자들에게 똑같이 매력적이지 않은 이유는 무엇일까? 이러한 영화 속의 실제 이야기를 살펴보면 몇 가지 단서를 얻을 수 있다. 예컨대 〈꿈은 곧 실현된다(夢想即將實現)〉와 〈중국 농민공(中國農民工)〉은 모두 중앙 및 지방 정부의 승인을 받은 문화적 텍스트이다. 특히 〈중국 농민공〉은 국유 영화제작사인 '중국영화집단(中國電影集團)'이 중국의 신문·방송·출판·영화 등의 제작과 심의를 총괄하는 국무원 산하 '국가광보전영전시총국(國家廣播電影電視總局, 이하 '광전총국')'의 감독하에 제작했으며, '중국영화집단'의 대표인 한산핑(韓三平)이 직접 제작자 중 한 명으로 참여해 두각을 드러냈다. 이 영화는 농촌 출신 이주 노동력의 주요 공급처인 푸양(阜陽) 지방 정부의 협력과 여러 기업의 재정적 후원을 받았다. 2008년에 개봉된 이 작품은 오프닝 크레딧에서 "중국의 번영에 크게 공헌한 농민공들에게 헌정"되었다. 이 영화는 다른 소위 주선율 작품들과 함께 당의 개방 정책과 경제 개혁을 기념하기 위해 제작된 문화적 텍스트이다.

이 영화는 주로 도시의 영화팬을 유치하기 위한 시장 배급망과 네트워크를 갖춘 박스오피스 시스템을 거치지 않고, 농민공들을 주요 관객으로 삼아 무료로 상영되었다. '광전총국'은 2008년 말까지 농민공들이 밀집한 주강삼각주, 양쯔강 삼각주, 베이징 등 농민공의 송/수신 지역을 비롯한 대도시를 중심으로 중국 각지에서 1만 회 무료 상영을 계획하고 있다고 발표했다. 내가 노동자들에게 이 영화에 대한 의견을 물었을 때, 그들의 반응은 일관되게 냉담하고 부정적이었는데, 주로 "현실적이지 않으며" 더는 언급할 가치가 없다고 생각하는 듯한 인상을 주었다. 이러한 반응을 볼 때 노동자 집단 외부의 사람들에게는 분명하지 않지만, 노동자들 사이에서는

'무엇이 현실적'인지에 대한 암묵적으로 합의된 기준이 작동하는 것처럼 보인다.

〈중국 농민공〉은 가난하고 값싼 노동력을 끊임없이 공급하는 곳으로 유명한 안후이성 푸양현 출신의 농촌 출신 이주자들 다섯을 집중 조명한다. 이 영화는 중국 남부의 중요한 항구 도시이자 수많은 농촌 출신 이주자들의 집결지인 닝보(寧波)에서 이들의 삶을 추적한다. 영화는 1991년 다청(Dacheng)과 그의 친구들이 채석장 인부, 채소 노점상, 건설 노동자로 일하기 위해 집을 떠나 닝보로 가는 것으로 시작된다. 임금을 주지 않고 사라진 부도덕한 사장에게 사기당하고, 깡패들에게 구타당하고, 임시거주 허가증을 제시하지 못해 경찰에 연행되는 등 이들이 경험하는 고난은 대부분의 농촌 출신 이주자들에게 익숙한 일이다. 다청의 동료 중 하나인 얼니우(Erniu)는 여동생의 학비를 마련하기 위해 다른 직장에서 야간 근무를 추가로 해야 했는데 사장에게 반복해서 모욕을 당하고 결국 해고되자, 건물에서 뛰어내려 자살한다. 다청과 그의 다른 친구인 마오성(Maosheng)은 건설 현장에서 작업반장이 되기 위해 열심히 일하지만, 사장이 임금을 주지 않고 떠나자 이들은 분노한 수많은 노동자를 대신 상대해야 했다. 자포자기한 마오성은 돈을 마련하기 위해 사기와 편법에 의지하지만, 결국 자신과 다청이 모두 경찰에 끌려가는 곤경에 처하게 된다. 그리고 다청의 임신한 아내는 아이를 유산하고 절망에 빠지며, 이제 아이를 가질 능력도 잃은 그녀는 남편에게 실망을 주고 싶지 않아 떠난다.

이 모든 고난에도 불구하고, 다청은 이 도시에서의 삶에서 무언가를 이루겠다고 결심한다. 어느 날 태풍이 닥쳤을 때, 그는 목숨을 걸고 구조대를 이끌어 홍수로부터 도시를 구한다. 다청과 그의 친구들은 이타적인 행동으로 지방 정부와 고향 관청의 인정을 얻었고, 언론의 찬사도 받았다. 이 경험을 통해 다청은 "인생에는 돈 버는 것보다 더 중요한 일이 있다"라는 사실을 처음으로 깨닫는다. 이후 그는 공로에 따른 보상을 받게 되었고, 자신의 건설 회사를 설립할 만큼 충분한 돈을 벌게 된다. 이제 본인 회사의 CEO가 된 다청은 돈이 사회적 책임보다 중요하지는 않다고 주장하며, 빠르게 돈을 벌기 위해 경비를 아끼고 절차를 생략해 안전하지 않은 건물을 짓는 일보다는 품질, 안전, 정직을 자신의 사업에서 우선시한다고 강조한다. 영화는 다청과 다시 돌아온 아내가 입양한 딸과 함께 17년 만에 값비싸 보이는 차를 타고 마을로 돌아와, 새 학교를 짓고 공장에 투자할 준비를 하는 장면으로 끝난다. 그는 고향에 절실히 필요한 현금과 사업가적 기술을 기부하는 '둥지로 돌아온 불사조'이다.

이처럼 국가의 후원을 받은 〈중국 농민공〉이라는 영화는 농촌 출신 이주노동자들의 경험을 비교적 긍정적인 시각으로 서술하고 있지만, 이는 사회주의 시기의 노동자에 대한 영화적 묘사와는 근본적으로 다르다. 우선 이주노동자들의 정직하고 성실한 노력이 국가 경제에 대한 기여의 측면에서 현지 정부의 승인은 받지만, 이 영화 속 주인공들은 결코 우리가 〈창업(創業)〉(1975년 창춘 영화제작사), 〈영광의 시대(火紅的年代)〉(1974년 상하이 영화제작사), 〈끓어오르는 산들(沸騰的群山)〉(1976년 베이징 영화제작사)과 같은 이전 세대 영화에서 볼 수 있는 가장 정치적으로 의식 있고 도덕적으로 선진적인 계급 주체들과 동등하지 않다. 이러한 이전 세대 영화 속 주인공(유전의 철인 왕징시, 철강 공장의 자오스시, 광산의 쟈오쿤 등)들은 지식인이나 부르주아 등 다른 사회 계급보다 더 정치적·도덕적 우월성을 구현하는 역할을 맡았다.

〈영광의 시대〉에 나오는 노동자 지도자인 자오스시는 보수적이고 기술 관료적인 철강 공장 관리자인 바이 감독에게 중국 국방의 자립을 위해서는 "금속 재료의 수입을 그만두고, 자체적으로 철강을 생산해야 한다"고 설득한다. 자유화 시대에 돈벌이를 목적으로 농촌 이주자들을 노동 시장으로 몰아넣었던 것과 달리, 사회주의 시대를 그린 영화에서 육체노동은 국력을 위한 자부심과 존엄성, 숭고한 헌신으로 수행된다. 〈창업〉의 주인공 왕징시는 끝없는 노동에 지쳐 마흔일곱의 나이로 세상을 떠난다. 그의 좌우명은 "조국을 위해 우리 유전에서 석유 생산을 앞당기기 위해, 나는 20년 먼저 죽을 각오가 되어 있다"이다. 그리고 신자유주의 시장에서 대체로 '값싼' 노동력으로 가치가 규정되는 농촌 출신 이주자들과 달리, 이러한 초기 영화 속 노동자들은 물질적·상징적 가치를 동시에 부여받은 노동을 수행한다. 사회주의 시대의 중국은 자립적이고 강한 국가 건설과 별개로 석유, 철강, 광물을 생산하기 위해 가장 '정치적으로 진보적인' 세력인 노동자들이 필요했다. 더욱이 '국가 만들기' 프로젝트에 참여하는 노동자들은 어둠 속에 숨어 항상 국가 건설 프로젝트를 파괴할 기회를 노리는 '계급의 적'과의 투쟁에서 우위를 유지해야 했다. 〈영광의 시대〉와 〈끓어오르는 산들〉에서 주인공들은 결국 파괴적 행위를 하는 적을 잡아내며, 이를 통해 사회주의 서사를 지배하는 계급 투쟁이라는 주제의 정치적·도덕적 정당성을 강화한다.

이 두 세대 영화 사이의 역사적 단절은 〈중국 농민공〉에서처럼 일과 노동자를 묘사한 현대의 선전 영화를 비교 역사적 맥락에 놓고 보아야 명백하게 드러난다. 이와 동시에 〈중국 농민공〉의 낙관적인 어조와 해피엔딩은 지아장커(賈樟柯) 감독의 영화처럼 어느 정도 독립적으로 제작된 이주노동자에 관한 현대 영화와도 극명한 대조를 이룬다. 예컨대 지아장커 감독의 장편영화 〈스틸 라이프(三

峽好人)〉(2006)는 양쯔강 유역 쓰촨(四川)성의 작은 마을인 펑지에(奉節)에서 싼샤(三峽)댐 프로젝트로 인해 삶의 터전을 잃은 탄광 광부, 건설 노동자, 공장 노동자 등 수많은 난민이 겪은 삶의 변화와 전환을 의도적으로 다큐멘터리와 유사한 방식으로 이야기한다. 영화에 나오는 모든 사람이 끊임없이 이동한다. 즉 산시성의 탄광 광부들은 이제 오래된 건물을 철거하는 일로 하루에 몇 푼의 돈을 벌고, 쓰촨 지역의 농민들은 더 많은 돈을 벌기 위해 산시성에 있는 탄광으로 가려고 하며, 젊고 어느 정도 교육을 받은 농민들은 주강삼각주에 있는 공장에 일하러 갈 계획이다. 영화에서 대부분의 이주노동자들이 근근이 생계를 유지하는 수단인 낡은 건물의 철거 작업은 농촌 공동체의 기존 사회 구조와 관계의 해체를 은유하는 것으로 읽힐 수 있다.

한편 지아장커의 또 다른 장편영화인 〈세계(世界)〉(2004)는 베이징 외곽의 시골인 다싱(大興)에 있는 '세계공원'을 배경으로 한다. 에펠탑, 빅벤, 백악관 등 전 세계 유명 관광지의 실물 크기 모형으로 가득한 이 '세계공원'에는 산시성 펑양 출신의 농촌 이주민들을 고용해 '이국적인' 의상을 입혀 '세계공원'에 생기를 불어넣는 프랑스인, 영국인, 미국인 역할을 하게 한다. 〈세계〉는 이 '세계공원'에서 일하는 두 명의 시골 이주민을 중심으로 이야기가 전개된다. 공원 연기자인 타오와 그녀의 남자친구인 공원 경비원 타이셩이 그 주인공이다. 그리고 타이셩의 인맥을 통해 건설 노동자로 일하게 된 어린 시절 친구도 나온다. 영화 중반에 타이셩의 친구는 건설 현장에서 일하다가 떨어진 철골에 깔려 사망한다. 이 친구의 아버지는 아들의 시신을 수습하기 위해 베이징에 와서 건설 회사에서 지급한 보상금을 말없이 받아들인다. 그날 저녁, 우리는 타이셩과 동료들이 황량한 공사장에서 죽은 친구를 기리기 위해 종이를 태우는 장면을 보게 된다.

이 영화는 전반적으로 어둡고 사색적인 분위기를 가지고 있으며, 사람들이 거의 말하지 않고 움직이기만 하는 장면이 오랫동안 여운을 남기며 이어진다. 그리고 영화의 결말은 아무런 위안도 주지 않는다. 친구의 농가를 돌보던 타이성과 타오는 난방을 위해 켜둔 석탄 난로에 앉아 있다가, 서서히 일산화탄소에 질식된다. 영화 화면이 어두워지면서 이 둘은 방에서 눈 덮인 겨울의 땅 밖으로 끌려 나간다. 타이성이 의식이 거의 없는 상태로 "우리 죽었어?"라고 묻고, 이에 타오는 똑같이 생기 없는 목소리로 "아니, 우리는 이제 시작하는 중이야"라고 대답한다.

〈중국 농민공〉의 등장인물들과 대조적으로 〈세계〉에 나오는 산시성 출신 이주민 타오와 타이성의 삶은 그렇게 극적이지 않으며, 공식적인 인정이나 경제적 성공의 측면에서도 별다른 성과를 보이지 않는다. 이주노동자를 학대하거나 이용하는 '나쁜' 사람도 없고, 그렇다고 소외된 이방인이 도시에 정착할 수 있게 돕는 '착한' 사람도 안 나온다. 타오와 동료들은 가능성과 자유라는 막연하고 불안한 감정의 유혹에 이끌려 도시로 왔다. 타오는 '세계공원'에서 똑같이 저렴한 노동자로 함께 일하고 있는 러시아 친구에게 "당신이 정말 부러워요. 당신은 당신 나라를 자유롭게 여행할 수 있잖아요"라고 말한다. 타오와 같은 농촌 이주민들은 마치 이국적인 서구를 엿보고 싶어 베이징을 처음 방문한 순진한 중국 시골 사람들을 위해 정밀하게 꾸며진 환상의 세계에 갇혀 있는 것처럼 보인다. 초국적 이동성, 글로벌 현대성, 서구의 화려함을 연기하며 만들어지는 매력적인 겉모습과 달리, 타오와 타이성의 삶은 사실 평범하고 지루하며 무의미하고 폐소공포증에 시달리고 있다. 타오는 "여기서 빨리 벗어나지 않으면 미쳐버릴 것 같아요"라고 말한다. 어쩌면 '농촌 이주자들의 마을'이라고 불러야 할 '세계공원'이라는 상상의 '비장소(nonplace)'에서는 모두가 얼굴 없는 자본이 약속한 깨진 꿈을 좇는 이방인이다.

　영화에 자본의 총체적 착취나 농촌 출신 이주민의 참을 수 없는 비참함과 빈곤에 대한 가시적인 증거는 나오지 않는다. 타이셩의 어린 시절 친구는 일자리를 구하러 그를 찾아왔지만, 교육도 거의 못 받고 직업 기술도 없기에 값싼 노동력으로만 존재할 수 있다는 사실을 충분히 알고 있다. 사고 후 타이셩 친구의 아버지가 건설 현장에 와서 아무 말 없이 회사가 제시한 돈을 받아 가는 모습에서 우리는 농촌 출신 이주노동자와 자본, 또는 농촌 외지인과 현지 도시 주민 사이에 어떤 협상이나 교섭의 흔적도 찾아볼 수 없다. 도시 엘리트와 농촌 출신 이주민 사이의 불평등한 계급 관계는 이주민의 신체에 무작위로 상처를 입히고 파괴하는 자본주의의 형태로 나타난다. 그러나 동시에 개인에게 미치는 경제적 불의와 착취의 영향은 타오와 타이셩의 혈류에 유입된 일산화탄소처럼 눈에 보이지 않지만 치명적이다.

　이들 농촌에서 이주한 사람들은 자유와 돈 등 각자의 꿈을 좇아 도시로 오지만, 영화의 초반에는 디스토피아적인 징조가 그들을 맞이한다. 즉 타오가 가벼운 상처를 입은 채 '세계공원'을 돌아다니면서 길에서 만나는 모든 사람에게 "누구 반창고 있는 사람 있나요?"라며, 여분의 반창고가 있는지 묻는 장면이 나온다. 카메라는 5분이라는 지루할 정도로 긴 시간 동안 이 질문을 반복하는 타오를 따라가지만, 영화가 끝날 무렵에야 관객들은 그녀의 질문이 의도된 알레고리적(allegorical) 장치일 수도 있음을 깨닫게 된다. 어쩌면 타오의 질문에 대한 진정한 답은 누가 반창고를 가지고 있느냐가 아니라, 누가 그녀를 다치게 했는지, 그리고 반창고가 실제로 어떤 도움이 될 수 있는지일지도 모른다.

지아장커의 영화는 시청자들에게 혼란스러운 이야기를 말로 하기보다는 그냥 보여준다. 최소한의 대화로 진행되는 이 영화는 직접적인 사회적 논평을 피한다. 이는 지아장커의 영화가 이제까지 '언더그라운드'(지하영화)임에도 불구하고 중국 국내 시장에서 공식적인 간섭을 거의 받지 않았으며, 동시에 그 엄숙한 스타일 때문에 상업적인 성공을 거두지 못한 이유이기도 하다. 하지만 중국 내외의 도시 문화 엘리트, 특히 예술영화나 실험 영화의 영화적 언어에 정통한 사람들에게 지아장커의 영화는 풍부한 사유의 양식을 제공한다. 〈세계〉의 이야기는 베이징 변두리에 있는 이주노동자들의 삶과 노동조건, 그리고 꿈을 현실적으로 재현한 것으로 문자 그대로 받아들여질 수도 있고, 알레고리적인 의미에서 현대화와 세계화를 수용하는 일이 항상 매혹적이지만 때로 음흉하게 해로운 결과를 초래할 수 있다는 경고의 메시지로 인식될 수도 있다.

〈중국 농민공〉과 같은 국가 제작물과 달리, 〈세계〉는 영화적 서사 구조를 통해 사회적 불평등을 해소할 수 있다는 가능성의 스펙트럼에서 극단적 비극의 끝단을 차지한다. 해피엔딩은 없으며, 극적인 사회경제적 계층화가 만들어낸 불균형을 해소하기는커녕 오히려 더 강조한다. 이야기는 끝이 나지만 불의, 우울, 해결되지 않은 긴장의 강한 감정이 여전히 무겁게 맴돈다. 〈세계〉는 사실적이지만, 확실히 이주노동자들에게 매력이 없다. 이주자 지원 단체의 리다쥔과 동료들에게 "너무 현실적인" 소재, "어두운" 주제, "지루한" 스타일과 미학에 대한 노동자들의 반감은 그리 놀라운 일이 아니다. 비록 이 영화를 무료로 상영하더라도, "만족감"을 주지도 않고, 해피엔딩도 없으며, 코믹한 재미도 없는 영화를 보면서 힘들게 얻은 여가를 보내길 원하는 노동자는 거의 없다.

육체적으로 가장 힘든 노동이 이루어지는 건설 현장에서 노동자들은 보통 하루에 10~12시간씩 일하며, 긴장과 부상으로 인해 매우 극심한 신체적 통증을 겪는 경우가 많다. 한번은 내가 기숙사를 방문했을 때, 한 노동자가 내게 매점에서 구매한 값싼 진통제와 신체 여러 부위에 통증을 완화하기 위해 붙이는 다양한 종류의 파스를 보여주었다. 노동자의 대부분이 가장 좋아하는 여가 활동을 선택하라는 질문에 잠자기와 카드놀이를 꼽았다. 지적 자극과 문화적 함양은 긴 하루의 고된 노동을 마치고, 다음 날의 휴식을 기대할 수 없는 저녁에 이들이 잠들기 전에나 잠깐 떠올리는 일이다. 이들의 선택은 취향의 문제가 아니라, 생존과 필요의 문제이다.

노동자들이 국가 제작물의 선전 메시지를 거부한다는 것도 놀라운 일이 아니다. 결국, 앞 장에서 분명하게 밝혔듯이 불만을 가진 노동자들에게 목소리를 주려는 미디어의 의지와 능력에 대한 불신과 환멸이 팽배하기 때문이다. 농촌 출신 이주자들은 선전 영화에서 묘사된 성공, 즉 경제 정의를 실현하거나 정부의 인정을 받고 국가가 수여하는 상을 받거나 기업가적 수완을 통해 부를 축적하는 것이 헛된 꿈에 불과하다는 사실을 자신의 경험을 통해 잘 알고 있다. 국가가 제작한 이러한 영화들은 '자기계발과 동기부여(勵志)'의 전형에 속하지만, 노동자들은 여기서 자신들의 '소양(素質)'을 개선하도록 지도하는 사회적·경제적 이동성에 대한 진부하고 공허한 약속만을 볼 뿐이다. 〈중국 농민공〉을 비롯한 국가 제작 영화들을 무료로 상영한다는 사실만으로는 노동자들을 이러한 냉소주의에서 벗어나게 하기에는 어려워 보인다.

그러나 이것이 이주노동자들이 모든 '주선율' 영화 작품을 무조건 거부한다는 의미는 아니다. 서발턴 관객들은 일반적으로 지배적인 문화적 표현과 "흥정(haggling)"을 통해 원하는 것은 취하고, 원하지 않는 것은 거부하는 실천에 참여한다(W. Sun, 2002). 더욱이 이들의 서발턴 위치는 더 특권적인 사회 집단이 종종 놓치는 영화 속 특정 요소들에 더 잘 반응하도록 만든다. 학자들은 헤게모니적 텍스트에서 서발터니티의 존재를 추적하기 위해 "결을 거슬러" 읽기를 시도할 수 있지만, 서발턴 영화 관객들은 아마도 이미 지식인들보다 더 능숙하게 이를 수행할 수 있을 것이다. 〈마오쩌둥 안위안에 가다(毛澤東去安源)〉(2003)는 마오쩌둥 탄생 110주년을 기념하기 위해 국무원 산하 '광전총국'이 제작한 명백한 주선율 영화이다. 이 영화는 마오쩌둥이 1921년 장시성(江西)에 있는 안위안 탄광을 방문한 이야기를 담고 있는데, 방문 목적은 노동자들을 동원하여 착취에 항의하는 파업을 조직하는 것이었다. 리다쥔과 동료들이 이 영화를 상영했을 때, 이주노동자들의 열기는 뜨거웠다. 리다쥔은 "그들은 지난 세기에 이미 불의에 맞선 노동자들의 투쟁이 있었고, 마오쩌둥 자신이 노동운동의 지도자였다는 사실을 알고 매우 흥미롭고 재밌어했다"고 말했다.

　1920년대 노동자들의 파업, 노동조합 결성, 그리고 자본가와 정부 당국에 대항하는 집단행동을 위한 중국 노동자들의 교육과 정치적 동원을 다룬 사회주의 시대에 제작된 '홍색 고전' 영화인 〈펑바오(風暴)〉(1959)를 상영했을 때도 이주노동자들은 똑같이 열광했다. 영화가 상영되는 동안 노동자들은 자신들의 역사적 선배인 프롤레타리아 주체와 강하게 동일시되었다. 이 영화에서 묘사된 계급 투쟁 담론이 현재의 담론 체제에서는 허용되지 않는다는 사실이 이들 농촌 출신 이주자들의 '관객적 동일시'를 더욱 가슴 아프게 만든다. 더욱이 이주노동자들은 이러한 영화들이 노동자들을 사회적 선진 세력으로 구현하며 프롤레타리아 선봉의 역할로 인식한다는 사실에 더욱 고무되었다. 당시 공산당에 대한 지지를 촉진하기 위해 주선율 영화로 제작된 이 영화들은 때때로 서발턴 관객들에게 반란의 충동을 불러일으키는 의도치 않은 효과를 낳기도 했다.

이는 중화인민공화국 건국 60주년을 기념하기 위해 노동절(2009년 5월 1일)에 개봉한 〈철인(鐵人)〉(2009)이라는 영화에서도 잘 드러난다. 영화의 주인공은 이런 종류의 영화에서는 이례적으로 인간적이고 복잡한 방식으로 묘사된 왕 씨라는 모범적 노동자이다. 영화에는 왕 씨와 동료들이 터진 송유관을 막기 위해 구덩이에 뛰어들어 신속하게 콘크리트를 섞는 장면이 여러 번 반복된다. 이 장면은 관객들에게 향수를 불러일으키며 지나간 시대를 기억하게 하고, 순수함, 영웅심, 집단적 비전이 있었던 시대에 대한 새로운 인식을 제공하며 관객들에게 강력한 울림을 주었다. 더 중요한 사실은 이러한 영화들이 혁명과 사회주의 시대를 배경으로 하고 있음에도 불구하고(혹은 어쩌면 이러한 설정 때문에), 이주-노동자-관객들은 노동자 계급의 미래에 대한 어렴풋한 희망을 볼 수 있다는 것이다. 억압받는 사람들에게 비전이나 해방의 가능성을 제시하지 않는 국영 미디어가 제작하는 뉴스와 상업적인 주류영화들과는 달리, 이러한 영화들은 노동자들에게 그들이 살고 싶은 세상을 상상할 기회를 제공하는 것처럼 보인다.

혁명을 주제로 하는 선전 영화에 대한 노동자들의 열광적인 반응은 선전용 작품과 주류적 재현을 비판하는 소위 독립영화를 지나치게 이분법적으로 인식할 위험성에 대해 경고한다. 이는 특히 광범위한 혁명적 담론을 재전유하고, 낡은 사회주의적 수사를 재접합하는 것에 전략적으로 의존하는 '조화사회 만들기' 교리가 지배하는 문화-정치적 경관에서 더욱 분명하게 나타난다(Zhao, 2008: 38). 혁명기에 제작된 문학 작품이나 영화와 같은 '홍색 고전'을 수십 년이 지난 시장 경제 시대에 텔레비전과 영화의 형태로 리메이크하는 문화적 현상은 지속적인 분석이 요구된다(Gong Q, 2008: 2012). 이러한 분석은 마오쩌둥 이후 자본주의 경제에서 나타난 농촌 이주노동자의 영화적 배치에 대한 이해뿐만 아니라, 노동자, 일, 산업 노동에 관한 광범위한 영화적 재현을 해석하는 농촌 출신 이주민들의 통찰력을 이해하는 데도 매우 중요하다. 역사적 연속성과 단절에 대한 감각은 오늘날 중국의 서발턴 계급이 상상되는 방식을 특징짓는 '숨겨진 텍스트'(palimpsest, 양피지)를 밝히는 열쇠이다. 국가 선전물과 주류 상업영화들은 모두 서발턴적 존재를 발견하고 추적할 수 있는 풍부한 아카이브로 제시되는 경우가 많다.

서발턴 관객들이 도덕적 영감을 얻는 원천은 무차별적이며, 대체로 장르와 제작 방식을 기초로 자신의 시청 선호를 정당화할 필요가 없다고 생각한다. 내가 노동자들과 나눈 대화는 서발턴 관객들이 주류영화(당 선전 영화와 서양 또는 중국 상업영화)와 관련해 예측할 수 없는 반응을 보일 수 있음을 시사한다. 쑤저우에서 영화와 농촌 출신 이주민들의 시청 습관에 관해 진행한 비공식 초점집단면접에서 한 공장 노동자는 자신의 가장 큰 영감의 원천은 〈포레스트 검프(Forrest Gump)〉(1994)라는 영화라고 말했다.

> 저는 그 영화에서 너무 큰 감동과 감명을 받았어요. 포레스트 검프는 신체적 장애와 낮은 IQ를 가진 남자예요. 모든 조건이 그에게 불리하지만, 그의 어머니는 그가 다른 사람과 다르지 않으며, 원하는 것은 무엇이든 이룰 수 있다고 말해요. 그리고 그는 정말 해냈어요. 그가 보조기를 벗고 분투하며 아주 빠르게 달리기 시작했을 때, 저는 울고 또 울었어요. 제가 본 영화 중에서 가장 감동적인 장면이었어요.

이 노동자는 용기, 정직, 충성 등 미국인이 존경하는 모든 것을 구현한 것으로 생각되는 포레스트 검프와의 연관성을 찾았지만, 또 다른 노동자는 전혀 다른 할리우드 영화인 〈쇼생크 탈출(Shawshank Redemption)〉(1995)을 더 좋아한다고 말했다.

저는 〈쇼생크 탈출〉이 더 큰 영감을 준다고 생각해요. 감옥은 상상할 수 있는 가장 어두운 곳이고, 교도관들은 부패한 위선자들이에요. 주인공은 감옥에 있지만, 희망을 버리지 않아요. 그는 계속 노력하면서 자신이 구원받을 순간을 참을성 있게 기다려요.

대부분 농촌에서 이주한 사람들이기도 한 DVD 판매상들이 중국 도시의 거리에서 해적판 형태로 널리 유포하는 이 할리우드 블록버스터 영화들은 이주노동자들에게 흥미와 영감을 주기 위해 만들어진 것으로 여겨지는 중국 국가 제작 영화들보다 훨씬 더 큰 감동을 주는 것으로 나타났다. 할리우드가 국가의 문화 장치보다 선전물을 더 잘 제작하는지는 여기서 중요한 논점이 아니다. 노동자들에게는 전시된 다양한 상징적 상품과의 '협상'을 통해, 필요한 것은 취하고 필요하지 않은 것은 거부할 수 있는 능력이 있다는 사실을 말하는 것만으로 충분하다. 확실히 할리우드 블록버스터는 미국을 비롯해 전 세계적으로 광범위한 사회적 영역에 걸쳐 폭넓은 매력을 가지고 있으며, 무엇보다 미국 소프트 파워의 본질을 구현하고 있다. 그리고 중국의 농촌 출신 이주민들도 여기서 예외일 이유가 없다. 그러나 포레스트 검프와 앤디 듀프레인(Andy Dufresne, 쇼생크 탈출의 주인공 이름)은 자국 사회에서 매우 다른 방식으로 불이익을 받고 권리를 박탈당한 사람들임에도, 억압받는 중국의 농민공들이 볼 때도 특정한 계급적 동일시 과정을 촉진한다는 측면에서 특별한 해석적 차원을 제공한다. 그렇기에 리다쥔은 인류애의 깊이와 인간관계의 따뜻함을 표현하는 보편적인 주제를 가진 비(非)중국 영화들은, 비록 자신들의 삶을 다루지는 않더라도 중국의 이주노동자들에게 자국 영화만큼이나 큰 감동을 줄 수 있다고 믿는다.

도시영화: 코믹적 위안의 절실함?

제작, 배급, 소비라는 제도적 맥락의 차이에도 불구하고, 국가 제작 영화와 독립영화는 모두 오락적 가치가 부족하기에 이주노동자들의 관심을 끌지 못한다. 오히려 리다쥔과 동료들이 발견한 것처럼 쿵푸, 전쟁, 무예, 코미디, 판타지, 할리우드 블록버스터와 같은 특정 장르와 주제가 훨씬 더 잘 팔린다. 따라서 중국에서 제작된 '관중을 사로잡는' 영화를 고를 때는, 고된 하루를 마친 노동자들에게 재미와 코믹한 안도감을 선사할 수 있는 상업적으로 제작된 '도시 코미디' 영화가 안전한 선택일 것이다. 이는 건설 노동자와의 대화에서도 수차례 확인되었는데, 이들은 나에게 "웃게 만들고(搞笑)" "긴장을 풀어주는(輕松)" 영화를 좋아한다고 말했다. 그리고 '베이징 설문조사' 결과도 이를 입증한다(표 4.1).

중국 '도시 코미디' 영화가 대체로 작업장에서의 상해나 사망과 관련해 금전적 보상을 촉구하는 것을 중심으로 구조화된 자본-노동 갈등을 이야기한다는 점을 고려할 때, 도시 코미디 영화의 성공 비결은 무엇이며, 노동분쟁과 갈등이라는 매우 심각한 주제를 어떻게 경쾌한 희극적 효과를 통해 풀어가는지에 관한 질문이 당연히 제기된다. 여기서 나는 이러한 범주에 속하는 몇 가지 영화들,

예컨대 〈내게 빚진 10만 5천 위안(欠我十萬零五千)〉(2009)과 〈낙엽귀근(落葉歸根)〉(2007), 그리고 가장 인기 있는 작품 중 하나인 〈인재경도(人在囧途)〉(2010)를 고찰한다.

〈표 4.1〉 농민공의 영화 시청 선호도

영화 유형	응답자 수*	응답 비율**
코믹, 긴장 해소	367	38.8
이주노동자의 삶	186	19.6
감동, 애정	154	16.3
무예	67	7.1
청춘, 암흑세계, 판타지	86	9.1
기타	54	5.7
영화를 보지 않음	33	3.5
합계	947	

출처: '베이징 설문조사' 중 QB30 문항(부록 참조).
* 이 질문에 응답하지 않은 63명의 참여자는 자료에서 제외되었다.
** 반올림 오류로 인해 합계가 100%로 나오지 않았다.

지아장커 영화들의 암울하고 파멸적인 분위기와는 대조적으로, 〈내게 빚진 10만 5천 위안〉은 농촌 출신 이주노동자들이 교묘한 전략으로 산재 보상을 받아내는 과정을 그린 호쾌한 코미디 영화이다. 농촌에서 이주한 노동자인 따왕은 중국 동북지역 다롄(大連)시에 있는 건축 및 보수 회사에서 일한다. 어느 날 그는 건축용 발판에서 떨어져 다리가 부러진다. 그는 병원으로 이송되었고, 병원에서는 고향 마을에 있는 집을 담보로 잡고 열흘 안에 병원비를 낼 수 있으면 수술해주겠다고 말한다. 그러던 중 따왕의 동생인 얼왕은 형을 대신해 회사에 손해배상 청구를 할 것을 결심한다. 그는 회사 본사에 갔지만, 바로 쫓겨난다. 그러다가 회사에 경비원으로 고용된 동료 이주노동자인 시즈를 만난다. 시즈는 도움을 주겠다고 제안하고, 얼왕은 보상을 받는 데 성공하면 적당한 몫의 돈을 주겠다고 약속하면서 그 제안을 수락한다. 처음에 얼왕은 1만 위안의 배상액을 요구했는데, 시즈가 이와 비슷한 사건들과 관련해서 미디어에 공개된 보상 사례를 근거로 설득해 10만 5천 위안으로 금액을 올렸다. 이 전략은 처음에 1만 위안을 지급하기로 합의했던 사장이 터무니없는 액수에 분노하며 단호하게 거절하면서 역효과를 낳는다. 이후 얼왕과 시즈는 현수막을 들고 노동중재국에 제소하여 공개적으로 사장을 난처하게 하는 등의 다양한 전략을 시도하지만 실패한다.

줄거리의 우여곡절이 너무 많아서 자세히 설명하기 어렵지만, 간단히 말하면 사장은 이 성가신 두 사람을 제거하는 대신, 자신의 목적을 위해 이들을 이용할 계획을 세운다. 사장은 고객들에게 받을 돈이 130만 위안 있었는데, 만약 이들이 그 돈을 받아주면 대가로 10만 5천 위안을 주겠다고 거래한다. 그리고 얼왕과 시즈는 모든 속임수와 수법을 동원해 그 일에 착수한다. 마침내 그들은 사장에게서 돈을 받아냈지만, 각자 얼마씩 나눌지는 불확실하다. 카메라가 줌아웃되고 번잡한 도시 도로변에 앉아 있는 두 사람의 모습을 보여주면서, "도시 사람들은 왜 그렇게 사기꾼이야?"라는 시즈의 수사적 질문이 관객의 귀에 울린다.

〈낙엽귀근〉은 농촌 출신 이주노동자를 소재로 한 또 다른 코미디 영화이다. 홍콩 미디어 그룹의 투자로 제작된 이 영화에는 중국에서 가장 인기 있는 코미디언인 자오번샨(趙本山), 유명한 만담(相聲) 장인인 궈더강(郭德綱), 그리고 자오번샨의 무대 파트너이자 CCTV의 연례 춘절 축제 프로그램에 자주 출연하는 것으로 유명한 송단단(宋丹丹) 등이 출연한다. 무표정한 농담, 슬랩스틱, 블랙 유머를 결합한 이 영화는 50대 이주노동자인 라오자오가 건설 현장에서 사고로 사망한 친구의 시신을 운반하기 위해 선전에서 쓰촨으로 가는 여정을 담아냈다. 라오자오의 친구는 화장될 것을 두려워했고, 이에 라오자오는 친구에게 시신을 조상들이 있는 고향으로 가져가 묻어주겠다고 약속했다. 사실상 로드무비에 가까운 이 영화에서 라오자오는 길에서 다양한 사람들을 만난다. 예컨대 그를 불쌍히 여기는 강도 무리를 마주치고, 그와 친구의 시신을 태워준 상사병 걸린 트럭 운전사를 위로하며, 친절한 마음씨를 가진 넝마주이의 사랑을 얻기도 한다. 이처럼 죽은 친구의 시신을 운반해야 하는 상황에서 라오자오는 온갖 종류의 코믹하고 기괴한 만남에 얽히게 되는데, 이 모든 이야기가 경쾌한 어조로 그려진다.

〈인재경도〉는 도시에서의 우연한 만남이라는 주제와 이방인/여행자라는 인물상을 최대한 활용한다. 스티브 마틴(Steve Martin)과 존 캔디(John Candy)가 주연을 맡은 파라마운트 픽처스 제작의 〈비행기, 기차, 그리고 자동차(Planes, Trains and Automobiles)〉(1987)를 모델로 한 이 영화는 영화배우가 되기 전에 실제 농민공이었던 왕바오챵(王寶強)이 연기한 밝고 사기당하기 쉬운 이주노동자와 도시 물이 잔뜩 든 야심 가득한 여행 동행자 사이의 관계를 중심으로 그려진다. 이주노동자는 자신과 동료들의 임금을 체불한 예전 사장을 찾으러 가는 중이고, 닳아빠진 도시 사기꾼은 설을 앞두고 집으로 향하는 길이다. 이 과정에서 예상치 못한 다양한 지연, 취소, 사고로 인해 두 사람은 서로 얽히게 되고, 서로가 사람들에 대한 태도와 신념, 삶의 의미, 돈의 가치, 신뢰와 정직의 가치 등을 되돌아보게 되는 일련의 상황들이 연출된다. 이 영화는 슬랩스틱 유머와 풍자, 그리고 평범한 중국 시청자들에게 친숙한 일상 상황 속 등장인물에 대한 신랄한 관찰을 결합한다. 영화는 흥미로운 사건들로 가득하며, 놀라운 결말을 보인다. 이주노동자의 친절과 정직함에 감동한 도시 사기꾼은 이주노동자에게 그와 동료들의 떼인 임금을 되찾으려는 시도가 성공했다고 믿도록 전략을 꾸민다. 그러나 관객들은 양심의 가책을 느껴 임금을 지급하기로 한 사람은 무자비한 사장이 아니라, 세상의 불의와 착취에 환멸을 느끼고 실의에 빠진 농촌 출신 이주민 여행 동반자를 두고 볼 수 없어, 마침내 정의가 실현된 것으로 보이게 계책을 꾸민 도시 사기꾼이었다는 사실을 알고 있다.

　이 영화의 가장 큰 승부수는 영화 개봉 당시 이미 전국적으로 유명한 영화배우였던 왕바오챵의 출연이었다. 이런 코미디 영화에 출연하는 다른 유명 코미디언들과 달리, 왕바오챵은 원래 농촌에서 이주한 노동자 출신으로 생계를 위해 엑스트라 배우 일을 시작했다. 왕바오챵은 우연한 만남을 통해 리양(李楊) 감독의 눈에 띄었고, 리양의 장편영화 데뷔작인 〈어두운 갱도(盲井)〉(2003)에 캐스팅되었다. 이 영화는 중국에서는 금기시된 중국 북부의 광산에서 노동자들이 겪는 잔혹한 불의를 적나라하게 폭로한 작품이었다. 〈어두운 갱도〉 이후 왕바오챵은 펑샤오강(馮小剛) 감독의 〈천하무적(天下無賊)〉(2004)을 비롯한 다수의 상업적 블록버스터 영화와 〈사병돌격(士兵突擊)〉(2006)과 같은 높은 시청률을 기록한 드라마에 잇따라 출연했다. 많은 농촌 출신 이주민들이 〈인재경도〉를 왕바오챵의 대명사로 여겼고, 왕바오챵이 영화배우로 성장하는 과정을 깊은 관심을 가지고 지켜보았다.

　왕바오챵과 도시 코미디 영화의 연관성은 주목할 만하다. 농촌 출신 이주민이라는 그의 개인적인 배경은 영화의 스토리에 일종의 진정성을 부여하며, 노동자들이 캐릭터와 동일시하도록 유도한다. 이러한 영화에서 왕바오챵의 존재는 상업영화가 주변화된 집단에게 일정한 공간을 내어주려는 의지의 증거이자, 주류 문화 공간에 편입하려는 이주민들의 제한된 능력에 대한 암시라고 말할 수도 있다. 하지만 이와 동시에 주류 상업영화 제작 방식에 편입됨으로써, 서발터니티에 대한 왕바오챵의 재현적 함의도 어느 정도 퇴색되었다. 이에 대해 한 노동자는 초점집단면접에서 "왕바오챵은 유명해진 이후로 상업적으로 너무 많이 포장되었어요"라고 말했다. 그리고 우리는 왕바오챵이 농촌 출신 이주민들을 우스꽝스럽고 순박한 사람으로 반복적으로 연기하는 것이, 사실상 정의를 위한 이주민들의 집단적인 문화 투쟁에 도움이 되기보다는 오히려 방해되는 게 아닌지 질문할 수도 있다.

흥행 성공과 정치적 검열 회피라는 이중적인 책무에 따라 운영되는 이러한 상업적 영화에서 작업장에서의 부상과 사망, 그리고 노동쟁의 등은 적절한 소재가 아니다. 이 영화들의 서사적 궤적은 이러한 상황이 어떻게 지속 가능한지에 대한 몇 가지 단서를 제공한다. 한편으로는 다양한 탈정치화 전략을 사용해 책임을 자본에서 개인으로 전가함으로써, 열악하고 안전하지 않은 노동조건과 같은 광범위한 구조적 문제들을 회피한다. 그리고 이러한 서사 전략은 한 가지 중요한 이데올로기적 결과를 초래한다. 즉 이야기꾼과 관객 모두에게 현실에서는 전혀 웃기지 않은 사회적 갈등, 경제적 착취, 죽음, 산재, 고통과 같은 다양한 문제를 블랙 유머의 일반적인 코드를 활성화하여 가볍게 다룰 수 있도록 승인한다. 〈내게 빚진 10만 5천 위안〉과 〈낙엽귀근〉에서 관객들은 양심의 가책을 느끼지 않고 이야기를 재밌게 즐길 수 있다. 예컨대 〈낙엽귀근〉에서 라오자오의 농촌 출신 이주민 노동자 친구는 알코올로 인한 사고로 사망하고, 따라서 본인에게 죽음의 책임이 있는 것으로 나온다. 이런 상황에도 불구하고 그의 사장은 5천 위안의 보상금을 지급할 정도로 관대하다. 이와 마찬가지로 건설 현장의 많은 사고가 관리자의 안전 조치 불이행과 안전 장비 미지급으로 인해 발생한다는 대중적 인식에도 불구하고, 〈내게 빚진 10만 5천 위안〉에서 따왕은 커튼 사이로 사장 부인의 불륜을 염탐하다가 발을 헛디뎌 발판에서 떨어진 책임을 본인 탓으로만 돌린다. 그리고 얼왕과 시즈는 배상액을 터무니없이 높게 책정함으로써, 도덕적 책임을 자본 착취의 화신인 사장으로부터 자신들에게로 전가한다. 이는 경제적 정의를 위한 투쟁이 시스템 때문이 아니라, 변덕스러운 상황 때문이라는 인상을 주며, 관객들은 이러한 갈등에 분노하기보다는 오히려 마음껏 즐기는 것이 허용된다.

또 다른 한편으로 이 영화들은 종종 현상 유지에 대한 비판으로 가득하면서도, 이를 피해갈 수 있다. 사실 타협과 갈등 사이의 미묘한 균형을 유지하는 것이, 궁극적으로 예술적 도전 그 자체이다. 얼왕과 시즈가 따왕의 산재에 대한 보상을 요구할 용기를 낼 수 있었던 것은 미디어에서 건설 현장의 사장을 상대로 소송을 제기해 성공한 사례가 많았기 때문이다. 얼왕을 안심시키기 위해 시즈는 "요즘 사장들은 미디어 노출을 두려워해요. 돈을 받아낼 유일한 방법은 그들을 난처하게 만드는 겁니다. 미디어에 보도된 비슷한 사례들을 살펴보니, 선전에서는 15만 위안을 받았고, 선양에서는 20만 위안을 받았어요. 이제 뭘 해야 할지 알겠어요"라고 말했다. 이후 얼왕과 시즈가 희망을 품고 노동중재국에 갔을 때, 그들보다 먼저 온 평범한 외모의 할머니가 무표정한 얼굴로 재빨리 현실적인 조언을 건넨다.

> 나도 오랫동안 내 고충에 대해 공정한 심리를 받으려고 노력해왔지만, 여전히 아무런 성과도 없어요. 포기하는 게 좋아요. 아니면 잃을 게 정말 아무것도 없고, 진짜 '해보고 싶다면' 시장(市長)의 차를 막아서는 게

훨씬 나아요. 시장을 움직일 수 있으면, 문제가 해결될 겁니다.

베이징에서 건설 노동자들과 많은 대화를 나누면서, 이러한 코미디 영화가 이주노동자들에게도 매우 인기가 많다는 사실을 알게 되었다. 나는 이러한 코미디 영화의 인기가 경제 개혁의 소용돌이 속에서 살아남기 위해 스트레스에 시달리는 사람들에게 절실히 필요한 희극적 위안을 제공하는 능력뿐만 아니라, 현실 사회에 대한 예리한 관찰력과 비판성에서 비롯한다는 사실을 깨달았다. 이러한 코미디 영화는 잘 구성된 스토리를 교묘하게 설계해 활용하며, 동시에 사회적으로 적절하면서도 정치적으로 안전한 정도의 비판을 최대한 수용함으로써 다양한 관객들의 공감을 이끄는 데 성공했다. 리다쥔은 노동자들을 위해 조직한 수많은 영화상영회 경험을 바탕으로 다음과 같은 견해를 제시한다.

많은 경우, 노동자들은 너무 까다롭게 굴 여유가 없으며 주어진 것에 만족해요. 그리고 어떤 영화를 보고 싶은지 물어보면, 보통 "재미있는" 영화를 보고 싶다고 말해요. 당연히 노동자들은 웃고 싶어 해요. 누가 안 그러겠어요? 하지만 저는 노동자들이 영화 속 등장인물과 이야기가 전달하는 것을 이해하고, 공감하고, 동조할 수 있다고 느껴야 그 영화를 정말 좋아한다는 것을 알아요.

말할 필요도 없이 여기서 논의한 도시 코미디 영화들은 이러한 요건을 충족시키는 데 어느 정도 성공했고, 그 결과 중국에서 지아장커의 〈세계〉보다 더 많은 관객을 불러모았다. 이는 도시 코미디 영화들이 '비극적 경험'을 희극적으로 다루는 담론 전략을 채택함으로써, 장르 내에서 허용되는 한도의 사회적 비판과 비평을 수행할 수 있는 공간을 최대한 창출하기 때문이다(Li Qintong, 2009). 더욱이 재치 있는 농담과 비유를 활용한 풍자와 반어법의 형태로 전달되는 이들 작품의 사회적 비평은 오락적 가치를 떨어뜨리기보다는 오히려 증폭한다. 노동자들은 "웃음을 주는" 영화를 선호한다고 반복해서 말하지만, 그 웃음이 반드시 얄팍하고 저속한 농담에 대한 본능적인 반응의 결과일 필요는 없다. 그보다는 영화 속 등장인물이 놀라울 정도로 솔직한 방식으로 표현한 강력한 정치적 견해나 이념적 입장에 대한 동조 때문일 수도 있다. 그리고 이러한 유형의 집단 관람에서 동료 노동자들과 웃음을 공유하는 일은 집단적인 불의와 도덕적 분노의 감정을 확인하는 자연스러운 방식일 수 있다. 스수메이(史書美)가 말한 것처럼 '관객됨'은 텍스트에 대한 참여를 통해 감정, 의미, 상징적 가치를 생산한다는 점에서 '정동 노동(affective labor)'의 한 형태이다. 그리고 관객들 사이에서 사회성, 이념적 합의, (탈)정치화를 발생시키는 과정이기도 하다(Shih, 2007). 만약 이것이 사실이라면 영화 속 등장인물이 신랄한 사회적 발언을 할 때 동료들과 함께 웃는 것은, 분명 계급에 기반한 정서를 생산하는 것이라고 간주할 수 있다.

서발턴 위치와 이주민 관객

계급 위치는 특정 장르에 대한 관객의 선호를 형성하는 데 중요한 역할을 한다. 나는 리다쥔을 비롯한 동료들과 함께 영화상영회를 위해 수차례 건설 현장을 방문하면서, 〈장강7호(長江7號)〉(2008)라는 영화가 개봉 즉시 노동자들에게 큰 인기를 얻었다는 사실을 알게 되었다. 유명한 홍콩 영화배우인 주성치(周星馳)가 주연한 이 영화는 이주민 건설 노동자인 저우티에와 그의 아들 샤오디가 ET 같은 미래의 외계 생명체를 만나면서 삶이 완전히 뒤바뀌는 이야기를 담은 공상과학 코미디 영화이다. 샤오디의 어머니는 교통사고로 죽었고, 아버지와 함께 바퀴벌레가 들끓는 작은 판잣집에서 살고 있다. 샤오디의 아버지는 가난했지만, 아들만큼은 좋은 교육을 받게 하려고 명문 학교에 보낸다. 하지만 지독한 가난으로 늘 찢어진 옷과 낡은 신발 차림이었기에 샤오디는 학교에서 온갖 괴롭힘과 놀림을 당한다. 그럴 때마다 샤오디는 "네 아버지는 이주 노동자야. 우리는 가난하지만 정직하고 열심히 일하기 때문에, 사람들에게 존경을 받을 거야"라던 아버지의 말을 되새기며 그 순간을 이겨낸다.

 샤오디는 같은 반 친구들이 모두 가지고 노는 장난감인 장강1호가 갖고 싶어 아버지에게 하나 사달라고 조른다. 그러던 어느 날 돈에 쪼들린 아버지는 아들에게 줄 쓸 만한 신발 한 켤레를 찾기 위해 쓰레기 매립장에 간다. 이곳은 고장은 났지만, 아직 사용 가능한 가구와 가정용품을 구하기 위해 그가 자주 가는 곳이다. 여기서 아버지는 UFO가 남기고 간 것처럼 보이는 이상하게 생긴 녹색의 동그란 물체를 우연히 발견한다. 아버지는 이 물체를 집으로 가져가 아들에게 새 장난감으로 주었는데, 이 장난감은 아들이 장강7호라고 부르는 친근하고 마법 같은 외계 생명체로 변한다. 며칠 후, 샤오디의 아버지는 공사장의 높은 발판에서 추락해 병원에서 사망한다. 집에서 죽은 아버지를 바라보며 슬픔과 충격에 빠진 샤오디는 선생님의 위로에, "그냥 자고 싶어요. 깨어나면 아버지가 돌아올 거예요"라고 짧게 말한다.

 〈장강7호〉에서 주성치가 연기한 농촌 출신 이주노동자는 가난에 대해 순진하지는 않더라도 비교적 단순한 입장을 드러낸다.

그는 가난한 사람들에게도 도덕적 원칙이 있기에, 가난은 부끄러운 일이 아니라고 생각한다. 그리고 교육을 통한 사회적 이동을 믿기에 아들을 명문 학교에 보내기 위해 모든 자원을 쏟아붓는다. 그러나 미셸 라몽(Michelle Lamont, 2000)이 "일하는 사람들의 존엄"이라고 부른 삶에 대한 이러한 긍정적인 태도나, 교육을 통한 평등의 실현이라는 믿음은 이들의 고단한 삶에 절실한 위안을 주지는 못한다. 실제로 샤오디에게는 어머니의 죽음에서 아버지의 죽음으로 상황이 점점 더 악화하는 것처럼 보인다. 한동안 샤오디는 자신의 잘못도 없이 세상에 홀로 남겨진다. 결국 샤오디는 상실감에서 벗어나지만, 이는 마법 같은 외계 생명체의 도움으로만 가능하다.

〈장강7호〉는 관객에게 활력을 주는 영화 중 하나이다. 베이징 외곽의 건설 현장에서 이 영화를 상영했을 때도 농민공들에게 큰 호응을 얻었고, 이들은 NGO 실무자들에게 재상영해달라고 거듭 요청했다. 수많은 노동자에게 인상 깊었던 영화 몇 편을 추천해달라고 요청했을 때, 〈장강7호〉는 꾸준히 상위권에 올랐다. 그러나 평론가들은 대체로 이 영화가 유아용 동화에서 스티븐 스필버그의 〈ET〉 수준으로 넘어가려는 미숙한 시도라며, 스토리의 '유치함'을 경멸한다. 또 다른 사람들은 이 영화가 코미디를 지향하지만, 사람들을 웃기는 데도 처참하게 실패했다고 생각했다(Yong F, 2008). 어떤 이들은 심지어 이러한 유치하고 공상적인 서사 방식에도 불구하고, 영화가 큰 인기를 얻은 것에 대해 당혹감을 표하기도 했다. 이러한 비판들의 함의는 명백하다. 저급한 문화적 취향과 낮은 수준의 미디어 리터러시를 가진 사람들만이 이런 이야기에서 만족감을 얻을 것이라는 의미이다. 그러나 이 영화는 교육받은 도시 관객들이 원하지 않거나 필요로 하지 않는, 혹은 단순히 '얻을 수 없는' 무언가를 농민공들에게 전달하는 것 같다.

허 씨는 이러한 가설들을 입증할 수 있는 좋은 위치에 있다. 10년 이상 건설 노동자로 일한 허 씨는 40대 후반이며, 현재 노동 NGO에서 일하고 있다. 2012년 10월에 내가 허 씨와 이야기를 나눴을 때, 그는 산재 보상에 관한 분쟁으로 이전 사장과의 복잡한 법정 소송을 막 끝낸 상태였다. 그는 현재 건설 노동자들을 대상으로 영화를 상영하는 일을 맡고 있다. 내가 허 씨에게 〈장강7호〉가 이주 노동자들에게 공감을 불러일으키는 이유가 무엇이라고 생각하는지 묻자, 그는 영화 속 저우티에와 같은 농민공 부모들만이 공감할 수 있는 것들이 영화에 담겨 있다고 말했다. 예컨대 농촌 출신 이주자들은 자녀에게 새 장난감을 사줄 여유가 없는데, 도시 아이들에게 박탈감을 느끼는 자녀를 보면 자존심이 상한다. 그래서 그들은 임시로 만든 집에 버려진 전자제품과 생활용품으로 가구를 꾸미는 것은 물론, 너무 자존심이 상하지만 도시 사람들이 버린 장난감을 자녀들에게 주곤 한다. 주성치가 연기한 저우티에가 바로 이러한 역할이다. 그의 집에 있는 선풍기, TV, 라디오, 그리고 ET 같은 장난감이 모두 쓰레기 매립장에서 가져온 것이다. 그리고 저우티에처럼 이주노동자 부모들은 자녀의 학업 성취에 많은 관심이 있지만, 성적 향상에 정말 제대로 된 도움을 줄 수 없다고 느낀다. 저우티에의 아들이 아버지를 기쁘게 하려고 '조작된' 성적표를 가지고 집에 왔을 때, 이주노동자 관객들은 자신들도 자녀에게 속을 수 있다는 가능성에 매우 불안해했다. 허 씨는 "이러한 관행들과 이에 따른 곤혹감과 불안감은 특히 자녀를 둔 농민공들에게 더 다가옵니다. 그래서 이들은 도시 사람들이나 부자들보다 훨씬 더 예리하게 주성치의 캐릭터를 이해해요"라고 말했다.

저우티에가 방금 사망했다는 소식을 듣고 슬픔에 잠긴 샤오디는 잠에서 깨어나면 아버지가 다시 살아올 거라는 환상을 갖고 잠을 자고 싶다고 말한다. '세련된' 영화적 취향을 가진 시청자들에게는 아버지를 죽음에서 되살린다는 것이 너무 조잡하고 믿을 수 없는 해결책일 수 있지만, 이 이야기 속에서 자신을 인식하는 농촌 출신 이주민들에게는 이러한 비극에 대처하는 소년의 방식이 실제로 그럴듯하게 느껴질 수 있다. 가족, 전통적인 공동체, 사회 복지, 정부, 심지어 신까지 그 어떤 도움도 보이지 않는 이런 상황에서 농민공 자신들도 마찬가지로 절망적일 수 있다는 점에서, 이들보다 샤오디의 절박함을 잘 이해할 수 있는 사람은 없을 것이다. 허 씨의 경험에 따르면 영화에서 샤오디가 아버지의 사망 소식을 접했을 때, 영화를 관람하던 대부분의 중년 이주 남성들은 필사적으로 눈물을 참으려고 애썼지만 헛수고였다. 허 씨는 어느 상영회에서 있었던 관객들의 분위기를 다음과 같이 회상한다.

> 그 순간 갑자기 아주 조용해졌어요. 아무도 말하지 않았죠. 어둠 속이라 관객들의 표정을 선명하게 볼 수는 없었어요. 필름 영사기의 불빛이 비추면, 그들의 뺨에 맺힌 눈물만 깜빡거리는 것이 보였어요.

'더 좋은 교육을 받은' 도시 관객들과 달리, 농촌 출신 이주민 관객들이 사회학적으로 현실적인 문제에 대한 서사적 해결책으로 '마술적 현실주의'를 수용하는 일은 논리적일 수 있다. 건설 노동자들이 밀린 임금을 받기 위해 높은 건물에서 뛰어내리겠다고 위협하거나 '강의 신'에게 기도하는 등의 극단적인 방법을 택한다는 점을 고려하면, 이들이 정서적 버팀목으로 판타지와 공상과학 소설에 의지하는 것은 놀라운 일이 아니다. 이러한 명백하게 계급별로 특화된 시청 선호도를 설명할 수 있는 또 다른 방법이 있다. 도시 관객들은 농촌 출신 이주민들보다 신자유주의적 이데올로기를 더 완전하게 수용하고 있기에, 삶의 문제에 대한 해결책을 전적으로 개인의 책임으로 여기며, 그렇기에 판타지적 요소가 있는 줄거리에 공감하기 어려울 수 있다. 따라서 이러한 판타지적 결말은 자신의 문제를 해결하고 인생의 불행을 스스로 극복해야 하는 개인의 능력에 대한 도전이기에, 도시 관객들에게는 거부감을 불러일으킨다. 이와 마찬가지로 삶의 문제에 대한 해결책이 개인의 노력 외부에 있는 '더 큰' 힘으로부터 나오는 이러한 영화들은 국가가 전능한 부모의 형상이었던 마오주의 시대의 신화를 떠올리게 할 수도 있다. 따라서 삶의 문제를 해결하기 위해 더는 국가의 지원을 받지 못하고, 사회적·경제적 자본도 거부된 농촌 출신 이주자들은 더욱 극심한 무력감을 느낀다. 그리고 이들이 판타지, 무협, 유령 이야기와 같은 장르를 선호하는 이유는 미디어 활용 능력의 부족보다는 이러한 무력감 때문으로 더 잘 설명될 수 있다. 서발턴적 경험은 영화의 장르에 대한 해석만이 아니라, 이주노동자들이 스토리에 감정적으로 공감하는 방식, 즉 무엇이 재미있고 슬프고 감동적인지를 평가하는 방식에도 영향을 미친다. 마지막으로 서발턴 경험은 이야기에서 무엇이 진실이고, 그럴듯하며, 가능한지에 대한 존재론적 기준을 형성하기도 한다. 이는 관객들의 본능적인 반응을 구조화하고, 그들의 눈물과 웃음에 대한 신뢰할 만한 설명을 제공한다.

나는 이러한 무료 상영회와 PC방 그리고 기숙사에서 DVD로 노동자들과 함께 영화를 관람하면서, 영화를 보는 동안 그들의 자연스러운 웃음과 논평, 그리고 관람 후에 나누는 대화가 이주노동자들의 '영화적 관행'을 무엇보다 풍부하고 생생하게 구성하는 요소이며, 따라서 이러한 관행을 종합적으로 이해하는 데 필수적이라는 사실을 깨닫게 되었다. 농촌에서 이주한 사람들은 도시에는 속임수를 쓰는 낯선 사람들로 가득하고, 도시에서 우연히 마주치는 모든 것이 함정이나 사기일 가능성이 있다고 느낄 수 있다. 친족, 친척, 동향인(老鄕) 등의 마을 네트워크와 단절된 농촌 출신 이주자들은 누구를 신뢰할 수 있는지, 어떻게 사회성에 맞게 처신해야 하는지 고민한다. 이들의 이러한 절박한 고민을 고려할 때 우연한 마주침, 예상치 못한 운명의 뒤틀림, 우발적으로 일어난 행운이나 불운 등에 관한 이야기가 이들에게 강한 울림을 준다는 사실은 놀라운 일이 아니다. 그리고 도시 코미디 영화를 보면서 노동자들끼리 자연스럽게 대화가 오가는 것도 놀라운 일이 아니다. 이러한 대화에서 가장 자주 언급되는 주제는 도시 범죄, 경찰의 잔혹성, 지방정부의 부패, 암흑세계의 힘, 그리고 도시에서 속임수와 사기로 인해 피해당한 자신들의 이야기이다. 동료들로부터 차오 형이라는 애칭으로 불리는 한 노동자는 영화를 한 편 같이 보고 나서, 자신의 경험에서 나온 일화를 소감으로 들려주었다.

> 한번은 콘서트 티켓을 할인된 가격에 판매하는 사람들을 우연히 마주친 적이 있어요. 우리는 평소에 콘서트에 갈 금전적 여유가 없기에 좋은 기회라고 생각했어요. 그런데 며칠 후 약속된 시간에 공연장에 갔는데 콘서트가 없다는 거예요. 공연장에 가려고 버스를 여러 번 갈아타고 갔는데, 다시 돌아오려니 너무 늦었어요. 그날 밤에는 버스가 끊겼어요. 그래서 우리는 택시를 나눠 타고 돌아왔어요. 돈만 엄청 날렸어요!

낯선 사람에게 사기당하는 것은 얼마든지 예상할 수 있는 일이지만, 또 다른 노동자의 이야기는 가족 관계의 신뢰가 무너지는 진정한 도덕적 곤혹을 드러낸다.

우리 마을 출신 사람을 한 명 알아요. 그는 일하다가 다쳐서 사장을 찾아갔어요. 사장은 그에게 병원비를 내라고 현금 4천 위안을 먼저 줬어요. 하지만 이 사람은 병원비로 돈을 '낭비'하고 싶지 않았어요. 그래서 길거리 상점에서 연고만 사고, 집에 있는 아내에게 그 돈을 모두 줬어요. 그런데 그의 다친 다리가 점점 악화했고, 결국에는 마비되었어요. 설상가상으로 그의 아내는 돈을 모두 챙겨서 집을 나가버렸어요.

노동자들은 자신의 처지와 비슷한 영화 속 인물들의 결말을 궁금해하는 만큼 서로의 이야기에도 관심이 많다. 따라서 이들에게 영화 시청 과정의 논리적 귀결은 영화의 결말, 예컨대 〈인재경도〉에서 도시의 사기꾼이 환멸에 빠진 동료 여행자를 위해 거액의 돈을 쓴다든지, 혹은 〈내게 빚진 10만 5천 위안〉에서처럼 농촌 출신 이주민이 보상금 청구에 마침내 성공하는 등의 이야기가 설득력이 있거나 현실적인지에 관한 논평으로 이어진다. 도시의 교육받은 시청자들은 이주노동자들이 외계 생명체의 마법 같은 힘을 문자 그대로 믿기 때문에 유치하고 순진하다고 판단할 수 있지만, 농촌 출신 이주자들은 그러한 환상을 국가 제작 선전 영화나 일부 도시 코미디 영화의 믿기 어려울 정도로 행복한 결말만큼이나 설득력이 있다고 생각할 수 있다. 물론 이러한 해피엔딩은 저우티에가 죽음에서 기적적으로 부활한 것만큼이나, 그들의 삶에서 실제로 일어날 가능성은 희박하다.

이주노동자들의 영화에 관한 경험의 계급적 특성은 특정 주제와 미학적 스타일의 영화에 대한 선호뿐만 아니라, 여러 물질적 측면에서도 나타난다. 영화를 관람하는 실제 환경과 장소, 그리고 '영화 보기'가 만들어내는 사회성 양식 등은 상징적 상품으로서의 영화 소비를 고려할 때 모두 중요한 작용을 한다. 예컨대 내가 인터뷰한 대부분의 젊은 건설 노동자들은 영화관에 가본 적이 없었으며,

50대 이상의 일부 고령의 노동자들은 개혁개방 이전에 마을에서 군중을 대상으로 상영한 영화를 본 일을 여전히 기억하고 있었다. 지금은 국내외의 최신 영화를 텔레비전 전용 채널에서 무료로 볼 수 있지만, 건설 노동자들에게는 이조차 선택 가능한 일이 아니다. 건설 현장의 기숙사 대부분이 수십 명이 함께 잠을 자는 임시 숙소이고, 보통 TV가 아예 없기 때문이다. 일부 기숙사 구석에 한두 대의 텔레비전이 쌓여 있는 걸 보긴 했지만, 노동자들은 내게 전압이 낮아 전원을 켤 수 없다고 설명했다. 영화표 한 장에 30~80위안 정도인데, 이는 보통 하루 일당으로 100위안 이하를 버는 노동자들에게 감당할 수 없는 사치이다.

노동자들과의 대화에서 나는 영화관에 영화를 보러 가는 것에 관해 어떻게 생각하는지 물었다. 중년의 노동자들은 이를 도시의 젊은 사람들, 특히 여자친구에게 잘 보이려는 젊은 남성들에게만 매력적인 최신 유행의 값비싼 소비 습관이라고 생각한다고 대답했다. 한 젊은 건설 노동자는 "영화관에 가려면 하루 일당을 다 써야 해요. 미치지 않고서야 어떻게 그래요. 어차피 온라인에서 영화를 다 볼 수 있는데, 굳이 왜 영화관에 가겠어요?"라고 말했다. 그러나 다른 젊은 동료는 이에 동의하지 않았다. "그건 사실이 아니에요. 컴퓨터 화면으로 보는 거랑은 달라요. 영화관에서 보는 게 훨씬 더 잘 보이고 소리도 좋고, 잠시나마 '도시 소비자'가 된 듯한 기분도 좀 멋지고요. 우리 직업은 너무 단조롭고 지루한데, 영화를 보러 가는 일은 일상의 경험에서 벗어나는 짜릿함을 줘요"라며 반박했다. 하지만 실제로 영화표를 얼마에 구매했느냐는 질문에 이 노동자는 웃으며 영화관에서 영화를 본 적이 단 한 번뿐이며, 그것도 지인에게서 무료 홍보 티켓을 받았기 때문이라고 털어놨다. 노동자들 대부분은 이처럼 운이 좋지 않으며, 빈약한 수입을 영화관에 지출하기보다는 일반적으로 더 저렴한 선택을 추구한다.

'도시-농촌 접경지'로 불리는 베이징 외곽의 교외 지역은 수많은 농촌 출신 이주노동자의 본거지이다. 이 구역에는 비디오 상영관도 많이 있는데, 대체로 DVD 영화 한 편당 1인 2위안이며 저녁 종일권은 10위안이 채 안 된다. 제공되는 영화는 당연히 대부분 해적판이며 폭력, 에로, 판타지, 스릴러가 가장 인기 있는 장르이다. 아래에서 인용한 '농민공 소설' 작가인 차오정루(曹征路)의 자연주의 소설 『창망한 대지에 묻노니(問蒼茫)』(2009)에는 비디오 상영관에 처음 간 여공들의 경험이 생생하게 묘사되어 있다. 문화 공간으로서는 평범하고 심지어 혐오스럽지만, 이런 허름한 비디오 상영관은 영화적 표현이 (반드시 전부는 아니지만) 일부 관객에게 실제로 '전염'될 수 있다는 사실을 강력하게 상기시켜준다.

> 비디오 상영관은 사실 큰길에서 떨어진 뒷골목에 있는 판잣집이다. 문 밖에는 '1인당 2위안, 입장 즉시 관람 가능'이라는 팻말이 붙어 있다. 상영관 앞에는 여러 줄의 대기석이 놓여 있지만, 오늘은 손님이 몇 명밖에 없었다. 리우예예는 간식으로 해바라기씨 한 봉지를 가져왔다. 그녀는 [친구들과 함께] 텔레비전 근처 자리를 택했다. 소녀들은 다른 관람객들에게서 떨어져 앉아, 해바라기씨만이 아니라 평소에는 말할 시간도 생각도 없었던 잡다한 여자애들의 이야기를 뱉어냈다. 남녀 간의 도박으로 인한 갈등을 다룬 영화가 상영되고 있었다. 소녀들이 도착하고 얼마 지나지 않아 일부 손님들이 더 "끝내주는(過癮)" 영화를 보여달라고 불평하기 시작했다. 그러자 홍콩 코미디 영화가 시작된다. 한 여자가 거품 목욕을 하고 있고, 한 남자가 '즐기기' 위해 들어오려고 한다. 손님 중 누군가가 충분히 자극적(刺激)이지 않다고 다시 불평했다. 그러자 화면에 한 남자와 여자가 침대에서 그 짓을 하고 있고, 여자는 비명을 지르며

남자는 헉헉대고 있는 정말 자극적인 장면이 나온다. 곧이어 판잣집 같은 비디오 상영관에 있던 누군가도 헉헉대기 시작한다. 소녀들은 뺨이 화끈거리는 것을 느꼈다. 무슨 말을 해야 할지, 무엇을 해야 할지 몰라서 고개를 숙였다. 그때 리우예예는 누군가가 자신에게 다가와 옆에 앉는 것을 느꼈다. 남자가 붙잡자 리우예예는 벗어나려고 몸부림치지만, 그는 다시 그녀를 붙잡고 "거래 가능해요?"라고 물었다. 처음엔 무슨 뜻인지 몰라서 다시 물어보려다가, 리우예예는 순간적으로 그 말의 의미를 이해했다. 소녀들은 겁에 질려 비명을 지르며, 술에 취한 선원처럼 얼굴이 붉어진 채 숨을 헐떡이며 출입문을 향해 달려갔다(Cao Z, 2009: 46).

비디오 상영관을 처음 경험한 젊은 여공들의 이 이야기는 매우 많은 것을 보여준다. 대도시의 세련된 상업영화 복합단지들과 달리, 이러한 판잣집 형태의 비디오 상영관에서의 영화적 경험은 스크린 너머를 봐야만 제대로 파악할 수 있다. 인도영화 산업에 관한 연구에서 아밋 라이가 주장한 것과 마찬가지로, 차오정루의 소설에서 묘사된 영화적 경험은 스크린 너머의 요소들, 즉 공간, 사람, 구조, 제도가 예측할 수 없는 방식으로 상호작용하여 서로를 오염시키고 감염시키는 과정을 보여준다.

이러한 비디오 상영관은 이주노동자들이 밀집한 지역에 여전히 존재하지만, 최근 몇 년 동안 2백 위안 정도에 불과한 소형 노트북 크기의 EVD(Enhanced Versatile Disc) 플레이어라는 새로운 기술의 등장으로 인해 상당한 영업 손실이 있었다. 휴대가 간편하고 가격도 합리적인 EVD 플레이어는 원래 중국 정부의 지원으로 기존 DVD 형식의 라이선스 비용을 면제받기 위해 개발되었지만, DVD 기술을 대체하는 데는 최종적으로 실패했다. 하지만 오락을 즐기는 젊은 노동자들 사이에서는 여전히 인기가 있다. 실제로 나는 몇몇 젊은 노동자들이 기숙사에서 때로는 혼자, 때로는 몇몇이 함께 EVD로 영화와 비디오 영상을 시청하는 현장을 목격했다. 그러나 노트북 크기의 장치로 영화를 재생하는 데는 여전히 많은 배터리 전력이 소모되기에 이마저도 항상 가능한 일은 아니었다. 기숙사의 전기는 배터리를 충전하기에도 충분하지 않기에, 낮에 직장에서 핸드폰이나 배터리를 충전해야 한다고 말하는 노동자들도 많았다. 그리고 공장 노동자들의 주거 공간은 일반적으로 PC방들이 위치한 상업 지역과 가까워서 거기에 가서 쉽게 영화를 볼 수 있지만, 이와 달리 건설 노동자들은 주로 상업 지역에서 멀리 떨어진 기숙사에 거주하기에 PC방도 일반적인 선택사항이 아니다. 하지만 리다췬과 동료들은 내게 젊은 노동자들 대부분이 쉬는 날 가끔 PC방에서 게임을 하거나, QQ로 친구들과 채팅을 하고 영화를 보면서 하룻밤을 보내는 경우가 있다고 말했다.

농촌 출신 이주노동자들은 DVD 불법 복제 영화의 주요 구매자이자 시청자일 뿐만 아니라, 불법 DVD 사업 네트워크의 다양한 지점에서 주요 세력을 형성하기도 한다. 상하이시 징안구(靜安區)의 같은 길모퉁이에서 3년 동안 자전거 수레를 타고 DVD를 판매하던 한 중년 여성을 알게 되었는데, 이후 그녀가 추천한 농민공에 관한 수많은 영화를 구매하고 나서, 마침내 그녀와 어떻게 이 일을 시작하게 되었는지에 대한 대화를 나눌 수 있었다. 상하이 현지인을 포함한 고객들 사이에서 그녀는 자신이 48세이고, 안후이성 우웨이(無爲)라는 농촌에서 왔다고 말했다. 농촌에서 이주한 그녀는 베이징에서 가사노동자로 일을 시작했다. 이후 몇 년간은 선양으로 갔다가, 마침내 상하이에 정착해 2006년부터 DVD를 판매하고 있었다. 그녀는 도매 유통업자로부터 DVD 물건을 조달했는데, 어디서 어떻게 공급받는지는 알려주지 않았다.

> 내부자가 아니고 아는 사람이 아니면 물건을 주지 않아요. 해적판 DVD 판매는 불법이라서 매우 위험한 사업이고, 경찰과 도시 관리팀이 항상 우리를 주시해요. 특히 단속이 있을 때는 더 그렇고요. 보통 '내부자'들이 우리에게 약간의 사전 정보를 줘서 무사히 단속을 피할 수 있어요. 저는 교외에 살면서 매일 40분 동안 자전거를 타고 여기로 와요. 퇴근할 때는 물건을 집으로 가져가지 않아요. 너무 위험하고 불편하기 때문에요. 그냥 근처에 사는 사람에게 맡기고 가요. 제 남편도 같은 일을 하고 있어요. 남편은 여기서 두 골목 떨어진 곳에서 일해요. 저는 보통 오후에 와서 저녁까지 일하는데, 월, 수, 금요일 오전에는 가사도우미 일도 하고 있어요. 제 아들은 다 컸어요. 아들도 상하이에서 '다공' 생활을 하고 있어요. 저는 계속 일을 할 수 있을 때까지 여기 있다가, 은퇴하면 고향에 돌아갈 생각이에요. 영화를 직접 볼 시간은 거의 없지만, 손님들이 DVD를 구매하기 전에 제게 어떤 영화인지 물어보기 때문에 대부분 대충은 알고 있어요.[*]

길거리에서 DVD를 파는 일은 중국 도시에서 농촌 출신 이주자들이 차지한 수많은 틈새시장 중 하나이다. 드 세르토(de Certeau, 1984)가 말한 '게릴라 전술'을 채택하여 합법성의 경계를 벗어난 탈주의 공간에 거주하는 이들 소규모 행상인들은 비록 '그늘진' 곳에 존재하지만, 중국 도시의 시청각 상품의 문화 경제를 구성하며 도시 시민과 농촌 출신 이주자 모두에게 친숙한 소비 습관을 지탱하는 필수 요소이다. 따라서 이주노동자 계급과 영화의 관계를 입체

---

[*] 이 여성과의 대화는 2011년 4월 18일 상하이시 징안구에서 이루어졌다.

적으로 이해하려는 모든 시도에서 마흔여덟 살의 DVD 행상인과 그녀의 남편과 같은 개인들의 일상적인 노동 경험을 배제하고, 이주노동자들을 단지 대중적인 장르/이미지의 열렬한 소비자에 불과한 존재로만 판단한다면 이는 현실을 너무 단순화하고 오도하는 것일 수 있다.

사회적 조화 또는 사회적 변화: 가능성과 한계

도시 코미디는 그래도 항상 불의, 착취, 계급적 긴장과 같은 심각한 문제를 어느 정도 다루며, 국가가 공인한 뉴스가 오락적 서사물보다 사회적 현실을 전달하기가 더 어렵다는 점을 고려할 때, 이처럼 엄청난 인기를 누리는 영화가 농촌 이주민들의 고충에 대한 대중적 인식을 높이는 데 적어도 어떤 식으로든 도움이 된다는 것은 당연한 일이다. 농민공들의 사회경제적 지위는 대중적 매력을 지닌 주류 상업영화에 필적하는 영화를 직접 쓰거나 후원하고, 제작하는 일을 감히 꿈도 꿀 수 없을 정도이다. 따라서 농민공들의 정의를 위한 투쟁에 호의적이고 목소리를 부여하는 도시 코미디 영화의 역할을 과소평가해서는 안 된다. 실제로 이러한 영화에서 이주민 캐릭터의 입을 통해 나오는 농촌 출신 이주자에 대한 사회적 논평은 극영화의 허구성이라는 공인된 특성을 활용할 수 있기에 뉴스보다 훨씬 더 신랄한 경우가 많다.

코미디가 일상의 압박을 완화하기 위해 절실히 필요한 웃음을 선사한다는 사실과 별개로, 도시 코미디 영화의 인기는 '스타성'이라는 요인으로도 설명될 수 있다. 베이징에서 진행한 도시 시청자들과의 초점그룹 토론에서 〈낙엽귀근〉, 〈인재경도〉, 〈내게 빚진

10만 5천 위안〉, 〈장강7호〉와 같은 영화를 보기 위해 최대 100위안을 지출한 동기가 무엇이었는지에 대해 이야기를 나눴다. 많은 사람이 이 영화가 농촌 출신 이주민들의 경험을 다룬다는 사실을 모른 채 영화를 보러 갔다. 오히려 대부분 좋아하는 배우(주성치, 자오번샨, 왕바오챵 등)나 감독(펑샤오강)의 영화를 보기 위해 선택했다.

이러한 코미디 영화는 서발턴들이 말할 수 있는 담론적 공간을 창출하고, 상업영화의 논리에 적합하게 이주민들의 이야기를 재포장하고 그들의 목소리를 '더빙'함으로써, 도시 관객들이 일단 영화관 안으로 '포획'되면 '집중해서 듣도록' 만든다. 여기서 분석한 모든 영화에서 도시 관객들은 경제적 불평등에 맞서 투쟁하는 이주노동자들과 동일시하도록 유도된다. 실제로 농촌 출신 이주자들의 존재는 도시 거주민들이 중국 도시의 사회적 경관을 새롭게 탐색하는 데 도움을 준다. 영화 속 농촌 출신 이주자들은 대도시를 처음 보는 '목격자로서의 농민'이기에(Jameson, 1994: 148), 이들을 통해 도시 시청자들은 새로운 눈으로 도시를 바라볼 수 있다. 농촌 출신 이주자들은 또한 '현지인'에 대한 상세한 지식을 얻어내야 하는 외부에서 온 개인이며, 아마추어 인류학자이다(Donald, 1999). 계급 차이는 삭제와 회피를 통해 해소할 수 있는 것이 아니다. 오히려 경제적 불평등과 사회적 갈등이 반드시 인정되어야 하며, 이에 대한 해결이 영화적 서사에 구조와 실체를 부여한다. 상업적인 주류 도시 코미디 영화의 성공은 이러한 역설적 상황을 교묘하게 활용하는 것에 달려 있다. 사회적 갈등의 관리와 협상은 사회적 안정과 정치적 정당성에 매우 중요하기에, 섬세한 균형과 타협을 이루기 위해 신중하게 다루어져야 한다. 계급 문제에 대한 이러한 '접근-회피' 관계, 즉 사회적 갈등이라는 주제에 대한 두려움과 끌림이 영화적 공간에서 교묘하게 전개될 때, 그 영화는 흥행에도 성공하고 당-

국가로부터 '조화사회 만들기'에 공헌했다는 승인도 받을 수 있다.

정치적으로 불미스러운 주제가 입맛에 맞는 오락거리로 바뀌는 과정에서 우리는 근본적인 사회적 원인의 변화보다는 개인의 운이 사람들의 문제에 대한 해결책으로 제시되는 역설적인 진부화의 과정을 본다. 많은 영화에서 눈에 띄게 사라진 것은 권리를 가진 정치적 주체로서의 농촌 출신 이주민의 '전의(轉意, trope)'[*]이다. 확실히 여기서 분석한 영화들에는 노동자들의 경제적 기여를 입증하는 것에서부터 이들에게 사회적·경제적 정의를 빚지고 있음을 승인하는 것까지, 다양한 '인정의 정치'가 작동하고 있다. 그러나 이들 작품 중 어느 것도 농촌 출신 이주민에게 도시 시민과 동등한 권리와 자격이 있음을 부정하는 호구 제도를 비판하거나, 나아가 이 제도의 폐지를 주장하지는 않는다. 이 모든 영화에서 물질적·문화적으로 도시 사람들과 동등한 권리와 자격, 그리고 도시에서의 소속감을 누리는 농촌 출신 이주자의 형상은 찾아볼 수 없다. 영화적 형상화에서의 이러한 담론적 부재는 실제 삶에서의 부재와 상응한다. 따라서 영화가 사회를 현실적으로 반영하지 못하는 것이 아니라, 사회의 지배적인 도덕 문법이 그러한 형상화를 불가능하게 만드는 것이다.

이러한 영화들과 농촌 출신 이주민 관객들의 관계, 그리고 이러한 관계가 서발턴 의식의 형성에 어떤 역할을 하는지에 대한 평가는 더욱 어려운 문제이다. 노동 NGO 활동가들이 제시한 증거 자료와 노동자 본인들의 진술에 따르면, 이주노동자들은 도시 중산

---

[*] [역주] 영화 용어로 사용되는 트로프(trope)는 일반적으로 "새로운 시각적 은유를 만들어내는 여러 겹의 맥락적 의미로 가득 찬 보편적으로 식별되는 이미지"로 정의되며, 보통 '전의(轉意)'로 번역된다.

층들과 비교했을 때 미디어 리터러시가 부족한 것으로 보일 수 있다. 따라서 이들은 영화에서 지적 자극보다는 웃음을 찾고, 자신의 시청 습관과 어울리지 않는 스타일과 미학을 가진 영화는 불안해서 집중하지 못하며, 때로는 현실과 환상을 구분하지 못하는 것으로 여겨지기도 한다. 이러한 점을 고려할 때, 일부 노동 NGO 실무자들이나 교육을 좀 더 받은 노동자 활동가들은 미디어 생산과 소비를 통해 노동자들을 교육하는 일이 이들의 정치적 의식을 고양하는 열쇠라고 결론지으려는 유혹에 빠지기 쉽다.

이러한 사유방식은 충분히 이해할 수 있고 그 안에 일부 진실이 담겨 있을 수 있지만, 이러한 인식은 노동자들의 시청 습관과 선호는 미디어 리터러시 수준보다는 이들의 육체에 가해지는 가혹한 신체적 요구와 더 관련이 있을 수 있다는 당연하면서도 매우 중요한 사실을 고려하지 않는다. 이와 관련해 레이먼드 윌리엄스는 다양한 독서 대중의 습관을 이해하기 위해서는 표면적인 현상의 이면에 있는 "흥미를 자극하고 안정을 허용하는 생활방식과 어떠한 흥미나 안정도 허락되지 않고, 단지 어떤 식으로든 진정시켜야 할 산만한 불안정함만 만들어내는 생활방식 사이의 차이"를 고찰할 필요가 있다고 주장한다(Williams, 1961: 193). 이는 윌리엄스에게는 단순히 문해력의 높고 낮음의 문제가 아니라, "전체로서의 사회에 대한 근본적인 질문"이다. 이와 마찬가지로 이주노동자들의 경우 노동조건, 작업시간, 임금, 고용 안정성 등이 획기적으로 개선되어 충분한 휴식을 취하고 지적 자극에 대한 욕구를 키울 수 있다면 이들의 시청 습관과 선호도 바뀔 것으로 생각할 수 있다. 이는 중국의 농민공들이 계급적 정체성의 측면에서 직면한 역설적인 상황을 보여준다. 미디어 상품의 생산과 소비에 대한 적극적이고 창의적인 참여를 통해 실제로 서발턴 의식이 형성될 수 있지만, 이주노동자들의 사회경제적 조건이 근본적으로 개선되지 않으면 이러한 적극적이고 창의적인 참여가 이루어지기 어렵다.

한편 이러한 극적인 개선의 가능성이 거의 없는 상황에서 농촌 출신 이주자들은 그들이 보는 영화와 관련하여 "텍스트 임차인"으로 살아가고 있다. 세르토가 개념화한 임차인의 비유는 임차인이 "기억의 행위로 장소를 꾸밀 수 있는" 임대 아파트처럼 텍스트를 "거주 가능한" 공간으로 재고할 수 있게 한다(de Certeau, 1984: xxi). 이는 영화가 자신들의 텍스트를 소유하지 않은 농촌 출신 이주자들의 말과 행동을 수용하는 기능이 있음을 볼 수 있게 한다는 점에서 유용한 비유이다. 더욱이 이러한 영화에 등장하는 이주민 캐릭터는 '임차인'에서 한 걸음 더 나아가 게릴라 전술을 채택하여 타인이 소유한 제도적 공간을 전유하면서 "자신들의 일을" 하는 "밀렵꾼"이기도 하다. 서발턴은 두 가지 의미에서 밀렵에 의존한다. 첫째, 이들 영화에 등장하는 허구의 이주민 캐릭터는 "그들의 무수히 많은 차이를 지배적인 텍스트에 암시"한다(de Certeau, 1984: xxxii). 둘째, 이상적인 유료 관객과는 거리가 먼 농촌 출신 이주민들은 대부분 '밀렵'(예: 해적판 DVD)을 통해 이러한 영화 텍스트에 접근한다. 그리고 두 가지 의미에서 농촌 출신 이주민들은 자신들의 삶을 담아낸 도시 코미디 영화를 좋아한다고 고백하는데, 그 이유는 영화가 일단 재미있으며, 그들이 공감할 수 있고 자신을 인식할 수 있는 이야기를 들려주기 때문이다. 이러한 영화 중 다수는 이주민들이 도시인들보다 도덕적으로 우월하고 현명한 것으로 묘사하며, 영화 속 이주민들이 수행하는 도시 생활에 대한 사회적 비평이 예상치 못한 통찰력을 던져주는 경우가 많다.

영화 스크린에서 허구화된 캐릭터로 자신을 보는 것과 이를 통한 사회화가 노동자들 사이에서 '우리'라는 집합적 자기 인식을 촉진할 가능성이 크다는 사실은 놀라운 일이 아니다. 하지만 이는 양날의 검이 될 수도 있다. 이러한 영화를 보면서 서발턴으로서의 자기 인식이 고조되고 이로 인해 발생하는 토론과 사회화가 집합적 의식의 초기 형태로 이어질 수도 있지만, 영화는 또한 지배 계급과 자본, 그리고 오만한 도시인에 대한 노동자들의 원한이나 분노를 완화하는 안전판 역할을 할 수도 있다. 도시 코미디 영화들이 국가가 공인한 '조화사회' 담론을 촉진하는 역량이 강력하면서도 제한적이라는 것과 마찬가지로, 이들 영화는 소외된 사회 집단의 서발턴 의식을 고양할 수 있는 잠재력이 있지만 동시에 이러한 목적을 달성하는 데 방해물로 나타나기도 한다.

3부
서발턴 정치

5장

다큐멘터리 비디오, 문화적 행동주의, 그리고 대안 역사

앞의 두 장에서 살펴보았듯이 농민공의 사회적 정체성은 중국의 문화적 경관에서 점점 더 시각적으로 매개되고 있다. 그러나 이러한 미디어화 과정의 복잡성은 또 다른 영화 장르인 다큐멘터리를 비판적으로 분석해야 좀 더 명확하게 드러날 것이다. 이는 단지 뉴스 미디어와 도시영화들처럼 농민공의 삶이 다큐멘터리 제작자들이 가장 선호하는 소재가 되었기 때문만은 아니다. 더 중요한 사실은 다큐멘터리 영화가 비록 주류 상업영화만큼 성공하지도 못했고 국영 뉴스 미디어보다 훨씬 덜 '합법적'이지만, '진실 전달자로서의 우월적 지위'를 주장한다는 것이다. 여기서는 다양한 다큐멘터리 제작 및 소비 방식의 스타일, 주제, 관점을 살펴보고, 이들 작품에 구현된 이념적 입장과 담론적 실천을 탐구함으로써, "예술적 표현의 매개체이자 현실 기록 수단이라는 다큐멘터리 영화의 이중적 지위"의 "내재적 긴장"에 주목할 것이다(Y. Zhang, 2007a: 180). 따라서 다큐멘터리 영화제작자들이 자주 언급하거나 가정하는 "내 카메라는 거짓말을 하지 않는다"(Y. Zhang, 2006)라는 인식론적 주장에 의문을 제기할 것이다.

국가가 후원하는 서사와 대안적 담론 공간에서 이러한 배열이 어떻게 이루어지는지를 분석하면 중국 정치 체제(政體, polity)에서 발생하는 다양한 '인정의 정치'에 대한 단서를 얻을 수 있다. 1990

년대 후반 이후 이러한 인정의 정치는 새로운 미디어 기술의 출현으로 더욱 확장되었고 복잡해졌다. 이로 인해 일부 농촌 출신 이주자들은 긴즈버그(Faye Ginsburg) 등이 말하는 '문화적 행동주의', 즉 주변화된 사회 집단이 "자신들의 이해관계와 현실을 삭제하거나 왜곡하는 권력 구조에 '반박'하기 위해 다양한 미디어를 활용하는" 과정에 참여할 수 있게 되었다(Ginsburg, Abu-Lghod, and Larkin, 2002: 7). 이러한 '인정의 정치'의 복잡성과 다큐멘터리의 '진실성-주장' 지위의 모호함은 농촌 출신 이주민들이 직접 활동가로 참여하는 '스몰 미디어(small media)' 실천에 대한 고찰 없이는 올바로 인식할 수 없다.

    노동, 이주, 도시화에 대한 대안적 서사를 생산하고자 열망하는 농촌 출신 이주민 활동가들이 휴대전화, QQ 등의 소셜미디어, 디지털 비디오(DV)카메라와 같은 기술을 수용하고 있다는 사실은 노동계급 문화가 명확하게 형성되었다는 증거로 인용되기도 한다(Qiu, 2009). 그러나 특히 정치학자들 사이에서는 정치의식은 정치적 사회화를 통해서만 생겨날 수 있으며, 이는 사회경제적 구조에 의해서만 형성된다는 관점이 일반적이다. 이러한 관점을 가진 학자들은 일상생활에서의 디지털 기술 수용을 소비주의적이며 탈이념적인 주체성의 전형적인 사회적 분열을 보여주는 또 다른 증거로 인식한다. 실제로 일부 학자들은 모바일 기술, 온라인 기술, 소셜미디어가 노동자들의 관심을 정치적·사회적 해방을 위한 투쟁에서 세속적인 추구로 전환하는 '아편'과 같은 역할을 한다고 믿는다(Tong F, 2012). 이 장에서는 노동자의 정치적 의식이 디지털 리터러시 자체에 의해 결정되는지, 혹은 사회적으로 주변화되고 경제적으로 착취당하는 개인으로서의 노동 경험을 통해서 결정되는지, 아니면 이러한 두 견해와는 반대로 물질적 조건과 디지털 리터러시가 함께 작용하여 사회적 변화를 촉구할 잠재력을 지닌 정치적 의식의 형태를 만들어내는지를 살펴볼 것이다.

이러한 질문을 적절하게 다루기 위해서는 주제, 스타일, 담론적 위치의 측면에서 다큐멘터리에 대한 상세한 분석과 사회적 실천으로서의 다큐멘터리 영화제작에 대한 면밀한 민족지학적 설명이 모두 필요하다. 이러한 분석을 다큐멘터리 제작 및 소비라는 더 큰 정치경제적 맥락에 배치하여 수행하려는 나의 전반적인 연구 목표는 농촌 출신 이주민의 삶을 이야기하려는 영화제작자의 욕구와 이러한 창작 충동에서 비롯된 특정 스타일, 미학, 주제를 이해하는 것이다. 이를 위해 먼저 영화제작자들이 종종 '체제 내부'에서 제작되었다고 말하는(Lü, 2003), 선전을 목적으로 하는 다큐멘터리 프로그램 역사의 변화와 연속성에 대한 개괄로부터 시작하여 다큐멘터리 영화제작의 이념적 경관을 그려본다. 그리고 이어서 소위 '신다큐멘터리 영화 운동(新紀錄片運動)'에 참여하는 사람들의 다큐멘터리 영화제작에 관해 설명한다. 이들의 다큐멘터리 실천은 '체제 외부'를 주장하며, 다큐멘터리의 선전 방식에서 벗어나 "포스트 사회주의 시대의 사회 문제와 모순을 논의할 수 있는 새로운 공적 공간을 창출하려는" 분명하고 의도적인 열망을 특징으로 한다(Berry and Rofel, 2010a: 10). 이 장의 두 번째 부분은 영화제작 활동가가 되기 위한 농촌 출신 이주민의 여정과 가사노동자 영화제작 프로젝트의 열망 및 좌절에 관한 민족지이다. 다른 지역의 토착 미디어 활동가들과 마찬가지로 중국 농촌 출신 이주민들은 디지털 비디오카메라를 사용하여 도시에서 농촌 출신 이주자들의 일과 삶을 기록하는 작업, 즉 긴즈버그가 말하는 "토착 미디어 민족지"를 제작함으로써, 지배적인 문화에 대한 대안적이고 비판적인 시각을 제공한다(Ginsburg, 2002: 212). NGO, 도시 중산층 지식인, 초국적 노동 지원 기구 등 다양한 사회 이익단체의 도움을 받아, 아직 소수이지만 점점 더 많은 이주 문화 활동가들이 디지털 미디어를 창의적으로 활용하여 사회적 불평등과 시민권에 대한 논쟁뿐만 아니라 대표성의 문화정치에 참여할 수 있는 효과적인 방법을 모색하고 있다.

중국 다큐멘터리 영화제작의 이념적 경관

주선율(主旋律)

개혁 시대 이전에는 사회주의 혁명과 현대화라는 중요한 목표에 도움이 될 새로운 집단적 계급 주체성을 위한 대중 동원을 목적으로 논픽션 영화가 정기적으로 제작되었다. 이를 통해 공업 부문은 '다칭(大慶) 모델'에서, 농업 부문은 '다자이(大寨) 모델'로부터 배울 것이 촉구되었다. 이들 영화는 가장 전형적인 사회주의적 리얼리즘의 서사 방식으로 '역경에 맞서 분투하고 자력갱생'하려는 집단정신을 고양하고, '계급 투쟁'과 '프롤레타리아 민주주의 독재'라는 '대중 노선'을 홍보했다. 의무적인 정치 교육의 방편으로 국영 극장에서 이러한 '다큐멘터리'를 시청하도록 동원된 관객들은 공업과 농업 분야에서 이룬 국가의 성과에 대한 과장되고 긍정적인 보도를 정기적으로 접했다. 그리고 이러한 다큐멘터리에는 영웅적이고 이타적인 행동으로 사회주의 건설이라는 집단적 대의에 헌신하여 '국가적 모범'이 된 영웅적인 인물이 등장했다. 중국 '중앙뉴스다큐멘터리영화제작소(中央新聞紀錄電影制片廠)'가 1964년에 제작한 다큐멘터리 〈철인 왕징시(鐵人王井喜)〉는 공업 분야의 노동자들에게 중국 북부에 있는 다칭 유전의 '철인'인 노동자 왕징시의 지도력과 영웅적 행위를 배우도록 촉구한다. 왕징시는 동시대 석유업 노동자들에게 영감을 주었고, 이들의 노력으로 마침내 중국의 석유 해외 의존이 종식되었다. 또 같은 해에 〈다자이 인민, 가뭄을 극복하고 풍작을 거두다(大寨人民戰勝天旱多高產)〉라는 다큐멘터리가 개봉되어 농민들에게 산시성 다자이 마을의 농부인 천용구이(陳永貴)에게서 배우라는 마오쩌둥의 통지를 강화했다. 천용구이는 마을 사람들을 이끌고 '황량한 언덕과 악마 같은 강'을 맨손으로 길들여 척박한 토지를 생산성 있는 농경지로 탈바꿈시켰다. 같은 맥락에서 이 시대에 제작된 수많은 다큐멘터리 영화에서 이타적인 행적으로 소개된 군인 '레이펑(雷鋒)에게 배우라'는 말이 전 국민을 촉구했다.

이들 다큐멘터리에서 노동자들은 '프롤레타리아 주체'라는 숭고한 지위를 누렸다. '구(舊) 중국'의 억압적인 세력으로부터 해방된 국가의 '주인'으로서의 노동계급은 이러한 선전 영화에서 수많은 스펙터클의 소재였던 '노동'을 존엄과 도덕적 권위의 가장 중요한 원천으로 되돌렸다(Cai X, 2010). 그러나 이러한 선전 영화가 노동자와 농민을 긍정적인 모델로 내세웠음에도, 웅장한 스타일과 교훈적인 관점 및 어조로 악명 높은 공허한 수사에 불과했다. 이 시대 대부분의 혁명적 텍스트들과 마찬가지로 노동자와 농민의 사적인 삶은 완전히 지워졌고, 개인적 욕망과 갈등은 삭제된 채 국가주의와 집단주의의 전형으로만 존재했다(Gong Q, 2008). 텔레비전이 중국의 일반 가정에 보급되었을 때, TV 다큐멘터리 제작자들은 "특정한 마오주의적 사회주의 선전물과 연관되어 있기에, 이전에 영화관에서 상영되었던 종류의 영화들과 의식적으로 거리를 두려고 노력"했다(Lü, 2010: 17). 개혁 시대의 TV 다큐멘터리 제작자들은 오랫동안 자신들의 작품을 설명할 때, '다큐멘터리(紀錄片)'라는 명칭을 사용하지 않았고, 대신 서구의 TV 다큐멘터리와 매우 유사한 장르를 의미하는 용어인 '특집 프로그램(專題片)'이라고 불렀다(Lü, 2003).

이러한 역사적 연속성과 단절의 맥락에서 우리는 중국 TV에서 농민공을 주제로 제작한 '특집 프로그램'을 이해해야 한다. 〈농민공을 말하다(話說農民工)〉(2009)는 중화전국총공회가 기획하고 개발하여 CCTV에서 제작한 10부작 다큐멘터리 시리즈이다. 이 다큐멘터리는 "실제 사람들의 감동적인 이야기를 바탕으로 한 르포르타주 스타일"을 채택하여 "사실이 스스로 말할 수 있게" 했다고 평가된다(Li X, 2009). 그러나 내용과 논조 모두에서 대본은 권위적이고 패권적이었으며, 이미지는 언어적 내용을 강화하기 위해 신중하게 선택 및 편집되어 모호하거나 반대되는 해석의 여지를 거의 또는 전혀 남기지 않는다. 여러 측면에서 이 시리즈는 "전통적인 중국 TV 선전 프로그램"을 모델로 하고 있으며, 이러한 장르의 대표적인 관행을 상징하는 것으로 이해된다(Lü; Zhao, 2010: 17에서 인용).

그러나 앞서 논의한 마오주의 선전 영화의 역사적 맥락을 고려할 때, 이 시리즈를 또 다른 선전물로 치부하는 것은 서사 형식과 담론 사이의 정합성 부족에서 비롯된 수많은 긴장 지점을 간과할 위험이 있다. 이러한 불일치를 이해하면, 사회적 갈등과 불만이 증대하는 상황에서 국영 미디어가 당-국가의 정치적 정당성을 유지하는 데 어떻게 도움을 주는지에 대한 단서를 얻을 수 있다. 이 시리즈는 오락적 가치가 거의 없고 수익보다는 비용이 더 많이 들며, 이런 종류의 시리즈는 시청률도 높지 않아 광고 수익도 거의 기대할 수 없다. 그러나 정치적 안정을 유지하고(維穩) 사회조화라는 '주선율'을 강화하기 위한 필수적 조치로 모든 공식 담론을 통지하는 가장 중요한 정치적 목적을 지니고 있다.

'담론적 수준'에서 이 영화는 농민공들을 기념하는 것처럼 보인다. 10개의 에피소드 각각에 특정 주제가 부여되며, 전체적으로 이 시리즈는 출연하는 노동자들의 경험을 다양한 측면에서 제시하는 것을 목표로 한다. 이 시리즈는 도시에서의 열악한 생활 조건, 위험한 노동 관행, 이주민 자녀의 부적절한 의료 및 교육 환경, 그리고 떨어져서 살 수밖에 없는 부부가 겪는 정서적 고통 등 이주노동자가 경험하는 다양한 문제를 공감과 심지어 열정을 담아 이야기한다. 사회학적 데이터와 개인의 이야기를 사회 정책에 대한 비판과 결합한 이 시리즈의 가장 중요한 메시지는 두 가지이다. 첫째, 농촌에서 이주한 노동자들이 중국의 경제적 번영에 막대한 공헌을 했으며, 이들의 고통과 공헌을 인정하고 감사하게 여겨야 한다는 견해를 장려한다. 가장 중요한 이 메시지는 다음과 같이 시리즈 4회를 마무리하는 시적인 발언에 잘 요약되어 있다. "농민공들에게 영광을! 여러분이 사회주의 건설에 기여한 공헌은 이제 중국 인민들의 충분한 인정을 받았습니다. 농민공들에게 자부심을! 중국을 부강한 나라로 만들기 위한 여러분의 노력은 전 세계의 상상력을 사로잡았습니다." 둘째, 도시 시청자들에게는 농민공들의 고된 노동으로 가능해진 '좋은 삶'에 대해 다음과 같이 감사할 것을 촉구한다. "아이들을 가정부에게 맡기고 여가를 즐길 때, 양옆으로 높은 건물이 들어선 가로수 길을 걸을 때, 당신은 행복과 축복을 누리고 있음을 알고 있습니까? 그리고 농민공들이 이러한 행복을 가능하게 했다는 사실을 알고 있습니까? 아직 몰랐다면, 이제 깨달아야 할 때입니다."

그러나 이 다큐멘터리의 '서사 방식'은 이와는 다른 이야기를 들려준다. 농촌 출신 이주민들에 대한 아낌없는 칭찬과 찬사에도 불구하고, 이 시리즈에서 그들의 역할은 마치 아이들처럼 그저 "보이기만 하고, 들리지 않는" 존재이다. 이들이 겪는 도시에서의 행복, 슬픔, 좌절, 굴욕 등의 경험은 단지 음성 해설(voiceover)을 통해 전달되며, 이것이 이들에 대한 '인정'을 만들어내는 일반적인 줄거리에 맥락과 실체를 부여하는 기능을 한다. 이 시리즈는 이러한 방식으로 정치적 메시지의 전달을 시각적 진정성에 관한 관심보다 우선하며, 이미지보다 언어적 해설을 더 중요시하는 '특집 프로그램'의 전형을 보여준다. 시리즈 전체에서 음성 해설은 함께 나오는 이미지의 해석을 위한 안내용으로 사용되고, 언어적 내용을 설명하기 위해 '적절한' 이미지가 선택된다. 더욱이 음성 해설은 각 에피소드 내내 진행되기에 프로그램에 출연한 개인이 말할 수 있는 공간은 전혀 없다. 이들이 자신의 언어로 이야기하는 말을 실제로 들을 기회가 박탈된 시청자들은 주어진 메시지를 수용하거나 거부하는 것 외에는 다른 의미를 만들어낼(meaning-making) 방법이 없다. 여기서 이 시리즈에서 장려하는 인정 담론과 그 담론을 침식하는 실제 서사 전략 사이에 뚜렷한 긴장이 존재함을 볼 수 있다. 이러한 긴장은 한편으로는 농촌 출신 이주민에게 가시성을 부여하고, 다른 한편으로는 이들의 목소리를 부정하는 것 사이의 내재적 모순을 폭로하고 구체화한다. 언어와 시각 사이의 이 같은 분리는 이러한 모순을 해결하지 못한 결과라기보다는, 애초에 불평등을 초래한 현 상태를 그대로 유지하면서 불만을 품은 이주민과 그 동조자들을 달래기 위해 의도된 담론적 전략이다.

〈농민공을 말하다〉가 중화인민공화국 건국 60주년을 축하하기 위해 프로그램 일정을 조율하여 CCTV에서 상영된 것과 마찬가지로, 경제 개혁 착수 30주년을 기념하기 위해 〈꽃들(繁花)〉(2008)이 상영되었다. 각각 특정 주제를 다룬 20개의 에피소드로 구성된 이 시리즈는 농촌 출신 이주민의 삶에 초점을 맞추고 있으며, 주로 여성 시청자를 대상으로 여성 문제를 다루는 주간 정규 프로그램인 CCTV의 〈하늘의 절반(半邊天)〉 프로젝트의 하나로 상영되었다. 이 프로그램의 전반적인 기조도 역시 '인정 담론'의 영향을 받았지만, 어떤 측면에서는 '특집 프로그램'의 선전 모델에서 약간 벗어난 모습을 보여준다. 이 시리즈는 익명의 성우 대신, 매 에피소드에 출연해 주제를 소개하고 인터뷰를 진행하기도 하는 장위에(張越)가 내레이션을 맡았다. 중국에서 솔직한 태도와 여성의 입장을 대표하는 발언으로 잘 알려진 이 유명 방송인의 출연은 이 시리즈에 개인적인 감동뿐만 아니라, 페미니스트 또는 최소한 친여성적인 색채를 더했다. 개별 이주 여성들은 때때로 카메라에 직접 말을 걸어 도시에서의 일과 생존, 그리고 사랑에 빠지고 권리를 위해 싸우며, 이루지 못한 꿈과 좌절된 기대에 직면했던 경험을 이야기한다. 카메라는 또한 이 여성들의 고향집과 일터까지 따라간다.

이 시리즈는 재현하고자 하는 사회 집단에 약간의 공간을 제공한다는 점에서 (비록 괄호 친 의미에서이지만) 다른 CCTV 선전용 다큐멘터리와 차별화된다. 그리고 이주민들의 경험을 다룬 다큐멘터리의 선전 모델에서 흔히 사용되는 "각고의 노력으로 고난에서 성공으로"라는 상투적 공식을 일관되게 고수하지 않는다. 시리즈 2화 '하늘(天空)'에서 한 이주 여성은 농촌의 속박에서 벗어나 도시로 돌아가서 자유를 경험하기를 갈망한다. 그리고 8화 '말다툼(爭吵)'은 배터리 공장에서 일하는 한 이주 여성이 안전하지 않은 작업장 관행으로 인한 질병에 대해 고용주를 상대로 법적 소송을 제기하고, 마침내 성공하는 이야기를 그린다. 하지만 소송에 함께 참여한 다른 이주 여성 노동자 동료들과의 보상금 분배 방식에서 의견이 엇갈리면서 최종적인 합의에 이르지는 못한다.

이 시리즈는 농촌 출신 여성을 둘러싼 복잡한 행위성의 정치를 인정하지만, 여전히 가부장적이고 하향적인 관점이 강력한 담론 요소로 남아 있다. 법률 지원 변호사, 노조 지도자, 정부 관료 등의 중간계급 전문가들은 이주 여성만큼이나 자주 카메라에 나와 이야기하며, 이러한 인물들은 정의를 위한 여성들의 투쟁을 지원하고 촉진하는 인물로 재현된다. 그리고 교훈적인 선전물 제작 전통에 따라 각 에피소드는 매회 등장하는 이야기들을 해석하는 지침 제공의 임무를 맡은 사회학자, 작가, 정부 관리와 같은 전문가의 최종 발언으로 마무리된다. 이러한 담론 전략은 여성들이 자신의 경험에 관해 말하기를 원하지만, 실제 등장인물이나 시청자가 '올바른' 해석에 도달할 수 있다고 믿지 않는다는 점에서 매우 역설적인 두 방향으로 동시에 움직인다. 그리고 카메라는 완벽하지는 않지만 대체로 미리 정해진 서사에 필요한 질감과 윤곽 등의 '시각적 쓸모'를 생성하는 기능을 한다. 이런 의미에서 〈꽃들〉은 이주 여성들에게 목소리를 부여하기 위한 '일보전진, 이보후퇴'의 시도를 상징한다. 중국 다큐멘터리 영화 역사가인 뤼신위가 예리하게 관찰한 것처럼, 뚜렷한 여성적 관점 혹은 젠더를 바탕으로 이주 여성과의 연대를 주장하려는 시도가 사회주의 시대 중국의 정치적 '주류'이자 '중추'였던 노동자 계급이 이제는 "주체성과 정당성을 상실"하고, "더는 국가 이데올로기의 호명을 받을 수 없게 되었다는" 사실을 숨길 수는 없다(Lü; Zhao, 2010: 5-6에서 인용).

이들 CCTV 다큐멘터리에서 국가가 후원하는 이주노동자에 대한 서사는 정당성 없는 가시성 부여와 정치적·경제적 실체 없는 수사적 인정이라는 제한된 '인정의 정치'를 채택한다. 이러한 프로그램들은 당-국가의 표현에 의하면 사회적 '불안정 요소'인 계급에 기반한 집단의식과 적대의 가능성에 대한 깊은 불안을 드러낸다. 이러한 가능성을 예견한 이들 프로그램은 정의와 평등에 대한 노동자들의 주장을 인정하기보다는 통치 계급의 정당성과 안정을 유지하는 데 더 큰 관심을 두고 있다. 카메라는 행위성, 권위, 존엄을 부여하는 데 활용될 수 있지만, 다양한 목소리가 들려지는 한계선도 결정할 수 있다. 카메라는 다양한 사회 집단 간의 권력 불균형을 조정하며, 그 렌즈는 실용적인 정치적 고려로 채색되어 있다.

주선율 내의 불협화음?

앞 절에서 논의한 두 TV 시리즈는 경제 개혁 이후 30년이 지날 무렵에 등장했는데, 이 시기에는 불평등과 사회 계층화가 고착화하면서 사회적 불안정과 정치적 정당성 측면에서 새로운 위기감이 고조되었다. 그러나 여기서 나의 논의는 CCTV가 여전히 공식적인 진실을 생산하기 위한 획일적인 선전 기계라고 주장하기 위한 것이 아니다. 위에서 설명한 바와 같이, 농민공에 대한 방송 매체의 재현에서 나타나는 긴장과 역설은 스타일과 이념적 입장의 차이를 수용할 수 있는 역량이 점차 커지고 있음을 증명한다. 30년간의 개혁은 텔레비전 방송산업의 조직 구조와 자금 조달 방식에 변화를 가져왔고, '당 노선'과 '밑바닥 노선'을 모두 충족해야 하는 이중의 임무를 부여받게 되었다(Zhao, 1998).

오늘날 국영 TV는 시청률과 수입 창출에도 어느 정도 신경을 써야 하기에 뉴스, 시사, 다큐멘터리 등의 콘텐츠를 더욱 현실적이고 흥미롭게 만들어야 한다. 베이징 외곽의 피춘(皮村)이라는 마을에 사는 다섯 명의 농민공의 삶을 다룬 5부작 다큐멘터리 시리즈 〈피춘 기록(皮村紀事)〉(CCTV, 2012)은 이러한 새로운 변화를 잘 보여준다. 각 에피소드는 미용실 주인, 가구 공장 노동자, 신발 수선공, 그리고 노동자 활동가 두 명(이들 중 한 명인 왕더즈에 대한 자세한 논의는 아래를 참조)의 경험을 중점적으로 다루며, 이 시리즈는 도덕적 교화보다는 스토리텔링을 더 중요시한다. 비록 여전히 음성 해설(voiceover) 기법을 채택하고 있지만, 이 시리즈는 화려한 성공을 거둔 영웅적 인물에 관한 이야기보다는 평범한 사람들이 일상에서 경험하는 꿈, 열망, 불안, 좌절의 감각을 전달하는 데 중점을 둔다. 시리즈 4화에서 산시성 출신의 젊은 노동자 위안은 청혼할 여자친구에게 좋은 인상을 주기 위해 가구 공장에서 견습생으로 일하면서 성공하기를 희망한다. 비록 그녀의 사랑을 얻는 데는 실패하지만, 이 과정에서 그는 새로운 목공 기술을 습득하고, 더욱 자신감 넘치는 청년으로 거듭난다. 4화에 나오는 안후이성 출신의 중년 여성인 후는 베이징 시내에서 훨씬 더 큰 미용실을 운영하는 것을 꿈꾼다. 하지만 손님들이 까다롭거나 비합리적인 경우가 많고, 남편은 그녀가 힘들게 번 돈을 도박으로 탕진하는 못된 버릇이 있기에 아직 갈 길이 멀기만 하다. 각 에피소드의 이야기는 다소 긍정적인 분위기로 끝나지만, 명백하게 행복한 결말은 거의 없다. 그리고 에피소드에 나오는 사람들이 자신의 꿈을 좇기 위해 열심히 노력하며, 이들이 공감과 존경을 받을 자격이 있음을 암시하는 것 외에는 관객에게 고상한 도덕적 메시지를 강요하려는 시도도 많지 않다.

⟨피춘 기록⟩은 국영 TV의 모든 다큐멘터리 프로그램이 단일한 선전 스타일과 미학으로 제작되는 것은 아니라는 사실을 일깨워준다. 사실 체제 내에서의 작업은 정치적 의제와 결과가 반드시 권리를 박탈당한 이주민에게 역량을 부여하는 데 맞춰져 있지는 않더라도, 영화제작자들에게 실험과 혁신을 할 수 있는 공간과 자원을 제공한다. 2004년 다롄 TV에서 상영된 왕이춘(王軼群)의 28분짜리 다큐멘터리 영화 ⟨건설 현장(工地)⟩은 공무원과 농촌 출신 이주민 사이의 불평등한 관계를 매개하기 위해 카메라를 활용하는 또 다른 접근 방식을 보여준다.

'음악 다큐멘터리(音樂紀錄片)'라고 소개되는 이 영화는 7개의 단편으로 구성되어 있으며, 각각은 건설 현장과 기숙사에서 일하는 노동자의 모습, 개별 노동자와의 인터뷰, 다수의 건설 노동자의 클로즈업 촬영이라는 세 가지 구조적 요소로 구성된다. 내레이터의 해설이 전혀 없는 이 영화는 3초 이상 지속하는 장면이 없을 정도로 빠른 속도로 진행된다. 강렬한 비트와 긴박한 템포, 반복적인 리듬을 특색으로 하는 음악이 인터뷰 장면을 제외한 영화 전체에 흐른다. 그리고 인터뷰들은 모두 일정한 공식을 사용하고 있으며, 노동자들에게 다소 건조하고 초연한 방식으로 다음과 같은 질문을 반복해 던진다. "한 달에 얼마를 버나요? 무엇을 위해 돈을 버나요? 그 돈으로 무엇을 하고 싶은가요?" 광활한 푸른 하늘이나 석양을 배경으로 한 건설 현장 촬영은 높은 건물, 치솟는 크레인, 그리고 현대적 숭고함의 감동적 장면 등은 공간적 웅장함과 장엄한 스케일을 떠올리게 한다. 제작자들에 따르면 이러한 스펙터클한 이미지의 목적은 노동자들을 평범하고 비참하며 모호하게 가려진 재현의 공간에서 구출하여, 그들이 마땅히 받아야 할 위대함과 장엄함을 돌려주려는 것이다(F. Wang, 2005). 허름한 기숙사 공간, 열악한 음식, 그리고 비바람을 견뎌온 노동자의 얼굴을 근접 촬영한 이미지들이 빠른 속도로 제시되어 시청자들의 시각적 몰입을 유발하는 동시에 이것이 함축하는 의미를 깊이 생각하지 못하게 만든다.

　미학과 스타일 측면에서 〈건설 현장〉은 이주민을 시각적으로 매개된 정체성으로 구성하는 방법에 대한 독특한 이해를 구현했다. 이 영화는 2005년 '아시아 TV 프로그램 페스티벌'에서 최우수 다큐멘터리 영화상을 비롯해 국가에서 수여하는 다양한 영예를 얻었으며, 2004년 최우수 중국 TV 프로그램과 2005년 중국 단편 및 중편 다큐멘터리 부문 황금 독수리상(金鷹獎) 후보에 올랐다. 그리고 2005년 셰필드국제영화제, 라이프니츠국제영화제, 프랑스 국제 시청각프로그램 페스티벌 등 다수의 국제 영화제에서 상영되었다.

30분이 채 되지 않는 길이의 이 영화가 어떻게 그토록 많은 시각적 정보를 담으면서도, '체제 내부'와 국제 다큐멘터리계의 찬사를 모두 받을 수 있었을까? 이에 대해서는 영화제작자들의 설명에서 유용한 단서를 찾을 수 있다. 첫째, 이들은 전 세계인이 이해할 수 있는 시각적 언어의 활용을 원했기에 음성적 자료를 가능한 한 적게 사용했다. 둘째, 영화제작자 본인들은 농민공이 아니기에 이들을 대신해 말할 권한이 있다고 주장하지 않았다. 그보다는 자신의 삶과 경험이 아닌 것에 대해서는 언급을 자제하는 '온건한' 접근 방식을 채택했다. 영화에 사용된 시각적 표현은 중국 농민공들의 역설적인 경험에 대한 영화제작자들의 이해를 반영하기 위한 것이었다. 한편으로 단순함과 반복을 강조하는 시각적 스타일은 '단순', '반복', '순환'으로 이해되는 이주노동자들의 가치와 기대에 대한 은유로 사용된다. 영화제작자들은 노동자들과의 인터뷰를 통해 이주노동자들이 결혼과 자녀 부양이라는 두 가지 기대만을 품고 있음을 발견했다. 다른 한편으로 현대적 숭고함을 보여주는 스펙터클한 이미지는 열심히 일하는 노동자들의 거대한 집단적 힘과 능력을 시각적으로 은유하는 기능을 한다(F. Wang, 2005).

나는 〈건설 현장〉의 이러한 성공은 '시각의 경제'와 '인정의 정치' 사이의 결합 효과에서 비롯되었다고 생각한다. 이 영화는 표면적으로는 교조적인 시각적 언어의 문법에서 급진적으로 탈피해 음성 해설이나 압도적 서사 또는 모범적인 인물이 등장하지 않으며, 말보다 이미지를 대화보다 음악을 특권화한다. 따라서 중국 내외의 시청자들은 이 영화를 국영 텔레비전 시스템 내에서 제작된 다른 중국 다큐멘터리들보다 실험적인 영화적 시도로 인식할 가능성이 크다. 그리고 영화제작자들은 이 영화의 사회적 비평 부재를 "천 마디 말보다 한 번 보는 게 더 낫다"라는 오래된 격언에 호소하며 합리화한다.

이러한 시각적 접근 방식을 읽는 데는 적어도 두 가지 다른 방법이 있다. 먼저 우리는 "만약 당신이 실제 그들 중 하나로서 말할 수 없다면, 그들을 대신해 말하지 말라"는 입장에 서는 것이 윤리적 책임이라고 볼 수 있다. 그리고 개별 노동자들의 클로즈업 이미지는 해석의 공간을 열어두며, 음성 해설이 없기에 개방적인 '의미 형성' 과정을 장려한다. 그러나 영화에 사용된 클로즈업 이미지는 대부분 웃고 있는 노동자들의 모습을 보여주는데, 이는 영화제작자들의 의도대로 노동자들이 일반적으로 '긍정적이고' '밝은' 인생관을 가지고 있으며, 대다수의 인도주의적 중산층 비평가들의 주장처럼 반드시 불행하지는 않다는 해석을 불러오는 것도 사실이다. 피곤에 찌든 노동자들이 임시방편으로 만든 혼잡하고 초라한 기숙사에서 잠을 자는 장면은 연민과 동정을 불러일으킬 수 있지만, 이는 제작자들이 이러한 삶의 측면을 '강조'하고 싶지 않았음을 암시하는 방식으로 제시된다.

둘째로 어쩌면 좀 더 설득력 있는 설명은 이러한 시각적 접근 방식이 건설 노동자들이 중국에서 가장 착취당하는 농촌 출신 이주민 집단이며, 열악한 노동조건과 임금 체불로 인한 광범위한 노동분쟁은 물론이고, 일어나지 않아도 될 작업장 사고와 재해 및 사망으로 이어지는 체계적이고 구조적인 불평등의 희생자라는 현실을 정면으로 다루지 않으려는 전략으로 읽을 수도 있다(Pun and Lu, 2010a; 2010b)는 것이다. 말보다 이미지를 중요시하는 시각적 접근은 이 다큐멘터리가 채택한 고정된 인터뷰 형식과 결합하여 이러한 불편한 진실을 편리하게 생략함으로써, 공식적인 진실 체제의 이념적 책망을 피하는 동시에 해외 관객을 포함한 도시 중산층 시청자들이 주변화된 노동자들의 잉여 노동의 수혜자라는 사실에 대한 죄책감을 올바로 직면하고 경험하지 않도록 해준다. 이렇게 보면 〈건설 현장〉은 인정보다는 '생략의 정치'에 기반하고 있음을 알수 있다. 그리고 이 작품의 시각적 전략은 교조적인 다큐멘터리 양식에서 벗어난 것처럼 보이지만, 결국에는 이와 유사한 방식으로, 아니 더 노골적으로 '목소리 없는 가시성'과 '행위자 없는 시각성' 형태의 문화적 정치를 재생산한다. 따라서 〈건설 현장〉은 '주선율'을 강화하려는 특정 수단으로서의 상상력과 스타일적 혁신을 대표할 수는 있지만, 그 사회적 영향력은 이 절의 앞부분에서 논의한 TV 시리즈보다 이주노동자의 역량을 잠재적으로 더 약화할 수 있다. 특히 이 다큐멘터리가 실제 전달하는 것보다 이주노동자 주체에 대한 인정을 표면적으로는 더 매력적으로 약속하고 있기에 더욱 그럴 가능성이 크다.

인도주의적 관심과 신(新)다큐멘터리

중국 TV 방송의 '특집 프로그램(專題片)'이라는 장르가 낡은 스타일의 마오주의적 사회주의 선전물과 거리를 두기 위해 발명된 것이라면, '다큐멘터리(紀錄片)'라는 용어는 '체제 밖'의 독립영화제작자들이 '특집 프로그램'에 대한 '반대'를 표시하기 위해 되찾고 '재발견'한 것이다(Lü, 2010: 17). 하지만 흥미롭게도 다큐멘터리 영화제작 영역에서는 CCTV가 제공하는 자원들에도 불구하고, 아니 바로 그 자원 덕분에 수많은 실험이 이루어졌다.

〈베이징에서 멀리 떨어진 집(遠在北京的家)〉(1993)은 1989년에 CCTV에 취직한 천샤오칭(陳曉卿) 감독이 연출한 다큐멘터리 작품이다.* 이 영화는 90년대 초 안후이성 우웨이에서 베이징으로 떠나는 다섯 명의 농촌 소녀들의 도시로의 이주를 기록한다. 일반적으로 CCTV와 연관된 '특집 프로그램' 스타일에서 의도적으로 탈피한 이 영화는 이들 16세의 소녀들이 출발 준비를 하고, 집을 떠나 버스를 타고 도시로 가는 여정을 두 대의 카메라로 따라다니며 이들의 중대한 통과의례를 포착한다. 이 영화는 성인이 되기 직전의 소녀들이 베이징에 처음 도착했을 때 경험한 다양한 감정을 감성적이지 않게 묘사하여 깊은 감동을 선사한다. 영화는 도시에서의 첫날, 가사노동 일자리를 구하는 과정에서 앞으로 고용주가 될 사람의 집으로 따라갈 때 소녀들의 얼굴에 나타난 두려움과 불안을 기록한다. 시청자들은 불안하고 겁에 질린 채, 새 고용주에게 가스레인지에 불을 붙이고 전자레인지를 작동할 수 있다는 사실을 증명해야 하는 장쥐팡(張菊芳)의 모습에 공감할 수 있다. 그리고 소녀들이 심리적 압박과 향수병에 휩싸여 카메라 앞에서 눈물을 터뜨리는 모습에도 공감할 수 있다. 이 영화는 흑백으로 촬영되었고 음성 해설은 없지만, 때때로 주인공들은 화면 안팎에서 자신의 희망, 두려움, 기대에 대한 영화제작자들의 질문에 대답하기도 한다.

    이 다큐멘터리는 1993년에 CCTV에서 방영되었고, 쓰촨 국제 다큐멘터리 영화제에서 상을 받았다. 천샤오칭 감독의 영화제작 경험에 대한 회상은 선전 영화의 교조에 반기를 들려는 일부 '체제 내' 영화제작자들의 열망을 드러낸다. 흥미롭게도 평범한 사람들의 삶에 대한 인도주의적 관심과 이러한 관심을 표현할 다양한 수단을 모색하려는 열망은 뤼신위가 "중국 TV 방송 발전의 황금기"

---

*   [역주] 원문에는 천샤오칭의 CCTV 입사 연도가 1993년으로 나오는데, 실제로는 1989년에 입사했다. 아마도 저자가 혼동한 것으로 보인다.

라고 부르는 1990년대의 CCTV 내 제작 문화의 변화에서 비롯되었다. 천 감독과 같은 영화제작자들이 상대적으로 자율적이고 개인의 창의성을 발휘할 수 있는 공간을 개척할 수 있었던 것은, 체제 내부와 외부의 상호작용 덕분이었다. 현재 '체제 외부'에서 활동하는 일부 영화제작자들에게 '체제 내부'에서의 이전 경험은 소중한 이점을 제공한다.

한편 〈집으로 가는 기차(歸途列車)〉(2009)는 현재 광둥성에서 일하는 쓰촨성 시골에서 온 한 이주민 가족의 경험을 중심으로 다룬다. 2008년 겨울 중년의 장창화(張昌華)와 그의 아내 천수칭(陳素琴)은 열여섯 살 딸과 함께 춘절 새해를 맞아 고향집으로 가던 중, 철도 시스템 대부분을 마비시킨 눈보라에 휘말린다. 발이 묶인 40만 명의 다른 승객들과 마찬가지로, 이 가족도 3일 동안 기차역에서 생활하게 된다. 이후 카메라는 다시 기차를 타고 고향으로 향하는 이들의 여정을 따라가는데, 이 평범한 이주민 가족들의 대화에서 거대한 금융 위기, 이주민 가족의 해체, 농촌과 도시의 불균형, 도시로 이주한 노동자의 열악한 노동조건 등 국가적 차원의 드라마가 펼쳐지기 시작한다. 이 영화는 몬트리올과 암스테르담 국제 다큐멘터리 영화제에서 상을 받았고, 중국의 지식인과 문화 엘리트들의 찬사를 받으며 큰 성공을 거두었다.

〈집으로 가는 기차〉의 감독인 판리신(範立欣)은 후베이성 출신으로 이전에 CCTV에서 일했으며, 이 시기에 다수의 CCTV 다큐멘터리 제작에 참여했다. 현재 몬트리올에 거주하며 주로 국제 예술 기금 단체와 영화제에서 지원을 받아 초국가적인 영화제작자로 활동하고 있는 판리신은 중국에 기반을 둔 다큐멘터리 제작자들과 중국에서 가장 주변화된 사회 집단의 경험을 이야기하려는 창작적 충동을 여전히 공유하고 있다. '신다큐멘터리' 영화제작자들과 마찬가지로 판리신은 "공격적이지는 않더라도 열정적으로 주변화된 집단들에 집중"한다(Lü, 2010). 그는 기자들에게 "중국 도시의 농촌 출신 이주민들은 막대한 공헌을 했지만, 희생도 많이 했습니다. 이 영화 〈집으로 가는 기차〉는 이들에 대한 나의 존경의 표시입니다"라고 말한다(Yang M, 2010). 그리고 판리신은 선전용 프로그램의 교훈적인 서사 방식에 대한 본능적인 반감을 공유한다. 그에게는 장편 극영화든 다큐멘터리이든 시청자가 등장인물과 공감할 수 있는 이야기를 전달하는 것이 핵심 관건이다.

1990년대 초에 시작된 신다큐멘터리 운동과 관련된 영화제작자들은 "새로운 이상과 의미 있는 목표"로 통합되었지만(Lü, 2003: 18), 여전히 다양한 장르와 창작 경로를 채택하고 다양한 출처의 자금과 자원을 지원받으며, 자체적인 채널 및 제도적 지원에 의존하여 유통과 배급을 하고 있다. 지아장커는 이러한 복잡성을 가장 잘 보여주는 인물이다. 다른 신다큐멘터리 영화제작자들처럼 지아장커도 심대한 사회적 변화가 주변화된 사회 집단, 특히 도시와 농촌 사이의 경계지대에서 생존하는 사람들의 삶에 미치는 영향을 기록하는 데 큰 관심을 두고 있다. 그는 다큐멘터리만이 아니라 장편 극영화도 제작하지만, 두 장르 모두에서 사회변화를 기록하기 위해 카메라를 사용하는 새로운 방법을 찾으려는 의지가 확고하다. 그의 작품이 갖는 힘은 다음의 두 가지 차원이 동시에 작동하는 능력에서 비롯된다. 먼저 경험적인 차원에서 지아장커 작품의 물질적 세계는 매우 사실적이다. 예컨대 작품 속 등장인물들이 지역 방언을 구사하고, 〈무용(無用)〉(2007)이나 〈공공장소(公共場所)〉(2001)와 같이 지아장커의 고향인 산시성의 실제 장소를 배경으로 한 작품이 많으며, 〈스틸 라이프〉나 〈세계〉처럼 전문 배우들이 실제 인물인 비(非)배우들과 함께 등장하기도 한다.* 그리고 지아장커는 음성이나 다른 형태의 언어적 설명에 의존하지 않고, 카메라를 통해 개인들의 삶을 보여준다. 다음으로 은유적 차원에서 지아장커의 작품들 대부분은 사회적 불평등과 도시화, 현대화, 그리고 이주라는 냉혹해 보이는 과정에서 던져진 다양한 난제들을 상징하는 알레고리로 읽힐 수 있다.

대부분의 독립 다큐멘터리는 감독에 의해 제기된 질문이나 카메라의 존재에 반응하는 대상의 행동과 결합한 '다이렉트 시네마(Direct Cinema)'**의 관찰 스타일을 채택한다. 장잔칭(張戰慶) 감독의 〈도농 접경지(城鄕結合部)〉(2001)는 베이징 외곽에서 쓰레기를 수거하며 생계를 이어가는 북부 출신 농촌 이주민들의 일상을 기록한다. 시청자들은 이들의 삶을 표현하는 장면, 즉 빵과 국수를 먹고 텔레비전을 보며, 각자의 사투리로 서로 대화를 하는 지극히 평범한 일상을 계속 지켜보아야 한다.

대본 없이 카메라 앞에서 상황이 자연스럽게 펼쳐지도록 하면 영화 속 주체의 계획되지 않은 생산적인 참여를 끌어낼 수 있다. 영화감독 쉬쥔(徐俊)은 〈우리 민공(阿拉民工)〉(2008)에서 건설 현장에

---

*　〈세계〉에 대한 자세한 내용은 이전 장에서의 논의를 참조.
**　[역주] 1960년대 미국에서 발전했던 다큐멘터리 운동. 다이렉트 시네마라는 명칭은 영화감독인 알버트 메이슬리스(Albert Maysles)가 제안한 것으로 주제가 되는 사안에 대해서 직접적, 즉각적, 실제적으로 접근하는 방식을 말한다. 이것은 초기 다큐멘터리들이 보여준 조작된 것들, 즉 계획된 내러티브를 거부하는 경향이다. 사건은 예행연습 없이, 최소한의 편집만으로 정확하게 기록된다. 등장하는 사람들은 지시 사항이나 간섭을 받지 않고 발언할 수 있으며, 자신의 발언 목적이나 태도, 심리를 무의식중에 드러내도 상관없다. 카메라는 사건을 만들어내지 않고 객관적으로 촬영하며, 줌 렌즈(zoom lens)를 이용하여 발언이나 행동의 자연스러운 흐름을 방해하지 않으면서 대상을 클로즈업한다. 줌 렌즈는 대상이 노출되기를 기다리면서, 대상에 직접 초점을 맞춘다.

서 벌어지는 임금 체불을 둘러싼 노동자와 사장 간의 분쟁, 그리고 젊은 이주노동자와 그의 농촌 출신 이주민 여자친구의 연애사라는 두 가지 서사를 나란히 따라가며 이야기를 전개한다. 쉬췬의 카메라는 기숙사 안에 있는 노동자들 사이를 자유롭게 돌아다니며, 별다른 의식이나 경계심을 유발하지 않는다. 어느 순간 한 남성이 거칠고 굳은살이 박인 손을 카메라 앞에 내밀며 "여기, 제 손을 찍어봐요. 상하이에서 이런 손을 본 적 있어요?"라고 말한다. 이어서 다른 노동자가 손가락 하나가 잘린 손을 내밀며, "제 손을 봐요. 작업 중 사고로 손가락이 잘렸어요"라고 덧붙인다. 마침내 몇몇 노동자가 경영진에 맞서 임금을 요구할 것을 결심하자, 쉬췬은 이들을 따라가며 "무섭지 않아요? 돈을 받을 수 있을 거 같아요? 만약 오늘 돈을 안 주면 어떻게 할 거예요?"라고 묻는다. 노동자들에게는 카메라 앞에서의 연기보다 눈앞의 싸움이 더 중요하지만, 영화는 이들의 움직임을 집요하게 따라가고 대답을 촉구함으로써, '주선율' 문화 선전물이 다루지 않는 노동자들의 존엄, 분노, 부당함에 대한 다양한 감정적 영역을 보기 드물게 포착한다. 영화제작자들은 카메라가 삶의 실제 모습을 그대로 기록하도록 하려는 충동과 피사체로부터 특정한 반응을 끌어내어 더 깊이 파헤치고 싶은 욕구 사이의 긴장을 조율해야 한다. 이에 대해 독립영화 제작자인 리샤오샨(李曉山)은 "다큐멘터리를 만드는 것은 우물을 파는 일과 같아요. 계속 파다 보면 물을 찾을 수 있어요"라고 말한다(Lü, 2003: 213에서 인용).

〈엑스트라(群眾演員)〉(2001)라는 영화는 이러한 '관찰'과 '파헤치기' 사이의 긴장을 최대한으로 활용한다. 베이징 영화제작소에서 엑스트라로 일하기를 원하는 젊은 농촌 출신 이주자들을 따라가는 주촨밍(朱傳明)의 이 영화는 대중문화의 매력에 사로잡힌 젊은 이주자들의 꿈과 굶주림, 노숙, 억압된 섹슈얼리티라는 현실 사이의 냉혹한 대조를 강조한다. '어느 날 저녁의 경험'이라는 부제가 달린 영화의 마지막 부분에서 카메라는 집세를 내지 못해 집주인에게 쫓겨난 저우신이 추운 겨울밤에 잠잘 곳을 찾아 헤매는 모습을 따라간다. 처음에 저우신은 말이 많고 활력이 넘쳐 영화제작자가 따라가기 힘들어 보였다. 그녀는 자신의 삶과 꿈, 좌절에 대해 끊임없이 이야기한다. 밤이 점점 깊어지고 친구의 대학 기숙사와 호텔 등에서 잠자리를 구하려는 시도가 잇따라 실패하자, 저우신은 점차 말수가 줄어들고 계속 거리를 걷지만, 걸음걸이는 점점 더 무겁고 느려진다. 카메라는 멈추지 않고 대담자가 때때로 "이제 어디로 가실 건가요?"라고 묻는다. 저우신은 마침내 빈 버스에 올라타 자리에 앉자마자 잠이 든다.

이와 같은 다큐멘터리는 완전히 다른 '인정의 정치'에 의해 작동하며, 이러한 인정의 정치는 시각성의 지배적인 문법을 뒤집는 특정한 '시각의 경제'를 형성한다. '주선율' 서사는 중국의 현대화 과정에 대한 농촌 출신 이주민의 기여를 수사적으로 인정함으로써, 공통의 국가 이익 담론을 조장한다. 농민공들을 '영예롭게 호명'함으로써, 그들의 시각적 실재는 사실상 이들이 지닌 집단적 주체성과 정치적 행위성의 부재를 모호하게 가린다. 이러한 인정의 정치는 주체와의 관계 측면에서 전형적으로 하향식이며, 농촌 출신 이주민을 관념적이고 통계적으로만 대표할 수 있다. 여기서 개인들의 이야기는 이상적인 모범에 대한 감각을 제공하기 위해서만 말해질 뿐이다. 이와 대조적으로 '주선율'의 틀을 벗어난 신다큐멘터리 계열 영화제작자들은 개인들의 삶의 질감에 자신을 삽입하며, 이를 통해 옌 하이롱(嚴海蓉)이 '지하' 경험이라고 부르는 바를 관찰하고 아카이브 하려고 노력한다(Yan Hairong, 2008). 이들의 영화에서 카메라는 하향식 관점을 채택하는 대신, 목격하고 기록하려는 영화제작자의 욕망과 말하고, 행동하고, 들리려는 농촌 출신 이주민들의 욕망 간의 접점과 상승효과를 촉진한다. 이러한 다큐멘터리들은 경제적 자원의 재분배를 명시적으로 요구하지는 않지만, 이들의 미학적 선택은 적어도 말하는 주체로서의 개인들과 공유할 수 있는 영화 속에서의 공간(diegetic space)을 창출하려는 의지가 있음을 보여준다. 이들은 사회의 주변부에서 살아가는 개인과 집단에 대한 인도주의적 관심을 드러내는 데 있어서 '주선율' 선전물들과 수렴하는 것으로 보이지만, 이들의 의제는 "현실에 대한 새로운 비전"(Berry, 2007: 122)과 사회변화에 대한 대안적인 시각적 아카이브를 만들려는 열망, 그리고 주변화된 개인들의 삶을 통해 나타나는 사회적 불평등의 비극적인 결과를 이야기하려는 욕구로부터 더 추동된다. 따라서 인정의 정치는 국가의 경제 성장에 대한 이주노동자들의 공헌을 형식적인 말로만 치하함으로써 사회적 갈등을 완화하려는 정치적 명령이 아니라, 소외된 약자들이 겪는 구조적 불의와 사회적 불평등을 승인하는 윤리에 기반한다. 그리고 이러한 작품들이 주로 "소수의 지적인 추구"(Berry and Rofel, 2010b: 151)로 제한된 공간과 채널에서만 유통되도록 허용되는 것은, 바로 안정과 조화를 강조하는 '주선율'을 방해할 가능성이 있기 때문이다.

영화제작자로서의 이주노동자

디지털 미디어 기술의 출현, 특히 적당한 가격의 미니 디지털 비디오카메라의 보급이 확대되면서 독립 다큐멘터리 영화제작자들에게 새로운 공간이 열렸을 뿐 아니라, 농촌 출신 이주자들이 '1

인 영화제작자'가 될 가능성이 점점 더 커지고 있다. 1990년대 후반의 기술 발전으로 일부 농촌 출신 이주자들은 조지 마쿠스(George Marcus)가 "소수자" 집단의 목표와 정치를 설명하기 위해 사용한 용어인 "활동가적 상상력"을 획득할 수 있었다(Marcus, 1996: 6). 중국 농민공들이 직접 참여하는 시, 소설, 블로그, 사진 등 다양한 형태의 창조적 실천이 온라인이나 다른 방식으로 확산하는 것이, 바로 이러한 종류의 서발턴 정치에 대한 증거이다. 그리고 농촌 출신 이주민 영화제작자들은 지배적 문화에 대한 대안적이고 비판적인 관점을 제공하는 것을 자신들의 역할로 생각한다(Ginsburg, 2002: 212).

디지털 비디오 제작 기술의 발전과 함께 중국 도시에서 노동 관련 NGO의 존재감도 커지고 있는데, 이는 노동법을 효과적으로 시행하려는 중국 정부의 정치적 의지가 체계적으로 부족하기 때문이다. 이러한 노동 NGO는 베이징과 선전 지역에 집중되어 있으며, 대부분 중국의 인권 증진을 바라는 국제 기부자들이 자금을 지원하는 비공식 풀뿌리 조직 형태로 존재한다. 중국 내 NGO 운영 규모에 대한 공식적인 통계는 단순히 회사로 등록한 곳도 있고, 아예 정식 등록을 안 한 곳도 있기에 정확하게 파악하기 어렵다. 이러한 제약에도 불구하고 2007년의 한 추산에 따르면 주강삼각주에 있는 노동 NGO의 수는 "수십 개"에서 최대 50개 정도이며, 약 200명이 그곳에서 일하고 있는 것으로 나타났다(Long, 2007). 그리고 좀 더 최근의 추산에 따르면 중국 전체에 30~50개의 노동 NGO가 있으며, 각 단체당 평균 3~4명의 활동가가 일하고 있다(Franceschini, 2012). 정부와 NGO 사이의 관계는 매우 다양하다. 베이징에 있는 '다공메이의 집(Rural Migrant Women's Home, 打工妹之家)'처럼 정부 기관으로부터 전폭적인 자금 지원은 아니더라도 후원을 받고 긴밀히 협력하는 NGO도 있고(Franceschini, 2012; Fu, 2009; Jacka, 2006), 정부의 감시를 피해 독립적으로 활동하는 NGO도 있다. 노동자의 권리 보호에 전념하는 이러한 풀뿌리 조직들은 노동자들에게 노동법에 대한 지식을 알리고, 임금 및 보상 청구를 지원하며, 노동들을 위한 다양한 활동과 교육 및 문화 오락 프로그램 등을 조직한다. 그러나 이러한 최선의 의도에도 불구하고 NGO가 채택한 입장이 항상 노동자의 입장과 일치하지는 않으며, 더욱이 NGO는 '공식적인' 지위가 없기에 노동자들의 신뢰도 부족하다(Franceschini, 2012).

다양한 NGO들과 도시 중산층 지식인 및 초국적 노동자 지원 조직 등의 사회적 이익단체들의 도움을 받아 아직 소수이지만, 점점 더 많은 이주민 문화 활동가들이 디지털 미디어를 창의적으로 활용하여 자기-재현을 위한 투쟁과 사회적 불평등 및 시민성에 대한 논쟁에 참여할 수 있는 효과적인 방법을 모색하고 있다. 나는 2004년부터 2013년까지 베이징, 쑤저우, 선전에서 10여 명 이상의 NGO 활동가 및 노동 운동가들과 계속 교류하면서, 효과적인 노동운동이 뉴미디어 기술의 효과적인 활용과 사실상 동의어가 되고 있다는 것을 확신하게 되었다. 그렇다면 이주민 활동가들은 국가 제작 및 독립 다큐멘터리 영화에 대해 어떻게 자신을 위치시켜야 할 것인가? 이들의 계급적 경험에 따라 형성된 활동가적 상상력은 어느 정도이며, 예술 형식이면서 동시에 계급 투쟁과 계급 불평등의 현실을 기록하는 매체 사이의 잠재적 긴장을 조율하려는 시도에서 이들은 어떤 도전과 기회에 직면해 있는가?

왕더즈(王德志): 자칭 민족지적 영화제작자

2009년에 베이징 외곽의 피춘(皮村)이라는 마을에서 열린 회의에서 왕더즈를 처음 만났다.* 왕더즈는 젊은 시절 TV에 나오는 '상성(相聲)'(중국식 만담)** 프로그램의 스타가 되겠다는 꿈을 안고 네이멍구의 시골에서 베이징으로 왔다. 그에게 '상성'은 열정이었으며, CCTV의 연례 춘절 쇼에서 '상성' 공연이 인기를 누리는 것을 보고 영감을 받았다. 하지만 그는 베이징에 도착하자마자 이러한 열정에도 불구하고 자신이 말을 할 수 있는 사회적·문화적 자원이 전혀 없는 중국 수도의 또 다른 농민공일 뿐이며, TV에서 '상성'을 한다는 것은 헛된 꿈에 불과하다는 사실을 깨달았다. 베이징에서 몇년 동안 일용직 잡일을 하며 '떠돌아다니던' 왕더즈는 마침내 자신과 마찬가지로 농촌 출신 이주노동자들의 시각을 표현하고 싶다는 생각을 강하게 지닌 농민공 가수 쑨헝(孫恒)을 만난다. 2002년 5월, "노래로 목소리를 내고, 법으로 권리를 지키자"라는 열망으로 쑨헝과 왕더즈는 중국 최초의 '노동자(打工) 예술 공연단'을 설립하고, 이주노동자들을 위한 무료 콘서트를 100회 이상 개최했다. 같은 해 이들은 베이징 시내에서 40km 떨어진 차오양구의 피춘이라는 마을에 농촌 출신 이주민들을 위한 문화시설, 예술 공연 및 행사, 교육 및 훈련 프로그램 제공 등을 사명으로 하는 '베이징 노동자의 집(北京工友之家)'이라는 공동체 문화센터를 설립했다. 이후 홍콩 옥스팜을 비롯한 여러 단체의 후원과 학계 및 초국적 지식인들의 지속적인 지원으로 '베이징 노동자의 집'은 명성과 활동 규모 모두에서 크게 성장했다. 2005년 8월에는 농촌 출신 이주민들의 자녀를 위한 실험학교를 설립하여 이 집단의 심각한 교육 및 보육 문제를 해

---

* 왕더즈와의 대화는 2009년에서 2012년에 걸쳐 진행되었다. 이 장에 나오는 그와의 모든 대화와 그의 작품에 관한 자료는 모두 이 시기에 얻은 것이다.

** '상성'은 두 명의 스탠드업 코미디언이 서로 대화를 나누며 농담을 주고받는 중국 전통 공연 장르이다.

결하기 위해 노력했다. 그리고 농민공의 역사를 보여주는 상설 박물관과 극장을 비롯한 각종 문화 여가 시설을 갖추고 있으며, 베이징에서 농민공 문화 활동의 허브 역할을 담당하고 있다.* 또 매년 학자, 대학생 자원봉사자, 이주노동자 활동가들과 함께 '다공(打工) 문화'의 다양한 측면에 대한 컨퍼런스를 개최하고, 이주노동자 자원봉사자를 위한 워크숍과 연수 과정을 운영하고 있다.

1만 명 이상의 농촌 출신 이주민과 천 명 정도의 현지 주민이 거주하는 피춘은 현재 농촌 출신 이주민 공동체 문화 활동의 중심지이며, 농민공의 정치화와 급진화의 온상이 되었다. 이 센터의 많은 활동은 주류 문화에 대한 대안적 담론 공간을 제공함으로써 이주노동자들의 역량을 강화하려는 사명에서 비롯된 것이지만 정부에 노골적으로 반대하지는 않는데, 이는 실제로 언론 보도와 쑨헝 등 창립자에 대한 찬사를 통해 정부도 이 센터를 일정하게 승인하고 있다는 사실에서 잘 입증된다. 이는 아마도 베이징 중심부에서 멀리 떨어진 마을이라는 상대적으로 고립된 위치 덕분에 이 센터가 면밀한 정치적 감시를 피할 수 있었을 것으로 보인다. 혹은 이 단체가 순수하게 문화 영역에서만 주로 활동하기에 정부가 위협을 느끼거나 동요할 충분한 이유를 찾지 못했기 때문일 수도 있다. 어떤 경우이든 정부가 이 마을을 용인한 결과, 일각에서는 '피춘 문화'(Huang C, 2011)라고도 부르는 '다공(打工) 문화 활동가 문화'가 번

---

* [역주] '베이징 노동자의 집'에서 전개하는 문화적 활동과 실천에 관한 더 자세한 소개는 본인이 번역해 출간한 다음의 책을 참조할 수 있다.『중국 신노동자의 미래』(나름북스, 2018). 한편 2023년 6월 '베이징 노동자의 집'에서 운영하던 '노동자 박물관'과 '동심 실험학교'가 모두 폐쇄되었고, 센터도 철거되었다. '베이징 노동자의 집' 공동체 운동이 갖는 정치사회적 함의에 대해서는 정규식,「도시에 대한 '관리'와 '권리' 너머: '베이징 노동자의 집' 코뮌 공동체의 정치사회적 함의」,『아시아리뷰』통권 25호(2022)를 참조.

성할 수 있었다.

왕더즈는 농촌 출신 이주민 청년에서 영화감독으로 성장할 수 있었던 배경을 피춘의 센터에서 활동할 때, 다양한 문화 엘리트들과 학자들 그리고 영화감독들을 만난 덕분이라고 말한다. 그는 현재 독립영화 제작을 지원하는 중국 비정부기구 '리셴팅 영화기금(栗憲庭電影基金)'*의 본거지인 베이징 외곽의 송좡(宋莊) 마을에서 많은 다큐멘터리를 봤고, 또 거기서 다큐멘터리 영화제작자들을 만날 기회가 있었다. '독립' 다큐멘터리 영화제작자들의 기법, 스타일, 미학을 접한 왕더즈는 카메라가 자신이 추구하는 문화적 저항 작업에 유용한 무기가 될 수 있음을 직감했다. 왕더즈는 자신에게 영감을 준 작품으로 권리를 박탈당한 사람들의 부당함과 고통을 다룬 다큐멘터리인 자오량(趙亮) 감독의 〈청원(上訪)〉(1996)과 총펑(叢峰) 감독의 〈마 선생의 시골 진료소(馬大夫的診所)〉(2007)를 꼽았지만, 특정 영화감독의 스타일을 모방할 생각은 없었으며, "자신에게 가장 잘 맞는 접근 방식을 채택하면 된다고 생각"한다고 강조했다.

2007년에 왕더즈는 디지털 비디오카메라로 무장한 채 피춘을 돌며 상점 주인, 쓰레기 수거원, 건설 노동자, 지역 현지민 등의 주민들에게 마을에 대한 기억과 농촌 출신 이주민이 들어온 이후 목격한 변화, 그리고 현재 삶에 관해 물었다. 재치있는 인터뷰를 진행하면서 즉흥적인 질문을 던지기도 했다. 이렇게 만들어진 다큐멘터리 영화 〈피춘〉(2007)은 실제로 대부분 카메라를 든 왕더즈의 질문과 인터뷰 대상자의 답변으로 구성되어 있다. 왕더즈는 "저는 그

---

*   [역주] '리셴팅 영화기금'은 리셴팅 선생이 설립한 비영리 기금 단체로, 2006년 10월 16일 제1회 베이징 독립영화포럼에서 출범했다.

〈그림 5.1.〉 베이징 근처의 피촌에 있는 '베이징 노동자의 집'의 공동 설립자인 왕더즈.
사진은 왕더즈의 허가를 받아 사용함.

들에게 촬영해도 되는지 물어보거나 왜 촬영하는지 말하지도 않았어요. 그냥 카메라를 켜고 그들과 이야기를 나누기 시작했어요. 제가 그 마을에 살았기 때문에 저를 본 적이 있는 사람도 많았어요"라고 말했다. 시청자들은 이러한 대화를 통해 사장에게 밀린 임금을 받으려는 건설 현장의 청년, 그리고 아내와 자녀, 노부모를 고향 집에 두고 떨어져 생활하는 것이 힘들다는 중고 의류 판매점 주인, 물건을 보관할 곳을 찾는데 점점 어려움을 겪고 있다는 쓰레기 수거원의 이야기를 들을 수 있다. 왕더즈는 '체제 밖'에서 활동하기에 인터뷰 대상자의 개인 정보 보호나 사전 동의와 같은 미디어 제작의 윤리적이고 법적인 측면에 대해 걱정해야 하는 제도적 압박이 없으며, 공공장소에서 실제 인물을 촬영할 때 허가를 받을 필요도 없었다.

　피춘은 베이징의 5환과 6환 도로 사이에 있는 수백 개의 소위 '도시-농촌 접경지' 중 하나로 현재 전국에서 온 수천 명의 농촌 출신 이민자들이 거주하고 있지만, 거침없는 도시개발의 물결로 인해 곧 지도에서 사라질 운명에 처해 있다. 게걸스러운 팽창주의적 도시 계획가들이 개발을 재촉하고 농촌 토지를 삼키며 도시 공간을 점점 외부로 확장하면서, 농촌과 도시의 경계 지역이 만들어낸 독특한 문화적 서식지가 사라질 운명에 처한 것이다. 이는 미래 지향적이고 진취적인 도시 계획가와 부동산 개발업자들에게는 환영받을 가능성이 크며, 이들에게 남아 있는 농촌 지역은 그저 현대적 숭고함을 상상하는데 눈엣가시로만 여겨질 뿐이다.

　놀랍지도 않게 왕더즈의 영화 프로젝트에 자금을 지원하려는 사람은 아무도 없었고, 인터뷰에 참여한 농촌 출신 이주민 중 그의 절박한 심정을 공유하거나 역사의 '과도기적' 순간을 철거라는 파괴로부터 구하려는 임무에 동참하려는 사람도 거의 없는 것처럼 보였다. 하지만 왕더즈는 이 '과도기적 공간'을 채우고 있는 사람들과 사물을 기록하는 일이 자신의 의무라고 믿었다. 그리고 이러한 공간이 조만간 사라질 수 있다는 사실 때문에 스스로 짊어진 이 임무가 더욱 절박하게 다가왔다. 하지만 그는 자신이 촬영한 영화가 널리 유통되지도 않았고, 심지어 농촌 출신 이주민들의 관심도 끌지 못했다는 사실에 동요하지 않았다. 그는 "제 목표는 미래 세대를 위한 유산을 남기는 겁니다. 이 장소와 사람들이 사라지기 전에 찍어두지 않으면, 후손들은 이들에 대해 알 길이 없을 겁니다"라고 말한다.

　나는 바로 여기서 미디어 행동주의제의 역설을 확인할 수 있다고 생각한다. 사회의 지배적인 목소리(이 경우에는 도시 계획자와 개발자)에 반박하기 위한 노력의 하나로 이러한 NGO 활동가들이 수용하는 서발턴 미디어 정치와 풀뿌리 수준에서 이주노동자들과 소통하는 이들의 실제 역량 및 열정 사이에는 종종 현저한 불일치가 존재한다. 이것은 이들 미디어 활동가들이 서발턴으로서 '담론적으로 말하기'를 진지하게 시도하면서 종종 엘리트 독립영화 제작자와 유사한 시각적 언어, 표현 양식, 스타일을 채택하며, 이는 오락적 요소를 추구하는 이주민 관객의 취향과 맞지 않는 경우가 많기 때문이다. 왕더즈는 농촌 출신 이주민 관객들 사이에 자신의 작품을 시청하려는 사람이 많지 않다는 사실에 동요하지 않고, 동시에 활동가들의 영화는 노동자의 관점에서 그들의 경험을 명확하고 분명하게 이야기해야 하며, 이를 통해 주변화된 사회 집단의 계급 의식을 고양해야 한다고 믿는다. 왕더즈는 자금, 검열, 평점 및 배급망의 제약에서 벗어나 자유로운 미학적 스타일, 스토리텔링 방식, 촬영 속도를 마음대로 선택할 수 있으며, 관객들이 자신의 작품을 접하는 방식에 특별히 신경 쓰지 않는다. 이와 동시에 왕더즈와 동료 활동가들은 내가 '동원 없는 행동주의'(아래의 논의 참조)라고 부르는 활동을 주로 수행하는 것으로 보인다.

차이샹(蔡翔)은 혁명 시대의 문학과 정치에 관한 저작을 통해 그 시기 계급 관계의 효과적인 재배치는 동원의 구조와 과정에 따라 결정되었음을 보여준다(Cai X, 2010). 이러한 구조와 과정은 일상적으로 조직된 대중 참여에 필요한 조건을 만들어냈고, 이로써 정치 캠페인이 총력전이 되도록 보장했다. 그리고 노동자, 농민, 세심한 간부들의 도덕적 미덕을 찬양하는 동시에 지주, 자본가, 이기적이고 정치적으로 타락한 관료들을 비난하는 역할 모델을 일관되게 선동했다. 왕더즈, 그리고 그와 같은 생각을 지닌 동료들도 노동자들의 정치적 의식을 고취하기 위한 목적으로 영화를 만들었다. 그러나 과거 혁명 시대의 사회주의자들과는 달리 국가가 승인한 캠페인 장치에 접근할 수 없으며, 잠재적 관객인 수많은 노동자를 설득할 유용한 수단도 없었다. 따라서 이들의 시도를 '동원 없는 행동주의'라는 개념으로 설명할 수 있다.

활동가들의 영화는 보통 경제적 수익이 거의 발생하지 않으면서, 제작에는 상당한 자원(자금, 기관 후원, 기술 지원 등)을 필요로 한다. 농민공들을 이 장르의 의도된 관객으로 상정했는지 아닌지에 관계없이, 내가 노동자들과 나눈 대화나 농민공들과 함께 일하는 노동 NGO 실무자들의 진술(이전 장 참조)을 보면 다큐멘터리, 특히 노동자 자신의 삶을 다룬 다큐멘터리는 일반적으로 그들에게 흥미를 주지 못한다는 것이 분명하다. 이에 대해 한 노동자는 "저는 제 삶을 아주 잘 알고 있어요. 제 삶이 얼마나 재미없고 절망적인지 스크린에서 다시 볼 필요가 없어요"라고 말했다. 그리고 또 다른 노동자는 "우리의 삶과 일은 이미 너무 지루하고 단조롭기에 영화나 TV 프로그램을 고를 때는 이런 현실에서 벗어나 긴장을 풀고 웃을 수 있는 것을 원해요"라고 말한다. 이주노동자에 관한 국가제작 TV 다큐멘터리 담론은 이주노동자나 도시 문화 엘리트 모두에게 공감을 얻지 못하지만, 주변화된 사회 집단의 삶을 다룬 신다큐멘터리 계열 영화는 지정된 영화 클럽과 영화제에서 광범위하지는 않아도 정기적으로 상영되며, 주로 대학생, 학자, 예술가, 사회 활동가 등의 도시 중산층 관객을 끌어들인다(Nakajima, 2006; 2010). 그러나 이러한 영화를 보는 농촌 출신 이주민 관객은 기껏해야 매우 극소수이며, 이는 중국 사회에서 그들이 놓인 지위 자체를 아이러니하게 반복해서 보여준다.

왕더즈에게 영화제작은 활동가로서 그가 하는 일의 일부일 뿐이다. 그는 농촌 이주민들이 법률과 관련되거나 혹은 다른 상황에서 자신을 대표할 수 있도록 교육하고, 노동자들의 보상 청구를 지원하며, 이주노동자들의 권리와 자격에 대한 지식을 증진하는 등 일상적으로 다양한 활동을 하고 있다. 그는 "영화는 제 일의 일부이지만, 다른 영역보다 우선하지는 않아요. 시간과 기회가 있을 때 하는 겁니다"라고 말한다. 2011년 10월에 왕더즈에게 현재 활동에 관해 물었을 때, 그는 여러 프로젝트를 병행하고 있으며, 그중 하나가 아침 식사를 판매하는 작은 가게를 운영하는 부부를 촬영하는 일이라고 말했다. 그는 "매일 출근길에 이 부부를 봤는데, 항상 바쁘게 음식을 만들며 하루도 거르지 않는 것 같았어요. 무엇이 이들에게 동기를 부여하고 계속 일하게 하는지 궁금했어요"라며, 사람들의 일상적이지만 탄력적인 '회복력(resilience)'에 더 흥미가 있다고 말했다.

> 저는 독립영화 제작자라고 불리는 사람들과 달리 삶의 어둡거나 회색빛 면을 포착하려고 애쓰지는 않아요. 저는 인간 본성의 낙관적이고 긍정적인 면에 초점을 맞추는 것을 선호해요. 물론 제가 말하는 긍정적이고 낙관적인 초점은 공식적인 담론에서 볼 수 있는 것과는 근본적으로 다릅니다. 제 스토리텔링의 출발점은 우리가 불공정하고 불평등한 사회에 살고 있으며, 그 결과 평범한 사람들의 삶이 피폐해졌다는 것입니다.

왕더즈는 독립 다큐멘터리 영화제작자들과의 친밀감을 인정하고, 주류 다큐멘터리 영화의 관점과 미학을 비판하며 그것에서 벗어나고자 하는 열망을 그들과 공유한다고 인정하면서도, 자신과 그들과의 차이점을 신중하게 이야기했다. 앞서 살펴본 '특집 프로그램'들이 선전 영화와 거리를 두고, 독립영화 제작자들이 자신의 작품을 '특집 프로그램'과 구별하는 것처럼, 비록 중국 다큐멘터리 영화 운동에 관한 학계에서는 이들을 '독립'이라는 범주로 묶는 경향이 있지만(예컨대 Berry, Lü, and Rofel, 2010; Viviani, 2011), 이주민 활동가 영화제작자들은 자신들이 독립 다큐멘터리 제작자들과 중요한 지점에서 차이가 있다고 강조한다. 왕더즈는 지아장커의 작품을 좋아하지만, 지아장커의 농촌 출신 이주민에 대한 묘사는 보편적인 인도주의에 기반하며, 반면 자신의 작품은 노동자들의 계급의식을 고양하는 의제에 의해 추동된다고 생각한다. 이러한 왕더즈의 '선동형 영화(advocacy film)'에 대한 이주민 시청자들의 관심 부족, 왕더즈가 지아장커의 재현 방식에 거리를 두는 것, 국가 선전물을 만장일치로 거부하는 것 등은 모두 '위치성'의 문제를 지적한다. 이는 수많은 서발턴 위치가 머무는 이 '담론망'(Hershatter, 1993)에서 다양한 층위의 서발터니티를 식별할 수 있는 독립적이고 자명한 서발턴 존재는 없다는 사실을 보여준다. 즉 서발터니티는 상대성과 점진성의 문제이다.

독립 다큐멘터리 영화제작자들과 왕더즈 같은 활동가들의 가장 큰 차이점은 후자는 영화제작자로서의 사명을 주로 정치적 목적을 달성하기 위한 것으로 여긴다는 점이다. 2012년 10월에 내가 베이징을 방문했을 때, 왕더즈와 동료들은 베이징시 정부의 원칙적인 지원에도 불구하고, 마을 사람들과 지역 관청이 피춘에 있는 이주민 아동을 위한 학교를 폐쇄하겠다고 위협하는 상황에 맞서 길고 힘든 싸움을 막 끝낸 상태였다.

> 우리는 전투에서 이겼어요. 그러나 학교는 당분간 더 존속할 수 있게 되었지만, 아직 전쟁에서 이긴 것은 아닙니다. 이 과정에서 지식인, 학자, 언론인, 기업인 등 다양한 분야의 사람들이 자신의 본색을 드러냈어요. 일부는 우리 편에 섰고, 또 일부는 우리에 반대했어요. 이런 경험을 통

해 활동가 단체로서 우리는 정치적 전술과 전략에 대해 많은 것을 배웠어요. 우리는 후손들을 위해 우리의 투쟁을 기록하고, 또 우리가 무엇을 말하고, 행동하고, 주장하고 약속했는지를 증거로 남기기 위해 어떻게 연대인들과 협력하고 반대자들과 협상했으며, 언론을 활용했는지의 모든 과정을 최대한 많이 촬영했어요.

따라서 왕더즈는 독립 다큐멘터리 영화제작자들이 즐겨 사용하는 몇몇 기법에 불만을 드러낸다. 예컨대 그는 독립영화에서 흔히 볼 수 있는 "벽에 붙은 파리처럼" 몰래 관찰하는 사실주의 영화 스타일의 전형적인 롱테이크(long take) 촬영이 가식적이고 자극적이라고 생각하며, 단지 이러한 목적을 위해 어두운 측면만을 다루는 경향이 있다고 생각한다.

저는 이러한 관점과 기법이 특정 국제영화계의 독립영화들과 연관되어 있다고 생각해요. 하지만 당신이 진정으로 독립적이라면 자신이 지배적인 중국 문화와 다르다는 점을 드러내는 데만 집중해서는 안 됩니다. 국제 영화제 심사위원들의 입맛에 맞춰야 한다는 압박에도 저항해야 합니다.

다큐멘터리 영화 〈피춘〉을 출시하고 1년 후, 왕더즈는 (한 명은 이상주의적이고, 다른 한 명은 현실적인) 두 젊은 농촌 출신 이주민의 실제 경험을 가상의 이야기로 만든 〈운명이 결정된 인생(命題人生)〉(2008)이라는 영화를 만들었다. 이 두 청년의 삶은 그들 중 한 명이 핸드폰을 분실하고, 사장의 경호원과 다투다가 심하게 맞아 병원에 입원했는데 치료비를 낼 수 없는 상황에 직면하면서 극적인 전환을 맞이한다. 여러 얽히고설킨 우여곡절로 가득한 이야기는 한 청년이 다른 청년에게 "우리 삶은 운명에 의해 미리 정해져 있지 않아. 우리는 운명을 바꿀 수 있어야 해"라고 말하고, 이에 다른 청년이 "맞아. 우리 '형제들(哥們)'은 지금 바로 행동해야 해. 우리 운명을 바꾸기에 지금보다 더 좋은 때는 없어"라고 말하는 것으로 끝이 난다.

〈운명이 결정된 인생〉은 체제의 불의와 부유층의 잔인함 및 위선을 거침없이 폭로하지만, 왕더즈는 인생 속 작은 사람들의 '회복력'을 보여주는 데 더 관심이 있다. 그의 '형제들'(농민공 형제들)을 대상으로 한 이 영화는 분명히 전형적인 다큐멘터리가 아니다. 이 영화는 '유사-다큐멘터리'(Viviani, 2011)로 제작되었으며, 왕더즈를 포함한 농민공들로 구성된 '배우'들이 가상의 인물을 연기했다. 스토리와 캐릭터는 실제 생활에서 가져왔지만, 왕더즈는 극영화(故事片) 형식을 사용하여 사건을 재연하는 것이 순수한 다큐멘터리보다 등장인물 간의 극적인 갈등과 상황을 더 생생하게 포착할 수 있다고 생각했다. 그리고 설교 어조로 보일 위험을 감수하더라도 영화가 전달하고자 하는 메시지들을 명확히 해야 한다고 여겼다. 이에 대해 그는 "우리는 노동자들이 정치적 무의식 상태에서 깨어나기를 기다릴 수만은 없어요. 우리가 그들을 선도해야 합니다"라고 말했다. 따라서 이 영화는 농촌 출신 이주민 관객들을 위한 조언을 잘 갖추고 있다. 왕더즈가 직접 연기한 한 이주 청년은 영화 속 동료들에게 이렇게 말한다.

> 우리는 무술 영화와 할리우드 블록버스터를 즐겨 보지만, 이런 이야기 속 주인공들은 항상 세상을 구하느라 바쁘고, 다음 끼니를 걱정할 필요가 없다는 생각을 해본 적이 있나요? 반면에 우리는 먹어야 합니다. 이게 우리가 잊지 말아야 할 현실입니다. 우리는 매우 열심히 일하고 지쳐

서 이런 영화들을 보면서 휴식을 취하며, 판타지 속 영웅들과 동화됩니다. 우리는 카네기와 『후흑학(厚黑學)』, 애덤 스미스의 『국부론』과 같은 여러분이 좋아하는 일종의 자기계발서들을 모두 읽을 수 있어요.* 하지만 이것들은 모두 허구이며, 환상을 만들어내는 역할을 합니다. 형제들, 우리는 우리의 삶에 대해 성찰을 시작하고, 왜 그렇게 많은 불의가 존재하는지 생각해야 합니다!

여기서 왕더즈는 당당하게 설교하는 어조로 이야기한다. 그의 목적은 노동자들이 서발턴으로서의 집단적 정체성을 자각하고, 단순한 '즉자적 계급'이 아닌 '대자적 계급'으로서 존재하도록 하는 것이다. 이를 전달하기 위해 왕더즈는 노동자들에게 본인이 다른 사람들과 똑같은 성공 기회가 있다는 망상을 버리라고 촉구한다.

⟨운명이 결정된 인생⟩에 이어 왕더즈는 한 시골 출신 이주민이 베이징과 처음 마주치게 되는 경험을 다룬 다큐멘터리 ⟨순리, 도시로 가다(順利進城)⟩(2009)를 제작했다. '순조로운 항해'라는 뜻의 이름을 가진 '순리'는 기차에서 내리자마자 베이징에서의 생활이 자기 이름처럼 순탄하지 않으리라는 것을 알게 된다. 그는 다른 이주자들과 함께 먼저 비인가 불법 호텔로 유인되고, 이후 가짜 직업소개소에서 사기를 당하며, 위조 핸드폰을 파는 사기꾼들에게도 사기를 당한다. 젊고, 경험도 없고, 순진한 이 시골 청년들은 곧 도시는 거짓 약속과 위험한 덫으로 가득하다는 것을 알게 된다. 왕더즈에게는 시청자의 분노를 유발하고, 불의의 원인에 대해 깊이 생각

* 이 책들과 저자들은 중국에서 잘 알려져 있으며 각각 고유한 방식으로 부의 축적을 설명한다. 농촌에서 이주한 노동자들 사이에서 인기가 많으며, 내가 만난 대부분의 이주민 공장 노동자들은 이 책을 읽지는 않았더라도 적어도 들어본 적이 있었다.

하게 만들려는 의도가 있음이 분명하다. 진짜 무자비한 도시의 사기꾼과 범죄자들을 섭외할 수 없었던 왕더즈는 실제 사건과 인물만 기록한다는 다큐멘터리의 원칙에 표면적으로는 문제가 없도록 농촌 출신 이주민들에게 이러한 역할을 맡기는 창조적 파격을 감행했다.

스스로 이러한 급진화의 과정을 거친 왕더즈는 계급 의식은 외부의 영향 없이는 형성될 수 없다고 굳게 믿는다. 따라서 그는 미디어를 통해 노동자들의 역량을 강화하려는 모든 시도는 노동계급의 감성, 에토스, 전략으로 '인도(引導)'하고 '계발(啟發)'하려고 의식적으로 노력해야 한다고 확신한다. 즉 왕더즈는 주류 문화의 영향력이 너무 강력하고 허위적 현실 감각을 구축하는 데 성공적이기 때문에, 문화 활동가의 첫 번째 임무는 노동자들을 주류 이데올로기적 사상과 스타일에서 '끌어내어(drag)'* 자신의 관점과 언어로 본인들의 이야기를 전달하는 새로운 방식을 채택하게 하는 것이라고 여긴다. 정치 경력 초기의 마오쩌둥처럼 왕더즈와 '베이징 노동자의 집' 동료들은 지식인 엘리트를 포함한 다양한 사회 세력과 동맹을 맺을 필요가 있었다. 이와 같은 문제에 관한 마오쩌둥의 입장을 연상시키는 어조로 왕더즈는 "지식인들은 단점이 있을 수 있지만, 유용한 동맹이 될 수 있다"라고 여러 차례 말했다.

왕더즈는 자신을 전업 영화감독이라기보다는 문화 활동가라고 생각한다. 내가 2012년 10월에 그와 다시 이야기를 나눴을 때, 그는 최근 농민공들을 위한 춘절 축하 행사인 '다공 춘완(打工春晚)' 준비로 많은 시간으로 보내고 있다고 말했다. 2012년 '다공 춘완'은 비록 제한된 범위 내에서 진행되었지만, 성공적인 데뷔였고, 이 행

---

* 왕더즈가 실제로 사용한 단어는 '땅에서 무언가를 파다'라는 뜻의 '刨'이다.

사의 감독이자 기획자로서의 왕더즈의 역할은 CCTV에서 방영된 5부작 다큐멘터리 시리즈 〈피춘 기록〉에서 광범위하게 다루어졌다. 그는 활동가로서 자신의 업적이 국영 미디어에 의해 인정받았다는 사실에 분명 기뻐했지만, 동시에 자신의 작업에 대한 주류의 관심 이면에 있는 이념적인 의제를 경계했다. 왕더즈는 자신과 몇몇 동료에 대한 CCTV 다큐멘터리의 취재에 대해 "CCTV 프로그램에서 우리의 존재를 인정했다는 점에서는 큰 진전이지만, 결국 그들은 여전히 여러분들도 자신의 꿈을 실현할 수 있다는 낙관적인 이념적 메시지를 팔고 싶었던 것"이라고 핵심을 지적했다. 왕더즈는 관영매체에 의해 편취당할 수도 있다는 잠재적인 부식 효과를 깊이 경계하면서도, 오늘날 노동 활동가들은 이들과 함께 일할 수밖에 없다고 생각한다. "주류 미디어는 무시하기에는 너무 강력"하기 때문이다. 따라서 왕더즈는 활동가로서의 자신의 과제를 국영 미디어의 자원을 빌려서 '다공 춘완 브랜드'를 성장시키는 것과 국가 선전 기계에 매수되는 것 사이의 아슬아슬한 줄타기라고 생각한다.

> 이주노동자를 위한 춘절 축하 행사에 주류 시청자들뿐만 아니라, 농민공들을 끌어모으기 위해서 우리는 유명인을 몇 명 더 섭외하거나, 심지어 후원자를 유치해야 할 수도 있고, 결국에는 지방 국영 TV 방송국에서 아예 공동 진행을 맡게 될 수도 있어요. 하지만 우리의 경계선이 어디인지 확실히 해야 합니다. 우리는 주류에 침투하고 싶지만, 주류가 되고 싶지는 않아요.

왕더즈는 소재가 떠오를 때마다, 또는 다른 활동 중에 시간이 날 때마다 영상을 촬영한다. 그는 작품의 길이, 스타일, 형식, 줄거리 전개 등을 사전에 계획하지 않는다. 그가 자료를 편성하는 유일한 원칙은 농촌 출신 이주민의 경험에 대한 대안적인 설명을 어떻게 효과적으로 구성하고, 시청자들에게 이들이 겪는 고통을 성찰하도록 할 것인가이다. 왕더즈는 영화를 완성한 후 보통 온라인에 올리고 신뢰할 수 있는 '동일집단 내' 친구들과 공유한다.* 왕더즈는 자신의 견해가 평범한 농촌 출신 이주민보다 프롤레타리아 전위의 일원에게 더 전형적일 수 있으며, 사회현실을 기록하려는 그의 관심이 더 많은 농민공 집단과 공유되지 않을 수도 있다는 사실을 잘 알고 있다. 왕더즈는 이를 구조적인 불평등으로 인해 농촌 출신 이주민들이 생활보다는 단지 '생존'에만 몰두할 수밖에 없는 현실을 고려하면 충분히 이해할 수 있는 일이라고 말한다.

> 문화 소비에는 여러 수준이 있어요. 노동자들 대부분은 여전히 생존을 위한 기초적인 수준에 머물러 있기에 포르노, 판타지, 무협물을 선호해요. 만약 퇴근 후 더 많은 에너지가 남아 있고, 여가가 많아지면 다음 단계로 올라가서 더 진지한 것을 접하고 싶을 수도 있어요.

직접 영화제작 입문과 출시의 과정을 거친 왕더즈는 이제 자신의 기술과 관점을 다른 이주민들에게 전수하고, 그들이 디지털 비디오카메라를 들고 자신의 삶을 이야기하도록 독려하는 데 많은 시간을 할애하고 있다. 그는 현재 자신처럼 영화와 동영상 제작을 통해 행동주의와 정치적 동원에 참여할 수 있는 농촌 출신 이주민 영화제작자가 아직 매우 적다는 사실을 잘 알고 있다. 하지만 그는

---

* 왕더즈가 비밀번호를 알려주어서 나는 그가 온라인에 올린 자료에 접근할 수 있었다.

중국 노동운동의 전반적인 발전에 변화를 가져오기 위해서는 본인과 같은 사람들이 더 많이 필요하다는 것을 깨달았다. 왕더즈가 명확하게 표현한 것처럼 문화의 생산과 소비에 지도력을 발휘해야 한다는 인식은 베이징, 선전, 쑤저우의 NGO에서 만난 많은 농촌 출신 이주민 활동가들이 널리 공유하고 있다. 그러나 가까운 장래에 왕더즈와 같은 지도자 집단이 대규모로 출현할 가능성을 보여주는 증거는 아직 충분하지 않다.

'주인'의 부재: 가사노동자 영화 프로젝트의 의도하지 않은 결과

가사 서비스 업종은 대부분 농촌에서, 그리고 일부는 도시에서 실직한 여성들을 끌어들이는 독특한 고용 형태이다. 모든 이주민 집단 중에서 가사노동자 또는 가정부의 일과 삶이 고용주와 가장 친밀하게 얽혀 있다. 가사노동자의 고용 형태는 거주형이나 시간제 또는 임시직 등 다양하며, 주로 요리하고, 청소하고, 아이들을 돌보는 일을 한다. 최근에는 출산 후 첫 달 동안 산모를 돌보는 산후 도우미(月嫂), 입원 환자를 간호하는 간병인(護工), 반려동물만 전담으로 돌보는 가정부 등 시장 수요에 따라 가사노동이 전문화되는 과정을 거쳤다. 가사노동자 중에는 젊고 미혼인 사람들도 있지만, 대체로 결혼해서 어린 자녀를 두고 있으며, 이들의 자녀들은 대부분 시골집에 남겨져 있다. 가사노동자들은 직업소개소나 개인적인 소개 등 다양한 방식으로 채용된다. 가사노동자가 다른 이주민 고용 범주와 구별되는 점은 가사노동자의 업무 시공간과 사적인 시공간, 그리고 유급과 무급 노동 사이에 본질적인 경계가 없다는 것이다. 가사노동자는 육체적 노동뿐만 아니라, 정서적 노동도 수행하는 '친밀한 이방인'으로서 고용주와 매우 복잡한 역설적 관계를 이루며 협상해야 한다. 가정부는 고용주의 신체적 필요를 돌보고 고용주가 좋아하는 음식을 요리하는 등 가장 사적인 성격의 가사 업무를 수행할 것이 요구되지만, 고용주와 가사노동자의 관계는 신뢰와 존중의 부족으로 특징지어진다(Yan, 2008; W. Sun, 2009a).

가사노동자는 전체 이주민 노동력의 극히 일부에 불과하지만, 이들과 고용주 사이의 관계는 오랫동안 도시 생활에 관한 텔레비전 서사물의 주요 소재가 되어왔다. 이들 '친밀한 이방인'은 많은 드라마 시리즈, 다큐멘터리, '특집 프로그램' 보도에서 중심인물로 등장하며, 이들은 사회조화를 촉진하는 '주선율'을 생산하거나 신자유주의 논리에 따라 변화된 사회적 질서에서 새로운 사회성 양식을 형성하는 데 도움을 줄 수 있다(W. Sun, 2009a; 2010b). 이전 연구들(Yan, 2008; W. Sun, 2009a)에서 분명히 드러났듯이 '비천한 가정부'에 대한 대중적 서사가 대부분 중산층 미디어 전문가들이나 다른 문화 엘리트들에 의해 생산된다는 점에서, 농촌 출신 이주민 여성들은 이러한 서사가 구성되는 방식에 거의 또는 전혀 개입할 수 없다.

베이징 외곽에서 활동하는 '성변촌(城邊村)'[*]과 '다공메이의 집'을 포함한 많은 NGO 활동가들은 이러한 주변화된 사회 집단에 어떻게 가시성과 목소리를 줄 수 있을지를 끊임없이 고민하고 있다. 항상 미디어와 연결될 기회를 찾고 있는 이 단체들은 '중화전국부녀연합회(中華全國婦女聯合會)'(이하 '전국부련'), 페미니스트 학자, 변

---

[*] [역주] '성변촌'은 농촌에서 이주한 노동자들의 상황을 개선하려는 사람들이 홍콩 옥스팜(Oxfam) 재단의 지원을 받아 설립한 비영리조직이다. 주로 인터넷을 통한 이주노동자 지원사업에 주력하며, 이주노동자에게 문화생활, 권익 보호, 직업, 건강, 고용 및 기타 실용적인 정보를 제공하는 포괄적인 웹사이트 플랫폼을 구축하고 있다.

호사, 활동가 등 다양한 협력자들의 자원을 활용하여 농촌 출신 가사노동자들에게 목소리를 부여하고, 그들의 권리와 노동조건에 관한 여러 심각한 문제에 대한 대중의 인식을 높이며, 이들의 문화적 요구를 충족시키기 위해 노력하고 있다. 당연히 이러한 단체들은 농촌 출신 이주 가사노동자에 대한 미디어의 재현이 범죄나 성적인 문제에만 주로 관련되거나, 이들의 '소양' 및 '자립심' 향상과 같은 교훈적인 목적이 있다고 비판한다.

최근 몇 년 동안 많은 농촌 출신 이주민 지원 NGO들이 자신들의 목표를 달성하는 데 있어 시각적 미디어의 잠재적 유용성을 점점 더 인식하고 있다. 카메라, 디지털 비디오 리코더, 인터넷 등을 통한 영상 제작 기술에 대한 비교적 쉬운 접근성, 이주노동자들(특히 젊은 이주노동자들)의 일상적인 문화 소비에서 시각적 자료의 역할 확대, 문화 운동을 조직하며 노동자들에게 미디어를 사용해 자신의 삶을 기록한다는 발상을 소개하고 NGO가 기술적 노하우를 습득하고 실질적인 지원 및 자원에 접근하도록 돕는 데 중추적인 지도 역할을 하는 몇몇 초국적 학자와 문화 엘리트 단체의 등장 등 다양한 요인들이 이러한 새로운 인식에 공헌했다.[*]

2011년 홍콩 옥스팜(Oxfam)의 지원을 받아 '성변촌'(역시 옥스팜의 자금 지원을 받고 있음)이 기획하고 운영하는 '다공메이의 집'은 이주민 여성들의 역량 강화를 목표로 하는 미디어 제작 프로젝트를 시작했다. 프로젝트 책임자들은 정기적으로 고용주의 집을 방문하

---

[*] 한 가지 주목할 만한 사례는 포드 재단(Ford Foundation)의 지원을 받아 수많은 미디어 학자와 대학원생들의 문화적 행동주의와 연구를 지원하는 '미디어와 농촌 출신 이주민의 역량 강화 프로젝트(Media and Empowerment of Rural Migrants Project)'가 있다. 이 집단적 프로젝트는 노동자들에게 미디어 관련 기술을 가르치고 정치적 관점을 끌어낼 뿐 아니라, NGO 활동가들에게 '문화 활동가적' 감각을 불어넣는 데 상당한 노력을 기울였다.

는 일부 이주민 여성 가사노동자들과 함께 이 아이디어를 기획했다. 일반적으로 가사노동자, 특히 고용주의 집에 상주하는 전일제 가사노동자에게 접근해서 고용주의 집 밖에서 이러한 단체 활동에 참여시키는 일은 매우 어려웠지만, 이 단체는 수년간에 걸쳐 이 문제에 관심이 있는 이주민 여성 10여 명과 관계를 맺고 신뢰를 얻었다. 이들 이주민 여성들은 틈나는 대로 이곳에 와서 자유롭게 서로의 경험을 공유하고, 고용주의 시선에서 벗어나 휴식을 취할 수 있었다(W. Sun, 2009a). 주로 중년들로 구성된 농촌 이주민 가사노동자들에게 디지털 비디오카메라 작동법을 가르치는 초기 연수 과정을 진행한 후, '다공메이의 집'은 각각 3~4명으로 구성된 세 그룹의 여성들에게 카메라를 주고, 그들이 원하는 방식으로 가사노동자로서의 일과 삶을 기록하도록 요청했다. 주관 기관인 '성변촌'이 제공한 이 프로젝트 개요에는 다음의 목적이 제시되어 있다. 첫째, 가사노동자들이 자신의 이야기를 직접 본인의 생각과 감정을 통해 표현하도록 장려한다. 둘째, 더 많은 사람의 관심을 끌 수 있는 시각적 자료를 제작함으로써 주변화된 사회 집단으로서의 가사노동자에 대한 대중의 인식을 고양한다. 셋째, 농촌 출신 이주노동자들의 권리를 수호하고 지지하려는 NGO들의 노력에 도움이 될 수 있는 직접적인 자료와 정보를 생산한다.

그러나 프로젝트 결과는 실망스러웠다. 카메라를 받은 지 두 달이 지난 후, 이 여성들은 촬영한 영상이 거의 없는 상태로 단체에 돌아왔다. 일부는 캠코더 작동법을 잊어버려서 고가의 장비가 손상될 것이 겁나 아예 손을 대지 않았다고 말했다. 다른 사람들은 본인의 일이 고용주의 자녀를 돌보는 것 외에는 거의 없었기 때문에 무엇을 촬영해야 할지 몰랐다고 말했다. 그나마 가사노동자가 행복하게 요리하는 모습과 아이와 즐겁게 노는 모습을 담은 짧은 영상만 있었다. 그러나 가사노동자들이 끝없는 노동으로 인해 일반적으로 겪는 외로움, 고립감, 우울감을 '심층적'으로 다루거나, 직접 상세하게 보여주는 자료는 거의 없었다. 그리고 가사노동자들의 사적 공간과 업무 공간, 개인 시간과 업무 시간 사이에 있는 '경계의 부재'를 보여주는 영상도 하나도 없었다. 수많은 가사노동자가 겪는 성희롱 사건은 말할 것도 없고, 고용주로부터 당한 끊임없는 감시와 잦은 괴롭힘에 대한 증거도 없었다. 프로젝트에 참여한 여성들은 '다공메이의 집'에서는 다른 여성들과 자연스러운 대화를 통해 이러한 문제들을 논의하고 자신의 감정을 자유롭게 표현할 수 있다고 느꼈지만, 이를 카메라에 효과적으로 담아내는 방법을 몰랐다.

가사노동자들이 촬영한 짧은 영상에서 두드러지는 점은 가사 영역 내의 권력 역학 관계에서 중요한 역할을 하는 행위자인 고용주가 명백하게 부재한다는 사실이다. 사업장에서의 감시 카메라 사용 증가에서 알 수 있듯이, 고용주와 피고용인 간의 관계에서 카메라의 사용은 항상 고용주에게 유리하게 작용해왔다. 사소한 집안일을 수행하기 위해 고용한 직원이 자신의 업무와 생활에 대한 기록자 역할을 추가로 맡고 있다는 사실을 너그럽게 용인하는 고용주는 거의 없을 것이다. 이것이 고용주들에게 더욱 위협적인 점은 이들이 고용주의 행동과 말을 '녹화'함으로써 좋지 않은 평가를 받게 하거나, 최악의 경우 유죄가 될 수도 있는 공개적이고 공식적인 증언을 생성할 수 있다는 사실이다. 따라서 이 프로젝트에는 '의미 있는 타자'가 부재할 수밖에 없었고, 가사노동자의 '진짜 감정'을 포착하려는 본래 의도는 애초에 지켜질 수 없는 것이었다. 여기서 우리는 서발턴 관점에서 일과 삶에 대한 입체적인 민족지를 생산하는 것이 불가능하지는 않더라도 매우 어렵다는 사실을 알 수 있다. 서발턴 경험에 대한 자기-민족지는 본인을 기록하는 데 국한되며, 그 자신이 '주인'(고용주)과 어떻게 함께 살아가고 긴장을 협상하는지는 충분히 기록할 수 없다. '주인'은 서발턴들의 응시 대상이 되기를 거부하며, 이러한 거부를 실행할 실질적 힘을 가지고 있다.

이러한 미디어 프로젝트의 결과는 동영상, 영화, 다큐멘터리 등의 풀뿌리 미디어 제작을 통한 자기-민족지 생산이 인종 및 소수민족 집단과 토착민의 "자기 결정권을 위한 투쟁"과 고유한 문화 전통을 보존하는 데는 효과적임이 입증되었지만, 서발턴들의 경험과 "지배 문화와의 갈등"을 기록하는 것에는 그 효과성이 더 제한적이라는 사실을 강조한다(Turner, 2002: 76). 이는 서발턴들이 카메라를 사용할 수 없다는 것이 아니라, 이들에게는 '주인'을 응시의 대상으로 만들 힘이 없다는 것이다. 그리고 '주인'의 부재는 카메라 기술을 통해 다른 방식으로는 잠재적인 역량 강화에 도움이 될 수도 있지만, 카메라에서 충분히 완전한 서발턴 경험을 구현할 수는 없다는 점을 의미한다. 서발턴 정치는 기술의 도움을 받을 수 있지만, 주인-서발턴 관계 자체는 사회적으로 구조화되어 있으며, 이러한 구조는 이 관계를 가사노동자의 카메라 프레임 밖으로 효과적으로 배치한다.

초기 결과에 다소 놀란 이 프로젝트 집단은 좀 더 규범적인 접근 방식을 취했다. 이들은 여성 가사노동자들에게 먼저 실제 사건이나 사고를 허구적으로 묘사한 짧은 연극 대본을 쓰자고 제안했다. 그런 다음 이들을 그 연극의 배우로 섭외하고 공연 장면을 촬영하게 했다. 프로젝트 책임자들이 만족스러울 정도로 이러한 개입은 매우 성공적이었다. 한 그룹은 부부 싸움을 소재로 한 짧은 연극(약 2분 길이)의 대본을 쓰고 촬영했다. 이 연극에서 한 가사노동자는 남편(여성이 연기함)이 자신이 없는 사이에 다른 여성과 잠자리를 가진 사실을 발견하고, 남편의 성범죄에 맞선다. 마찬가지로 몇 분간 진행되는 또 다른 연극에서 한 가사노동자는 전 고용주의 집에 찾아가 밀린 임금을 요구한다. 이들의 짧은 연극은 자의식이 강하고 어색하며 연극적 의미에서 설득력이 떨어졌지만, 노동자들이 본인들의 목소리로 자신들의 이야기를 하는 법을 배우고 있음을 보여주었고, 이는 기술 앞에서 주저했던 초기 모습에서 크게 진전된 것이었다.

나는 2011년 10월에 '성변촌'에서 열린 이 프로젝트에 대한 평가회에 초대받아 참석했다.* NGO 활동가들은 이 프로젝트가 몇몇 여성들이 디지털 비디오카메라에 대한 초기의 두려움과 낯섦을 극복하는 데는 성공했지만, 이주민 개인들이 이러한 시각적이고 기술적인 수단을 통해 자신을 표현하는 역량이 얼마나 강화되었는지는 여전히 불분명하다고 결론지었다. 이 프로젝트는 또한 목소리의 문화정치에 관한 몇 가지 의문을 제기했다. 가사노동자들은 영상에 담을 수많은 고충을 가지고 있었고, 교육 시간에는 분명히 이를 카메라 앞에서 자유롭게 언어화했다. 나는 2009년에 수행했던 가사노동자에 관한 민족지 연구에서도 이와 비슷한 경험을 했다. 사실 대다수 가사노동자의 고충은 고용주들이 증인도 없고 그들의 행동을 기록할 수단도 없는 자신들의 집이라는 사적 공간에서 자유롭게 노동자들을 학대할 수 있다는 사실에서 비롯된다. 고용주들이 가사노동자가 자신의 집에 카메라를 가져오는 일을 허용하고, 또 영상에 출연하는 데 동의하더라도(물론 이번 프로젝트를 위해 제작된 영상에서는 고용주 중 아무도 출연하지 않았음), 공인된 카메라의 존

---

* 이 가사노동자와 카메라 프로젝트에 대한 자료는 2011년 10월에 베이징에서 진행한 나의 민족지 작업에서 가져온 것이다.

재 자체가 사적인 상호작용을 강탈함으로써, 고용주와 가정부 사이의 실제 역학 관계를 반영하고 가사노동자들의 일상적인 환경을 폭로하려는 원래 취지가 무색해지게 된다. 이와 대조적으로 TV 드라마, 콩트, 리얼리티 프로그램, 문학 소설과 같은 허구적이고 준-허구적인 장르와 회고록이나 일기와 같이 진실성을 쉽게 입증할 수 없는 개인적 서사 양식들은 가사노동자들의 삶을 조명하는 데 더 효과적일 수 있다. 이러한 매체들은 그 자체로 쉽게 드러낼 수 없는 것을 자유롭게 표현할 수 있기 때문이다. 이는 다큐멘터리가 다른 장르와 비교해 태생적으로 더 '진실'하다는 장점이 있다는, 다큐멘터리 입장에 기반해 만들어진 '진실성 주장'에 정면으로 반하는 것으로 보인다.

이 영화제작 프로젝트의 핵심 참여자는 중국 북부 출신의 중년 가사노동자 류셴화였다. 자신감 넘치고 명료한 태도에도 불구하고, 류셴화는 베이징으로 탈출해 가사노동자가 되기 전에는 가정 폭력의 피해자였다. '다공메이의 집'과의 인연을 통해 류는 시를 비롯한 창의적인 방식으로 자신을 표현하는 방법을 배웠다. 류의 시 중 하나인 「라일락 꽃(地丁花)」은 짧고 간결한 단어와 명확한 메시지로 자존감, 회복력, 존엄성을 고취했으며, 이 단체의 열광적인 지지를 받았다. 이후 한 NGO의 음악가가 이 시에 곡을 붙여 만든 노래는 모든 역경에도 불구하고 노동의 가치와 존엄을 찾는 '비천한 가사노동자'들을 연상시키는 노래가 되었다.

　　당신은 비록 작고 보잘것없지만, 강인하고 결연해요. 당신은 이토록 흔하고 평범하지만, 희망을 좇아요. 당신은 길가에, 바위 사이에, 황야에, 봄에 어디에나 있어요.

류셴화는 카메라를 배정받자마자 예쁜 보라색 꽃들을 촬영했고, 여기에 자신의 노래를 영화음악으로 결합함으로써 공동체 광고나 동기부여 자료들과 관련된 비디오 클립(video clip, 광고용 동영상) 장르와 매우 유사한 시각적/음악적 영상을 효과적으로 제작했다. 이 단편 영화는 '다공메이의 집'에서 일관되게 홍보하는 메시지와 잘 어울리며, 류셴화가 이 단체의 자원봉사자로 교류하면서 새롭게 발견한 존엄성과 자부심이 효과적으로 접합되었다. 그러나 다른 논의들에서 지적하듯이 이 단체에서 촉구하는 일부 주체적 입장들은 여성들의 역량 강화를 목표로 하지만, 그럼에도 불구하고 다른 농촌 출신 이주민 여성들이 쉽게 동일시할 수 없는 국가 기관에서 조장하는 자기계발 담론을 재생산한다(Fu, 2009; Jacka, 1998; Jacka, 2006; Yan, 2008). 류셴화의 개인적 경험의 맥락에서 볼 때, 그녀의 시와 영화에는 비록 진심이 담겨 있지만, 이주민 여성들이 "개별적인 발전의 주체 또는 저항의 주체로서 일관되게 결속"할 능력이 없다는 증거로 읽힐 수도 있다(Yan, 2008: 213). 즉 '흔하고', '평범하고', '작고', '보잘것없는' 존재라는 운명이 시에서는 예정된 것처럼 제시되기에, 류셴화의 말은 이주민 여성들에게 그저 적응과 생존을 위해 최선을 다하고 비천한 일에서 존엄과 의미를 찾도록 촉구하는 것으로 보일 수 있다.

비록 시를 쓰고 뮤지컬 비디오를 제작하는 과정이 류셴화 개인에게는 계발과 자기 확신의 경험이었을지 모르지만, 그녀의 '자기표현'은 가사노동자들이 스스로 만들어내지 않은 다양한 상투적 표현에 의문을 제기하기보다는 오히려 강화할 가능성이 있는 것처럼 보인다. 여기서 우리는 종종 "권력과 지식의 장"(Rofel, 1999) 안에 갇혀 있는 서발턴 정치가 어떻게 침탈당할 수 있는지를 보여주는 예시를 발견한다. 미디어 행동주의를 통해 주류 담론에 대한 대안을 생산하려는 이 프로젝트의 의도는 서발턴들의 의식을 고양하는 것이 아니라, 지우는 것이 원래 목적이었던 '국가가 공인한 언어'로 서발턴이 말하는 기묘하고 의도하지 않은 결과를 낳은 것처럼 보인다. 이러한 행동주의는 종종 주변화된 사람들의 '자기재현'을 지원하려는 목적에서 추동되지만, 이들의 자기재현 행위가 주류 문화적 표현과 독립적으로 발생할 수 없다는 것을 예상하지 못했을 수도 있다. 류셴화와 같은 농촌 출신 이주민 가사노동자들은 문화적 행동주의가 비판하고자 하는 것들을 포함하여 다양하며 때로는 모순적인 원천들에서 존엄성과 자부심의 메시지를 찾을 것이다. 이와 마찬가지로 이들은 자신을 표현하는 데 있어 매우 자연스러울 정도로 익숙해진 공식적인 형식의 언어와 의미화 관행을 사용하는 등 다양한 방식(이 역시 모순적인 경우가 많음)에 의존할 수 있다.

이 프로젝트는 나에게 미디어를 활용해 주변화된 집단의 역량을 강화하는 문제에 대해 많은 사유 지점을 제공했지만, 프로젝트에서 도출된 시각 자료들은 결국에 보류되었다. 프로젝트 책임자들은 해당 콘텐츠들이 국영 TV와 상업적 미디어에 적합하지 않다는 데 동의했다. 그리고 가사노동자 본인들도 여기서 정체성의 원천을 찾을 거라고 거의 기대할 수 없었다. 이러한 가사노동자 영화 제작 프로젝트의 열망과 좌절, 그리고 이주민 영화감독 왕더즈의 실천에서 드러난 활동가 정신과 상상력은 주변화된 집단의 관점에서 사회변화를 기록하는 능력에 대한 강한 신념을 보여준다. 그러나 이와 동시에 이들에 관한 민족지 사례의 경험은 농촌 출신 이주민들이 겪는 갈등, 불의, 차별에 대한 '완전한 진실'을 그들 자신의 관점에서 표현하는 일이 불가능하지는 않더라도 매우 어렵다는 사실을 드러낸다. 이는 대체로 지배 계급들이 서발턴들의 카메라 앞에서 '자기 모습으로 나타나기'를 거부하기 때문이다.

동원 없는 행동주의

　내가 여기서 논의한 사례들은 다양한 인정의 정치를 드러낸다. 이러한 다양성은 농촌 출신 이주노동자의 경험을 이야기하려는 충동의 이면에 있는 서로 다른 동기들에 반영된다. 농민공들은 중국의 경제발전에 막대한 공헌을 했으며, 이들의 희생과 공헌에 대한 대중적 인정은 회유와 화해에 기반한 발화행위이다. 이는 농민공들 사이에 만연한 불만을 해소하는 데 유용한 선전물로 기능할 수 있으며, 이들을 혼란을 일으키는 존재로 다양하게 반복해서 서사화하는 낙인과 범죄화로 인해 이 사회 집단에 대한 영속화된 위험성과 불안정성을 개선할 수도 있다. 다른 경우, 영화제작자들은 단순히 좋은 이야기를 만들려는 욕망에 이끌리기도 한다. 예컨대 〈집으로 가는 기차〉의 감독인 판리신은 "저는 경제학자나 사회학자가 아닙니다. 저는 다큐멘터리 감독일 뿐입니다. 그래서 제 임무는 카메라를 사용해 어떤 개인의 삶이 더 큰 사회적 격변에 어떻게 영향을 받는지를 기록하는 것입니다"라고 말한다(Yang M, 2010). 그리고 신다큐멘터리 영화의 범주에 속하는 일부 영화의 목적은 중국의 사회변화를 기록하는 극적으로 다른 방식, 즉 "주류 공식 및 상업 미디어에서 일반적으로 간과되는 사건을 기록하며 이 사람들에게 목소리를 줄 수 있는" 방식을 계획하고, 동시에 "주제, 목소리, 관점의 대안적 아카이브에 기여"하며, "미래를 위해 이러한 자료의 저장고"를 만드는 것이다(Berry and Rofel, 2010b: 151).

　이러한 다양한 인정의 정치는 카메라가 이주민 주체와 관계 맺는 다양한 방식을 보여준다. 먼저 '제도적 인정'이라는 하향식 관점으로, 이는 회유의 정치에 기반하고 조화사회 담론의 틀에 맞춰져 있다. 또 다른 방식은 평등주의적이고 내밀한 관점에 기반한 좀 더 '상호-주체적'인 인정이다(Morrison, 2010: 9). 그리고 이주민 활동가들이 채택한 또 다른 방식은 자신들을 이주노동자의 형제로 대표하는 것으로 간주하면서, 당당하게 교훈적인 입장을 드러낸다. 그러나 다양한 동기와 스타일의 이러한 차이는 엄격한 경계를 반영하기보다는 정도의 문제인 경우가 많으며, 대체로 다큐멘터리는 이를 동시에 강화하고 약화하기 위해 제작된다.

신다큐멘터리 영화제작자들은 이주노동자와 스크린 안팎에서 시간을 보내고 카메라(카메라 앞에서의 시간과 공간)를 공유함으로써, 이들 주체와 더 신뢰 있고 평등한 관계를 맺으려는 의도 때문에 박수를 받는다. 그러나 동시에 이들은 영화제작에 대한 지나친 개입과 심지어 간섭적인 방식으로 인해 비판을 받기도 한다. 그리고 때로는 이들이 카메라를 사용하고 질문을 던지는 방식이 윤리적으로 모호하게 보이기도 하며, 관객들에게 자신과 타자 사이의 권력 불균형이 그대로 남아 있음을 상기시킨다(Braester, 2010). 이러한 다큐멘터리 영화의 카메라는 극영화와 달리 매우 '잔혹한' 스토리텔링 수단이 될 수 있으며, 사람들에게 비참한 삶을 변화시키거나 개선할 방법을 제시하지 않고 단순히 성찰만 하도록 유도하는 경우가 많다(Lü, 2003). 많은 경우 농촌 출신 이주민과 영화제작자의 관계는 다양한 유형의 "주체 착취"(Y. Zhang, 2004)로 나타나며, 민주화와 평등의 실현이라는 그들의 공언된 목표의 맥락에서 볼 때 이러한 작품에서 누구의 행위성, '진실성 주장', 미학이 특권을 누리고 있는가에 대한 곤혹스러운 질문이 제기된다. 이러한 측면에서 장잉진(張英進)은 이주노동자들을 대변하는 '진실성 주장'에 대해 경계한다(Y. Zhang, 2007b).

물론 이 영화들이 '문제적인' 주제를 다룸으로써 주류 미디어와 관련하여 파괴적인 역할을 할 수는 있지만, 이러한 사실이 이들에게서 자주 제기되는 '진실성 주장'을 자동으로 뒷받침하는 것은 아니다. 특히 이들 영화가 중국 정부에 의해 검열되었다는 사실에만 근거하여 국제적인 문화 엘리트들에 의해 이들의 '진실성 주장'이 검증받는 경우가 많기에 더욱 그렇다. 인정 부여에 대한 메타담론은 수많은 발화 위치를 만들어낸다. 이 경우에는 서발턴은 말할 수 있는가가 아니라, 무엇이 서발턴적 위치를 구성하는지, 누가 서발턴을 대신하여 말할 수 있는지, 나아가서 서발턴은 들릴 수 있는지, 그리고 진정한 서발턴 경험은 효과적으로 대표될 수 있는지가 쟁점이다.

이 장에서 살펴본 복잡한 상황을 고려할 때, 다큐멘터리에 대한 강력한 충동과 시각적으로 매개된 형태의 서발턴 정치를 통해 사회변화에 영향을 미치는 역량 사이의 연관성은 명확하게 확립되지 않는다. 그러나 분명한 점은 활동가 단체에 의한 동원과 의식화의 성공 여부는 반드시 결정적인 것은 아니지만, 일시적이고 순회적이며 유동적인 '스몰 미디어' 실천에 참여할 필요성에 의해 점점 더 구현되고 있다는 사실이다. 텔레비전이나 영화와 같은 '대형 미디어'와 달리 디지털 비디오는 제작에 필요한 예산, 인력, 기술 측면에서의 요건이 낮고, 배급과 유통 규모도 제한적이다. 이에 따라 디지털 비디오는 활동가들의 접근이 쉬우며, 국가의 감시와 통제를 피할 수 있는 실행 가능한 도구로 제시된다.

이제 우리는 집단적인 서발턴 정체성의 구축이 개별 노동자와 이들을 지원하는 단체 모두의 기술적 노하우 습득에 달려 있음을 확신할 수 있다. 그러나 중국 노동계급의 자기재현과 자기역량 강화를 위한 노력의 전망은 아직 확신할 수 없다. 여기서 살펴본 농촌 출신 이주민 영화제작자들과 이들의 프로젝트 및 주도력에 관한 설명은 뚜렷한 미디어 활동가적 감각과 실천을 보여주며, 이들의 작업은 불의에 대한 서발턴들의 경험을 대안적인 시각적 재현으로 창출하는 데 어느 정도 공헌하고 있다. 그러나 이 장과 다음 장의 논의를 통해 알 수 있듯이, 이러한 활동가들의 실천에 딜레마와 타협이 없는 것은 아니다. 무엇보다 활동가 미디어의 헌신적인 창작이 주류 관객과 이주노동자 모두의 열정적인 콘텐츠 소비에 부응하지 못한다면, 동원 수단으로서의 실효성은 제한적일 수밖에 없다.

6장

디지털-정치적 리터러시와
자기-민족지로서의 사진

2010년 6월 선전과 쑤저우 등의 산업 도시에서 현장조사를 하는 동안 '스티커 사진(大頭貼)' 가게를 많이 볼 수 있었다(그림 6.1.). 주로 공장 밖 주거 지역에 위치하는 이 가게들은 대부분 젊은 여성 노동자들을 위한 것이었다. 내가 이 가게 중 한 곳을 방문했을 때, 아직 작업복을 입은 대여섯 명의 젊은 여성들이 다양한 이미지, 패션, 배경, 장소가 담긴 카탈로그 앞에 옹기종기 모여 있었다. 이 가게의 아이디어는 고객이 자신의 인물 사진을 촬영한 후, 원하는 이미지로 포토샵 처리를 할 수 있다는 것이었다. 고객들은 10위안에 사진 3장, 혹은 15위안에 5장 등 다양한 패키지 상품을 선택할 수 있었다. 나는 두어 시간 동안 카탈로그가 가득 쌓여 있는 테이블에 앉아서 여러 무리의 젊은 여성들이 가게를 드나드는 것을 목격했다. 한 무리는 끝없이 펼쳐진 이미지들을 한참 동안 꼼꼼히 살펴보며 결정을 내리지 못하고 킥킥거리며 고민하는 모습이었다. 가게 주인에게 장사가 잘되는 것 같다고 말했더니, 그는 예전에는 훨씬 바빴다면서 세계적인 금융 위기로 꽤 많은 공장이 문을 닫았고 이로 인해 사업에 큰 타격을 입었다고 말했다. 가게 주인은 스티커 사진이 도시의 여학생들과 여성 노동자들에게 인기가 있고, 특히 젊은 여성들에게는 "몇 위안만 있으면 아주 재밌게 즐길 수 있는" 가장 좋아하는 오락거리라고 말했다.

〈그림 6.1.〉 선전시 룽강(龍崗) 공업지구에 있는 '스티커 사진' 가게.
사진: 저자(Wanning Sun)

    수많은 이국적인 장소와 환상적인 배경에 자신의 이미지를 삽입하는 이 순간적인 소비 관행의 매력은 여성 노동자들의 일상적인 사회성 양식과 사회경제적 위치, 그리고 무엇보다도 비록 대리만족이기는 하지만 도시 소비주의의 관행을 경험하는 것에 대한 그들의 관심을 고려하면 그리 어렵지 않게 이해할 수 있다. 생산라인에서의 긴 노동, 열악한 기숙사 환경, 저임금 등의 현실은 좀처럼 바뀌지 않지만, 노동자들은 적어도 다른 곳에 있는 자신을 상상하며, 일상의 고역을 잠시 잊고 실현 불가능한 가능성에 대한 환상을 가질 수 있다. 이를 망상, 현실 도피, 혹은 값싼 쾌락 추구라고 부르더라도, 어쨌든 이것은 비록 하찮은 취미일지라도 농촌 출신 여성 이주노동자들이 지루함과 소외감에 대처하는 즐겁고 무해한 방법이다. 카라 월리스(Cara Wallis)는 베이징에 있는 농촌 출신 이주민 여성들의 핸드폰 사용에 관한 민족지 연구에서 이들이 "세계를 표현하고, 자아를 구성하며, 제한된 환경을 초월하고, 새로운 가능성을 상상하며, 미래를 구상하기 위해" 카메라폰을 사용한다는 사실을 발견했다(Wallis, 2013: 121). 농촌에서 온 여성 공장 노동자들도 다르지 않다. 내가 이들 중 몇 명에게 스티커 사진 찍는 것을 왜 좋아하냐고 물었더니, 모두 웃으며 "그냥 재밌어서요(好玩兒)"라고 대답했다. 스티커 가게 주인은 이 오락적 취미의 인기를 다음과 같이 잘 설명한다.

> 직장에서 쉬는 날, 여성들이 안심할 수 있는 환경에서 큰돈을 들이지 않고 친구나 동향인(老鄕)과 함께 즐겁게 시간을 보내고 싶을 때, 스티커 사진 가게를 가는 것보다 더 자연스러운 일이 있을까요? 단돈 몇 위안으로 유명인인 되고, 최신 패션을 입고, 가장 호화롭게 꾸며진 집에 살거나, 가장 이국적인 장소를 여행하는 자신의 이미지를 가질 수 있어요.[*]

이와 마찬가지로 모방적이고 순간적이지만, 이보다 덜 '순진'한 취미는 핸드폰을 통해 친구나 직장 동료와 성적인 이미지를 다운로드하고 공유하는 관행이다. 어떤 젊은 남성 노동자는 내게 자신의 핸드폰 배경화면으로 설정한 여자친구의 사진을 보여주었는

---

[*] 선전에 있는 이 가게 주인과의 대화는 2010년 6월에 이루어졌다.

데, 내가 다른 노동자들의 핸드폰에 있는 섹시한 여성의 정체를 물어보자 인터넷에서 다운로드했거나 친구의 핸드폰에서 전송받은 것이라고 인정했다. 어떤 경우에는 한 청년이 짓궂게 웃으며 내게 말한 것처럼, 내가 보기에는 "너무 외설적인(太黃)" 농담과 이미지가 담긴 짧은 동영상이 저장되어 있기도 했다.

일상적인 대중문화 소비 관행에 대한 이러한 성별에 따른 참여는 대다수의 농촌 출신 이주자들 사이에서 흔하게 나타나는 것처럼 보인다. 그러나 이 장의 이어지는 논의에서 볼 수 있듯이, 이러한 관행이 농촌 출신 이주자들의 일상적인 디지털 기술 활용에 대해 말할 수 있는 전부는 아니다. 스펙트럼의 반대편에는 소수이지만 점점 더 많은 이주-노동자 사진작가들이 카메라, 특히 핸드폰 카메라를 사용하여 다양한 수준의 정치적·문화적 행동주의를 실천하는 방법을 배우고 있다. 이는 2010년 혼다의 중국 자동차 공장 파업과 이후 중국 내 다른 전자제품 및 기타 제조업에서 일어난 파업에서 입증된 것처럼, 자본주의적 경영에 반대하는 집단적 노동쟁의의 이미지를 기록하고 공유하는 형태를 취하기도 한다(Qiu, 2012). 그리고 도시화와 산업화에 대한 대안적인 이야기를 할 수 있고, 주변화된 집단이 목소리와 가시성을 얻을 수 있는 새로운 공간을 개척하는 것을 목표로 할 수도 있다.

농촌 출신 이주민과 사진에 대한 나의 관심은 이중적이다. 먼저 사진에서 농민공을 배치하는 지배적인 방식을 탐구하고, 디지털 기술의 일상적인 사용이 증가함에 따라 농촌 출신 이주민들의 자기재현을 위한 노력에서 어떻게 이러한 지배적인 서사 양식에 대응할 수 있는지를 이해하려는 것이다. 정치적 의식과 기술적 리터러시 사이의 연관성에 관한 문제는 학계에서도 의견이 양극화되어 있다. 한편으로는 디지털 사진의 민주화가 더 많은 정치적 참여로 이어질 것으로 예측하는 경향이 있다. 이러한 다소 기술결정론적인 가정은 특히 비(非)자유주의적 민주주의 체제의 정치적·사회적 변화의 맥락에서 소위 '시민 저널리즘(citizen journalism)'*의 힘에 대한 열광적인 주장에 가장 명확하게 반영되어 있다. 더욱이 중국에서 스마트폰, 핸드폰 카메라, QQ의 광범위한 사용은 뚜렷한 노동자 계급 문화가 형성되었다는 증거로 인용되기도 한다(Qiu, 2009). 다른 한편으로 정치의식은 파업과 집단행동의 빈도와 효과로만 측정할 수 있다는 견해가 특히 정치학자들 사이에서는 확고하게 자리 잡고 있다(Chan and Siu, 2012). 이러한 견해는 일상생활에서 디지털 기술의 광범위한 사용을 소비주의적이고 탈이념적인 주체성의 특징인 파편화의 또 다른 증거로 인식한다.

    이전 장에서 논의한 영화, 텔레비전, 저널리즘과 같은 주류 미디어 형식과 달리 사진은 전문가와 비전문가 모두가 점점 더 활용하고 있으며, 주류와 비주류 모두에서 번성하고 있다. 일상적인 커뮤니케이션의 디지털화 수준이 높아지고 모바일 기술이 널리 사용됨에 따라 사진은 생산과 소비의 측면에서 주류 미디어 형태보다 더 높은 수준의 민주화를 달성할 수 있게 되었다. 디지털 이미지의 제작은 신뢰할 수 있는 저널리즘 블로그를 개설하고 유지하는 일이나 신뢰할 수 있는 TV 프로그램을 제작하는 일에 비해 상대적으로 낮은 수준의 언어 및 미디어 활용능력이 요구된다. 대부분의 아마추어 사진작가들은 이러한 주류 미디어와 같은 부류의 대중에게 다가갈 야망이나 기대가 없으며, 사진으로 경이로운 수익을 창출

---

*   [역주] 시민 저널리즘(또는 시민언론, 협력적 미디어, 참여형 저널리즘, 민주주의 저널리즘, 게릴라 저널리즘 또는 거리 저널리즘의 형태)은 뉴스와 정보를 수집, 보도, 분석 및 보급하는 과정에서 일반 시민들이 적극적인 역할을 하는 저널리즘을 의미한다.

하겠다는 목표나 기대도 없다. 마지막으로 검열관의 면밀한 조사를 받는 주류 미디어나 텍스트 기반 인터넷 사이트/블로그와 비교했을 때, 인터넷 사진 사이트에는 상대적으로 문지기(gatekeepers)가 부족하다. 이는 핸드폰의 보편화로 누구나 사진을 찍을 수 있고, 인터넷의 광범위한 사용으로 점점 더 많은 사람이 자신의 사진을 온라인에 게시할 수 있게 되었음을 의미한다.

지난 장에 이어 나는 여기서 다양한 '인정의 정치'에 관한 관심을 계속 이어가며, 농촌 출신 이주민을 중국에서 가장 많이 촬영되는 사회적 정체성 중 하나로 만들기 위해 카메라가 사용되는 다양한 방식에 이러한 '인정의 정치'가 어떻게 영향을 미치는지를 질문한다. 나는 중국 노동자에 대한 주류 이데올로기의 사진적 재현에서 나타나는 균열과 결합을 개괄함으로써 이러한 질문을 추적한다. 다음으로 일부 이주민들의 개인적 경험과 이들의 사진 작업에 초점을 맞춘 민족지적 설명을 통해 농민공들이 헤게모니적 주류에 '반박'하기 위해 사진을 찍는 방식과 환경을 탐구한다.[*] 이를 위해 기술 활용능력과 정치적 의식 사이의 상호 구성적이고 영향을 미치는 관계를 가정하는 '디지털-정치적 리터러시'라는 분석적 개념을 동원한다. 이 개념은 기술결정론과 이에 상응하는 경제적 결정론의 지나친 단순화를 피하기 위한 것이다. 계급 의식의 형성을 이해한다는 것은 "이러한 [계급] 경험이 문화적 측면에서 다뤄지는 방식"을 이해하는 것이기에(Thompson, [1963] 1991: 9), 중국 농촌 출신 이주민의 사회화에서 디지털-정치적 리터러시가 하는 역할과 이들이 보여주는 다양한 수준의 기술-정치 리터러시를 (비록 결정하

---

[*] 특별한 언급이 없는 한, 이 민족지 연구의 설명에 기록된 개별 이주 사진가들과의 교류와 대화는 2009~2012년 사이에 이루어졌다.

지는 않더라도) 형성하는 정치적·경제적·사회적·문화적 구조의 방식을 검토하는 일이 매우 중요하다. 마지막으로 미디어 행동주의의 한 형태로서 사진 작업을 추구할 기회와 여전히 전문가와 아마추어의 경계가 뚜렷한 이 분야에서 이러한 활동가들의 실천이 직면한 도전에 대해 살펴본다. 특히 베이징에서 농촌 출신 이주민들을 지원하는 NGO가 조직한 사진 프로젝트에 관한 사례 연구를 통해 이러한 질문들을 고찰한다.*

농민공들의 이익을 대표할 강력하고 효과적이며 합법적인 기구가 부재한 상황에서 '디지털-정치적 리터러시'를 전달하고 육성하는 역할은 대부분 다양한 형태의 NGO가 맡고 있다. 나는 디지털 리터러시와 사회적 변화 사이의 연관성을 이해하는 방법으로서 이 개념을 확장해서 활용한다. 이는 사실 기술과 사회변화 사이의 관계를 설명하는 이론적 입장으로서는 새로운 것이 아니다. 마샬 맥루한(Marshall McLuhan, [1964]1994)과 해롤드 이니스(Harold Innis, [1950]2007) 같은 초기 커뮤니케이션 이론가들은 인쇄 기술이 어떻게 사람들의 공간 및 시간에 대한 관계, 그리고 이에 대한 사람들 간의 관계를 변화시켰는지를 연구했다. 그리고 베네딕트 앤더슨(Benedict Anderson, [1983]2006)은 민족과 같은 '상상된 공동체'가 부분적으로는 인쇄 기술의 사용 증가로 인해 가능해졌다고 주장했다. 특히 텔레비전과 같은 미디어 형식의 사회사와 미디어 기술의 사회적 사용 모두에 관심을 가진 역사학자 레이먼드 윌리엄스(Raymond Williams, [1974]2003)는 기술, 계급 형성, 사회변화 사이의

---

* 나는 2009년부터 2012년까지 이 조직에 주로 연구자로서, 그리고 자문위원으로서 참여했다. 이 장에 나오는 사진 전시회 기획과 관련된 논의에 사용된 모든 사적인 의사소통, 대화 및 자료는 2011~2012년에 이루어졌다.

연관성을 추적하는 가장 강력한 연구 성과를 제공한다. 이 장과 이전 장에서 주장한 '디지털-정치적 리터러시' 개념은 이러한 검증된 통찰력을 업데이트하고, 21세기 디지털화 및 미디어화 시대에 비(非)자유주의적 민주주의 사회에서의 서발턴 정치의 맥락으로 이를 확장하려는 시도이다.

주류 이데올로기에서의 노동자 이미지: 균열과 결합

사회주의 시대를 살았던 사람이라면 '중국 노동자'라는 말만 들어도 어디에서나 볼 수 있었던 행복하고 열심히 일하는 중국 노동자의 모습을 담은 포스터와 사진이 떠오를 것이다. 중국의 미래에 대한 뚜렷한 낙관주의와 집단적 노동자의 운명에 대한 자부심을 보여주는 이러한 이미지에는 프롤레타리아 정체성의 정치적 정당성과 특권적 지위를 의미화하는 숭고한 도덕적 목적이 담겨 있다. 베이징대학교 마르크스주의 사상학과의 한 교수는 2010년에 중국에서 가장 권위 있는 국가 화보 간행물인 〈인민화보(人民畫報)〉 창간 60주년을 기념하여 쓴 사설에서 1950년대와 1960년대에 이 잡지에 가장 자주 등장한 정체성은 밭에서 기계를 다루는 농민, 철강 공장 작업 현장의 노동자, 임무를 수행 중인 군인이었다고 말한다. 이 사설에 의하면 이는 "새로 시행된 국가 정책이 중화인민공화국은 노동자 계급이 지도하고, 노동자와 농민 계급의 연합을 기초로 하며, 다양한 계급과 소수민족의 단결을 특징으로 하는 '인민민주주의 독재(人民民主專政)'가 되어야 한다고 명시"하고 있기에 필연적인 일이었다(Liu Z, 2010: 72).

1950년대에서 시간을 빨리 돌려 〈타임(TIME)〉에서 '중국 노동자'를 국제적으로 조명해 주목받았던 2009년으로 가보자. 샤오훙샤는 후난족 출신의 이주 여성으로 현재 선전에 있는 전자제품 제조공장에서 일하고 있다. 2009년 어느 날, 그녀와 동료 몇 명은 그들의 일과 삶에 대해 알고 싶어 하는 외국 기자들을 소개받았다. 이들은 인터뷰에 흔쾌히 응했다. 기자들과 잠깐 이야기를 나누고 사진도 여러 장 찍은 후, 이 일을 잊어버렸다. 하지만 몇 달 후 샤오는 자신을 비롯한 세 명의 노동자가 '중국 노동자'를 대표해 벤 버냉키(Ben Bernanke) 미국 연방준비제도이사회 의장의 뒤를 이어 〈타임〉지 올해의 인물에 선정되었고, 잡지에 이들의 사진이 실렸다는 소식을 들었다(8쪽 각주 참조). 〈타임〉이 올해의 인물로 개인이 아닌 단체를 선정한 일은 이번이 처음이었다. 〈타임〉은 다음과 같이 선정 이유를 설명했다.

> 중국에는 '8을 유지하라'는 의미의 '保八'이라는 말이 있는데, 이는 관료들이 사회적 안정을 보장하는 데 핵심이라고 믿는 연간 8%의 경제성장률을 유지하려는 경제전략이다. 1년 전만 해도 많은 사람이 2009년에 이러한 수치를 달성한다는 것은 헛된 꿈이라고 생각했다. 그러나 중국은 이를 해냈고, 올해도 여전히 세계에서 가장 빠르게 성장하는 주요 경제국이며, 다른 모든 국가에 경제적 활력을 불어넣고 있다. 이는 누구의 공로인가? 무엇보다도 급성장하고 있는 중국 연안 도시의 공장에서 일하기 위해 고향과 가족을 떠나 온 수천만 명의 노동자들이 그 주인공이다(Ramzy, 2009).

사회주의 시대의 〈인민화보〉 속 이미지와 달리, 〈타임〉에 실린 중국 노동자와 농민에 대한 이미지에는 도덕적, 이념적, 정치적 의미가 배제되어 있다. 이들은 "투쟁은 과거에 있고, 생각은 현재에 있으며, 시선은 미래에 있는" 유연한(flexible) 노동자들, 즉 불안정한(precarious) 노동에 따라 운명이 결정되는 그들 자신을 대표하며, 또 이들과 같은 처지에 놓인 수많은 중국 여성과 남성들을 대표한다.*

　〈타임〉이 중국 정부가 대체로 꺼리는 행동, 즉 최근 중국의 눈부신 경제적 성공에서 평범한 중국 노동자들이 중추적인 역할을 했음을 인정했다는 점도 주목할 필요가 있다. 이제까지 중국 정부는 당연하게도 경제적 성공의 공로를 정부로 돌리는 것이 일상이었다. 예컨대 〈인민화보〉 2010년호는 '保八'(경제 성장률 8% 유지)을 중국 지도부가 승리한 '가장 중요한 전투(戰役)'로 묘사한다(Liu and Wang, 2010: 42). 잡지 표지에는 웃고 있는 후진타오 주석이 등장하며, '保八'의 성공은 통화 정책 조정과 재정 및 금융 인센티브 조정 등 중국 정부가 추진한 다양한 전략에 기인하는 것으로 강조한다.

　의도적이든 아니든, 〈타임〉이 중국 노동자들의 공로를 비준한 일은 중국공산당을 불편하게 만들었다. 이는 중국의 공식적 미디어들이 이를 통해 어떠한 이점도 누리기 전에 중국 노동자들에게 완전하고 절대적인 인정을 먼저 부여함으로써, 중국공산당을 압박했기 때문이다. 사실 중국공산당은 주변화되고 소외된 자국 시민들의 가치를 긍정할 기회를 많이 놓쳤다. 〈타임〉의 기사가 나온 이후에도 중국 정부는 2011년 후진타오 주석의 미국 방문을 위해 성공한 중국의 이미지를 만들 때, 평범한 노동자들이 아닌 유명인들만 활용했다. 2010년 10월 국무원 뉴스판공실(國務院新聞辦公室)은

---

*　〈타임〉지 기자 오스틴 램지(Austin Ramzy)가 기사를 작성했지만, 기사에 사용된 중국 노동자들의 이미지는 베이징에서 활동하는 프리랜서 작가 송차오(宋朝)가 촬영한 것이며, 그에 대해서는 이 장의 후반부에서 자세하게 논의될 것이다.

중국의 글로벌 이미지 제고를 위해 30초 분량의 홍보 동영상과 15분짜리 홍보 영화를 공개했는데, 영상의 앞부분에는 50명의 중국 유명인사가 등장한다(Elliot, 2011). 2011년 1월 중순부터 2월 중순까지 한 달 동안 후진타오의 미국 방문에 맞춰 '중국을 경험하라(體驗中國, Experience China)'라는 제목의 이 홍보 영상이 뉴욕 타임스퀘어의 50m 높이의 스크린에 반복해서 상영되었다. 여기에는 부유한 사업가 리카싱(李嘉誠), 은퇴한 농구 스타 야오밍(姚明), 우주비행사 양리웨이(楊利偉), 올림픽 다이빙 여제 궈징징(郭晶晶), 영화감독 오우삼(吳宇森), 피아니스트 랑랑(郎朗), 영화배우 성룡(成龍), 알리바바 그룹 창업자 마윈(馬雲), 배우 장쯔이(章子怡) 등 중국 유명인사들이 총출동했다(Elliot, 2011). 상징적인 행위로라도 농민공들은 여기에 포함될 가치가 있다고 여겨지지 않았다.

〈타임〉의 기사는 중국 정부를 '궁지로 몰아넣어' 나쁘게 보이도록 하는 효과를 가져왔다. 중국 노동자를 대표하는 것과 관련해서 중국의 공식 담론은, 특히 경제 개혁 초기 수십 년 동안의 담론은 농촌 출신 이주민들을 소양이 부족하고, 노동 시장에서 경쟁력을 갖추기 위해 현대화와 문명화가 필요하거나 이를 열망하는 존재로 배치하는 경우가 많았다. 그러나 수많은 농민공이 집과 가족을 떠나 일자리가 있는 도시로 가서 보여준 희생과 헌신을 언급하면서, 〈타임〉 기사는 이러한 노동자들에 대한 대부분의 공식 서사를 뒷받침하는 '낮은 소양'과 '자기계발' 담론에서 살짝 비켜나서 이 담론들의 내재적 모순과 도덕적 결여의 성격을 드러냈다.

혁명적 서사들이 노동을 통해 노동계급의 정치적 정당성을 복원하려는 방식과 마찬가지로, 신자유주의 담론의 다양한 발현은 노동을 존엄성과 자부심에서 분리하고 대신 순수한 경제적 활동으로 간주하려고 한다. 〈타임〉의 기사나 〈인민화보〉 2010년호는 모두 중국 노동자들이 처한 열악한 환경이나, 중국과 서구의 중산층이 이 노동자들이 생산한 잉여 가치의 혜택을 누리고 있다는 사실에 대해서는 언급하지 않는다. 따라서 〈타임〉의 기사는 '적극적인 행위'(작위, commission)가 아닌 '의무를 이행하지 않음'(부작위, omission)으로써, 미국 소비자(그리고 전 세계)가 중국 노동자들의 결실(예: 값싼 상품)을 양심에 거리낌 없이 계속 즐길 수 있도록 묵인했다. 이런 측면에서 〈타임〉은 순수하게 고귀한 일을 한 것처럼 보였지만, 사실 노동자에 대한 묘사는 중국 정부와 많은 공통점을 가지고 있다. 〈타임〉은 노동자들이 집을 떠나 고된 노동의 길로 향하는 여정에서 겪는 고통을 암시하면서도, 중국 노동자들을 주로 경제적 공헌을 이유로만 찬양함으로써 도덕적, 생태적, 혹은 다른 여러 쟁점보다 재정적인 관심이 우선시되는 삶의 관점을 심어주었다. 오늘날의 자본주의는 정말로 글로벌하며, 중국 노동자는 이 글로벌 자본축적에 필수적인 존재이기에 자유주의적이고 도덕적인 지도력의 아이콘인 〈타임〉이 중국 노동자들에게 어느 정도의 인정을 부여하는 것이 적절하다는 인식은 합리적이며, 이를 통해 두 마리 토끼를 다 잡을 수 있다. 즉 〈타임〉을 통해 미국은 중국 노동자들의 노동으로 경제적 혜택을 누리면서도, 마땅히 공로를 인정받아야 할 존재들의 공로를 인정해줌으로써 도덕적 품위도 과시할 수 있다. 이것이 바로 인도주의적 감성이 가미된 신자유주의이다.

도상학적(iconographic, 圖像學) 이미지로서 〈타임〉에 실린 중국 농민공 소집단의 흑백 사진은 상당한 모호성을 드러냈다. 사진의 선택과 스타일 이면의 생각에 대한 기자의 직설적인 설명에도 불구하고, 이제 이 이미지에 대한 해석은 창작자가 의도하지 않은 다양한 방향으로 전개된 것처럼 보인다. 잡지에 실린 노동자들의 모습과 이에 따른 국내외 각계의 반응은 목소리, 행위성, 정체성에 관한 복잡한 문제들을 부각한다. 노동자들의 집단적 정체성을 대하는 〈타임〉의 태도는 긍정과 부정을 동시에 보여준다. 이 기사를 작성한 언론인 오스틴 램지(Austin Ramzy)는 사진 피사체를 선정할 때 사전에 준비된 기준은 없었다고 말한다. 대신 램지와 그의 사진작가인 송차오(宋朝)는 집단으로서의 중국 노동자들을 더 잘 대표할 수 있는 사진을 찍기 위해 무작위로 노동자 그룹을 선택했다. 애니 레보비츠(Annie Leibovitz)의 할리우드 유명인사들에 대한 집단 초상화에서 각 개인의 명성을 위해 선택된 인물들과 달리, 이 사진 속 중국 노동자들은 단지 한 범주의 대표자로서 위치한다. 더욱이 똑같은 유니폼을 입고 흑백으로 촬영함으로써, 개인적 특성을 제거하고 집단적 정체성을 강화하는 효과를 가져왔다. 아이러니하게도 이러한 전략은 개인의 꿈과 욕망이 사회주의라는 더 큰 대의에 부합하지 않으면 별로 중요한 의미가 없었던, 혁명 시기의 선전물에서 노동자와 농민을 촬영할 때 자주 사용되었던 접근법과 놀라울 정도로 유사하다. 〈타임〉에 실린 기사와 사회주의 도상학 모두에서 개인의 정체성과 이들 사이의 차이점은 거의 중요하게 취급되지 않는다.

미소의 정치: 주류 사진 속의 이주노동자

특히 최근 몇 년 동안 중국 정부가 농민공들이 처한 상황에 대응하기 위한 여러 정책을 발표하면서 농촌에서 온 이주노동자를 재현 대상으로 한 사진 공모전과 전시회가 인기를 끌고 있으며, 거액의 상금이 걸려 있는 경우도 많다. 출품작 모집은 주로 온라인을 통해서 발표되며, 상금을 받은 참가자의 신원도 공개된다. 이러한 온라인 광장은 입상한 이미지들을 전시할 수 있는 가장 실용적인 공간이기도 하다.

이러한 공모전에는 주로 정부, 기업, 예술 및 문화 기관, 미디어, 전문 사진 단체 등 다양한 이해 관계자들이 참여한다. 예를 들어 2010년 4월과 5월에는 '농민예술제(農民藝術節)' 창립행사 중 하나로 '신세대 농민공의 삶에 관한 선하오배(申浩杯) 사진전'이 열렸다. 이 전시회는 베이징의 '농촌 예술 및 문화 발전 전시 센터(北京鄕村藝術文化發展展覽中心)'와 미국의 유명 월간 잡지인 〈Popular Photography〉가 공동주최했다. 그리고 중국 최대 검색 엔진 중 하나인 '소후닷컴(Sohu.com)'과 '선하오국제투자유한회사(申浩國際投資有限公司)'를 비롯한 여러 유명 미디어 매체의 온라인 포럼에서 후원을 받았다. 농민공의 대규모 고용주인 대기업 집단이 이러한 행사 계획에 자금을 지원하기도 한다. 중국 '중철사국 토목그룹(中鐵四局集團有限公司)'(이하 '중철그룹')도 이러한 대기업 중 하나이다. 세계 500대 기업에 포함된 이 국영 기업은 자체 TV 방송국, 언론 매체 및 출판사를 보유하고 있으며, 중국 건설 부문에서 가장 강력한 기업 중 하나이다. 이 회사는 약 10만 명의 건설 노동자를 고용하고 있으며, 그중 80%가 농촌 출신이다. 2011년 9월에 '중철그룹'은 안후이성 '문학예술연합회(安徽文學藝術聯合會)'와 '사진가협회(安徽攝影家協會)'가 공동 후원하는 전국 규모의 사진전을 개최했다. 안후이성이 '중철그룹' 건설 프로젝트의 주요 수혜자라는 점을 고려할 때, 이 지역의 예술 및 문화 기관이 전시회를 개최하는 데 협력하는 것은 논리적으로 당연한 일이었다.

농민공을 주제로 한 이들 공모전에는 여러 가지 공통점이 있다. 첫째, 이주노동자의 모습을 사진적 시선의 대상으로 삼는 동시에, 사진작가 자신과 이주민 타자 사이의 거리를 최소화하도록 유도한다는 점이다. 전국적으로 발행되는 신문인 〈중국 노동자(中國工人)〉의 웹사이트 포럼이 주최한 '타향에서(在他鄉)'라는 제목의 사진 공모전에서는 사진작가들에게 "농민공에게 더 가까이 다가가고, 농민공에 주목하며, 그들의 삶과 일을 기록하고, 그들의 실제 상황을 재현하며, 그들의 근면함과 소박함을 보여줄 것"을 촉구했다(Hexie luntan, 2010). 그리고 '중철그룹'이 후원한 '농민공: 나의 형제자매'라는 제목의 공모전은 문화적 엘리트와 지식인을 노동자 및 농민과 계급적 측면에서 연계하려는 사회주의 전략을 환기했다.

이러한 공모전 기획의 정치적으로 규범적인 성격은 이들이 바람직한 이미지가 무엇인지 논의하는 방식에서도 확인할 수 있다. 예컨대 '중철그룹'이 후원하는 공모전에서는 다음과 같은 선정 원칙을 채택했다.

> 우리는 긍정적이고 낙관적이며 자신감 있고 탄력적인 집단으로서의 '농민공 정신'을 진실하게 표현하여, 우리 사회 발전의 주요 선율을 강화하는 이미지를 장려합니다. 여러분의 작품은 농민공의 바쁘고 낙관적인 존재 상태를 표현할 뿐 아니라, 도시 생활의 일부가 되고자 하는 그들의 간절한 열망도 반영해야 합니다. 작품을 통해 노동과 노동자를 찬양하고 옹호하며, 마땅한 존경을 표함으로써 노동에 대한 자부심과 헌신의 정신을 동경하는 사회를 조성해야 합니다(Chen Jun, 2011).

이러한 공모전에서는 농민공들이 사진적 재현의 대상임에도 불구하고, 농민공들이 직접 자신의 사진을 출품하려는 경우에는 더 엄격한 정치적 통제를 받는다. 이러한 통제 중 일부는 기술적 기준을 사용하여 간접적인 방식으로 행사될 수도 있다. 따라서 많은 공모전에서 프로 사진작가와 아마추어, 디지털 이미지와 아날로그 이미지, 흑백과 컬러를 명시적으로 차별하지는 않지만, 기술적인 이유로 특정 출품작이 배제될 수 있다. 예컨대 300만 화소 미만 또는 5MB 미만의 이미지는 부적격으로 간주할 수 있다. 따라서 상대적으로 저해상도 핸드폰 카메라를 사용하는 농민공들은 참가 자격을 얻지 못할 수 있다. 한편 참가 평가 기준에 따라 '전문 사진가'에게는 특정 예술적 요건을 충족하는 작품을 제출하도록 요구할 수 있지만, 반면 '아마추어 사진가'에게는 이러한 기준을 적용하지 않을 수도 있다. 대신 아마추어 작가들은 그들의 사진이 특정한 역할을 함으로써, 사회적 조화라는 정치적 의제를 강화하는 데 도움이 된다는 조건에서만 참가 자격을 얻을 수 있다.

이러한 방식에 따라 '선하오배' 사진전의 선정 기준은 '전문 카메라'(주로 전문 사진작가들이 사용함)와 '핸드폰 카메라'(주로 농민공 사진작가들이 사용함) 사이에 암묵적인 차별화를 적용하고 있음을 알 수 있다. 한 참가 예정자는 '전문 카메라'를 사용한 출품작들은 전문 사진가들로 구성된 심사위원단의 심사를 받으며, '핸드폰 카메라'로 촬영된 출품작은 네티즌의 투표로 수상자가 결정된다고 말했다.

> 우리는 전문적인 카메라를 사용하는 사진작가들이 신세대 농민공들의 사진을 찍고, 그들의 삶을 진실하고 객관적으로 반영하기를 기대합니다. 이들의 작품은 일정 수준 이상의 독창성과 예술적 가치가 있어야 합니다. 반면 핸드폰 카메라를 사용하는 사람들은 농민과 농촌 출신 이주민들의 사진을 찍어야 하며, 이 부문의 주제는 "행복하게 미소짓는 얼굴"입니다("Shoujie Zhongguo", 2010).

전문 기관들이 저급 시각기술을 가진 농민공들은 예술적 우수성이나 정치적 올바름(political correctness)을 보여줄 수 없다고 믿는다는 점은 무엇보다도 "국가 또는 정부에 반대하는" 이미지를 출품할 수 없다는 기준을 최종 선정 요건에 명시한 사실에서 더욱 명백하게 드러난다. 서발턴들은 사회조화와 통합을 촉진하는 것을 목적으로 하는 기호학적 게임에 참여하도록 초대되지만, 지배 엘리트들이 설정한 조건과 한도 내에서만 허락된다.

안타깝지만 아니 어쩌면 당연하게도 공모 마감 기한이 종료되었을 때, 제출된 5,000장의 사진 중 핸드폰 카메라로 촬영한 '웃는 얼굴' 범주에 해당하는 사진은 단 한 장도 없었다. 따라서 출품된 사진들은 전문성 기준이 '높았다'라는 대회 위원회의 공식 발표에도 불구하고, 농촌에서 올라온 이주민 공동체 내에서 행복과 긍정적 정신의 증거를 찾으려는 노력은 헛수고로 돌아갔다. 서발턴은 누군가의 사진적 시선의 대상이 되는 일을 피할 수는 없지만, 그렇다고 억지로 미소를 짓도록 강요될 수도 없다. 이 명백한 실패를 메우기 위해 위원회는 핸드폰 카메라 촬영작 부문에 배정된 상을 전문 카메라 부문으로 전용해서 세 명의 수상자를 선정했는데, 이들은 모두 '행복하게 미소 짓는 얼굴'의 이미지를 훌륭하게 연출해냈다.

국가의 후원을 받거나 상업적 지원을 받는 사진 공모전에서 농민공의 형상이 갖는 유용성은 적어도 두 가지 측면에서 살펴볼 수 있다. 첫째, 농민공은 자본축적을 목적으로 건설 현장과 공장에서 값싼 노동력을 제공할 뿐만 아니라, 미소라는 정서적 노동을 생산하거나 수행하면서 상징적인 잉여 가치를 창출할 수 있다. 롤랑 바르트는 그의 저서 『신화론』(1972)에서 '프랑스 군복을 입은 젊은 흑인'이 프랑스 국기에 경례하는 모습을 담은 프랑스 대중 잡지 〈Paris Match〉의 표지사진을 분석했다. 그는 이 이미지가 신화적 차원에서 작동하며, 프랑스 식민주의와 제국주의라는 주제와 연결되어 있다고 주장한다. 이와 마찬가지로 전문 사진작가들은 예술을 실천하고, 농촌 출신 이주민은 '행복을 생산'(따라서 암묵적인 순응)할 것이 요구되는 '선하오배' 사진 공모전의 강요된 분업은 사회조화와 경제발전이라는 한 쌍의 이념적 명령에 따라 뒷받침된다. '흑인'이 프랑스 제국 권력에 정당성을 부여하는 것과 마찬가지로, 사회적 조화와 민족적 통합이라는 허울을 유지하기 위해 웃고 있는 농민공을 찾는 것이다.

농민공 형상의 유용성을 볼 수 있는 두 번째 방법은 부르디외(Pierre Bourdieu)의 '장(field)' 개념, 즉 "그 자체의 자율성을 가지고 있으며, 그 안에 내재된 관계의 측면에서만 이해될 수 있는" 문화적 실천 영역이라는 관점에서 사진을 고려하면 분명해진다(Bennett et al., 2010: 12). '장'이 자동으로 그 '내부에 있는' 사람들과 '외부에 있는' 사람들 간의 차이에 따라 다른 '장'과 구별되는 것처럼, 동시에 '장'은 이미 그 '장'의 구별과 이점을 누리고 있는 내부자들과 다른 곳에서 이점을 가져와 그 '장'으로 진입하려는 외부자들 사이의 차이로 특징지어진다(Benson and Neveu, 2005).

부르디외가 20세기 중반 프랑스 사회에서 취향(taste)을 구별하고 차별화하는 핵심 장으로서 음악과 시각 예술을 파악했던 것처럼, 오늘날 중국의 시각 문화 영역에서 사진은 문화 자본이 축적되고 유통되며 구별이 부여되거나 반박되는 치열한 각축장으로 부상하고 있다. 따라서 전문가와 아마추어 사이의 경계가 허물어질 것이라는 1세대 핸드폰 연구자들의 예측과 달리(Hjorth, Burgess, Richardson, 2012), 수십 년간 진행된 디지털화를 통한 시각적 생산의 민주화는 전문적인 사진 '장'에 있는 사람들에게 내부와 외부의 구별을 유지하는 것을 더욱 중요하게 만들었다. 농민공들은 단순히 전문가들의 사진 소재가 아니라 이미지 생산자로서 전문가와 함께 경쟁에 참여할 수 있지만, 농민공의 참여는 사진 영역에서 이들을 수용하는 시대의 도래를 예고한다기보다는 이 '장'에서의 전문성과 문화적 구별을 더욱 선명하게 부각하는 역할을 한다.

하지만 그렇다고 해서 사회적 집단으로서의 농민공에 깊은 관심이 있고, 이들의 삶과 노동에 대한 진정한 연민과 충실한 지식을 가진 전문 사진가가 전혀 없다는 의미는 아니다. 국제적이고 역사적인 활동을 하는 사진작가들과 마찬가지로 중국의 일부 개인 사진작가와 사진기자들은 지난 30년간의 중국 경제 개혁 과정에서 농촌 출신 이주민들이 경험한 도시화, 이주, 산업화라는 프리즘을 통해 사회적 변화를 기록하는 일을 직업적 사명으로 삼고 있다. 쓰촨성 출신인 장신민(張新民)은 이 분야에서 가장 뛰어난 사진작가 중 한 명이다. 전문 사진기자인 장신민은 1980년대부터 20년 동안 농촌 출신 이주민들이 중국 남부로 대거 이동하는 모습과 이에 따른 선전을 비롯한 이 지역 도시들의 변화를 기록해왔다. 그의 사진 작품집『도시를 포위하라(包圍城市)』(2004)에는 생산라인에 있는 지친 몸의 여공, 도시의 고층건물 유리창을 청소하기 위해 긴 밧줄에 매달려 있는 청년(흔히 '스파이더맨'으로 불림), 고된 노동으로 손과 발이 찢어진 육체노동자, 10평방미터의 비좁은 임시 숙소에서 잠을 자는 10명의 사람 등 수많은 이주자의 모습이 담긴 사진들이 수록되어 있다.

휴식하고, 여행하고, 사교활동을 하고, 일하는 순간의 평범한 개인을 목격하고 포착하는 데 관심을 가졌던 프랑스 휴머니스트 사진작가들처럼(Hamilton, 1997), 본인을 다큐멘터리 사진가(紀實攝影師)라고 부르는 장신민은 "기억이 없는 사회는 건강한 사회가 아니"라고 믿으며, 자신이 목격한 농촌 출신 이주민들의 문화를 기

〈그림 6.2.〉 농민공. 사진: 송차오(宋朝)의 허가를 받아 사용함.

록하는 것을 의무로 여긴다. 왜 사진을 찍느냐는 질문에 그는 "저는 보통 이유를 생각하지 않아요. 그냥 저를 움직이는 무언가를 보면 기억하고 싶어요. 주로 제 마음을 움직이는 것들은 저 자신과 제 삶, 그리고 제 세상을 성찰하게 만드는 것들입니다. 그들(농민공)이 대충 만들어진 숙소에서 자는 동안, 당신은 정원이 있는 빌라에서 살 수도 있어요. 하지만 우리는 모두 인간이고, 동료 인간으로서 이에 공감할 수 있어요"라고 말했다(Jiang Z, 2009에서 인용). '웃는' 이미지가 아닌 '움직이는' 이미지를 포착하고자 하는 장신민의 열망은 그를 제도화된 사진작가들과 구별되게 한다. 그는 비참함을 포착하기 위해 "굳이 애쓰지 않는다"라고 말하지만, 확실히 행복을 제조하기 위해 애쓰지도 않는다. 장신민이 촬영한 농민공들의 얼굴에서 흔히 볼 수 있는 모습은 욕망과 기대뿐만 아니라, 피곤함, 불확실성, 불안, 상실감의 표정이다.

이 장의 앞부분에서 소개한 〈타임〉에 실린 중국 노동자들의 사진을 찍은 송차오(宋朝)는 농민공에 대한 깊은 관심을 사진의 소재로 삼는 또 다른 전문 사진작가이다. 산둥성 출신인 송차오는 전문 사진작가가 되기 전, 6년 동안 광부로 일했던 열정적인 아마추어 사진가였다. 중국 광부들이 송차오의 사진에 주요 소재가 되었고, 그의 작품은 국제 사진계에서 널리 전시되고 있다. 〈타임〉지 외에도 여러 국제 언론 매체와 협력 관계를 맺는 등의 국제적인 명성을 얻은 송차오는 최근에는 도시의 농민공, 특히 건설 부문의 노동자들과 이들이 고향에 남겨두고 온 가족에게로 관심을 돌리고 있다.

아마추어 활동가 사진작가의 진입

장신민과 송차오 같은 전문 사진작가의 작업은 중국 도시인들에게 농촌에서 이주한 사람들이 처한 역경에 대한 인식을 높일 뿐 아니라, 이주민들 자신에게도 깊은 공감을 자아낸다는 점에서 그 영향력을 확인할 수 있다. 특히 장신민의 작품집 『도시를 포위하라』는 사진에 관심이 있는 많은 이주노동자들에게 영감의 원천이 되었다. 예컨대 이러한 이주노동자 중에는 처음에 선전시 헝강(橫崗)구에 있는 공장의 노동자 4명으로 구성된 '풀뿌리 노동자 사진팀'이 있는데, 이들은 자신들의 힘겨운 노동(打工) 생활을 기록하기 위해 카메라 사용법을 배웠다. 팀원 중 한 명인 류샤오훙은 카메라를 처음 만났던 순간을 이렇게 기억한다. "저는 말주변이 없어서 말도 별로 하지 않아요. 카메라로 무엇을 하고 무엇을 찍어야 할지 몰라서 장신민 선생님의 책 『도시를 포위하라』를 봤는데, 거기서 많은 영감을 받았어요. 우리는 사회의 밑바닥에 있는 사람들의 삶에 헌신적으로 주의를 기울인 장 선생님을 존경해요. 이제 우리도 카메라를 들고 똑같이 하고 싶어요"(Sun T, 2009).

홍콩에서 온 전문적인 독립사진작가인 아룽(Ah Lung)은 선전에서 지역 이주노동자를 지원하는 NGO의 후원으로 이 '풀뿌리 노동자 사진팀'에게 카메라 작동법과 조명, 각도, 원근법 등 기본적인 사진 촬영 기법에 대한 교육을 제공했다.* 홍콩의 또 다른 몇 사람들은 여러 대의 중고 카메라를 기증했다. 이후 이 팀은 NGO의 지원을 받아 자신들이 사는 공단에서 선전의 상업지구로 가는 길에 볼 수 있는 것을 매일 기록하기 시작했다. 그 결과 『15분의 산책』이라는 제목의 사진집을 만들었고, 이는 2009년 베이징에서 열린 제2회 '신노동자 문화예술제(新工人文化藝術節)'에서 전시되었다.**

---

* 이 NGO는 홍콩을 비롯한 다른 노동자 지원 단체들의 학자, 전문가, 예술가를 자주 초청하여 NGO 활동가와 자원봉사자를 위한 워크숍을 진행하여 공연 예술, 글쓰기, 연극, 사진 등의 기술과 기법을 교육한다. 이 NGO는 이러한 활동을 동원과 의식화를 위한 중요한 작업으로 생각한다.

** [역주] '신노동자 문화예술제(新工人文化藝術節)'는 앞에서 설명한 피춘에 있는 '베이징 노동자의 집'에서 2008년부터 진행한 이주노동자들의 문화예술 축제이다. '베이징 노동자의 집' 활동가들은 호적제도에 기반한 '농민공'이라는 용어는 이제 시대적 상황에 맞지 않으며, 폐기해야 할 구시대의 산물이라고 주장하면서 이들을 '신노동자(新工人)'로 규정한다. '신노동자'라는 개념에는 호적제도라는 제도적 차별 속에서 농촌과 도시를 오가며 어느 쪽에도 속하지 못하는 유동적이고 불안정한 사회 집단을 의미하는 '농민공'이라는 호명을 거부하고, 새로운 변혁의 주체로 거듭나려는 의지와 열망이 반영되어 있다. 이에 대한 자세한 논의는 『중국 신노동자의 형성』(나름북스, 2017)과 『중국 신노동자의 미래』(나름북

웨이카이룬은 샤오훙과 마찬가지로 20대인 또 다른 팀원이다. 두 젊은 여성 모두 선전시에 있는 장난감 공장에서 일했었다. 그곳에서 6년간 일한 후, 카이룬은 NGO의 자원봉사자가 되었고, 이 단체와의 인연을 통해 사진 교육과정에 참여하게 되었다. 카이룬은 사진 프로젝트에 참여하게 된 계기를 설명하면서 "추가 근무가 없는 날이면 카메라를 들고 여기저기 돌아다니며 사진을 찍곤 했어요. 저는 교육을 많이 받지 못했고, 글도 잘 쓰지 못해요. 하지만 카메라만 있으면 우리 모두 우리 삶을 사진으로 남길 수 있어요. 처음에는 우리 네 명뿐이었지만, 지금은 점점 더 많은 노동자가 우리와 함께 사진을 찍고 있어요"라고 말했다(Sun T, 2009).

나는 2009년에 베이징에서 열린 중국 농민공의 생활 실태에 관해 NGO가 주최한 심포지엄에서 카이룬을 처음 만났다. 카이룬은 선전의 기숙사 제도에 대해 발표하면서 주로 NGO 활동가, 대학생 자원봉사자, 그리고 나와 같은 몇몇 초국적 및 중국인 연구자 등으로 가득한 청중들에게 중국 남부에 있는 공장의 기숙사는 기본적인 가구만 갖춰져 있고 비좁으며, 사생활 보호가 부족하고 노동자들을 위한 공간에 아주 기본적인 보안 조치만 마련되어 있다고 말했다. 특히 여성 노동자들은 샤워 시설과 위생 시스템이 매우 열악했기에 더욱 힘든 시간을 보냈다. 카이룬은 자신의 발표를 보충하기 위해 본인과 동료들이 찍은 사진 몇 장을 슬라이드로 보여주었다. 그러다가 그녀는 웃으며 "이 사진들을 찍을 때는 누가 여기에 관심을 가질 거라고는 전혀 생각 못 했어요. 너무 평범하거든요. 이제야 이게 쓸모가 있다는 걸 알게 됐네요"라고 말했다. 그녀와 동료들이 촬영한 이미지를 효과적으로 활용한 이 발표는 큰 성공을

스, 2018)를 참조.

거두었다. 하지만 처음 사진을 찍기 시작했을 때만 해도, 그녀는 언젠가 이런 식으로 사진을 활용하게 될 것이라고는 생각하지 못했다. 서발턴들은 담론적으로 말하는 법을 배우고 있으며, 여기에 카메라가 가장 유용한 도구라는 사실을 깨닫고 있다.

카이룬과 카메라의 만남은 이주노동자의 정치적 의식 형성에서 하는 디지털 시각기술의 독특한 역할을 이해하는 데 유익하다. 농촌 출신 이주노동자 집단에서 문화적 소질과 적성을 타고난 소수의 '노동자(打工)' 시인, 소설가, 예술가들과 달리(7장과 8장 참조), 카이룬은 디지털 사진이 자신의 낮은 문해력을 극복하는 데 도움이 된다는 것을 알게 되었다. 카이룬과 샤오홍에게 사진은 문자보다 더 직접적이고 본능적이며, 적절한 단어가 없거나 떠오르지 않을 때 이미지가 이를 대신한다. 아무리 초보라도 카메라로 무장한 이들은 문학적 소양을 갖춘 (주로 남성) 시인이나 소설가 동료들만큼이나 자신과 동료들의 삶을 기록하고 남길 권리가 있다. 카이룬은 "직장 동료들이 가끔 저를 비웃으면서 사진을 찍는 게 무슨 소용이냐고 물어요. 그러면 저는 지금은 쓸모가 없을지 모르지만, 어쩌면 내 자식과 또 그들의 자녀들에게는 유용할 수도 있다고 답해요"라고 말했다(Beijing Migrant Workers' Home, 2009: 81).

샤오홍과 카이룬의 사진 프로젝트 참여는 사회적 이행과 전환의 역사적 순간에 놓인 거대한 사회 집단의 도시화 및 산업화 경험을 목격하고 기록해야 한다는 아직은 미숙하지만 이제 막 생겨나기 시작한 사명감을 구현한 것이다. 카이룬과 동료들은 중국의 '바링허우(八零後, 1980년대 이후 출생자)' 세대로서 이전 세대보다 훨씬 더 열광적으로 휴대전화 카메라를 수용한다(Hjorth, Wilken, Gu, 2012). 그러나 도시의 잘 교육받은 비슷한 세대들과 달리, 카오룬과 샤오홍같이 젊은 공장 노동자들은 자신의 신체에 대한 세심한 관심과 성찰에 몰두하는 일종의 '자화상'인 디지털 형식의 '자서전'을 제작하려는 욕구에는 별로 의욕이 없다(Gai, 2009). 오히려 이들은 사회적 정체성으로서 농민공의 집단적 경험에 대한 계급적 설명을 생산하려는 관심에 더 이끌린다. 물론 이것이 활동가이든 아니든 노동자들은 항상 한 가지 범주에 속하거나 한 가지 목적만을 위해 의도된 이미지만 생산한다는 의미는 아니다. 그리고 모든 이주노동자의 경험을 대변할 필요성을 느낀다는 의미도 아니다. 사실 '베이징 설문조사' 결과에 의하면 농촌 출신 이주자들은 사진 촬영보다 음악 감상을 위해 휴대전화를 더 많이 사용하는 것으로 나타났다(표 6.1). 이는 단지 샤오훙과 카이룬 같은 일부 개별 노동자들이 자신들의 계급 경험을 증언해야 한다는 사명에 대한 초보적인 감정을 획득하는 특정한 역사적 국면을 지적하는 것일 뿐이다. 다시 말해 이들의 실천에서 우리는 계급 의식의 잠정적 출현을 볼 수 있다.

도시화와 산업화의 불평등한 과정과 이것이 이주노동자에게 미치는 영향에 대한 시각적인 자기-민족지 증거를 생산하려는 이러한 충동은 이주노동자를 단순히 경제적 잉여 가치의 생산자가 아니라, 도시 시민과 동등한 권리와 자격을 가진 정치적 주체로 인정해야 한다는 신념에 기인한다. 카이룬과 동료들이 찍은 사진 슬라이드의 자막에는 "우리는 바쁘게 일해왔지만, 뒤돌아보면 우리 이름으로 남은 게 아무것도 없다는 사실을 깨닫습니다. 우리는 다른 사람들의 소유인 도시에 번영을 가져다주었습니다. 하지만 우리가 그렇게 하는 동안, 우리 공간들은 황폐해졌습니다"라고 씌어 있었다.

〈표 6.1〉 농민공의 통화 및 메시지 이외의 휴대전화 사용

목적	응답자 수*	응답 비율
QQ 채팅	198	21.1
독서	176	18.8
음악감상	318	33.9
사진촬영	89	9.5
음악녹음	16	1.7
이러한 기능을 사용안함	83	8.9
기타	57	6.1
합계	937	

출처: '베이징 설문조사' 중 QB33 문항(부록 참조).
* 이 질문에 응답하지 않은 73명의 참여자는 자료에서 제외되었다.

    샤오훙과 카이룬의 발언에는 공장 노동자로서의 일상에도 불구하고 사진 촬영이 그들에게 가장 좋아하는 취미가 되었으며, 삶의 의미와 방향을 제시하는 데 도움이 되었음을 함축하고 있다. 사회경제적 이유로 공장의 고된 일상에서 벗어날 수는 없지만, 이들은 자크 랑시에르(Jacques Rancière)가 프랑스 노동자 계급에 관한 연구에서 제기한 "낮 동안의 노동으로 인한 해악을 어떻게 치유할 것인가"라는 커다란 질문에 대한 효과적인 답을 찾았다. 랑시에르가 인용한, 낮에는 돈을 벌지만 '밤의 시간'에는 지식인으로 존재하며 정신적 양식을 얻고, 지루함으로부터의 탈출을 추구했던 19세기 프랑스 노동자들처럼 중국의 아마추어 이주민 사진작가들도 산업적 소외를 견디고 "죽은 영혼의 프롤레타리아"가 되지 않기 위한 생존 기술을 습득했다(Rancière, 1981). 게다가 사진은 자신의 삶과 환경을 보고, 매개하고, 이해하는 수단이 되었다. 카메라는 또 하나의 눈이 되어 노동자들이 밀집된 기숙사, 공장 작업장의 열악한 노동 환경, 그리고 일상적이고 평범한 삶의 다른 모든 요소에 대해 좀 더 거리를 두고 외부화해서 깊이 인식할 수 있게 해주었다. 그리고

카메라는 이들에게 인정을 얻기 위한 투쟁의 전제조건이자 필수적 요소인 정치적 주장을 형성할 수 있는 수단을 제공한다는 점에서도 매우 중요하다. 디지털화 및 미디어화가 심화하는 시대에 서발턴은 어떻게 말하는가에 대한 질문은 이제 필연적으로 디지털 기술을 얼마나 효과적으로 활용하는가의 형태를 취한다.

21세기의 노동자와 농민에 대한 사진적 재현이 역사적 선례와 구별되는 점은 일상적인 문화 생산과 소비의 디지털화라는 광범위한 현상이다. 처음으로 핸드폰에 카메라를 장착한 노동자들은 실시간으로 자신의 삶과 일에 대한 이미지를 제작할 수 있게 되었다. 비록 값비싼 장비는 없고 전문적인 경험에서 나오는 예술적 세련미는 부족할지 모르지만, 이들은 촬영 대상인 자신들에 관해 훨씬 더 내적으로 친밀한 지식이라는 독보적인 이점을 갖고 있다. 보통 시선의 대상이 되는 경우가 많았던 농민공들이 자기 자신들에게로 시선을 돌리기로 정했다는 사실이 '장'으로서의 사진 영역, 전문적인 사진작가로서의 정체성, 사진을 찍는 노동자의 지배적인 패러다임에 주는 함의는 무엇인가? 그리고 이주노동자 사진작가들이 스스로 값싼 노동력을 생산하는 동시에, 다른 이주노동자들이 값싼 노동력을 생산하고 있는 이미지를 포착할 때 집단적 정체성을 가진 개인으로서의 자기 인식에는 어떤 변화가 일어나는가? 시각성의 힘을 매우 능숙하게 활용하는 소수의 농촌 출신 이주민 중 한 명인 멍샤오챵의 존재는 이러한 질문을 고찰하는 데 큰 도움이 된다(그림 6.3).

허베이성 출신의 이주민인 멍샤오챵은 20대 중반에 불과하지만, 스자좡(石家莊), 탕산(唐山), 베이징 등 여러 곳에서 수년간 건설 노동자로 일해왔다. 그는 나와의 인터뷰에서 카메라와의 사랑이 건설 노동자로서의 경력과 함께 시작되었다고 말했다.

〈그림 6.3.〉 농민공에서 NGO 활동가로 변신한 사진작가 멍샤오챵.
사진: 저자(Wanning Sun)

처음 도시에 와서 건설 노동자가 되었을 때, 저는 시골 청년에서 노동자로 정체성이 바뀌었다는 것을 느꼈고, 이 정체성 변화의 순간을 기록해야겠다는 생각에 안전모와 유니폼을 입고 있는 제 모습을 많이 찍었어요. 제 동료 중 일부도 언젠가는 건설 현장 일을 그만두고 다른 일을 할 것으로 생각하며, 많이들 그렇게 했어요. 하지만 몇 년 후 우리는 우리가 여전히 건설 현장에서 일하고 있다는 사실을 깨달았어요.

멍샤오챵과 동료들은 처음에 카메라를 사용하여 삶의 '획기적인 사건', 즉 인생의 한 단계에서 다른 단계로의 이행을 알리는 기억에 남는 순간을 기록했는데, 이는 사람들 대부분이 카메라를 사용하는 방식과 크게 다르지 않다. 멍샤오챵의 경험에서 주목할 점은 그와 동료들이 시골 마을을 떠나 이주노동자가 되었을 때, 더 나은 전망과 상향적인 사회적 이동의 가능성에 대한 꿈에 부풀어 있었다는 것이다. 하지만 이제 그와 동료들은 이러한 낙관적 꿈을 상실했다. 다른 2억 6천만 명의 농민공과 마찬가지로 자신들도 중국 불평등의 가장 고질적인 문제를 체현하고 있으며, 일부 사회 집단의 상향적인 사회적 이동은 자신들 같은 농민공이 값싼 노동력으로 남아 있는 것을 조건으로 하기에, 자신들의 위치는 사회적·경제적으로 고정되어 있다는 사실을 점차 깨닫게 되었다.

자신이 주변화된 집단에 속한다는 멍샤오챵의 자각은 건설 현장에서의 직접적인 경험, 그리고 더 중요하게는 노동 NGO들과의 접촉을 통해 촉진되었다. 2009년에 처음 멍샤오챵을 만났을 때, 그는 한동안 노동자 자원봉사자로 활동하다가 한 권리 옹호 NGO에 합류한 상태였는데, NGO 실무자들은 농민공 건설 노동자로 일했던 그의 경험이 단체가 이주노동자에게 접근하고 신뢰를 얻는 데 도움이 될 것으로 생각했다. 내가 멍샤오챵을 알게 된 후 4년 동안, 그는 여러 NGO를 옮겨 다니며 활동했고, 그 사이에 여러 달 동안 다양한 건설 현장에서의 일도 병행했다. NGO 내에서 그의 역할은 다양했다. 산재를 당해 분노한 노동자들이 보상을 받을 수 있게 돕는 연락 담당자, 노동자들에게 권리와 자격 그리고 노동법에 관한 자료와 정보를 전달하는 교육 진행자, 이주노동자에게 목소리와 가시성 및 행위성을 부여하기 위한 활동 참여 등 다양한 역할을 감당했다. 이러한 모든 경험을 통해 멍샤오챵은 카메라가 더 광범위하고 정치적인 목적에 유용할 수 있다는 인식을 더욱 분명히 하게 되었다.

NGO 단체들에서 일하기 시작한 이후, 멍샤오챵은 자신의 삶과 그 주변의 삶을 기록하는 카메라의 능력을 점점 더 자각하게 되었다. 초등학교 교육밖에 받지 못한 멍샤오창은 만약 글을 써야 한다면 활동가로서 자신의 역할이 매우 제한적일 것이라고 인정한다. 그는 "핸드폰 카메라가 제 펜이에요"라고 자주 말한다. 따라서 이 서발턴은 글을 쓸 수는 없지만, 디지털로 제작한 이미지로 매우 설득력 있게 말할 수 있다. 그는 홍콩 출신 사진작가 아룽이 '풀뿌리 노동자 사진팀'을 위해 운영한 교육과정에 참여해서 많은 기술적 '기법'을 배울 수 있었고, 이를 다시 "노동자들에게 전수"했다. 멍샤오창은 자신의 활동가 사진작가로서의 경력은 그저 핸드폰 카메라가 할 수 있는 일에 매료된 한 청년의 호기심에서 시작되었다고 고백한다.

> 우리 중 일부는 카메라를 손에 들고 뭔가 흥미로운 것을 기록하거나 이미지로 무언가를 말하고 싶다는 막연한 욕구가 있었지만, 대부분 체계적이지 않고 발전되지 않은 생각에 불과했어요. 명확한 목적이나 야심이 있는 것도 아니고요. 예를 들어 건설 현장의 안전 조치는 경영진이 정부 점검팀에게 보여줘야 하는 날을 제외하고는 보통 매우 허술해요. 가끔 정부 점검팀이 예고 없이 들이닥치면, 현장 감독관들은 허술한 흔적을 감추기 위해 허둥댑니다. 제 직장 동료 중 한 명은 점검 당일에 노동자에게 작업을 중단하고 기숙사로 돌아가라고 명령하는 등의 현장 감독관이 자주 사용하는 전술들을 사진으로 많이 찍었어요. 사진을 찍을 당시에는 그 사진으로 무엇을 말하고 싶은지 또 무엇을 할 수 있을지 확신하지 못했지만, 어쨌든 경영진의 기만과 위선을 기록하는 일이 가치 있다고 생각했어요. 나중에 제가 대회에 출품해보라고 권유했는데, 그는 이미 사진이 핸드폰 공간을 너무 많이 차지해서 삭제했다고 말하더군요.

누구나 카메라를 사용하여 주변에서 일어나는 일을 기록할 수 있지만, 사진가로 '진입'하지 않으면 영향력을 행사하거나 사회적 변화를 일으킬 수 있는 잠재력은 대부분 미개척 영역으로 남아 있다. 이 '진입'은 멍샤오챵의 경우처럼 자기 발견의 문제일 수 있지만, 어떤 경로로 진입하든 의미 있는 대상을 발견하고, 이를 효과적으로 포착하는 기술을 배워야 하며, 그리고 동원과 의식화 및 목소리와 가시성을 얻기 위한 투쟁의 목적으로 이미지를 사용하는 가장 강력한 방법을 고안하는 등의 단계가 포함될 것이다. 멍샤오챵은 자신의 경험을 바탕으로 "노동자들은 지도와 영감을 모두 받아야 한다"고 믿는다.

처음 사진을 찍기 시작했을 때는 사진을 어디에 쓸지 생각하지 않았어요. 하지만 많은 사진을 찍어보고, 어떤 주제나 화제에 따라 사진을 선별하고 싶다는 생각이 들자 이제 내 목적이 무엇인지 생각해야만 했어요. "이 이미지들로 무엇을 말하려고 하는가?"라고 저 자신에게 물었어요. 주제에 따라 이미지를 선별하는 과정은 저에게 일상적인 이미지를 특정한 정치적 발언으로 전환하는 과정이었어요. 저는 그 과정에서 정치적으로 더 의식적인 사진작가가 되었다고 생각해요.

멍샤오챵은 500만 화소 카메라와 800만 화소 카메라의 차이에 관한 대화를 나눌 때, 멋쩍게 웃으면서 주로 전문 카메라를 가지고 '놀기' 위해 평소 알고 지내던 도시의 사진작가들과 어울렸다고 고백했다. 하지만 이보다 중요한 사실은 그가 노동자의 삶을 기록하는 카메라의 능력과 이 임무를 완수할 수 있는 자신의 고유한 능력을 훨씬 더 잘 인식하게 되었음이 분명해졌다는 것이다. 이제 그는 단순한 노동자가 아니라, 자칭 민족지 학자이기도 했다. 그는 동료들의 신뢰를 얻어 현장에서 그들이 일하는 모습을 직접 볼 드문 기회를 얻기도 했다. 2010년 몇 달 동안 여러 NGO에서 일하던 중 멍샤오챵은 다시 허베이성 탕산시의 건설 현장으로 돌아가 용접공으로 일했다. 그는 계속 핸드폰의 디지털카메라에 빠져 있었고, 동료들 사이에서 '호전적'이라는 평판을 얻게 되었다. 이에 대해 멍샤오챵은 "사장이 허락하지 않으면 제대로 된 카메라를 작업장에 가져갈 수 없었어요. 그리고 노동자들도 처음에는 제가 그들에게 무슨 짓을 할까 봐 경계했어요. 하지만 제가 핸드폰 카메라로 사진을 찍는 건 다들 편안해하더군요. 나중에는 노동자들이 제게 '야 샤오챵, 나를 좀 찍어줘'라고 말하기도 했죠"라고 이야기했다. 그러나 멍샤오챵이 동료들의 신뢰를 처음부터 바로 얻은 것은 아니었다. 2012년 10월에 나눈 대화에서 그는 처음 동료들의 사진을 찍기 시작했을 때 그들의 전형적 반응을 다음과 같이 회상했다.

> 노동자들은 제가 그들의 모습을 찍는 것을 좀 의아해했어요. 그들은 보통 사진을 찍는다고 하면 예쁜 배경에 멋진 옷을 입은 사람들이 나오는 걸 연상했어요. 그래서 그들은 "여기서 찍을 게 뭐 있어요? 옷은 더럽고, 음식은 형편없고, 머리는 엉망이고, 예쁜 배경이라고 할 만한 것도 없잖아요. 왜 우리가 힘들게 일하는 모습을 찍는 거예요? 너무 창피하잖아요"라고 말하곤 했어요. 하지만 점차 그들은 제가 그들의 삶을 이해하고 또 그들이 하는 일을 존중하기 때문에 사진을 찍는다는 사실을 느꼈어요. 그래서 처음의 거부감과 주저함이 사라졌죠. 게다가 노동자들 몇몇이 서로의 사진을 찍어주기 시작하는 것도 보였어요.

멍샤오챵의 발언은 우리에게 흥미로운 역설을 보여준다. 노동자들은 카메라 앞에서 연기하고 싶지 않지만, 신뢰하는 사람이 촬영해주는 것은 좋아한다. 노동자들의 작업장에서 촬영하려면 기술적 능력과 최종 산출 이미지의 예술적 수준 모두에서 열등한 핸드폰 카메라를 사용해야 한다. 피사체를 가장 정확하고 섬세하며 창의적으로 촬영할 수 있는 '진짜' 카메라는 '여기'에 있을 수 없기에, 노동 현장에서 펼쳐지는 삶을 고해상도로 증언할 수는 없다.

자신이 특권적인 위치에 있다는 사실을 깨달은 멍샤오촹은 '용접공 삶의 하루'라는 주제로 일련의 사진을 찍어보자는 아이디어를 떠올렸다. 동료들이 아침에 일어나 식사를 하고, 건설 현장에서 일하고, 쉬고, 동료들과 어울리는 모습을 수백 장의 사진으로 찍었다. 그런 다음 이 사진 중 일부를 담은 7분짜리 동영상을 만들고, 거기에 음악, 자막, 내레이션을 추가해서 핸드폰을 통해 몇몇 동료와 친구들에게 전송한 후 나중에는 온라인에도 공개했다. 멍샤오촹은 자신의 이 작업이 동료 용접공들 사이에서 얼마나 널리 퍼질지 예상하지 못했다. 탕산에서 베이징으로 돌아왔을 때, 놀랍게도 수많은 용접공이 자신이 만든 동영상을 핸드폰에 저장해두고 있다는 사실을 알게 되었다. 멍샤오촹이 이들에게 이 동영상을 어떻게 입수했는지 물어보자, 톈진의 고향 사람이나 스자좡의 전 직장 동료가 전송해줬다고 대답했다. 한 노동자는 동영상의 마지막 이미지에 있는 자막을 읽을 때 눈물을 흘렸다고 하는데, 그 자막에는 "고되게 일하고 인생의 쓴맛을 보는 일은 견딜 수 있지만, 아들이 자라서 '아빠, 어떻게 생각하세요? 제가 공장에서 일해야 할까요, 아니면 건설 현장에서 일해야 할까요?'라고 물어볼 것이 두렵다"라고 씌어 있었다.

멍샤오촹은 자신의 작품이 이렇게 널리 유통되는 것을 보고 매우 놀랐고 뿌듯했으며, 일부 동료들이 그의 동영상을 다운로드하고 접속하기 위해 얼마나 많은 고생을 했는지를 알고 감동했다. 멍샤오챵은 "어떤 식으로든 그들과 소통해야 해요"라고 말했다. 공유는 중요한 과정이다. 계속해서 그는 "이미지를 공유하지 않으면, 그건 아무것도 아니에요. 하지만 일단 공유된 이미지는 자신과 같은 생각을 하고 같은 방식으로 일하는 다른 사람들이 있다는 사실을 깨닫게 해줘요"라고 말한다. 멍샤오챵의 작업은 노동자들의 가장 뿌리 깊은 두려움 중 하나와 공명했다. 그것은 앞으로도 사회경제적 지위가 극적으로 개선되지 않을 것이고, 사회적 사다리의 맨 밑바닥에 머물 가능성이 크다는 두려움이다. 나는 바로 여기에 농민공들이 미디어 활동가로서 직면한 가장 중요한 도전이 있다고 생각한다. 사회주의 체제에서의 새로운 삶에 대한 노동자들의 올바른 인식과 미래에 대한 공산주의의 유토피아적 이상을 끊임없이 환기하려고 했던 사회주의자들의 핵심적인 동원 전략과 달리(Cai X, 2010), 멍샤오챵과 동료들의 작업은 현재에 대한 불만을 강화하고 미래에 대한 두려움을 자아냈지만, 상황을 어떻게 개선할 수 있는지에 대한 실질적인 비전은 제시하지 않는다.

    멍샤오챵의 사진은 기술적으로나 미학적으로 기교가 탁월하다고 할 수는 없다. 오히려 구도와 스타일이 주류 다큐멘터리에 등장하는 건설 노동자의 이미지와 상당히 유사하다고 볼 수도 있다. 그의 사진에는 강인함과 자부심으로 고된 일과 열악한 노동 환경을 견뎌내는 노동자들의 모습이 똑같이 나타난다. 장신민의 작품에 나오는 농촌 출신 이주민의 사진과 비교하면, 용접공의 하루를 담은 멍샤오챵의 시각적 일기는 불안, 좌절, 불확실성을 주요 주제(motif)로 삼지 않은 것처럼 보인다. 하지만 그의 작품은 다른 아마추어 이주민 사진작가들의 작품과 함께 노동자 사진의 정전(canon)에서 특별한 위치를 차지할 가치가 있다. 노동자 동료들은 이미지의 품질이 더 좋거나 더 높은 수준의 통찰력이 있어서가 아니라,

'우리 중 하나'가 제작하고 '우리의' 경험에 관해 내부에서 이야기하기에 멍샤오챵에 더 공감했다. 다시 말해 멍샤오챵 작품의 서발터니티는 이미지 자체의 본질적 속성이 아니라, 주로 주류의 대중적 기관이나 전문적인 사진 영역의 '장' 외부에서 독립적인 네트워크를 통해 생산, 유통, 소비된다는 사실에 있다.

2012년 말에 멍샤오챵을 다시 만났을 때, 그는 내게 온라인에서 자신의 동영상이 16만 건의 조회수를 기록했다고 말했다. 멍샤오챵을 알든 모르든 노동자들은 이 동영상의 사진작가를 그들 중 하나일 것으로 생각한다. 멍샤오챵의 작품 속 이미지 자체는 평범하지만, 그것을 넘어 사회기호학적 측면에서 매우 중요한 의미와 반응을 생성한다. 그의 사진은 전문가가 촬영한 이주노동자들의 움직이는 이미지를 넘어 이주노동자들 사이의 상호주체성을 형성하는 통로, 촉매제, 수단으로 기능한다. 그리고 시와 소설을 쓰는 농촌 출신 이주노동자(다음 두 장을 참조)들과 비교해 류샤오훙, 웨이카이룬, 멍샤오챵 같은 노동자들은 시각적 이미지 제작을 더 실행 가능한 행동주의의 수단으로 여긴다. 카이룬과 마찬가지로 멍샤오챵도 문자적인 것보다 시각적인 것을 더 선호한다고 공언했다. 그는 "이미지가 더 쉽게 제작할 수 있고, 노동자들에게 더 직접 말을 할 수 있다"라고 말한다. 포스트 사회주의 시대에 서발턴의 발화행위는 사회주의 시대의 '고통 말하기' 의례 이후 상당히 진화했으며, 아마도 필연적으로 점차 시각적으로 매개되는 무수한 형태를 취하게 되면서, 무한히 복제 가능하며 분산된 관중들에게 종종 지연된 방식의 디지털 형태로 전달될 것이다.

모든 전문 미디어 제작자들이 1인 영화감독이 제작하는 '다큐멘터리'는 말할 것도 없고, 디지털 사진의 등장을 의심과 우려의 눈으로 바라보기 시작했다. 이들이 우려하는 이유 중 하나는 도시 소비자, 특히 젊은이들이 디지털 시각기술을 전 세계적으로 받아들이면서 이제 자신들을 다시 정의하고 재창조하는 기획에 필수적인 요소가 되었기 때문이다. 뒤처지지 않으려는 농촌 이주민들, 특히 1980년대와 1990년대에 태어난 이주민들도 비록 순간적이고 소비자 지향적일지라도 이러한 다양한 시각적 문화 관행에 열정적인 참여자가 되었다. 하지만 이것이 전문가들이 디지털 기술의 도래를 우려하는 유일한 이유는 아니다. 개별 시민들의 역량을 강화하는 디지털 기술의 잠재력도 강력하게 성장하고 있으며, 이러한 기술이 노동 활동가들의 문화적 레퍼토리의 주축이 되고 있다는 점이 가장 이목을 집중시킨다. 여러 도시에서 왕더즈(앞 장을 참조)와 멍샤오챵 같은 수십 명의 노동 활동가들이 마치 군인들이 무기를 든 것처럼 카메라와 캠코더를 들고 있다. 내가 멍샤오챵이나 왕더즈 같은 활동가 '연구 대상'들과 QQ로 연락할 때마다(그들은 항상 온라인에 접속해 있고 대화에 참여할 준비가 되어 있는 것처럼 보인다), 그들은 온라인에 올릴 또 다른 영상을 마무리하고 있거나, 노동자들에게 밀린 임금을 청구하거나 산재 보상을 받는 방법을 교육하는 새로운 단편 영화에 출연할 이주노동자 자원봉사자를 구하느라 바빴고, 더 많은 노동자가 핸드폰 카메라와 디지털 비디오 리코더를 가지고 자신과 주변 사람들의 삶을 기록할 수 있도록 교육하느라 분주했다. 이처럼 비디오 리코더와 핸드폰은 21세기의 필수적인 소비재이면서 동시에 주변화된 집단의 서발턴 정치를 지원하는 도구로도 활용되고 있다.

사진 공모전의 딜레마: NGO의 역할

2011년 1월, 베이징에 있는 '도시 외곽의 마을'이라는 의미의 '성변촌(城邊村)'이라는 단체는 이주노동자 다큐멘터리 사진 공모전을 개최하고, 농민공의 삶과 노동을 기록한 사진 작품을 모집했다. '성변촌'은 중국 각지의 수많은 노동 NGO와 긴밀히 협력하여 농민공의 사회적·경제적 이익을 옹호하기 위한 노력을 조율하는 단체이다. 그리고 온라인을 통한 정보 및 서비스 제공에 전념하고 있으며, 농민공들을 위한 가상 공론장으로 이들에게 사회 집단으로서의 목소리와 가시성을 부여하고, 이들이 직면한 문제와 이슈에 대한 대중의 인식을 높이는 데 힘쓰고 있다. '성변촌'은 노동자들이 핸드폰 카메라로 자신의 삶과 일을 기록하는 능력이 점차 향상되고 있고, 이들이 문화 소비에 있어 텍스트보다는 시각적 자료를 선호한다는 점을 인식하여 이번 공모전을 개최했다. 멍샤오챵의 사진 동영상 〈용접공 삶의 하루〉와 선전시 '풀뿌리 노동자 사진팀'이 제작한 〈15분의 산책〉이 모두 출품되었다. 공모전의 실무 책임자인 돤란팡은 이 프로젝트의 주요 목적을 다음과 같이 설명했다.

> 우리는 시각적 힘을 사용하여 농촌에서 이주한 노동자(打工) 개인이 목소리를 갖기를 바랍니다. 또 이번 선도적인 기획을 통해 NGO로서 그리고 지역사회에 대한 서비스 제공자로서의 사명과 목표를 명확히 하고자 합니다. 이와 동시에 이주노동자 집단에 대한 일반 대중의 인식을 높이고, 편견과 선입견을 없애는 데 도움이 되고자 합니다. 마지막으로 이번 온라인 전시회/공모전을 통해 이주노동자들의 밝고 긍정적이며 낙관적인 전망을 보여줌으로써, 이주노동자 개인이나 집단의식의 발전이라는 측면에서 이들 공동체에 자신감을 심어주기를 기대합니다.

예비 참가자들은 만약 자신의 작품이 선정되면 온라인 전시회(상시), 베이징과 다른 도시에서 진행되는 순회 사진전, 그리고 사진집 출간이라는 셋 중 하나 이상의 방식으로 홍보될 것이라는 안내를 받았다. 공모전 주최 측은 노동자들에게 자신의 사진을 전시할 수 있는 플랫폼을 제공하면 그들의 창의력을 자극할 것이라고 믿었다. '성변촌'의 한 실무자는 "노동자는 창의력이 부족하지 않아요. 부족한 것은 대중의 인정이며, 자신의 작품이 더 많은 청중에게 다가갈 수 있다는 사실을 알게 되면 자신의 삶과 일에 대한 사진을 찍을 의욕이 더 커질 거예요"라고 말했다.

2011년 10월 출품 접수가 마감되었을 때, 이주노동자와 프로 사진작가들이 전문 카메라나 핸드폰 카메라를 사용해 촬영한 사진 천여 장이 접수되었다. 약속대로 제출된 사진 대부분은 온라인에 업로드되었고,[*] 그해 내내 베이징의 여러 대학 캠퍼스를 비롯해 양쯔강 삼각주의 쑤저우, 항저우와 주강삼각주에 있는 여러 도시의 대학 캠퍼스에서 순회 전시회가 진행되었다. 여러 대학의 학생회가 캠퍼스에서 전시회를 하는 데 중요한 역할을 했지만, 전시회에 대한 학생들의 반응은 시큰둥하거나 아예 없는 등 다양했다. 예산의 제약으로 인해 눈길을 끌거나 시각적으로 매력적인 방식으로 사진을 배열하고 전시하려는 시도는 거의 없었으며, 대신 대형 천에 콜라주 형식으로 사진을 붙여 캠퍼스 내 열린 공간의 두 기둥이나 나무 사이에 걸어두었다. '성변촌'은 거리와 다른 공공장소에 사진을 전시하려고 몇 차례 시도했지만, 곧 시내 쇼핑몰과 같은 상업

---

* 사진은 http://pic.chengbiancun.com(2014년 7월 7일 접속)에서 온라인으로 볼 수 있으며, 노동자들은 계속해서 컬렉션에 이미지를 추가할 수 있다.

공간에는 이들을 위한 전시 공간이 없기에 불가능하다는 사실을 알게 되었다.

공모전 참가 자격에 대한 공식적인 제한은 없었지만, 원래 의도는 주로 이주노동자들이 찍은 사진집을 발간하는 것이었다. 하지만 '성변촌' 실무자들은 이것이 간단한 문제가 아니라는 사실을 금방 깨달았다. 이주노동자들의 작품만 사진집에 포함한다면(이것이 그들이 애초에 진지하게 고려한 선택지였음), 분명 어느 정도 진정성과 순수성을 주장할 수 있을 것이다. 그리고 주류의 전문적인 사진 출판물과의 차이를 위해 '상품 차별화'에도 활용할 수 있을 것이다. 하지만 주최 측이 출품된 사진들을 검토한 결과, 이주노동자들이 찍은 사진의 양이 실속 있게 사진집을 구성할 만큼 충분하지 않았고, 질적 수준도 전반적으로 고르지 않다고 판단했다. 노동자들이 출품한 사진 대부분은 핸드폰 카메라로 촬영되었으며, 주로 거리, 하늘, 꽃 위주로 주제에 대한 초점이 부족한 경향이 있었다. 주최 측에 따르면 이러한 사진 중 보는 사람에게 감동을 주거나, 이주노동자 자신이나 다른 사람들에게 광범위한 공감을 불러올 수 있는 이미지는 거의 없었다. 게다가 이들의 사진은 이주민들의 삶과 노동에 대한 '진정한' 관점을 대표하는 것 같지도 않았다. 이에 비해 멍샤오챵과 '풀뿌리 노동자 사진팀'이 찍은 사진은 예술적 가치와 주제 측면에서 모두 우수하다고 느껴졌다. 전문 사진가들의 눈에는 여전히 미숙한 아마추어에 불과할지 모르지만, 이들도 어느 정도 교육을 받았고 이제 더는 '풋내기'가 아니었기에 놀라운 일은 아니었다. 더 중요한 사실은 이들은 다양한 권리 옹호 NGO와 함께 활동하면서 어느 정도 정치화되었으며, 다른 이주노동자들은 말할 것도 없고 전문 사진가들보다도 연대를 구축하고 집단적 정체성을 형성하는 도구로 시각적 기술을 활용할 수 있는 잠재력을 훨씬 더 잘 인식하고 있었다는 것이다.

그러나 최종 사진집에 수록되는 것이 순전히 일종의 미적 기준에 의해서만 결정된다면, 즉 대다수의 미숙한 농촌 출신 이주민들의 작품보다 전문가와 어느 정도 훈련된 아마추어의 작품에 특권을 부여한다면, 어떻게 이 사진집이 이주노동자들의 목소리와 시선을 구현했다고 주장할 수 있겠는가? 더욱이 사진집을 발간하는 데 막대한 비용 들기 때문에, 노동 관련 NGO와 자원봉사자, 노동자 활동가, 공모전에 참여한 농촌 출신 이주민 사진가 등 '내부'에 속한 사람들에게만 배포할 수 있을 정도로 제한된 부수만 인쇄할 수 있다는 사실이 이러한 문제를 더욱 복잡하게 만들었다.* 이러한 한계를 고려할 때, 보통 책을 잘 구매하지도 않는 대다수 이주노동자에게 서점에서 쉽게 구할 수도 없는 이러한 사진집이 현실적으로 도달할 가능성이 있겠는가?

이러한 질문들은 '성변촌' 실무자들의 마음을 무겁게 짓눌렀고, 여기에 자금을 지원한 기관의 기대가 더해져 어떤 식으로든 해결책을 찾아야 한다는 압박이 가중되었다. 주최 측은 대학생 자원봉사자, 잠재적 출판사, 전문 사진작가 자문위원, 중국 및 초국적 학자 등을 망라한 여러 회의를 소집하여 제출된 사진을 분석하고, 다양한 출판 옵션과 전략의 장단점을 검토했으며, 작품 사진집의 내용과 주제, 초점을 어떻게 결정할지 논의했다.** 그러나 회의에서도 농촌 출신 이주민들 서로 간에, 그리고 주류 및 전문적인 관행과 전문가와의 관계에 관한 입장과 관점이 첨예했으며, 더욱이 이러

---

* 주최 측은 사진집 출판을 위해 최소 3만 위안을 마련해야 한다고 말했다.
** 나는 이 회의 과정에 자문으로 참여한 학자 중 한 명이었다. 2011년 10월에 열린 일련의 회의에 참여하여 다양한 선택지들을 검토하고 대안을 제시하기 위해 초대되었다.

한 입장 간의 긴장을 조정하는 NGO의 역할에 대한 불확실성으로 인해 이들 조직이 직면한 여러 가지 딜레마가 분명하게 드러났다.

주요 갈등 중 하나는 사진집을 온라인에 게시할 것인지, 아니면 책으로 출간할 것인지를 선택하는 일이었다. 자금을 지원한 기관과 공모전에 참여한 개별 참가자들은 책으로 출간하는 것을 더 선호했다. 사실 책 형태의 출간물은 시장에서의 노출이 제한적이기는 하지만, 이를 지지하는 사람들은 여전히 출판이 더 '권위 있는' 형태이며, 일정 수준의 전문성을 의미하고, 더 높은 수준의 전문가적 인정을 받는 일이라고 생각했다. 반면에 사진을 온라인에 게시하면 비용이 훨씬 적게 들고, 더 많은 사람이 작품집에 쉽게 접근할 수 있으며, 더 많은 상호작용 가능성을 제공할 수 있지만, 이 프로젝트의 위상이 떨어지고 문화적 자본이 덜 부여된다는 단점이 있었다. 이 두 가지 방안 사이의 선택은 예술적 가치와 기술적 능력, 그리고 일반 대중으로부터 더 높은 수준의 인정을 받는 데 중점을 두어 전문적인 기준을 우선시하려는 욕구와 특색 있고 진정한 노동자의 관점을 기록해야 한다는 의무감 사이의 긴장으로 인해 더욱 어려운 문제가 되었다.

수차례의 논의 끝에 나온 결론은 노동자들의 사진과 전문적이고 주류적인 사진 사이에 경계를 정하는 것이 실행 가능한 일이 아니라는 합의였다. 농민공에게만 고유하거나 이들이 보편적으로 채택하는 사진 스타일과 관행이 없기에, 누가 진정한 노동자의 관점을 가지고 있다고 확실하게 말하기 어렵기 때문이다. 실제로 일부 노동자들은 전문가들의 시각적 문법과 언어에 경도된 이후, 더는 노동자로서의 '전형적인' 존재가 되기를 멈췄으며, 또 다른 노동자들은 꽃, 웃는 얼굴, 현대적인 건물 등 '더 예쁜' 주제에 끌리는 시각적 방식과 스타일을 취하며 주류의 미적 정서를 내면화한 지 오래되었다. 서발턴은 말하기를 원할 수 있지만, 반드시 그들에게 기대되는 언어, 표현 양식, 문법으로 하지는 않을 수 있다. 심지어는 처음부터 서발턴으로 식별되지 않기를 원할 수도 있다.

    주최 측과 자문위원들은 전문 사진작가와 농촌 출신 이주민 사진가 사이에 인위적인 경계를 유지하기보다는 두 그룹 간의 연결과 교류의 기회를 만드는 것이, 이 프로젝트의 주요 목표를 실현하는 더 효과적인 방법이 될 수 있다는 데 동의했다. 따라서 최종 선정에서 전문적인 작품을 배제하는 대신 이를 포함하면 노동자들의 창작 활동에 영감을 주고 격려할 수 있으며, 자신들의 일과 삶에 대해 다르게 성찰하도록 자극할 수 있다고 판단했다. 동시에 전문 사진작가의 사진에 대한 노동자의 반응과 피드백은 전문가들에게 농민공들의 생활 세계에 관한 더 깊은 통찰력을 제공하고, 나아가 또 다른 창의적 영감의 원천이 될 수도 있다. 여전히 많은 사람이 노동자들의 사진이 독창성과 예술적 가치가 부족하다고 생각할 수 있지만, 그래도 주최 측은 노동자들의 작품에 그들의 개인적인 삶의 경험에 관한 이야기나 사진을 찍게 된 계기, 특정 이미지에 대한 다른 노동자들의 공감과 비평 등의 맥락을 적절하게 배치하면 이들 작품의 가치에 대해 좀 더 깊은 이해가 가능하다고 생각했다. 그리고 전문가와 노동사 사이만이 아니라, 노동자들 사이에서도 마찬가지로 서로의 감상을 공유할 기회가 될 수도 있다.

    이러한 모든 고려 사항을 바탕으로 행사 실무자들은 자금 후원 기관과 대회 참가자들의 기대에 부응하기 위해 작품집 책을 출간하는 한편, 앞서 언급한 종류의 상호 연결과 교류를 촉진하기 위해 쌍방향 온라인 자원 개발에도 상당한 자금을 할당했다. 그리고 조직 위원회는 인쇄 출판물 제작으로 이 프로젝트는 일종의 종결을 맺지만, 개설된 온라인 사이트는 폐쇄할 필요가 없이 상호작용과 교류를 촉진할 수 있는 모든 종류의 기회를 열어주고, 또 노동자 공동체 내에서 집단적 연대감을 조성하고, 노동자와 전문가 사이의 계급 간 연합을 모색할 수 있는 진정한 공간으로 거듭날 지속적이고 상시적인 프로젝트로 활용할 수 있다고 생각했다. 요컨대 이 사진 공모전 프로젝트는 NGO가 미디어 제작 참여를 통해 박탈당한 사회 집단의 역량을 강화하려는 훌륭한 목표를 추구하는 과정에서 직면한 여러 가지 딜레마와 어려움을 해결해나가는 다양한 방식을 구체적으로 보여준다.

디지털-정치적 리터러시와 서발턴 의식

이제까지의 논의를 통해 두 가지 역설이 드러났다. 사회적 집단으로서의 농촌 출신 이주민은 이제 사진의 인기 있는 소재가 되었지만, 도시적이고 전문적인 예술적 시선의 대상이라는 지위에는 큰 변화가 없다. 더욱이 사진 이미지의 생산이 이제 널리 보급되고 고도로 민주화되었지만, 예술로서의 사진과 이미지로서의 사진 사이의 고전적인 분리는 줄어들지 않고 오히려 더욱 심화했다. 이러한 논의들은 또 중국 농민공의 정치적 의식 수준이 디지털 활용능력 자체에 의해 결정되지 않으며, 사회적으로 주변화되고 경제적으로 착취당한 개인으로서의 경험을 통해서만 형성되는 것도 아님을 보여준다. 그보다는 이들의 의식 수준은 기술로 가능해진 정치화 및 사회화 과정에 어느 정도로 인도되고 진입할 수 있는지와 밀접하게 연결되어 있다. 기술이나 혹은 디지털 리터러시 없이 높은 수준의 정치의식을 가질 수도 있고, 정치적 의식 없이 높은 수준의 디지털 리터러시를 가질 수도 있지만, 목소리와 가시성, 그리고 집합적 의식을 얻기 위한 실질적 전망은 이 두 영역 간의 성공적이고 효과적인 접합에 달려 있다. 집합적인 이주노동자 계급 정체성의 형성은 그 어느 때보다 개별 노동자와 노동자 지원 단체 모두의 기술-정치적 리터러시 획득을 조건으로 한다. 잭 치우(Jack Qiu)가 네트워크화된 사회로서의 중국 노동계급에 관한 연구에서 지적했듯이, 노동자 권리를 옹호하는 개인과 지원 단체는 '노동계급의 정보통신 기술', 즉 QQ와 같은 저렴한 인터넷 및 핸드폰 서비스에 크게 의존하고 있다. 잭은 "이를 통해 그들은 과거와 현재의 중국 노동계급의 풍부한 문화적 레퍼토리를 활용하는 특정한 UCC(사용자 제작 콘텐츠, User-Created Content)를 생산"한다고 말한다(Qiu, 2012: 184). 이러한 주장을 확장해서 나는 노동자 계급 UCC의 생산이 농민공의 '풍부한 문화적 레퍼토리'를 단순히 '활용'하는 것이 아니라, 오히려 사실상 그 문화의 필수적인 일부가 되었다고 생각한다.

이상에서 논의한 경험적 연구 결과는 한편으로는 서발턴 의식 성장의 불균등성을, 다른 한편으로는 자기역량 강화를 목적으로 기술을 활용하는 농촌 이주민들의 다양한 성공 수준 사이의 연관성을 보여준다. 이러한 연관성은 기술결정론자들이 빠지기 쉬운 함정인, 사회적 변화나 혹은 변화의 결핍을 설명할 때 정치-경제적 과정보다 기술 발전에 특권을 부여하는 것이 아니다. 오히려 기술의 사회적 활용이 사회변화에 선행하거나 외재하는 것이 아니라, 실제로는 사회변화의 필수적인 측면이라는 주장에 무게를 더하는 것이다.

아마도 다른 어떤 문화적 형식과 실천보다도 전문적인 '장'으로서의 사진은 도전과 논쟁의 대상이 되고 있다. 이미지 제작의 기술적 민주화는 오히려 이 '장' 내의 경계 유지를 강화했으며, 내부자들이 전문성을 근거로 우월성을 주장할 필요성이 더욱 커졌다. 농민공이 사진의 가치 있는 소재가 되었지만, 이러한 사진적 재현 충동의 기저에는 다양하고 모순적인 인정의 정치가 존재한다. 즉 세계 경제에 공헌한 중국 노동자들의 기여에 대한 글로벌 자본의 인정, 사회적 조화와 정치적 안정 및 경제적 발전이라는 더 광범위한 목표에 따라 지시된 '취약하고 궁핍한 집단'에 대한 중국 정부의 유화 정책, 농민공 개인의 투쟁과 고난을 통해 사회적 변화와 전환을 기록하려는 단순한 인도주의적 욕구 등 다양한 의제가 얽혀 있다.

이와 동시에 이주노동자 활동가들이 생산하는 점점 더 많은 시각적 증거는 일과 생활에서 주변적이지만 존엄한 존재에 대한 자기-민족지로 나타나며, 농민공을 존엄과 존중 및 정치적 인정을 받을 자격이 있는 시민으로 인정할 것을 촉구한다. 그리고 이는 디지털 기술을 활용한 시각적 생산에 참여하는 노동자들에 관한 간접적인 민족지이기도 하다. 주로 농촌 출신 이주민을 지원하는 NGO가 주도하고 지원하는 이러한 형태의 아마추어 사진은 범위와 영향력이 상대적으로 작지만, 쉽게 무시할 수 없는 정치적·사회적 변화의 잠재력을 지니고 있다. 하지만 이주노동자 집단 내에서도 정치적, 사회적, 경제적 의식 수준과 이러한 영역에서 자신의 이익을 증진하기 위해 시각적 기술을 활용할 수 있는 능력 사이에 심각한 불균형이 존재한다는 사실도 나타난다. 멍샤오챵과 같은 개별적 사례와 노동 NGO의 미디어를 통한 역량 강화 계획이 보여준 가능성에도 불구하고, 대다수 농민공은 뚜렷한 정치적 목적으로 디지털 기술을 사용하지 않는다. 더욱이 미디어 활동가의 수는 전체 농민공의 방대한 규모에 비하면 너무 왜소하다. 노동자들 자신의 사진 작업이 갖는 존재론적 지위와 미래는 전체 집단을 위한 자기 민족지로서, 그리고 대안적인 사회 기록 저장소로서, 또는 현대 소비

자주의 정체성의 유행을 좇는 저렴한 수단으로서도 여전히 불확실하다. 이전 장과 여기에서는 활동가들의 미디어 행동주의가 동료 노동자들을 동원하는 능력의 부족을 지적했다면, 또 다른 아킬레스건(치명적 약점)은 노동자들이 대안적이고 더 나은 미래를 상상할 수 있는 공간을 구상하는 데 어려움이 존재한다는 것이다.

전문 사진작가들이 농민공을 사진적 시선의 대상으로만 간주하는 경향이 있다는 것은 분명하다. 그러나 노동자 사진가의 등장과 그것이 보여주는 자기-민족지적 충동은 미학적 본령의 보루인 사진 영역에 도전을 제기한다. 아마추어 노동자 사진가들은 전문가 사진의 영향력을 인식하고, 이와 관련하여 자신들의 위치를 정립할 필요가 있다. 이상의 논의를 통해 이 두 그룹 사이에 때로는 상이하고 때로는 중첩되는 이해관계, 관점, 전략의 복잡한 시나리오가 존재함을 드러냈다. 이를 통해 시각성을 생산하고 소비하는 계급별 방식, 시각적 재현의 의미를 형성하고 통제하며 경합하는 데 행사되는 행위성의 차별화된 역량, 시각성의 논리를 활용하는 위계화된 능력 등을 지적했다. 그리고 서발턴 의식의 출현은 하루아침에 이루어지는 일이 아니며, 개인들의 내적 세계라는 고립된 공간에서 일어나는 것이 아님을 충분히 보여주었다. 서발턴 의식은 노동자들이 대상, 제도, 담론, 그리고 살아있는 경험의 총체적 배열에 끊임없이 개입함으로써 발생한다. 미숙련 공장 노동자에서 아마추어지만 정치적으로 자각한 활동가가 된 일부 농촌 출신 이주민들의 여정은 미디어 제품을 생산하고 소비하는 문화적 실천과 모바일 기술(핸드폰, 디지털 비디오 리코더, 또는 컴퓨터 등)의 사용 증가가 이러한 과정에 외재적이지 않으며, 사실상 필수적인 요소임을 보여준다.

4부

문화적 중개

7장
노동자-시인, 정치적 개입, 그리고 문화적 중개

현재 '선전시 문학예술계연합회(深圳市文學藝術界聯合會)' 부주석이자 문학 평론가이며 선전대학교 명예교수인 양홍하이(楊宏海)는 1985년에 선전시 지역문화 발전 전문 기관인 선전시 문화연구기관의 연구원으로 취직했다. 당시 시간이 많았던 양홍하이는 도시 곳곳을 돌아다녔고, 때로는 농민공들이 밀집한 지역에도 찾아갔다. 거기서 그는 이들이 이용할 수 있는 문화 및 휴게 시설이 턱없이 부족하다는 사실에 충격을 받았다. 그러던 중 셔커우 공업단지(蛇口工業區)의 공중화장실 벽에 낙서처럼 조잡하게 써진 글을 우연히 보게 되었다. 급하게 휘갈겨 쓴 이 글의 익명의 작가는 이후에 벌어질 일을 예상하지 못했을 것이다. 이 '시'는 이후 수많은 노동자 시집에 수록되었고, 광범위한 문학적 분석의 대상이 되었다. 이 시는 단 10행으로 구성되어 있으며, 숫자로 시작하는 각 행은 네 단어로 되어 있다.

> 한날 어느 아침에 일어나
> 두 발은 뛰기 시작해
> 삼양 기업은 나의 공장('삼양三洋'은 일본의 '산요'전기주식회사의 중국식 표현임)
> 네 모퉁이의 세상은 내집

다섯 시, 오후에 퇴근해

여섯 걸음에 어지럼을 느끼며

일곱 방울의 눈물이 떨어지고

여덟 번의 코피를 쏟아내

구 일만 이렇게 더하면 죽을거야

확실해. (중국어로 십十은 확실하다는 의미가 있는 '是'와 발음이 같다.)

양홍하이는 이 단순하지만 빼어난 시구에 감동했다. 그는 이 시가 '다공(打工)'* 노동자의 영혼 밑바닥에서 우러나오는 고통과 절망의 외침이라고 느꼈고, 새로운 유형의 시가 탄생할 가능성을 감지했다. 그는 이를 '다공 시'라고 불렀고, '다공 문학'과 '다공 시'가 선전시 특유의 문학 브랜드가 될 것이라고 직감했으며, 자신이 이를 홍보할 수 있는 독특한 위치에 있음을 깨달았다. 그리고 그는 이를 실현했다. 거의 30년이 지난 현재, 양홍하이는 이 노동자-시인 집단의 작품을 지칭하기 위해 이러한 용어를 처음 사용한 사람으로 널리 인정받고 있다. 그는 각종 미디어, 문학 포럼, 학술 토론, 그리고 자신의 저술에서 이 새로운 장르의 시를 홍보했으며, 문화 엘리트 일원으로서의 특권적인 지위를 최대한 활용하여, 그렇지 않았으면 보이지 않았을 노동자-시인들의 출현과 인정을 가능하게 했다. 그리고 다수의 '다공' 시집과 문학 비평집 등을 편집해 괄목할 만한 업적을 만들어냈다. 양홍하이는 서발턴 문학을 하나의 브랜드로 창조함으로써 직업적 성공도 이루었으며, 오늘날 그는 선전시 문화발전의 핵심 인물이자 이 분야의 권위자로 여겨지고 있다. 하지만 생산라인 안팎의 자신들 삶에서 '영감'을 받

---

*   20쪽 각주를 참조

아 '다공 시'와 '다공 문학'에 공헌할 준비가 된 노동자-작가 집단의 성장이 없었다면, 양훙하이의 문화적 중개자로서의 성공도 불가능했을 것이다.

사람들 대부분이 시를 고급문화에서도 가장 고상한 자리에 있다고 여기며, 여가와 문화적 자본을 모두 갖춘 소수의 재능 있는 사람들이 추구하는 것으로 생각할 것이다. 그러나 최근 출간된 한 시집(『2009-2010 中國打工詩歌精選』)에 수록된 「시 쓰기: 문화와 무관(寫詩:與文化無關)」이라는 제목의 작품은 시 쓰기에 몰두하는 중국 농민공의 모습을 생생하게 묘사한다.

> 그는 생산라인 반장과 동료들의 조롱 대상이다.
> 넌 중학교도 졸업 못 했잖아!
> 넌 하찮은 노동자에 불과해, 그게 너의 비참한 운명이야.
> 그깟 썩은 시를 밤새 써서 뭐 해?
> 그는 이런 조롱에 익숙하다,
> 마치 공장 구내식당에서 먹는 썩은 채소에 익숙하듯이.
> 그들이 떠들게 그냥 내버려둬 나를 비웃게 내버려둬
> 나는 먹는 일만큼이나 시를 쓸거야
> 나는 먹고 나서 또 일하러 가
> 나는 교대 근무가 끝나면 또 시를 써
> 그는 생산라인 반장과 동료들에게 놀림을 받을 때마다
> 자신에게 이렇게 말한다.
> 시를 쓰는 일은 문화와 상관없어
> 필요한 건 오직 너의 인내심뿐이야(Sun Q, 2010: 106).

이 시는 현재 중국 남부의 공장에서 일하고 있는 어느 농민공

이 썼다. 하지만 자크 랑시에르의 『프롤레타리아의 밤』을 아는 독자에게는 이 시가 기묘한 데자뷰를 불러올 수도 있다. 19세기 프랑스 노동자들의 꿈과 고뇌를 탐구한 랑시에르의 저서에서 우리는 물질적 궁핍에 시달리며 하루의 고된 노동을 마치고 밤늦게까지 시를 쓰는 직공, 목공, 자물쇠공, 페인트공 등을 만난다. 랑시에르는 이를 '프롤레타리아의 밤'이라고 부르며, "사유할 필요 없이 일하는 평범한 노동자들이 평화로운 잠을 맛보는 시간"이라고 말한다(Rancière, 1981: vi).

이 노동자 시인은 직장 동료들로부터 끊임없이 조롱을 받는데, 이는 아마도 그가 자신의 지위를 넘어 동료들보다 더 나은 문화적 실천에 참여할 것을 요구하면서 계급의 경계를 침범하고 있다는 인식 때문일 것이다. 따라서 그는 중국 속담처럼 "문학과 예술의 궁전에 들어설 자격이 있는지"에 대한 문화적 정당성을 끊임없이 의심받는다. 그리고 노동자 시인에 대한 이러한 조롱은 부르디외가 '정당한 문화(legitimate culture)'라고 부르는 기표를 전달할 수 있는 시의 능력을 보여주는 것이기도 하다(Bourdieu, 1984: 3). 이 노동자 시인의 동료들은 예술과 문화라는 범주에 대해 확실히 불편해하며, 무엇보다도 아마도 그가 예술을 창작하거나 시를 써서 생계를 유지하는 사람들이 자신들과 구별 짓기를 요구하는 일종의 집단적 연대감을 위반했다고 느낄 수 있다. 저임금, 높은 수준의 소외, 육체와 영혼에 가해지는 가혹한 위해로 특징지어지는 산업 중심지에서의 '다공' 생활은 분명 시인에게 영감을 주는 적합한 '뮤즈(Muse)'는 아닐 것이다. 하지만 교대 근무로 지치고, 영양실조에 시달리며, 제대로 교육도 받지 못한 이 공장 노동자는 분명 시를 쓰면서 일종의 정신적 자양분을 얻고 있다. 그렇기에 그는 비록 이 때문에 동료들로부터 고립되면서도, 계속해서 글을 쓴다. 이처럼 서발턴은 말을 하고 싶지만, 서발턴적 지위에 맞는 언어로 말하지 않으면 자신과 '같은 부류'로부터 소외될 위험을 감수해야 한다.

'다공 시'는 주로 서발턴 문화에 기원하기에 대체로 헤게모니적* 문화 스펙트럼의 한쪽 끝인 '정당한 문화'와 다른 한쪽 끝인 '대중문화'의 범위를 모두 벗어난 것으로 판단된다. 따라서 이 스펙트럼 전반에서 '다공 시'에 대한 반응과 판단은 옹호와 격려에서 경멸과 비판에 이르기까지 일관되지 않게 다양하다. 더욱이 이러한 헤게모니적 반응에 대한 '다공 시인'들 자신의 반응도 마찬가지로 파편화되어 불협화음을 내면서 문화적이고 정치적인 심오한 경쟁의 과정과 관계를 드러낸다. 따라서 우리는 두 가지 흥미로운 상황에 직면하게 된다. 첫째, 시의 생산이나 소비에 참여하려면 보통 좋은 교육과 적당한 여가가 필요하다. 그러나 농촌에서 이주한 공장 노동자들의 삶에는 이 둘 모두가 매우 결핍되어 있다. 이들 대부분은 고등교육을 받지 못했고, 고등학교도 졸업하지 못한 경우가 많으며, 하루 12시간을 생산라인에서 보내는 것이 일상이다. 이러한 상황에서 문학 장르로서 '다공 시'의 정치경제와 문화정치는 무엇이며, 어느 정도로 정치적·사회적 개입과 문화적 행동주의의 형식을 대표하는가? 둘째, 이 문학 장르를 둘러싼 아카데믹 문학계와 '다공 시인' 공동체의 논평과 논쟁은 '다공 시' 자체만큼이나 방대해졌다. 현재 진행 중인 이러한 쟁론은 '다공 시'의 정의, 역할과 목적, 판단 기준, 향후 방향 등 다양한 질문을 제기한다. 21세기의 중국과 "지식인의 밤을 사랑하는 노동자들의 담론과 노동하는 인민의 고되고

---

*　이 장에서 나는 '헤게모니적'이라는 용어를 종종 사용하는데, 이는 '다공 시'를 비롯한 서발턴들의 문화적 표현 형식과 대조되는 '엘리트'와 '대중' 문화 세력의 무의식적인 연합으로 특징된다.

영광스러운 낮을 사랑하는 지식인들의 담론이 마주치는"(Rancière, 1981: xi) 19세기 프랑스 사이에는 놀라운 유사성이 발견된다. 이러한 측면에서 볼 때, 노동자를 대신하여 '다공 시'를 홍보하는 것으로 구현된 문화적 중개의 중산층 현상은 서발턴 의식 형성에 도움이 되는가, 아니면 방해가 되는가?

이 장에서는 이러한 질문에 답하기 위해 크게 두 부분으로 나누어 분석을 진행한다. 먼저 몇 편의 '다공 시'에 대한 분석과 몇몇 '다공 시인'의 창작 과정에 대한 설명을 결합하고, 일부 노동자-작가와의 인터뷰를 바탕으로 이들이 문학 활동가로서 수행하는 역할의 다양한 방식들을 살펴본다.* 다음으로 엘리트 문화 기관과 농민공 독자들의 비평과 토론을 포함하여 '다공 시'에 대한 대중적 수용을 고찰한다. 그리고 이 두 부분의 분석을 종합하여 계급적 절합과 탈구의 동시적 과정을 드러내고, 현대 중국에서 서발턴 의식 형성의 불안정성을 지적한다.

애가, 저항, 증언으로서의 시

위에서 언급한 「시 쓰기: 문화와 무관」의 저자는 비록 자신의 교육 및 문화적 인식 수준이 낮다고 암시하지만, 사실 '다공 시'로 분류되는 작품 대부분은 '다공' 공동체 내에서 평균 이상의 문화적

---

* 나는 2010년 6월에 중국 광둥성 둥관(東莞)에서 열린 '다공 시' 축제에 참석하여 '다공 시인'들과 많은 대화를 나누었다. 그리고 2009년부터 2012년 동안 이메일, QQ, 전화를 이용해 몇몇 '다공 시인'들과 연락을 유지했다. 이 장에서 사용된 인용문과 민족지 정보는 특별한 언급이 없는 한 이 시기에 진행한 인터뷰와 대화에서 나온 것이다.

소양을 갖춘 (주로 남성인) 농촌 출신 이주민 공장 노동자들이 창작한 것이다. 건설업이나 가사 서비스 부문과 달리, 공장은 고등학교나 전문대 교육을 받은 더 젊은 농촌 출신 이주민 집단을 끌어들인다. 노동자 시인 중 다수가 다른 농민공들과 함께 고난과 굴욕을 견디며 생산라인에서 '다공' 생활을 시작했지만, 이들 중 일부는 교육과 이전 직장 경험을 통해 축적된 기술 자본을 활용하여 일반 노동자(普工, 미숙련 초급 공장 노동자)에서 반숙련 기술자 및 하급 관리자로 상향 이동했다. 적절한 학교 교육과 기술이 부족해 지금까지 상향적 직업 이동이 불가능했던 일반 노동자들과 달리 '다공 시인'들은 독서, 창작, 글쓰기 대회 참가, 도서전 참여 등 다양한 문화 활동에 상당한 시간을 할애하는 문학적 성향이 강한 사람들이 많다. 이들은 생산라인의 일반 노동자들과 정치적·이념적으로 강하게 동일시하며 자신을 농촌 출신 이주민 집단의 대변자로 여기지만, PC방에서 컴퓨터 게임을 하거나 대중음악을 듣고, 카드나 마작 같은 도박을 즐기며 복권을 구매하는 등의 문화 소비를 주로 하는 일반 노동자들보다 '더 높은 수준'에 있다고 생각하기도 한다.

'다공'은 원래 '사장을 위해 일하는 것'을 의미하며, 개혁개방 이후 나타난 노동의 상품화를 보여주는 용어이다(Pun, 2005; W. Sun, 2010a). 그렇지만 생산라인의 파괴적인 효과가 오히려 문학적 성향이 강한 소수의 젊은 노동자들 사이에서 자신들의 고통을 말로 표현하려는 창조적 충동을 불러일으켰다는 사실은, 아마도 이들의 상대적으로 낮은 문학적 소질과 이들의 노동에서 제공되는 지적 자극의 부족을 고려할 때 그리 놀라운 일이 아니다. 가장 저명한 '다공' 시인 중 한 명인 쉬챵(許强)은 1980년대 후반에서 1990년대에 수많은 '다공 시' 관련 정기 간행물, 온라인 포럼, 시집 출간을 담당했던 '다공 시' 편집 집단의 일원이다. 그는 자신을 다공 시인

1세대라고 생각하는데, 이들 중 다수는 현재 40대 중후반에 접어들었다. 주로 쓰촨성(四川省)과 후난성(湖南省) 출신으로 구성된 이들 문학적 성향의 농촌 청년들은 1980년대에 중국 남부로 이주했는데, 이때가 농촌 출신 이주민에 대한 도시와 관료의 불신 및 적대감이 가장 만연하고 고조되었던 시기였다. 이들 이후 세대의 이주 노동자들이 겪은 고난은 주로 정서적이고 정신적인 측면이었을 수 있지만, 1세대 이주노동자들에게는 물질적 고난도 컸다. 그렇기에 이들의 시에는 실직, 열악한 잠자리, 한곳에서 다른 곳으로의 끝없는 표류로 인한 굶주림, 궁핍, 고단함, 육체적 피폐가 생생하게 기록되어 있다.

이러한 신체적 감각을 직접 경험한 쉬챵은 산업 체제가 인체에 미치는 가혹한 영향과 농촌 출신 이주민을 대하는 지역 경찰의 잔혹함은 이를 직접 겪은 노동자 시인들에 의해 기록되지 않았다면 거의 알려지지 않았을 것이라고 믿는다. 이들의 시와 시인들과의 대화를 통해 알 수 있듯이, 이들은 '다공 시'를 경제 개혁 초기 수십 년 동안 이주노동자 세대가 겪은 고난에 대한 증언으로 인식하고 있음이 분명하다. 이들은 자신들의 시가 중국의 산업화와 도시화라는 장대한 공식 서사에서 인정되고 기록되기는커녕, 젊은 세대의 농촌 출신 이주민들도 거의 이해하지 못하는 지나간 시대의 특정 사회 집단의 육체적·정신적 고뇌를 포착한 것으로 여긴다. 쉬챵은 처음 시를 쓰게 된 동기를 회상하며 다음과 같이 말했다.

> 오늘날의 젊은이들은 우리가 당시에 맛본 쓴맛을 이해하지 못해요. 그들은 이제 핸드폰과 QQ를 가지고 있어서 더는 향수병을 느끼지도 않아요. 공장의 노동 환경도 개선되어서 일부 공장에는 에어컨도 있어요. 그리고 이제는 경찰이 임시거주 허가증을 제시하라고 요구하지도 않고,

무작위로 불심검문을 하지도 않아요. 하지만 그 당시의 우리 상황은 달랐어요. 도시는 훨씬 더 적대적인 곳이었어요. 고향집은 너무 멀었고, 핸드폰도 없었어요. 편지를 쓰는 것이 고향 사람들과 소통할 수 있는 유일한 방법이었죠. 우리는 긴 노동시간으로 몹시 지쳤고, 외롭고 궁핍했어요. 이런 고통과 외로움, 그리고 지친 마음을 그저 종이에 끄적이는 것 외에 할 수 있는 일이 뭐겠어요? 우리는 더 세련된 다른 형태의 표현 방식을 추구할 시간도 에너지도 자원도 없었어요. 그냥 단어를 적고, 그 사이에 문장부호를 넣으면 그걸로 끝이었어요. 이것이 우리 자신을 표현하는 가장 직접적이고 단순한 방법이었죠. 우리 마음속 깊은 곳에서 우러나오는 말들이요.*

푼 응아이는 중국 남부의 글로벌 공장에서 일하는 이주 여성에 관한 연구에서 글로벌 자본의 관점에서 이상적으로 산업화된 (여성) 노동자의 모습을 포착한다. 즉 노동자에게는 "날씬한 몸, 예리한 눈, 민첩한 손가락, 수줍음과 근면함"이 요구된다는 것이다(Pun, 2005: 77). 푼은 이러한 유순한 신체를 만들기 위해 "젊고 농촌적인 신체를 산업화되고 생산적인 노동자"로 바꾸려는 다양한 공간적·제도적 관행이 시행되어 "게으르고" "비생산적인" 노동자의 "몸과 마음, 품행과 신념, 몸짓과 습관, 태도와 적성"을 변화시킨다고 지적한다(Pun, 2005: 77-79). 이러한 관행에는 생산라인마다 각각의 개인을 개별적인 위치에 할당하는 '간격 배치'라는 (공간적) 기술이 포함된다. 그리고 일반적으로 농사에 익숙한 노동자의 일상생활 습관과 관습을 바꾸기 위해, 이와는 매우 다른 시공간적 관행을 수반하도록 보편적으로 활용되는 시간표를 부과하는 (시간적) 기술도 포

---

* 쉬챵과의 인터뷰는 2011년 5월 쑤저우(蘇州)에서 진행했다.

함된다. 이는 효율성과 생산성이라는 경영자적 관점에서는 매우 효과적이지만, 이러한 체제는 신체에 매우 가혹한 영향을 미칠 수 있다. 이주노동자인 마종(馬忠)은 「출근 카드를 찍다(打卡)」라는 제목의 시에서 생산라인에서 장시간 일하는 소외된 삶과 경영진에게 받는 비인간적인 대우를 상기시킨다.

> 기숙사와 작업장
> 아련한 꿈 하나를 사이에 두고
> 오전, 6시 45분
> 공장 정문에 길다란 무리의 뒤로
> 길게 늘어선 하품
> "서둘러! 빨리 움직여"
> 공장 경비원의 재촉하는 외침
> 출근 카드를 찍는 '찰칵' 소리를 따라
> 우리는 다시 또 16시간 동안 생산라인에 못 박혀
> 온몸이 마비되는 통증이 퍼지기 시작한다(Ma Z, 2007: 197).

'다공 시인'들은 종종 산업 기계에 의한 폭력의 감각적 경험을 청각과 시각적 용어로 묘사한다. 아래의 시는 '다공' 이주노동자가 공장 종소리에 어떻게 반응하는지를 보여준다.

> 종소리가 울리며
> 내 신경을 세게 때려
> 점심시간 낮잠에서 깨어나기 위한 몸부림
> 다시 오후 근무를 시작할 시간
> 종소리에 조종당하는 삶:

> 침대에서 일어나, 먹고, 일을 시작하고, 일을 마칠 때
> 꿈속에서도 나는 그 날카로운 소리를 듣는다(Zhang S, 2007: 46).

한편 또 다른 '다공 시인'은 금속 표면의 도구에 대한 촉각적 경험이 그의 시에 어떤 영향을 주었는지를 보여준다.

> 드라이버의 날카로운 날로 나는 단어들을 적는다
> 스패너에 다쳐 아픈 자리에 나는 문장들을 구성한다
> 나는 펜치 사이에 끼어 고통의 시어를 외친다(Cheng, 2009: 2).

이러한 세부적 묘사는 '다공' 노동자 개인의 일상생활에 대한 반복적인 미장센(mise-en-scène)을 제공할 뿐만 아니라, 자본주의 축적의 초기 단계에 갇힌 소외된 영혼에 대한 은유와 외면화로 읽을 수도 있다. 따라서 이 시는 노동자와 농민의 존엄성과 정치적 정당성의 원천을 이들의 일과 노동으로 묘사하는 혁명 담론과 극명하게 대조된다(Cai X, 2010). 리사 로펠(Lisa Rofel)은 섬유 공장에서 일하는 중국 여성들에 관한 연구에서 사회주의 혁명 이후 다양한 세대에 속하는 여러 노동자와 조우한다. 산업화 초기 단계의 공장 노동은 후기 단계에서와 마찬가지로 위험하고 단조로우며 육체적 소외의 가능성이 있었다. 하지만 이전 세대의 노동자들은 이들의 노동에 부여된 사회적 지위 덕분에 최근 세대들보다 더 큰 자부심을 가질 수 있었다. 예를 들어 산업 규율 체제에도 불구하고 1950년대 사회주의 시대의 노동자들은 그들의 일에 자부심이 있었고, 국가의 사회주의 현대화 프로젝트에 대한 이들의 헌신은 당국으로부터 인정과 비준을 받았다. 반면 마오쩌둥 이후 시대의 여성 노동자들은 자신들의 공장 노동과 존엄을 연결해서 생각할 수 없었으며, 대

신 새롭게 재발견된 '여성성'을 통해 새로운 의미를 모색했다(Rofel, 1999).

주제의 측면에서 '다공 시'는 2장에서 설명한 '고통 말하기(訴苦)' 의례와 밀접한 것처럼 보인다. '고통 말하기'는 중국공산당이 집권한 지 얼마 되지 않았을 때, 농민들에게 대규모 군중 집회에서 과거에 지주들로부터 받았던 착취와 억압의 비통한 경험을 표현하도록 선동하고 장려한 고도로 극화된 의식이었다. 그러나 이와는 대조적으로 '다공 시'는 개인의 고난과 고통을 매우 개별적이고 비의례적인 표현 형태로 기록하려는 시도이다. 이러한 측면에서 사실 '다공 시'는 문화대혁명(1966~1976년)의 비극적 표지였던 정치적 박해, 특히 지식인에 대한 탄압을 기억하려는 문학 작품인 '상흔문학(傷痕文學)' 장르와 유사하게 고통과 고난의 패턴을 활성화한다. 그리고 문화대혁명 기간에 시골로 강제 이주해야 했던 도시 청년 세대의 고난과 개인적 변화를 묘사한 '지청 문학(知青文學)'에 비유되기도 한다(Liu Dongwu, 2006). 그러나 과거의 경험을 재현하거나 회상하는 이러한 장르들과는 달리, '다공 시'는 초국적 자본주의 시대 산업 체제의 현재적 잔혹함을 고발한다. 따라서 '다공 시'는 서발턴들의 문화적 표현의 가장 명시적인 형태라고 할 수 있다.

'고통 말하기' 의례처럼 이러한 시들에 가득한 고통과 고난의 서사가 갖는 힘은 세련된 언어의 사용보다는 자기-민족지라는 형식에서 비롯된다. 그러나 이들의 시는 분명 개인적인 경험을 바탕으로 하고 있지만, "역사적 서사가 아닌 개별적 이야기는 없다"라는 점도 명확하게 드러난다(Pun, 2005: 193). 톰 울프(Tom Wolfe)가 주장한 기자의 경험을 이야기로 엮어내는 뉴저널리즘처럼, 이러한 서사는 "기법의 문제를 넘어서" "너무나 명백하고 내재적이어서 독자들이 이 모든 것이 실제로 발생한 일이라는 단순한 사실을 거의 잊어버리게 만드는 강력한 장점"을 갖고 있다(Wolfe, 1973: 34).

일부 시인들의 고발은 단순히 소외와 대상화를 묘사하는 데서 그치지 않는다. 앞서 언급했듯이 중국의 현대화와 도시화를 향한 행진에 대한 지배적인 서사는 경제적 기적을 기념하는 담론으로 뒷받침된다. 이러한 담론은 도시와 남부를 농촌과 내륙 북부보다 특권화하며, 전자를 현대성으로 후자를 후진성으로 동일시한다. 그러나 이러한 공간적 상상력에 정면으로 맞선 수많은 '다공 시'들이 다양한 수준(신체적, 정서적, 정신적)에서 작동하며, 잃어버린 청춘에 대한 애가(哀歌), 착취에 대한 저항, 불의에 대한 증언의 서사적 양식을 자아낸다. 그리고 경제 개혁 30년의 공식 역사에 대한 신랄한 비판과 더불어 농민공의 희생과 고통이 단순한 '공헌'으로 치부되고 폄하되는 이 역사가 남긴 간극을 지적한다.

1998년 7월 13일, 후난성 출신의 이주노동자 류황치(劉晃棋)는 중국 남부 둥관의 한 섬유 공장에서 몇 번의 추가 근무 끝에 의식을 잃고 쓰러졌다. 정신을 차렸을 때, 그의 첫 말은 "말리지 마세요, 저는 출근 카드를 찍어야 해요!"였다. 류황치는 스물세 살의 나이에 과로로 사망했다. 이 슬픈 소식을 들은 저명한 1세대 '다공 시인'인 뤄더위안(羅德遠)은 분노를 억누를 수 없었다. 이에 그는 「류황치, 나의 다공 형제(劉晃棋, 我的打工兄弟)」라는 시를 썼다.

소화기관에서 피가 나고
호흡기관이 방금 망가져
삶이 거의 끝나가는데
그래도 당신은 여전히 출근 카드를 찍어야 한다며
"늦으면 벌금을 물어요"라고 말했다
형제여, 왜 그렇게 겁이 났어요?

우리는 예속된 노동자(包身工)도 아니고, 현대판 노예도 아닌데
왜 그냥 "아니오"라고 말하고, 분노의 주먹을 치켜들 수 없나요!
류황치, 사랑하는 나의 다공 형제여
당신 죽음의 보상은 3만 5천 위안
한숨과 비극으로 가득한 청춘
여기 얼마나 많은 다공 형제자매가
생산라인에서 초과노동을 하며
살기에는 너무 위험하다고 진단된 간이 숙소에서 잠을 자고
영양실조로 누렇게 뜬 얼굴로
영원히 밀린 임금에
산재보험도 전혀 없이 살아가는가?(Luo, 2007: 61-62)

노동자-시인들이 자신의 경험에 대해 말하는 꾸밈없고 거침없는 목소리에도 불구하고, 아니 어쩌면 바로 그 때문에 이 시들은 가장 진실한 역사의 기록이 되었다. 가장 저명한 '다공 시인'이자 문학 평론가인 류동우(柳冬嫵)는 '다공 시'의 원래 목적은 단순히 말하는 주체로서 다공 개인의 존재를 증명하려는 소박한 것이었다고 믿는다. 그리고 "다공 시인들은 자신의 글에서 어떤 책임도 지고 싶지 않았지만, 진실, 정의, 고통, 그리고 그들이 견뎌낼 수 있는 한계의 목격자로서 말했기 때문에, 이제 이러한 책무를 떠맡게 되었다"라고 말한다(Liu Dongwu, 2006: 272). 이 시들은 앞서 푼 응아이가 연구한 고통, 트라우마, 소외에 대한 신체적 감각을 표현할 "말을 빼앗기고", "어떠한 중요성이나 지시성(referentiality)도 없는 언어로 저항하는" 여성 공장 노동자들의 목소리와 분노도 잘 공유할 수 있다(Pun, 2005: 194). 이 작품들은 아직은 희미하지만, 이제 움트기 시작하는 집단적 정치의식의 언어로 자신들의 고통을 가슴 시리게

표현한다. 그리고 이러한 의식의 기저에 있는 공유된 경험을 계속 배양하려는 듯, 2001년에 창간된 〈다공시인(打工詩人)〉이라는 정기 간행물 매호 첫 면에는 항상 중국 고전 시를 전유한 큰 표제가 등장한다. 즉 "우리는 이 세상의 다공족이다. 우리는 비록 만난 적은 없지만, 서로를 매우 잘 알고 있다"라는 문구가 나온다.

'고통 말하기' 서사에 나오는 봉건 지주와 산업 자본가들의 착취와 억압은 신체적 학대, 빈곤, 물질적 박탈의 형태로 나타난다. 한편 경영자들의 노동자에 대한 괴롭힘과 학대도 '다공 시'에서 쉽게 찾아볼 수 있는 주제이지만, 이 작품들은 또 다른 형태의 권력의 잔혹성을 폭로한다. '다공 시인'들은 '노예-주인'의 가학적 잔인함보다는 푼 응아이가 "생산 체제의 훈육 기술"(Pun, 2005: 78)이라고 부르는 것의 무자비함과 이에 따른 "산업적 시간의 폭력"(Pun, 2005: 178)을 고발한다. 그리고 농촌 출신 이주민들이 겪는 광범위한 고난과 투쟁에도 불구하고 '고통 말하기', 즉 고난을 이야기하는 것에만 전념하는 "역사적·문화적으로 특정한 서사 관행"(Rofel, 1999: 138)은 이제 '다공' 노동자들에게는 사실상 "담론적으로 이용할 수 없는" 관행이 되었다(Anagnost, 1997: 30). 개혁개방 시대에 들어서 '고통 말하기'가 억제된 이유는 이를 통해 가능했던 중요한 과정, 즉 계급 의식과 프롤레타리아 주체성의 형성이 현재의 담론 체제에서는 무력화해야 할 과제가 되었기 때문이다. 더욱이 '사회조화(社會和諧)'와 '사람을 근본으로 한다(以人爲本)'는 현시대의 당위성과 사회적 불안정에 대한 두려움은 계급 투쟁의 희생자로서 '말하는 주체'를 배치하는 모든 공론장을 완전히 근절하지는 않더라도 억제할 것을 명령한다(Anagnost, 1997: 31).

이러한 관점에서 볼 때 생산라인, 공장 정문, 형광등, 출퇴근 카드기 등의 딱딱한 금속 표면과 혹독한 환경에서의 고통과 고난, 신체적·정서적 학대, 그리고 인간의 취약성에 대한 감각을 예술적으로 표현한 이 시들의 중요성은 아무리 강조해도 지나치지 않다. 이 시들은 일종의 애가(哀歌)로서 생산라인에서 허비되는 청춘을 애도한다. 또 저항의 찬가로서 중국 노동자들이 국가의 주인이라는 특권적 지위를 상실한 것에 항의한다. 그리고 역사적 증언으로서 번영과 경제 성장이라는 이름으로 개인들이 겪은 극심한 산업적 소외와 불의에 대한 직접적인 증거를 제공한다. 그러나 이처럼 분노와 항의로 가득한 '다공 시'는 독특한 집단적 의식의 출현을 알리는 징조이기도 하지만, 미래에 대한 대안적 비전이 심각하게 결핍되어 있다. 초기의 '다공 시인'들이나 젊은 노동자 시인들 모두 자신들을 이러한 디스토피아적 현실에서 벗어나게 하는 미래를 떠올리거나, '다공'과는 다른 삶을 상상할 수 없는 것처럼 보인다.

장소, 시간, 그리고 세대 변화

흥미롭게도 공장 노동자들 사이에 핸드폰을 비롯해 다양한 소셜미디어 기술이 널리 사용되고 있음에도 불구하고, 향수병에 관한 수사적 패턴은 여전히 계속되고 있다. 사실 향수병이나 고향에 대한 그리움은 중국 문인들의 글에서 지울 수 없는 주제였으며, 특히 시는 그러한 정서를 가장 효과적으로 표현하는 방식이었다(Liu Dongwu, 2006). 현대 중국의 역사에서 각 시대의 이동성은 고유한 공간적 상상력, 장소적 욕망, 장소적 위계를 만들어냈다. 19세기 말과 20세기 내내 장쑤성(江蘇省) 북부에 있는 쑤베이(蘇北) 출신의 농민 이주자들이 구두 수선공, 이발사, 인력거꾼, 매춘부 등으로 일자리를 찾아 상하이에 대량으로 유입하면서 출신지에 따른 편견이 널리 퍼지기 시작했다. 사회경제적 지위가 낮았던 이주민들은 상하이라는 대도시에서 '타자'를 상징하는 존재가 되었다(Honig, 1992). 마찬가지로 현대 여성 이주노동자(打工妹)의 역사적 원형인 장쑤성 북부 출신 여성들이 상하이뿐만 아니라, 우시(無錫)와 쑤저우(蘇州)로 몰려와 섬유 공장에서 일했다(Chi and Lin, 2004). 그리고 사회주의 시기에는 1960년대와 1970년대의 교육받은 청년들이 "농민으로부터 배우기 위해" 시골로 보내졌다. 그 뒤를 이어 1980년대 후반과 1990년대에는 중국 개방 이후 초국적 해외 이주 1세대라고 할 수 있는 수천 명의 중국인이 해외로 이주한 경험을 묘사하는 '해외 진출'이라는 서사가 등장했다(Liu Dongwu, 2006; W. Sun, 2002).

이러한 초기의 이동성 형태는 규모와 범위 면에서 오늘날 전개되는 농촌에서 도시로의 노동 이주와 비교할 수 없다. 개혁 시대 중국의 심상 지리(imaginary geography)에서 장소적 차이는 농촌 대 도시, 북부 대 남부, 내륙 대 해안, 대도시 대 중소 도시 등 다양한 인지적 혹은 실질적 구별에 따라 작동한다(W. Sun, 2009a). 그러나 농민공의 경우 향수병을 달래는 가장 직접적이고 효과적인 방법인 고향 방문이 도시의 중산층만큼 쉬운 일이 아니다. 이는 경제적 여유가 상대적으로 부족하다는 명백한 이유뿐만 아니라, 실직에 대한 매우 현실적인 두려움 때문이기도 하다. 이주노동자들이 고향을 방문할 수 있는 거의 유일한 시기는 설 연휴 기간뿐이다. 매년 이맘때면 마치 철새 떼처럼 중국 전역에서 붐비는 버스와 열차에 몸을 실은 노동자들이 '고향에 가고 싶다'라는 공통의 열망으로 하나가 되어 멈출 줄 모르는 인간 이동의 끝없는 장관을 연출한다. 급증하는 승객을 수용하기 위해 철도 시스템이 계속 수송 역량을 늘리고 있지만, 일부 '다공' 이주민은 여전히 표를 구하지 못해 발이 묶인 채 고향에서 떨어져 새해를 보내야 한다.

개혁 시대 중국에서 나타난 전례 없는 규모의 이동성은 고향이라는 흡인력을 여전히 약화하지 않았으며, 농민공 현상은 향수병이라는 지속적인 수사적 패턴에 현대적 변형을 추가했다. '다공 시'들의 제목만 잠깐 훑어봐도 '향수(鄕愁)', 더 정확히 말하면 고향에 대한 그리움이 이들 시 대부분의 서글픈 분위기를 자아내는 핵심 단어임을 알 수 있다. 아래의 시는 향수병을 치료할 수 없는 중독에 비유한다.

> 오늘 밤 공업단지, 때론 시끄럽고 때론 고요한 이곳에서
> 향수병이라는 식물이 사방에서 자라나
> 낫 모양의 달이 이를 짧게 잘라내도, 다시 또 자라
> 전신주 사이의 긴 전선아
> 그 투박하지만 유쾌한 사투리를 들려주렴
> 지금 여기 이 공단에서, 내 시골 마을의 정취를 만끽하게
> 우리처럼 소박하고 순진한 거주민들은
> 흔히 도시 안의 농민으로 불려
> 불확실한 미래 앞에 서서
> 길 잃은 아이처럼 초라하고 경계하는 모습으로
> 저기 모퉁이에서 연기를 들이마시고 내뿜는 남자가 보이나요?
> 반쯤 타버린 담배는 그의 향수병에 대한 참된 은유
> 끊어버리고 싶지만 불가능하다는 사실을 그는 알고 있다(Zeng; Liu Dongwu, 2006: 81).

포스트 마오 시대의 장소 구성에서 도시는 탈영토화된 세계시민(cosmopolitan)으로 가득한 역동적이고 풍요로운 초국적 공간으로

상상된다. 반면 이처럼 도시를 특권화하는 중국의 개발 계획으로 인해 농촌은 오지로, 마을은 '황폐해진' 문화적 황무지로 상상된다(Yan, 2008: 44). 도시를 희망과 미래의 장소로 위치시키는 '도시 지향적' 논리는 농민공의 공간적 주체성의 불가능한 역설을 대표하는 '다공 시'에서 다시 뒤집힌다. 농촌 사람들, 특히 젊은이들은 빈곤과 낙후라는 운명에서 벗어나 "바깥세상을 보기 위해" 고향 마을 떠났다(Gaetano, 2004; Jacka, 2006; Yan, 2008). 그러나 도시에 와서 주변적 삶의 쓴맛을 맛본 후, 이전에는 정체되고 단조롭고 쇠퇴한 것으로 인식되었던 고향 농촌이 이제 정서적 양분의 원천인 따뜻하고 안락한 장소로 재창조된다(Yan, 2008).

'다공 시'는 흔히 고향에 대한 아름답고 강렬한 열망을 표현하는데, 지금은 불가능한 상상의 공간으로 묘사되어 고향을 떠난 이주민의 몸과 일상 습관에 다시 새겨진다. '다공' 이주민의 초지역적(translocal) 욕망의 강렬함은 국가나 시장이 이를 표출할 수 있는 공간을 만드는 데 관심이 없다는 사실에서 부분적으로 설명할 수 있다. "(특정) 장소를 벗어난 사람들의 기억과 갈망을 정확히 겨냥한 초지역적 기업과 상품 거래의 확산"에도 불구하고(Oakes and Schein, 2006a: 29), 대중문화의 영역에서 자신들의 초지역적 열망을 '실행'할 수 없다는 사실은 개혁 시대 중국의 정치 및 문화 경제에서 욕망의 위계화를 고려할 필요가 있음을 분명하게 보여준다. 로펠이 예리하게 지적했듯이, 어떤 사회 집단의 욕망은 다른 집단의 욕망보다 더 정당한 것으로 여겨지며, 누가 열망할 권리를 가지고 있는가라는 질문은 결코 간단한 문제가 아니다(Rofel, 2007). 이러한 위계화는 '다공 시'에 대한 상업적 관심의 상대적 부족과 문화대혁명 시기의 '하방 지식 청년' 장르물 제작에 대한 시장 잠재력의 활용 사이의 대조에서 가장 잘 드러난다. 순수함, 청춘, 이상주의의 상실과 문화대혁명 10년 동안 강제로 '시골로 보내진' 청년들이 겪은 고난 및 개인적인 투쟁이 결합해 '지식청년 문학(知靑文學)'이라는 중요한 문화 산업이 탄생했다. 현재의 '다공' 공동체보다는 비록 숫자가 훨씬 적지만, 농촌에서 귀환한 이들 지식청년 세대와 그 자녀들은 더 높은 소비력을 가지고 있으며, 문화 생산수단에도 더 쉽게 접근할 수 있다. 도시 미디어와 문화적 재현의 주요 대상인 이들 집단은 수많은 소설, 드라마, 시, 그리고 '하방'을 주제로 활용한 식당과 패션 제품에서 초지역적인 서사를 정기적으로 소비함으로써, 젊은 시절의 괴로우면서도 즐거웠던 기억을 상기하는 것을 만끽한다.

중국에서 초국적 자본의 출현으로 주강삼각주에서 양쯔강 삼각주에 이르는 중국 남방 지역이 내륙과 농촌 및 상대적으로 빈곤한 지역과 구별되는 초국적 공간으로 부상했다. 세계 역사상 가장 빠른 경제 성장을 경험한 중국 남방 지역은 '성공한 사람(成功人士)', '사무직 미인(白領美人)', '신흥 부자(新貴)'들이 거주하는 세계적이고 진취적인 공간으로 상상되었다(Cartier, 2001: x). 대중 미디어, 특히 광고매체는 종종 '남방'을 배경으로 활용해 성공과 사회적 상향 이동에 관한 관념을 홍보한다. 이러한 미디어 서사와 이미지에서 선전, 광저우, 샤먼, 상하이와 같은 남부 해안 지역은 중국 북부와 내륙 지역 및 지방의 사람들을 끌어들이는 매력적인 장소로 등장한다(W. Sun, 2006). 이들 지역은 아열대성 기후와 이국적이고 매혹적인 생활양식으로 사람들을 유혹할 뿐 아니라, 무엇보다도 야망과 열심히 일하려는 의지만 있다면 누구나 '성공할 수 있는' 기회의 땅으로 표현된다.

중국 남방 지역에 대한 이러한 헤게모니적 재현은 '다공' 공동체의 경험과 충돌하는데, 남방에 대한 지배적인 상상과 그곳에서 이주노동자들이 느끼는 방향성 상실 사이의 괴리가 '다공 시'에서 반복되어 나타나는 주제이다. 농촌에서 이주한 여성이자 가장 활력적이고 직설적인 '다공 시인'인 정샤오치옹(鄭小瓊)은 「다공, 변화무쌍한 용어(打工, 一個滄桑的詞)」라는 제목의 유명한 시에서 자신을 '꿈과 열정'으로 가득한 선전에 왔지만, 곧 '현지 주민'이 아니면 중국 북부 출신 남자 또는 여자를 뜻하는 '라오즈(老仔)' 또는 '라오메이(老妹)'로 불린다는 사실을 깨닫게 되는 '내륙 여성'으로 묘사한다. 그리고 '다공 시인' 쉬챵(許强)이 「고독은 치유될 수 없는 질병(孤獨是治不好的疾病)」이라는 시에서 선전에서의 경험을 어떻게 묘사하고 있는지도 주목된다.

> 나는 길 잃은 영혼처럼 여기저기 표류하며
>
> 선전이라는 이곳의 표면을 걸어
>
> 가냘픈 팔과 다리로
>
> 나는 집 없는 얼룩 개처럼
>
> 그 삶의 뼈 냄새를 맡으며
>
> 지친 몸을 끌고 내 '집 없음'의 여정을 가늠한다
>
> 죽은 듯 고요한 밤에 눈물 한 번 쏟아보지 않은 이는
>
> 다공인이라 불릴 자격이 없다(Xu; Liu Dongwu, 2006: 221-22).

'장소감'은 특정 장소와 연관된 생생한 경험과 주관적인 감정에 의해 새겨진다(Rose, 1993). '다공' 공동체의 소외감과 강렬한 주변성의 감각을 고려할 때, 유동적인 도시성과 '다공' 개인 사이에 남방 지역에 대한 현저히 다른 감각이 발전할 수 있다는 사실은 놀라운 일이 아니다. 남방에 대한 이러한 서로 다르고 때로는 상반되는 평가는 '지리적 상상력'의 정치를 여실히 보여준다(Massey, 1993). 많은 '다공 시'들은 대중 문학에서 나타나는 매혹적인 남방이라는 헤게

모니적 재현에 대한 지속적인 침입으로 읽힐 수 있다. 예컨대 류다청(劉大程)은 「남방 행음(南方行吟)」이라는 제목의 긴 시에서 남방에 대한 대중적 상상을 거부하고, 이러한 이미지가 '다공' 노동자들이 남방에 대해 초기에 품었던 꿈과 욕망을 고조시켰지만, 그 꿈과 욕망이 빠르게 좌절되었음을 독자들에게 상기시킨다.

> 시대의 번영이 남방을 뒤덮고
> 시대의 공허함, 황망함, 방탕함, 타락, 불행, 눈물, 고통도 남방을 뒤덮어
> 남방은 고향에 대한 그리움과 향수로 가득해
> 남방의 달빛은 회색
> 어쨌든 남방에서는 달을 보고 싶지도 않고, 시간도 없어
> 이 달빛 비치는 남방의 밤은
> 눈물 젖은 베개와 잠 못 이루는 숱한 시간
> 방랑하는 아이는 수천 킬로미터 떨어진 고향을 생각하네(Liu Dacheng, 2007: 32).

여기서 남방은 더는 유토피아의 땅이 아니다. 하지만 이 시에서 나타난 유토피아적 이미지에 대한 아이러니한 호출은 남방의 매력이 의심의 여지 없는 확실한 지식으로 자연화되는 과정을 우리에게 경고한다. 이 시들의 중요성은 환상과 욕망, 그리고 잘못된 열망의 복합체라는 남방의 가면을 벗기려는 끈질긴 시도일 뿐만 아니라, 더 중요한 사실은 고향에 대한 향수(nostalgia)를 권력의 장소인 남방에 새기려는 시도에 있다. 남방의 번영은 농촌 출신 이주민들의 값싸고 풍부한 노동력이 있었기에 가능했지만, 이 노동자들에게 풍요롭고 성공한 남방의 이미지는 백화점 쇼윈도 너머 고가의 상품처럼 안전하게 손이 닿지 않도록 전시된 이미지와 전경

으로만 남아 있다. 아파트, 자동차, 여가와 소비의 생활양식, 공교육과 의료 서비스 이용, 홍콩이나 다른 지역으로 여행할 수 있는 자유와 같은 성공과 풍요의 상징은 이들에게는 전혀 존재하지 않는다. '다공' 이주자들은 자신들이 살아가는 장소에 대한 권리가 없다. 즉 글로벌 자본과 세계시민주의의 매력, 상향적 사회 계층 이동의 기회를 상징하는 남방, 도시, 산업단지와 같은 장소에서 아무런 권리 없이 살아간다. 도시화와 산업화가 진전된 포스트 사회주의 시대에 중국의 서발턴이 된다는 것은 신체적, 정서적, 정신적으로 공간적 소외와 불화를 경험하는 일이다. 이러한 측면에서 고향 마을에 대한 향수와 그리움이 중국 서발턴의 보편적인 정서가 되었다는 사실은 그리 놀라운 일이 아니다.

이러한 장소성의 문제는 최근 2세대 노동자-시인들이 쓴 '다공시'들이 기계의 잔혹함이나 경찰의 잔인함보다는 '다공' 존재의 상실감, 소외감, 무의미함에 초점을 맞추고 있다는 점에서 더욱 중요하다. 그리고 2세대 다공 시인들의 공간적 상상력은 남방에서의 불화에 대한 뚜렷한 인식보다는 일반적으로 경계 공간에 갇혀 있거나 길을 잃었다는 감각이 더 두드러진다. 물론 쉬쟝이 지적한 것처럼 공장의 노동조건은 상당히 개선되었지만, (비록 에어컨이 가동되더라도) 생산라인에서 하루 12시간 이상 일해야 하는 현실은 여전히 이주노동자의 영혼을 파괴하고 있다. 그리고 지방 당국의 이주노동자에 대한 처우도 개선되어 이제는 도시의 새로운 시민으로 환영받고 있으며, 앞서 쉬쟝이 지적했듯이 많은 지역에서 신원을 증명하기 위해 임시거주 허가증을 제시할 필요가 없어졌다.* 그러나

---

* [역주] 농촌 호구를 가지고 도시에서 일하는 농민공은 경찰의 불심검문 시 신분증, 임시거주증, 고용 증명서를 제시하지 못하면 수용소로 이송되어 강제송환되

농촌 출신 이주민들은 여전히 도시 주민들이 당연하게 여기는 다양한 혜택을 받을 자격이 박탈되어 있다.

젊은 농촌 출신 이주민들은 모바일과 소셜미디어를 적극적으로 수용하는 등의 일부 도시 소비 관행을 누리고 있다. 그러나 도시에 주택을 구매해서 도시 시민의 지위를 얻고, 이에 따른 모든 혜택을 누릴 수 있다는 전망은 여전히 환상에 불과하다. 그들 삶의 끊임없는 이동과 변화는 노동자-시인들이 자신을 표현하는 방식에 미묘하면서도 실질적인 영향을 미치며, 그 결과 "나는 누구인가?", "나는 여기서 무엇을 하고 있는가?", "나는 왜 여기에 있는가?"와 같은 심오한 실존적 질문을 끊임없이 던진다. 고향에 대한 향수와 육체적 고통만이 아니라 억압(壓抑), 혼란과 불확실성(迷茫), 상실(失落) 등의 경험이 최근 젊은 노동자-시인들의 작품에서 가장 자주 등장하는 수사라는 사실은 우연이 아니다. 예컨대 탕이홍(唐以洪)의 시 「나는 타향에서 도는 팽이(我在異鄕做陀螺)」는 사회적 이동성과 삶의 개선 및 더 높은 목적에 대한 전망을 상실한 정신적 노숙인의 존재 이유에 대한 질문으로 읽을 수 있다.

> 나는 타향에서 도는 팽이
> 미친 듯이 쉬지 않고 도는 팽이
> 생산라인, 생계, 운명은 채찍

었는데, 쑨즈강(孫志剛) 사건으로 이 제도는 폐지되었다. 쑨즈강 사건은 광저우시의 한 회사에 다니던 후베이성 출신의 쑨즈강이라는 청년이 2003년 3월 17일 저녁에 PC방으로 가던 도중, 임시거주증을 소지하지 않았다는 이유로 경찰에 의해 광저우시의 수용소로 호송되어, 수용자 구치소에서 일하는 직원에게 집단구타를 당하여 3월 20일에 사망한 사건을 말한다. 이 사건을 계기로 농민공을 강제로 수용하여 송환하는 제도의 철폐에 대한 각계의 요구와 저항이 거세게 일어났고, 이 제도는 결국 당해에 폐지되었다.

가끔씩 나를 때리는 채찍

사실 나를 돌리는 채찍질은 필요 없어

난 스스로 더 채찍질할 수 있어

계속해서 돌기 위해

한 도시에서 다른 도시로

올해에서 내년으로(Tang, 2010: 9).

'다공 시'는 일반적으로 중국 남부의 농촌 출신 이주민 공장 노동자와 산업화로 인한 소외 등과 연관되지만, '다공 시인'은 중국 전역에 존재한다. 그리고 모든 '다공 시'가 생산라인이라는 주제와 관련된 것은 아니다. 2012년 중반 베이징 하이뎬구의 한 노동 NGO가 대학생, 사회공작 자원봉사자, 이주민 건설 노동자들로 구성된 청중들에게 베이징에서 일하는 건설 노동자들이 쓴 시를 낭독하는 시 낭송회를 개최했다. 행사를 주최한 NGO 대표인 리다쥔은 이들의 시가 수록된 내부 간행물을 청중들에게 나눠 주면서 건설 노동자들도 자신들의 고충을 표출하는 방법으로 시를 쓴다고 내게 말했다. 그러면서 그는 "건설 노동자들의 시는 날것 그대로 거칠고 문학적 고상함이 덜하지만, 이들은 마음속 깊은 곳에서 우러나오는 말을 해요"라고 덧붙였다. 이들의 시집에 수록된 시들을 읽어보면 그의 평가가 옳았음을 알 수 있다. 「내 다공 생활의 사계」라는 제목의 아래 시는 계절의 변화에 따라 구성되어 있으며, 북반구의 마지막 계절인 겨울로 끝맺는다.

겨울이 오면, 흩날리는 눈송이와 함께, 내 걱정은 무거워져

찢어진 상의와 바지를 입고 벌벌 떨며, 손과 발은 꽁꽁 얼어

그래도 나는 밀린 임금을 받기 위해 서서 기다려

노동 중재는 사치고, 법을 통한 해결은 더 비싸
위로 하늘과 내 발밑의 땅을 보며 물어
뭐가 조화(和諧)야? 정의는 어디에 있어?(Gong G, 2012)

리다쥔에 따르면 건설 노동자들 사이에서 시를 쓰는 것이 흔한 일은 아니지만, 특히 중년 남성들 사이에서는 가끔 있는 일이라고 한다. 하지만 이 시를 홍보하려는 정부 기관도 없고, 시를 출판하고 브랜드를 구축하려는 상업 출판사도 없으며, 이들의 뜻을 지지하는 문화 엘리트도 없기에 남방의 '다공 시'보다 훨씬 덜 알려져 있다. 그러나 리다쥔에게는 이러한 정치적이고 상업적인 관심의 부재가 오히려 전화위복일 수도 있다. 그는 이들의 시를 건설 노동자들의 집단적 의식을 동원하고 고양할 수 있는 잠재력이 있으며, 공식적인 이데올로기와 상업적 이해관계에 덜 오염되어 있다는 점에서 노동자들 자신의 진정한 목소리이며, 따라서 더 강력하다고 생각한다.

건설 현장에서의 시 쓰기는 공장에서의 시 쓰기보다 규모와 생산량은 훨씬 적지만, 농촌 출신 이주민들 사이에서 문학적 행동주의의 대안적 방식을 나타내고, 다른 인정의 정치를 보여주며, 확실히 구별되는 성장 경로를 밟아왔다. 흥미롭게도 리다쥔은 건설-노동자 시인들이 남방의 공장 노동자들이 쓴 '다공 시'를 좋아하지 않는다고 언급했다. 그는 "우리 노동자들은 그것들이 너무 모호하고 이해하기 어렵다고 생각해요"라고 말했다. 서발터니티(하위주체성)는 모든 농촌 출신 이주민들에게 일률적인 방식이 아니라 다양한 형태와 색조로 나타나며, 때로는 진정성을 둘러싼 경쟁이 벌어지기도 한다.

'다공 시'와 중산층: 문학적 브랜드화와 문화적 중개

　이번 장을 열었던 '다공 시' 발전에 크게 공헌한 양훙하이 이야기는 시를 통해 계급적 경험을 기록하려는 일부 '다공' 노동자들의 창조적 충동이 때때로 문화적 엘리트들의 기업가 정신과 지역 미디어 및 출판 산업의 사업적 수완과 완벽하게 맞물릴 수 있음을 보여준다. 1980년대와 1990년대에 걸쳐 양훙하이는 〈다펑완(大鵬灣)〉이나 〈특구문학(特區文學)〉 같은 노동자들의 글을 전문적으로 출판하는 여러 지역 문예지의 창간을 적극적으로 도왔다. 그리고 선전 라디오의 단골 출연 자리를 이용해 훗날 '다공메이(打工妹)의 여왕'으로 불리게 된 안즈(安子)와 방송 시간을 공유하는 등 노동자-작가들을 열정적으로 홍보했다. 심지어 선전시의 주요 문화 관료 중 한 명의 자격으로 〈다펑완〉에 직접 편지를 보내, 나중에 선전의 '다공 작가 5인방' 중 한 명이 된 장웨이밍(張偉明)의 작품집과 같은 특정 작품의 출판을 추천하기도 했다(Huang Yurong, 2009). 양훙하이를 비롯한 문화 엘리트들의 지도와 선전 지방 정부의 후원으로 소설이나 시와 같은 형식으로 '다공' 경험을 표현하는 작가들이 1990년대 중후반에 기성 문화 기관의 주목을 받기 시작했다. 지역 이주민 집단의 초기 소속감을 고취하기 위한 주강삼각주 지역 지방 정부의 정책 주도에 편승하여 상업 출판계에서도 점차 입지를 다졌으며, 특히 중국 남방에서 아직 소수이지만 현대 도시 문학의 필수 요소로 빠르게 자리 잡았다. '진짜' 다공 작가들이 헤게모니적 문화에 일정한 거리를 두고 이에 반하는 목소리를 낼 수 있었던 이러한 경험은 적절한 환경이 조성되면, 서발터니티(하위주체성) 자체가 하나의 브랜드이자 상품이 될 수 있음을 보여준다.

선전시를 비롯한 주강삼각주 지역 여러 도시의 지방 정부는 문예 운동의 초기 성공에 힘입어, 문학상을 제정하고 대중 낭독회를 조직하기 시작했으며, 이를 통해 노동자-시인들의 인지도가 높아졌고 서로 간에 글쓰기 경험과 열망을 공유할 기회가 마련되었다. 새천년에 접어들면서 주강삼각주 내 여러 도시에 흩어져 있던 노동자-시인 십여 명이 '다공 시인' 모임을 결성하기로 결의했고, 2001년에 자체 자금으로 출판되는 간행물인 〈다공시인〉을 창간했다. 이 간행물은 비정기적으로 발행되었고, 상업적으로 배포할 수 있는 국제표준간행물번호(ISSN)도 없었다. 하지만 이 잡지의 등장은 노동자-시인들의 집단적 정체성 출현의 표식이라는 점에서 매우 중대한 의미가 있었다.

같은 해 〈다공시인〉 편집위원회는 중국 최초의 '다공 시' 축제를 창립해 매년 최고의 다공 시와 문학평론에 대해 시상하기 시작했다. 이들은 2012년까지 중국의 농민공을 지원하는 데 관심이 있는 해외 기관으로부터 자금을 지원받았다. 그리고 최근에는 광둥성에 있는 링난사범대학(嶺南師範學院)과 협력하여 '다공' 작가들을 비롯해 '남방'에서 유래했거나 이를 표현한 시의 사회적·문화적 의미를 연구하는 것을 목적으로 하는 연구센터를 설립했다. 현재 시를 통해 자신의 경험을 정기적으로 표현하는 '다공' 노동자는 최대 천 명에 달하며, 전국적으로 이들 집단에 널리 알려진 '다공 시인'은 약 백여 명에 이르는 것으로 추정된다(2008년 11월에 앞서 언급한 뤄더위안과 진행한 개인적 교신). 또 다른 추산에 따르면 실제 개인적으로 시를 쓰는 '다공'의 수는 약 2~3만 명에 달하는 것으로 나타난다(Gusu wanbao, 2009). 2011~2012년 사이에 '다공 시인' 집단의 내부

정치로 인해 이들의 정체성에 다소 균열이 생기기도 했다.* 하지만 '다공' 시인들은 계속해서 글을 쓰고 있으며, 일부 뛰어난 시인들은 이 장르의 지속적인 발전을 촉진하기 위해 여전히 다양한 활동에 참여하고 있다.

노동자-시인들은 강력한 울림을 주는 수많은 시를 썼으며, 지금은 '다공 시인'으로 널리 불리지만, 스스로 이 호칭을 선택한 것은 아니다. 이들은 '다공' 문학과 시를 세상에 알려준 양훙하이에게 진 빚을 인정하며, '다공 시인'이라는 명칭을 더 넓은 문학계에 노출하고 수용되도록 도움을 준 것에 감사하지만, 모든 노동자-시인이 이 호칭을 받아들이는 것은 아니다. 실제로 '다공 시인' 공동체 안팎에서 이러한 칭호의 적절성에 대한 논쟁이 계속되고 있다. 매우 순수주의적인 태도를 보이는 사람들의 관점에서는 그저 좋은 시와 나쁜 시만 존재하며, 이는 오로지 미학적 기준으로만 판단되어야 한다(Xie Mian; Duan and Zhang, 2009: 12에서 인용). 이들에게 '다공 시'라는 용어는 기껏해야 모순적 어법이고, 최악의 경우 노동자 시의 문학적 결함을 은폐하기 위해 채택된 속임수에 불과한 것이다. 이와 동시에 사회에서 가장 주변화된 사회 집단 중 하나인 '다공' 공동체와 독특한 관계에 있는 '다공 시'가 '위선', '허세', '자조적 말장난', '정신적 황폐함'으로 얼룩진 엘리트 문학계의 침체한 분위기에 활기를 불어넣는 신선한 바람이라고 믿는 사람들도 있다(Wu S, 2009: 74). 따라서 이들에게는 '다공'이라는 형용사로 노동자-시인을 묘사하는 것은 매우 환영할 만한 새로운 문예 운동의 명확한 기표로 작용한다(Huang Yurong, 2009: 133). 이처럼 서발턴은 고유한 고통

---

* 나는 '다공 시인' 집단 내부 정치의 성격에 대해서는 자세히 공개하지 않기로 약속했다.

과 종속의 경험을 갖지만, '서발턴'이라는 용어 자체를 포함하여 다른 사람들이 그들의 경험을 묘사하거나 전유하기 위한 호명을 항상 스스로 선택할 수 있는 것은 아니다.

노동자-시인 공동체 내에서도 이 명칭에 대한 반응이 엇갈린다. 이들 집단이 첫 번째 출간물 이름을 〈다공시인〉이라고 명명한 사실 자체가 적어도 일부 노동자-시인들이 이 명칭에 공감했거나 혹은 전략적인 이유로 이를 채택했음을 시사한다. 그러나 많은 노동자-시인이 이 하향식 호명에 대해 체념적인 수용이나 양가적인 감정, 심지어 완강한 반대에 가까운 반응을 보였다. 현재 둥관에 거주하는 이 집단의 한 회원은 '다공 시인'이라는 명칭이 문학계 엘리트들의 우월감을 은연중에 암시하기 때문에 이를 거부했다고 내게 말했다.

> 그들은 우리를 '다공 시인'이라고 부르는데, 사실 이 말은 '다공' 지위에 있는 사람은 '다공'의 세계만 알기에 문학적 또는 미적 자질이 없고, 따라서 일반적인 기준에 부합할 수 없다는 의미가 함축되어 있어요. 그리고 '다공'이 아닌 다른 주제에 대해서는 글을 쓸 자격이 없다는 뜻이기도 해요.

한편 앞에서 언급한 「남방행음」이라는 시를 쓴 류다칭은 노동자-시인 공동체 일부 사람들의 정서를 요약하면서 '다공'이라는 용어가 다공 정체성을 본질화한다고 주장한다.

> 한편으로 이 용어는 모든 노동자-시인을 일률적으로 하나로 묶어서 우리 사이의 개인적 차이를 지워버려요. 그리고 다른 한편으로는 '다공'의 삶을 다룬 시를 다른 주제의 시와 구별하여 차별, 경멸, 노골적인 오해

와 같은 다양한 타자화 과정을 초래해요(Liu Dacheng; Huang Yurong, 2009에서 인용).

　이처럼 일부 노동자-시인들은 '다공 시인'을 일반적인 '시인'과 구별하는 이 호명의 정치와 과정에 민감하게 반응하는 것이 분명하다. 따라서 '다공 시인'이라는 꼬리표는 낙인과 승인을 동시에 하는 양날의 검으로 작용한다.
　호명과 정의의 문제는 차치하고라도, 평론가들의 마음속에는 여전히 '다공 시'가 진정한 문학인지 아니면 단순히 시의 형식을 빌린 사회적 관찰이나 정치적 주장인지에 대한 의문이 남아 있다. 그래도 '다공 시'는 "생존 경험에 초점을 맞춘 풀뿌리 글쓰기"이자 "이주노동자의 사회적 요구를 표현"하는 것으로 분류되어야 하며, "풀뿌리 문화적 표현"을 구성한다는 광범위한 합의가 존재한다(Li Jingze; Duan and Zhang, 2009: 13에서 인용). 그리고 기성 문학계의 일부 평론가들은 '다공 시'가 이주노동자의 사회적 가시성을 높여 사회의 "안정과 조화"에 공헌한다고 칭찬하기도 한다(Yang Honghai; Duan and Zhang, 2009: 16에서 인용). 그러나 이들은 하나의 장르로서 '다공 시'가 갖는 문학적 가치에 대한 평가는 훨씬 인색하다. 사실 사회적 영향력의 측면에서 부여된 '다공 시'에 대한 찬사에도 불구하고, '다공 시'에 대한 논평은 항상 문학적 세련미와 미적 기교의 부족을 지적하는 '조악함', '풀뿌리', '원초적'이라는 말들로 가득하다(Xie Mian; Duan and Zhang, 2009: 12에서 인용). 베이징대학교 중어중문학과 교수이자 박사과정생 지도교수인 셰미엔(謝冕)은 글이 문학이 되려면 "단순한 정념(pathos)의 표출"인 "비난"과 "성토"를 넘어 그 이상으로 나아가야 한다고 생각한다. 그리고 좋은 시는 정제의 과정을 거쳐 거칠고 감상적인 수준에서 벗어날 수 있는 일정한 '수준'과

'기준'에 도달해야 한다고 주장한다(Xie Mian; Duan and Zhang, 2009: 12에서 인용). 일정한 수준과 기준에 도달하기 위해 무엇이 필요한지에 대한 예시로, 앞서 '다공 시'라는 명칭을 세상에 알린 선구자로 언급한 양홍하이는 다음과 같이 말한다.

> 최근 몇 년간 '다공' 문학은 그 위상이 크게 높아졌어요. 과거 '다공' 문학은 주로 잔혹하고 비인간적인 생산라인 체제와 인간성에 대한 냉담한 무관심 아래에서의 삶이 어떠했는지를 다뤘어요. 그런데 오늘날 일부 작가들은 '다공' 경험의 서사를 더 넓은 배경에 배치해서 인간 삶이 지닌 가능성을 충분히 탐구함으로써, 더 풍부하고 다채로운 세계를 드러내기 시작했어요. 이들의 글쓰기 기법도 많이 향상되었고요(Yang Honghai; Zheng L, 2009: 353에서 인용).

이러한 엘리트주의적 문학관과 달리, 일부 '다공 시인'들은 정념을 '다공 시'의 결정적 차원으로 인식한다. 2010년 6월 중국의 글로벌 제조업 중심지인 광둥성 둥관에서 열린 '다공 시' 축제의 일환인 연례 시 낭송회에서 대부분이 시인인 참가자들은 오늘날의 사회에서 시의 역할은 무엇인가라는 핵심적인 문제를 논의했다. 나는 이 회의를 참관하면서 기성 문학계 연사들과 노동자 시인 간의 논쟁을 목격했다. 일부 시에 대해 성찰적인 사유가 없고 조잡한 '고통의 외침'만 담겨 있다는 비평에 대해 앞서 언급한 뤄더위안은 바로 이 고통의 외침이 '다공 시' 정체성의 본질이라고 말한다. 그리고 노동자들이 쓴 시를 폭스콘의 자살 사건과 연결함으로써, 자살을 선택할 수도 있는 노동자들의 고뇌를 덜어줄 수 있는 운동으로서의 창작 활동의 가능성을 일깨워주었다.

시를 쓸 때, 저는 오로지 '다공'의 고통스러운 경험에서만 정서적 힘과 창조적 에너지를 끌어와요. 우리 시가 조잡할지 모르지만, 점점 더 많은 사람이 이런 고통의 외침을 쓰고 읽기 시작한다면 폭스콘(富士康, Foxconn)에서처럼 자살하는 사람들이 줄어들지 않을까요?[*]

이와 마찬가지로 쓰촨성 출신의 가장 존경받는 여성 '다공 시인'인 정샤오치옹(鄭小瓊)은 사회적 명망을 얻을 통행증으로 여겨지는 '둥관시 작가협회(東莞市作家協會)'에 가입해달라는 초청을 받았을 때, 비록 말단 기술 관리직이지만 '다공' 노동자로 남겠다며 이 제안을 거절한 것으로 알려졌다. 그녀는 이에 대해 "제 시에 생명력을 불어넣는 것은 '다공' 생활의 고통이에요. 이게 없다면 제 글은 아무런 가치가 없을 겁니다"라고 말했다(Zheng Xiaoqiong; Meng, 2008). 정샤오치옹은 시를 출간하기 전에 야금 공장에서 평범한 노동자로 5년 동안 일했다. 다양한 금속, 특히 철이 연약한 인체에 미치는 파괴적인 힘이 그녀의 '고통의 시'에서 지속적인 주제가 되었다. 그녀가 한 아래의 발언은 여러 매체와 저술에서 자주 인용된다.

공장에서 일한 5년 동안, 거의 매달 손가락이 잘리거나 손톱이 뜯겨나가는 노동자들을 목격했어요. 제 마음은 고통으로 가득했어요. 그러던

---

[*] 뤼더위안이 언급한 폭스콘에서의 자살 사건은 시 낭송회가 열리기 2주 전에 발생했다. 2010년 5월 말까지 13명의 이주노동자(남성 9명, 여성 4명)가 선전에 있는 대만계 전자제품 제조업체인 폭스콘 기업의 공장 건물 꼭대기에서 뛰어내려 자살했다(Chan and Pun, 2010).
[역주] 이에 대한 자세한 내용은 폭스콘 노동자들의 삶과 죽음을 중심으로 중국 노동 체제 및 글로벌 생산 체제의 문제를 상세하게 분석한 저서인 『아이폰을 위해 죽다: 애플, 폭스콘, 그리고 중국 노동자의 삶』(나름북스, 2021)을 참조할 수 있다.

중 신문에서 주강삼각주에서 매년 평균 4만 개의 손가락이 절단되고 있다는 기사를 읽었어요. 이 손가락들을 일렬로 늘어놓으면 얼마나 긴 줄이 만들어질지 계산할 수도 없어요! 그리고 그 줄은 계속 길어지고 있어요(Zheng Xiaoqiong; He, 2007).

정샤오치옹의 시는 일부 비평가들에게 '현대 중국의 여성 긴즈버그'라고 불릴 정도로 고통의 외침으로 가득한데(He, 2007), 그녀의 작품은 미국 시인 앨런 긴즈버그(Allen Ginsberg)의 작품에 각인된 '울부짖음(howling)'이라는 발화행위를 생생하게 연상시킨다. 실제로 정샤오치옹의 시는 긴즈버그의 작품 속 '울부짖음'을 명시적으로 참조한다. 이러한 시적 울부짖음을 푼 응아이의 연구(2005)에 등장하는 여성 이주노동자의 한밤중 절규와 대조해보면, 말을 할 수 없는 서발턴과 강력하게 말하는 이들 사이의 현저한 불일치를 볼 수 있다. 그리고 '자기-재현'과 타자에 의한 대표 사이에 미끄러짐의 가능성도 볼 수 있다. 정샤오치옹은 자주 인용되는 그녀의 시 중 하나인 「보행자 육교(人行天橋)」에서 과일 행상을 하는 농촌 출신 이주민 여성이 "경찰에 폭행당할 때의 울부짖음이 긴즈버그의 울부짖음보다 훨씬 더 강렬한" 절규라고 묘사한다(Zheng Xiaoqiong; Niu, 2010에서 인용). 그리고 여러 평론가에게 널리 분석되고 있는 「철(鐵)」이라는 제목의 또 다른 서사시에서는 농촌 출신의 신체가 차갑고 폭력적이며 얼굴 없는 산업 기계의 금속 표면과 접촉했을 때의 육체적, 정서적, 심리적 고통을 이야기한다.

그들 가족에게, 이 고통은 날카로운 산성
옥시아세틸렌 절단 토치 아래의 쇳조각처럼,
그들은 고통의 날카로움을 느껴

절규할 정도로

격렬하고, 귀를 찢을 듯한, 영혼과 뼈를 꿰뚫는 고통에.

이 날카로운 고통은 그들 삶에 스며들어, 메아리가 되어 이들을 뒤덮는다(Zheng Xiaoqiong; Niu, 2010에서 인용).

'다공 시인'들은 자신들의 시가 사회적 영향력을 인정받았다는 사실에 기뻐할지 모르지만, 또 다른 일부는 분명히 그저 '고통의 외침'에 불과하다는 평가를 받는 것에 만족하지 않는다. 그 대신, 그들은 주제와 상관없이 문학적 가치가 뛰어난 시인으로 평가받기를 원한다. 내가 만난 '다공 시인' 중 일부는 '다공' 시와 문학에 대한 대중적 관심이 주로 사회적 현상으로서의 출현에만 국한되어 있고, 문화적 산물로서의 이들 실제 텍스트에 관한 면밀한 탐구는 부족하다고 토로했다. 그리고 일부 '다공 시인'과 평론가들은 '다공 시'가 기존의 판에 박힌 시들의 '진부한' 기법과 기교에서 탈피했기에 특별한 문학적 가치가 있다고 주장한다. 노동자-시인이자 평론가인 류동우(柳冬嫵)는 '다공 시'에 대해 미학적 측면을 지나치게 강조하는 것은, 헤게모니적 문학 평론가들이 이주노동자들의 문학계 영역 진입을 달가워하지 않는다는 분명한 표시로 인식한다. 그는 노동자들의 시에 대한 일부 문학 평론가들의 '기교에 집착하는' 경향을 강하게 비판한다.

'다공 시'는 시 창작 영역에서 타자가 될 운명이에요. '다공 시인'들은 시적 언어 게임의 기본 규칙을 습득하지 못했기 때문에, 주류 시들이 갖춘 '종합적인 소양(綜合素質)'이 없어요. 그래도 갓 태어난 아기처럼 '다공 시'는 조악함에도 불구하고 애틋하고 부드러운 감정을 불러일으켜요. [전통적인] 시 쓰기의 기법에 오염되지 않았기에, 삶의 가장 밑바닥에 직접 닿아 심층에서 발견한 고통, 불안, 기쁨을 독자들에게 진솔하고 직설적으로 되살려 줘요. 영혼의 가장 깊은 구석에서 나온다는 이런 감각이야말로 이들의 시에 영향력과 감동, 공감을 가능하게 하는 겁니다(Liu Dongwu, 2006: 168).

소수 문학 장르로서의 '다공 시'의 위상을 설명하려면, 헤게모니적 평론가들이 '다공 시'를 문학계 영역으로 들여보내기를 꺼린다는 사실과 이주노동자들이 전반적으로 '진지한 문학'에 대한 관심이 부족하다는 점을 모두 고려해야 한다. 사실 공장의 냉혹하고 영혼 없는 삶에 대한 생생한 묘사가 '다공' 공동체에서 반드시 사랑받는 것은 아니며, 공장 노동자들 사이에서 '다공 시'의 독자층은 여전히 매우 적은 수준이다. '다공 시인'들도 노동자들 대부분이 '다공 시'라는 장르를 들어본 적도 없고, 실제로 이를 읽어본 사람은 더욱 적다는 사실을 기꺼이 인정한다. 현장조사를 하던 중 나는 주강삼각주의 선전과 둥관, 그리고 양쯔강 삼각주의 쑤저우에 있는 공업단지 거리에는 PC방, 직업소개소, 옷가게, 저렴한 식당, 값싼 패션잡화점들이 즐비한 것을 볼 수 있었다. 그리고 노동자들이 식료품을 구매하는 시장에는 중고 책과 잡지를 판매, 교환, 대여하는 노점도 흔하게 볼 수 있다.

500미터도 채 되지 않는 짧은 거리에 보통 두세 개 이상의 PC방을 발견할 수 있는데, 이런 업종의 큰 점포에는 최대 수백 대의 컴퓨터 단말기가 설치되어 있다. 여성보다 젊은 남성들이 주로 찾는 이 연기가 자욱하며 어두운 조명의 PC방을 여러 번 방문하면서, 나는 손님 대부분이 컴퓨터 게임을 하고 있거나, 또는 영화나 비디오 동영상을 보고, 오랜 친구나 새로 알게 된 지인과 온라인 채팅을 한다는 것을 알게 되었다. 그리고 거의 모든 경우, 이들은 새 메시

〈그림 7.1.〉 선전시 롱강(龍崗) 공업지구의 시장에 있는 책 가판대.
사진: 저자(Wanning Sun)

지가 도착하는 즉시 친구에게 답장할 수 있도록 QQ 계정을 열어두고 있었다. 어떤 자리에서는 여러 사람이 모여서 한 사람은 앉아서 게임을 하고, 다른 사람들은 이를 구경하고 있었다. 또 다른 컴퓨터 화면에서는 익명의 여러 온라인 플레이어와 멀티 게임에 몰두하고 있는 장면이 펼쳐졌다.

　PC방에서 만난 젊은 공장 노동자들은 게임을 하는 것이 공부나 책을 읽는 것만큼 '유익'하지는 않지만, 긴장과 스트레스를 풀고 현실에서 벗어나는 데는 도움이 된다고 확신했다. 한 젊은 노동자는 "공장에서의 일은 길고 지루하며 무감각해요. 하루가 끝나면 그저 게임을 하면서 머리를 식히고 싶다는 생각뿐이에요"라고 말했다. 또 다른 노동자는 "사실 저는 컴퓨터 게임을 할 수 있는 작은 노트북이 있는데, 혼자 하면 지루해요. 그래서 PC방에 가서 다른 사람들과 어울리고 싶어요. 꼭 대화를 나누지는 않더라도요. 서로 연결되어 있다는 느낌이 들거든요"라고 말했다. 노동자들은 PC방에서 컴퓨터 게임을 하는 것이 친구들과 함께 시간을 보낼 수 있다는 점에서 매력적이라고 이야기했다. 내가 이들에게 '다공 시'에 대해 들어봤거나 혹은 읽어본 적이 있는지 물었더니, 대부분 인상을 찌푸리며 "공장의 지루함과 고된 일에 대해 이미 잘 알고 있는데, 왜 시간을 들여서 그런 걸 읽어요? 빨리 그곳에서 벗어나야죠!"라는 비슷한 대답을 했다. 서발턴 존재의 지루한 일상의 현실은 서발턴 자신들에게는 참신성이 없으며, 오히려 이를 직접 경험하지 않았지만, 시를 통해 대리로 체험할 수 있는 위치의 사람들의 입맛에 항상 더 맞는다.

이러한 반응에도 불구하고, '다공 시'는 정확한 규모와 구성을 파악하기는 어렵지만 상당한 독자층을 보유하고 있다. 최근 몇 년 동안 전통적인 도서 출판 경로를 통해 '다공' 시집과 선집이 다수 출간되었으며, 이러한 책은 주로 대학과 같은 문화 기관이나 언론, 그리고 이주노동자의 삶에 관심이 있는 문학 협회 등의 도시적이고 교육받은 독자들이 구매하는 것으로 추측된다. 그러나 대다수의 '다공 시인'들은 공식 출판사를 거치지 않고 자비 출판이나 일종의 협회를 통한 출간에 의존한다는 점에 주목할 필요가 있다. 그리고 이러한 경로를 통해 배포되는 책은 대부분 국제표준도서번호(ISBN)가 없으며, 무료이다.* 게다가 다양한 이주노동자 관련 NGO에서 발행하는 이주노동자 대상의 소박한 소식지나 회보에서 '다공

---

* 지난 몇 년 동안 꽤 많은 노동자-시인들이 나에게 그들 시집의 무료 사본을 보내주었다.

시'에 상당한 지면을 할애하는 사례도 일반적이다. 노동자들은 이러한 소식지를 무료로 받아볼 수 있으며, 친구나 동료들과도 자유롭게 공유한다.

'다공 시'의 다양한 유통 방식은 실제 독자층의 규모를 가늠하기 어렵게 만든다. 농촌 출신 이주노동자들 사이에 소셜미디어를 비롯한 뉴미디어의 활용도가 높다는 사실은 잘 알려져 있으며(Qiu, 2009), 노동자들이 이용할 수 있는 자원이 제한적이기 때문에 노동자-시인들은 온라인을 통한 출판 방식을 적극적으로 활용한다. 일부는 자신의 블로그를 통해 시를 게시하며, 또 다른 일부는 노동자-시인을 위해 운영되고 지정된 웹사이트에 제출한다. 좋아하는 시나 마음에 드는 시 몇 줄은 QQ와 같은 대중적인 인스턴트 메시지 서비스나 핸드폰 또는 이메일을 통해 자유롭게 다운로드해서 친구들과 공유할 수 있다. 하지만 '베이징 설문조사'에서 참여자들에게 '다공 시'를 읽어본 적이 있느냐는 질문에 26.7%만이 그렇다고 답한 것은 그리 놀라운 일이 아니다. '다공' 생활에 대해 출판 여부와 관계없이 글을 써본 적이 있느냐는 질문에는 12.9%만이 그렇다고 답했다.

가장 흥미로운 점은 프랑스(Rancière, 1981)와 영국(Thompson, [1963] 1991)의 노동자들이 쓴 시와 마찬가지로 중국 '다공 시'의 힘은 다른 매체와 문화적 형태로 재가공될 수 있는 독창적인 소재로 자신을 표현할 수 있는 능력에 있다. 예를 들어 '다공 시'의 많은 시 구절들이 싱어송라이터와 공연자를 위한 최적의 가사가 되어, 이들의 시를 여러 형태로 '소비'할 수 있게 되었다. 이는 유명한 노동자 가수이자 작곡가인 쑨헝(孫恒)이 자신의 극단인 '신노동자 예술단'과 함께 베이징 외곽의 피춘에서 매년 열리는 '신노동자 예술문화 축제'에서 공연하는 노래들에서 잘 나타난다. 그리고 '다공 시'

의 구절들은 이러한 축제들에서 노동자들의 일과 삶을 보여주는 시각적 공연, 전시회, 박람회 등에서도 활용되어, 노동자와 도시 소비자 모두가 이용 가능한 매우 분산되고 예측할 수 없는 다양한 수용 방식으로 이어진다. 따라서 '다공 시' 독자층의 규모를 정확하게 파악하는 일은 불가능하지는 않더라도 매우 어렵다. 그러나 '다공 시'가 도시의 지식인뿐만 아니라, 정치적으로 의식 있고 문화적으로 수준 높은 이주노동자 모두에게 일정한 영향을 미치고 있음이 분명하다(W. Sun, 2012a).

레이먼드 윌리엄스는 산업화 시대 영국에서의 독서 대중 형성에 관한 연구에서 인쇄 자본주의의 발전과 대중 신문 및 일요신문의 출현, 그리고 신문과 정기 간행물의 소설 연재를 연결하는데, 이 모든 것들이 공공 영역에서 "정치적 관심의 확장"을 이끌었다고 본다(Williams, 1961: 184). 이와 마찬가지로 에드워드 톰슨은 인쇄 기술 덕분에 팸플릿, 민중가요, 소책자 등의 '증식'이 가능해졌으며, 이를 통해 노동자들 사이에서 정보와 생각을 보다 효과적으로 전달하고 "급진적인 독서 대중"을 형성하는 데 도움이 되었다고 지적한다(Thompson, [1963] 1991: 805). 반면 중국의 이주노동자 시인들은 도시화 과정에서의 산업적 소외와 정신적 '집 없음'에 저항하는 효과적인 창작 실천으로 시 쓰기를 발견했을지 모르지만, 톰슨이 말한 급진적 독서 대중을 형성하는 데는 성공하지 못했으며, 이를 주된 목표로 생각하지도 않았다. 오히려 이주노동자들 대다수는 현실에서 벗어나 일종의 도피처를 제공하는 컴퓨터 게임, 도박, 무협지나 판타지 소설 읽기 등 지적으로 덜 어려운 대응 방식으로 계속 눈을 돌린다. 이처럼 이주노동자들이 자신들의 삶에 관한 시에 대체로 관심이 없는 이유는 이들의 문해력 결핍이나 톰슨이 '증식(multiplication)' 기계라고 부른 것의 부족 때문이 아니다(Thompson

[1963] 1991, 806). 그것은 냉혹하고 소외된 노동 체제 안에서 살아가야 하는 물질적 조건으로 인해, 자신들의 일과 삶을 성찰하려는 목적의 문화적 실천에 참여할 능력과 성향을 빼앗겼기 때문이다. 서발턴 문학과 미디어 콘텐츠의 생산이 자동으로 '서발턴 독자층의 창출'로 이어지는 것은 아니다. 오히려 이제까지 이 두 영역은 서로 만나거나 겹치지 않는 두 개의 분리된 영역으로 남아 있다. 이 둘 사이의 단절은 사회변화에 대한 서발턴 정치의 영향을 제한하는 제약을 나타낸다.

이와 동시에 양홍하이와 같은 선전의 문화 사업가들은 많은 노동자 작가들의 발전을 촉진하기 위해 매우 필요한 담론적 자원을 제공했을 뿐만 아니라, '다공 문학'에 대한 지식 생산에도 중요한 역할을 했다. 현재 하나의 장르, 문학적 현상, 문화적·사회적 실천으로서의 '다공 문학'에 대해 적극적이고 공개적으로 글을 쓰며 논평하고, 토론하며 연구하는 중산층 전문가들이 점점 증가하고 있다. 따라서 이러한 문화 사업가들은 수많은 학자, 작가, 문화 관료, 미디어 종사자들의 문화적 자본을 강화하고, 이들의 직업적 경력을 증진하는 역할도 했다. 노동자-시인과 이들 후원자 간의 이러한 전략적 동맹을 배경으로 '다공 시'의 문화적 운동의 역할은 매우 역설적인 차원을 갖게 되었다. 한편으로 '다공 문학'의 개입주의적 열망은 계급 간 동맹과 중개로 유지되는 대중적 실재로서 강력하게 나타나며, 또 부분적으로 실현된다. 이는 분명히 근대화와 산업화의 지배적 서사를 재구성하고 도전하는 소수자로서의 서발턴 장르를 구성한다. 그러나 다른 한편으로 '다공 문학'의 발전 과정은 다양한 국면에서 전유되어왔기에, 실제 정치적·사회적 영향은 불확실하다. 브랜드의 창출과 홍보에 관여하는 중개인들에게 서발터니티란 사회적 자본으로 전환하여 활용할 수 있는 상징적 자원이며,

이는 확실히 이주노동자 시인들에게 혜택이 되는 동시에 중개인 자신들에게도 막대한 배당금을 가져다준다. 서발턴은 마침내 타자의 관심을 얻었을지 모르지만, 이것이 정치적 또는 사회적 변화로 전환되는 종류의 관심은 아닐 수도 있다.

서발턴 의식의 형성과 소멸

이러한 노동자들의 시는 일상생활을 바탕으로 하고 있으며, 특히 1990년대 또는 그 이전에 발표된 시들은 향수병, 산업적 소외, 생산라인의 열악한 노동조건, 외로움, 상실감 등의 일반적 풍경을 떠올리게 한다(W. Sun, 2010a). 그러나 노동자-시인들은 자신들의 시가 노동조건의 극적인 개선을 가져올 것이라는 환상을 품고 있지는 않았다. 하지만 그들이 자신의 시적 표현을 한 세대의 농촌 출신 이주노동자들의 삶과 노동을 세밀하게 기록하고 보존하는 역사적으로 중요한 자기-민족지 자료로 여긴다는 것도 분명하다. 역사를 포착하고 기록하려는 이러한 집단적 사명은 이들의 정기 간행물인 〈다공시인〉의 매호 첫 페이지에 등장하는 "우리는 특별한 시대의 증인이며, 우리 시는 목격자의 이야기"라는 표제에서 잘 드러난다. 많은 노동자-시인들이 자신의 작품이 소중한 지식의 원천이 될 것이라는 강한 신념을 가지고 글을 쓴다. 특히 류동우는 "다공 시는 우리 시대의 가장 진실한 증언 중 하나이며, 이를 통해 끊임없이 주변화되는 사회 집단의 일상과 내면을 엿볼 수 있다"고 믿는다(Liu Dongwu, 2006: 1).

현대 중국의 이른바 신좌파 학자들에게 '다공 시', 특히 농민공들이 겪는 불의와 착취의 경험을 다룬 '다공 시'는 중국의 사회적 불평등 심화를 보여주는 강력하고 직접적인 경험적 증거로 제시된다. 이들에게 이러한 시들은 자유로운 시장이라는 신자유주의적 담론과 불공정하고 부당한 경쟁 및 자본축적의 관행에 대한 신랄한 비판성을 제공한다. 신자유주의적 이념 성향의 일부 학자들이 위에서 인용한 노동자-시인 정샤오치옹을 신좌파의 '산물'로 여기는 것도 이런 맥락에서 이해할 수 있다. 하지만 정샤오치옹이나 뤄더위안 같은 시인들은 자신의 작품이 중국의 점증하는 계급 갈등을 보여주는 텍스트 지표로 읽히는 것을 좋아할까? 흥미롭지만 당연하게도 그 대답은 '아니오'이다. 중국의 한 학자가 정샤오치옹에게 착취와 자본축적이라는 주제에 몰두하는 그녀의 시가 계급 의식을 고양하는 데 영향을 미칠 수 있는지를 물었을 때, 그녀는 이렇게 대답했다.

> 저는 제 시가 계급 의식을 고양하는 것과는 아무런 관련이 없다고 생각해요. '계급'이라는 단어에는 폭력의 의미가 내포되어 있고, 그에 대한 쓰라린 기억은 여전히 많이 사람의 의식 속에 남아 있어요. 저는 계급 의식을 가지고 글을 쓰지 않아요. 저는 약자에 대한 본능적인 연민과 불의에 대한 분노에 이끌려 글을 씁니다. 제 작품에서 이러한 주제가 크게 나타나는 이유는 간단해요. 제가 바로 이 작고 약한 사람 중 하나이기 때문이에요. (…) 그런데 작고 약한 사람들에 대한 이러한 원초적인 공감과 동조의 감정이 특정한 계급 의식으로 오해받는 경우가 많아요. 저는 오히려 계급보다는 계층이라는 단어가 더 적절할 수도 있다고 생각해요. 하지만 특정 정서와 감정이 적시에 해소되거나 완화되지 않으면 실제로 강력한 계급 의식이 나타날 수도 있겠지요(Zheng; He, 2007에서 인용).

정샤오치옹은 새로 출간한 시집 『여공 전기(女工記)』의 서문에서 이러한 우려를 반복해서 강조한다.

> 저는 이 여성들이 자신에게 가해지는 폭력적인 억압에 무감각해지지 않기를 바라고, 또 그들이 스스로 폭력적으로 변하는 것을 보고 싶지도 않아요. 현실적으로 이러한 문제를 해결할 수 있는 수단은 존재해요. 그래서 저는 우리 사회의 가장 밑바닥에서 억압되어 들끓고 있는 폭력적인 에너지가 어떻게 전개될지, 그리고 이 폭력적인 에너지가 우리 국가에 어떤 영향을 미칠지가 매우 걱정돼요(Zheng X, 2012).

계급 문제 혹은 망령처럼 늘 따라다니는 '다공 시'와 계급 투쟁 사이의 연관성은 '다공 시인'과 이들을 지원하는 중산층 문화 기관 모두 부단히 회피하고 있지만, 지금까지 발표된 일부 '다공 시'를 그야말로 문자 그대로 피상적으로 읽으면 계급적 적대감이 분명하게 드러나기도 한다. 그러나 더 깊은 차원에서 이주노동자들의 주체적 위치의 기저에 있는 모호함도 볼 수 있으며, 이러한 모호성이 이들의 시와 공적 발언 모두에 영향을 미치는 것으로 보인다. '다공 시인'들은 중국의 새로운 노동자 계급의 계급 의식을 구현하고 있으며, 실제로 이러한 가능성은 계급 갈등의 양측에서 어떻게 수용되고 있는가? 이는 매우 논쟁적인 질문이며, 시인들의 계급 의식을 당연하게 여기려는 유혹을 넘어 중국 내외의 학자들이 더욱 신중하게 검토할 필요가 있다.

이러한 뿌리 깊은 모호함은 여러 요인으로 설명될 수 있는데, 여기에는 자신을 키워준 은혜를 원수로 갚으려는 것처럼 보이고 싶지 않은 측면도 있다. 많은 문학 관련 행사와 시상 및 출판이 지방 정부와 기업의 지원을 받아야 하기에, 노동자-시인들은 조화사회라는 주선율을 방해하는 소음을 만들어내면 자신들의 상향 이동의 기회가 위태로워질 수도 있다는 잠재적 징벌 효과를 두려워할 수 있다. 그리고 자신들의 작품이 노골적으로 정치적이거나 이념적인 의제가 아니라, 좀 더 폭넓은 인도주의적 호소력이 있는 문학으로 여겨지기를 바라는 진정한 열망도 있다. 따라서 '다공 시'는 중요한 공적 개입을 대표하지만, 노동자-시인 대부분은 지적이고 활동가적인 역할을 맡는 것을 주저하는 것처럼 보인다.

많은 경우, 노동자-시인들의 시간과 에너지는 도시에서의 생계를 위해 대부분 저임금인 본업을 유지해야 하는 일상적인 필요성에 지배된다. 물론 일부는 낮은 수준일지라도 편집, 행정, 관리직과 같은 사무직에 종사할 정도로 상황이 좋아졌음에도 불구하고, 여전히 반정부적이거나 체제 비판적인 인사로 여겨지는 것을 경계한다. 산업 체제의 잔인함과 폭력성에 대한 시를 많이 발표한 어떤 저명한 노동자-시인은 자신의 작품이 "오용"될 것이 두려워, "외국인"이 인용하는 것을 유보하고 있다고 내게 말했다. 그는 과거에 해외에서 온 몇몇 사람들이 자신의 작품을 인용할 수 있도록 허락해달라고 요청했는데, 이후 일부 국제 시민단체들에서 자신의 시가 중국의 인권 침해에 대한 증거로 사용되었다는 사실을 발견하고 "이용당했다는 느낌"이 들었다고 말했다. 그리고 나도 참석했던 '다공 시 축제'의 조직에 관여했던 또 다른 노동자-시인은 나와의 대화에서 "순수한 학문적 관심이라면, 해외 학자들의 참여를 환영합니다. 하지만 정치나 인권에 대한 것은 안 돼요"라고 명확하게 강조했다.

자신들의 작품에 나타난 현 체제에 대한 강력한 고발과 비난에도 불구하고, 공개적으로 비판적인 역할을 맡는 것은 꺼리는 이러한 태도는 일부 노동자-시인들의 모호한 이념적 입장과 계급적 열망을 선명하게 보여준다. 여기에는 나는 내 조국을 비판할 수 있지만, 외국인은 비판할 수 없다는 의미의 민족주의적 정서 외에도 또 다른 근본적인 이유가 있다. 제도적으로 성별(聖別)된 시인이나 작가들과 비교했을 때 노동자-시인들은 정치적·경제적 힘의 변덕에 훨씬 더 취약하며, 이들에게 중대한 문제는 명성과 평판만이 아니라 무엇보다 생계와 직업의 안정성이다. 부르디외는 19세기 프랑스 작가들의 공적 참여와 철수 사이의 진동을 이해하려는 시도에서 문학적 자율성의 원칙이 안전하게 확립되고, 문학적 '장'이 정치적·경제적 압력으로부터 상대적으로 자율성을 얻었을 때만 작가들이 정치적 참여를 고려할 수 있음을 발견했다(Bourdieu, 1991). 이주 노동자 시인들은 확실히 문학적 독립성을 누리지 못하고 있으며, 정치적·경제적 자율성도 없다. 주지하듯이 문학적 실천으로서 '다공 시'의 출현과 존재 자체가 문학계의 지속적인 지원과 후원에 달려 있다. 더욱이 물질적이고 문학적인 생존의 불확실성으로 인해 노동자-시인들은 일반적으로 자신들 작품의 정치적·사회적 영향력의 증진보다 사회적 자본으로 전환될 수 있는 공적이고 제도적인 인정을 얻는 것을 우선순위로 삼게 된다.

'다공 시인'들은 또한 문화 및 지식 엘리트들의 상반된 기대에 부응해야 한다. 어떤 이들은 '다공 시'가 문학이나 다른 헤게모니적 문화 양식과 같은 지위로 '격상'되기를 바라지만, 또 다른 이들은 '다공 시'가 너무 단호거나 철저하게 야생성을 벗어던지면 사회적 영향력과 투쟁성 및 진정성을 상실할 위험이 있다고 생각한다. 특히 언론이나 문단(작가협회 등) 그리고 출판계보다 상대적으로 더 자유로운 공간을 누리는 학계의 일부 좌파 학자들은 '다공 시'가 '원초성'이나 '야생성', 그리고 비판적 날카로움을 상실할 것을 우려한다. 베이징 대학 중문과 교수인 홍즈청(洪子誠)은 '다공' 작가들이 주류 문화와 문학계 모두에서 인정받고 수용되기를 바라는 욕구가 있음을 감지한다. 그러나 그는 이러한 헤게모니적 목소리에 의한 수용이 노동자-시인들에게 즉각적인 물질적 혜택을 가져다줄 수는 있지만, 반드시 좋은 일만은 아니라고 강조한다. 즉 "다공 문학의 비판성이 그것을 독특하고 소중하게 만드는 힘입니다. 더 넓은 (제도적) 영역에서 인정과 수용을 얻는 과정에서 이 비판적 예리함이 조금씩 깎여나가고, 그 야성이 점차 길들어진다면 이는 매우 우려할 만한 일"이라고 말한다(Hong; Duan and Zhang, 2009: 11에서 인용).

'다공' 작가들이 더 넓은 문학계와 문화계에서 인정을 받으면 직업과 지위를 바꿔 사회적 상향 이동을 이루거나, 〈시가(詩歌)〉와 〈시가월간(詩歌月刊)〉 같은 권위 있는 국가 문예지에 작품이 게재될 수도 있다. 실제로 주강삼각주 지역의 몇몇 노동자-시인들은 이러한 형태의 인정 중 하나 또는 둘 모두를 받았다. 그리고 일부 시인들은 이주민들의 재능을 보상하고 이주민 문화의 성장을 촉진하려는 지방 정부의 정책 덕분에 현지 도시 호구를 취득하고, 다양한 문화 기관에서 일하고 있다. 사실 현재 활발하게 시를 쓰고 있는 많은 이들이 문예지 편집자, 지역 작가협회의 실무자, 지방 정부의 공무원 등 일종의 '화이트칼라' 전문직으로 일하고 있다. 나는 이제 더는 공장에서 일하지 않거나 혹은 여전히 공장에서 일하고 있는 '다공 시인'들과의 대화를 통해 '다공' 작가들 사이에서 보이는 상향적 사회이동의 유혹이 그 공동체 내의 잠재적 긴장과 분열의 원천임을 감지했다. 예컨대 『중국 다공시가 선집(中國打工詩歌精選)』의 편집자 중 한 명인 뤄더위안은 공장 노동자로 시작해서 현재 광둥성 정저우시의 한 지역 문예지 편집자로 일하고 있다. 그리고 마찬가지로 '다공' 출신으로 저명한 시인이자 '다공 시' 평론가로 유명한 저우총셴(周崇賢)은 현재 창작 글쓰기 강좌를 운영하는 지역

대학의 교장이다. 이들은 나와 독자들에게 자신들이 더 나은 일자리로 '이동'했지만, 이주노동자 계급이라는 주체적 입장에는 변함이 없으며, 여전히 노동자들과 동일시하고 글쓰기를 통해 뚜렷한 서발턴 목소리를 내는 데 전념하고 있음을 확신시키기 위해 노력한다. '다공' 공동체의 다른 사람들, 특히 반대편으로 아직 '진출'하지 못한 사람들도 자신들의 대의에 대한 변함없는 충성에 별로 낙관적이지 않다. 이에 '다공 시 축제'의 주최자 중 한 명은 내게 "지역 작가협회에서 가입하라는 초대를 받았는데, 거절했어요. 저는 변절하지 않아요"라며 매우 자랑스럽게 말했다. 이러한 정서는 다른 '다공' 작가들도 공유하고 있는데, 이들은 일부 동료들이 국가에 매수되어 "통치자를 섬기기 위해 투항(招安)"했거나, 시장의 힘에 굴복하여 이제 시장 가치가 있는 인기 작품만 생산하고 있다고 염려한다.* 선전 지역에서 활동하는 작가인 궈젠쉰은 이러한 우려를 다음과 같이 표현한다.

> 어떤 사람들은 통치자를 섬기기 위해 투항했고, 그 대가로 정부 또는 공공사업 부문에서 일자리를 제안받았어요. 또 어떤 사람들은 전문 작가나 공무원이 되어 더는 '다공 문학'과 아무 관련이 없고요. 그리고 또 다른 사람들은 '다공' 일을 그만두고 프리랜서가 되어 팔리는 작품만 쓰고, 돈 버는 일에만 몰두해요. 하지만 여전히 비참하고 절박한 상황에서도 아직 진정한 '다공 시'를 쓰고 있는 사람들도 일부 존재해요. 이제 '다공 문학'의 미래는 이 마지막 남은 '다공' 작가들의 어깨에 놓여 있어요 (Guo Jianxun; Wu Y, 2009: 341에서 인용).

---

* 중국 고전소설인 『수호전』에 나오는 '자오안(招安)'이라는 용어는 정치적 호의를 대가로 반란군이 통치자에게 항복했다는 의미가 강하게 함축되어 있다.

이러한 논의들은 '다공 시인' 자신뿐만 아니라, 헤게모니 문화에 대해서도 불편하고 곤혹스러운 사실을 드러낸다. 문학계 일각의 관점에서 볼 때, '다공 시'의 사회적 영향력은 육성되어야 하지만, 주변적인 수준에 머물러 있는 데 만족하고 노동자를 가장 정당한 역사적 계급 주체로 복원하려고 하지 않는 한도에서만 그렇다(Wu S, 2009). 더욱이 이러한 논평가들에게 사회적 영향력은 문학적 성취와 같은 것이 아니다. 따라서 '다공 시'는 기성 문학계의 '장' 밖에서 명백하게 서발턴 범주로 존재하는 한에서만 수용되고 나아가 장려될 수 있다. 그러나 문학계의 '장 내부에 있는' 일부는 좀 더 수용적이고 심지어 환영의 입장을 가지는 사람들도 있다(Duan and Zhang, 2009의 다양한 작가들의 의견 참조). 대체로 '다공 시'는 처음 출현했을 때부터 '다공 시'라는 명칭 자체는 말할 것도 없이 그 영향력과 강점 및 약점 등에 대한 다양한 논평과 논쟁을 불러일으켰으며, 이는 문화적·사회적 위계를 재배치하고 재배열하며 재조정하는 일련의 시도로 나타났다. 이러한 논쟁은 '다공 시' 자체에 관한 것보다는 일부 '다공 시인'들이 선천적 이점의 결핍에도 불구하고, 다른 곳에서 새롭게 획득한 이점을 '수입'하여 헤게모니적 문화의 장에 진입하려는 시도에 대한 도시 중산층 지식인들의 불안감과 불확실성을 좀 더 분명하게 드러낸다.

    이와 동시에 '다공' 공동체 내부에서도 그 이유는 다르지만, 비슷한 정도의 불안과 양가적인 감정이 존재한다. 한편으로 일부 시인들은 향상된 사회경제적 지위에 대한 인정과 보상을 원한다. 그러나 다른 한편으로 상향적 사회이동을 위한 이러한 노력에는 농민공으로서 그리고 이들을 대변하여 말할 수 있는 권리인 또 다른 유형의 '하위문화 자본'을 상실하는 것에 대한 두려움, 또 애초에 자신들의 글에 진정성과 신뢰성을 부여한 '다공' 경험으로부터 점차 멀어질 수 있다는 두려움이 공존한다. 이러한 시인들 대다수에게 서발턴이 된다는 것은 한편으로는 전략적 본질주의와 다른 한편으로는 유연하고 다중적인 정체성 사이에서 미묘한 균형을 유지하는 문제이다. '다공 시'는 독특한 계급 기반 주체성의 강력한 문화적 표현으로 기능하지만, 아이러니하게도 이를 하나의 장르로 제도적으로 인정하는 것은 '다공 시인'들의 집단적 정체성의 결속력에 위협이 될 수도 있다. 마찬가지로 아이러니하게도 '다공 시'는 착취와 예속이라는 산업적 경험에 기반하고 있지만, 이들의 독특한 계급적 경험은 '다공' 공동체 내에서도 더 많은 문화적·기술적 자본을 부여받아 이러한 계급적 경계에 도전하기를 희망하는 '상층부' 시인들의 창조적 표현에 주로 의존한다.

'다공 시'는 어디로 가는가?

'다공 시'는 중국의 노동조건을 연구하는 학자들에 의해 농촌에서 이주한 공장 노동자들의 열악한 노동 및 생활 환경을 보여주는 진정한 텍스트적 증거로 자주 인용되었다. 최근 중국 내외의 사회학자와 인류학자들이 이 주제와 관련해 발표한 여러 학술 논문에서 이주민 공장 노동자들이 자신들에 관해 쓴 시의 구절들이 이들의 경험에 대한 현실주의적인 문화적 표현으로 활용되었다(예컨대 Chan and Pun, 2010; Pun and Lu, 2010b). 사회학 및 인류학 연구에서 노동자들의 시를 인용하는 관행은 이러한 '자기-재현'의 경험적 중요성을 암묵적으로 지지하는 것이다. 레이먼드 윌리엄스와 같은 문화사학자들이 산업 소설을 산업혁명 시대의 독특한 감정 구조의 접합이라고 분석한 것처럼, 이주노동자들이 쓴 간결한 시 구절들은 노동문제를 연구하는 학자들에게 학문적으로 권위 있고 객관적이지는 않지만, 수많은 주변화된 유동 집단의 삶과 노동에 대한 가장 진실한 증거로 더욱더 여겨지고 있다.

이상의 논의는 서발턴 의식의 형성과 소멸 과정을 잘 보여준다. 주변적 집단의 구성원들은 공식적으로 인증된 문화적 위계질서에 맞서 적극적으로 자신들의 권리를 주장한다. 이와 동시에 이들은 인정과 문화적 자본을 얻기 위해 적어도 어느 정도는 지배적인 문화적 위계의 프레임에 자신들이 틀 지어지는 것을 허용한다. 이 역설적인 계급적 접합과 탈구의 과정은 '다공 시'의 취약성과 불안정성을 강조한다. 대항 세력이 존재하는 상황에서 서발턴 의식의 형성은 수용과 제한, 그리고 궁극적으로 단절될 가능성에 동시적으로 직면한다.

'다공 시'는 이제 여기서 어디로 갈 것인가? 이는 '다공' 작가 본인들과 이들을 연구하거나 이들의 대의를 옹호하는 학계 및 문학계 모두와 관련된 질문이다. '다공 시'의 출현과 성장에 대한 헤게모니적 문화 기관과 '다공' 작가들의 반응이 파편적인 것과 마찬가지로, '다공 시'의 미래에 대한 예측도 분열되어 있다. 확실하게 말할 수 있는 것은 '다공 시'가 문학적 '장'에서 중대한 정치적 개입을 나타내며, 서발턴들의 문학적 자기-재현의 중요한 형태로서 갖는 잠재력을 결코 과소평가할 수 없다는 사실이다. 그러나 동시에 '다공 시'는 문화적 중개와 문화적 자본의 치열한 정치가 벌어지는 영역이기도 하다. 이러한 분석에서 드러나는 사실은 대부분의 '다공 시인'들이 그들의 시가 대표하고자 하는 동료 노동자들에게 다가가기보다는 제도적 수용을 얻는 데 더 관심이 있는 것처럼 보인다는 점이다. 이로 인해 서발턴 주체를 동원하는 힘도 상당히 약화했다.

8장

'다공' 문학과 새로운 성-도덕 경제

우리 공장에 다니는 꽤 많은 여성이 '야간 부업'을 해서 돈을 벌고 있다. 우리는 이들을 작은마누라(二奶)나 술집 아가씨(小姐)라고 부르지 않고, 위장 창녀(暗娼)라고 부른다. 위장 창녀의 경우 나이와 외모 요건이 덜 까다로워서, 당연히 작은마누라나 술집 아가씨보다 수입이 적다. 나는 아무리 힘든 시절에도 몸을 팔지 않았고, 특히 삶이 좀 나아진 지금은 더더욱 그럴 생각이 없다. 게다가 내겐 또 다른 길이 있다. 바로 내 동생의 학비를 지원해줄 남자를 찾는 일이다. 여기에 적합한 후보자를 찾으려면 평범한 생산라인 노동자는 제외해야 한다. 그들은 임금이 적어서 장래의 처남에게 학비를 주기는커녕 자기 자신도 먹고살기 힘들기 때문이다. 그래서 나는 다시 왕레이를 떠올렸다. 우리 공장 기술1부 부팀장인 그의 월급은 최소 1만 5천 위안인데, 내 동생의 학비를 감당하기에 충분한 수준이다. 하지만 안타깝게도 그는 내게 전혀 관심이 없다. 사실 얼굴도 잘생긴 왕레이는 공장에서 5년을 일했는데, 한 번도 연애 관련 구설수가 없었다. 이건 매우 흥미로운 일이다. 그에게 생물학적 결함이 있는 걸까? 나는 그에 대해 아는 바가 거의 없고, 그와 친해질 기회도 거의 없다. 하지만 기술 2, 3부에는 내 나이 또래의 남자들이 꽤 많이 있다. 이들의 월급은 3천 위안에서 2만 위안까지 다양하다. 이들 중 한 명만 잡으면, 내 동생 교육 문제는 해결될 것이다. 이제부터는 기술부에 갈 핑계를 더 많이 찾아야 한다(Fang, 2008).

위 인용문은 쓰촨성 출신의 이주 여성인 팡이멍(房憶蘿)이 '왕하이옌'이라는 1인칭 화자 시점에서 쓴 자전적 소설『나는 떠다니는 꽃(我是一朶飄零的花)』(2008)에서 발췌한 것이다. 이 책은 중국 남부 주강삼각주 지역 둥관에서 공장 노동자로 일하는 왕하이옌(팡이멍)의 삶에 관한 이야기이며, 하이옌의 아버지가 광산 사고로 사망해 그녀의 대학 진학 계획이 무너지는 것으로 시작한다. 하이옌은 가족의 빚을 갚고 동생의 학비를 마련하기 위해 필사적으로 둥관시에 와서 공장 노동자가 되었다. 그리고 유부남과 사랑에 빠져 임신을 하고 낙태한다. 이후 공장의 기술직 직원인 왕레이와 관계를 맺지만, 왕레이는 이유를 밝히지 않고 관계를 끝낸다. 도시에서의 더 나은 삶과 낭만, 그리고 고향 마을에 있는 가족을 부양할 만큼의 충분한 돈을 벌겠다는 왕하이옌의 꿈은 변두리에서 생존해야 하는 농촌 출신 이주 여성의 암울한 현실에 의해 점점 더 멀어져간다. 하이옌은 자신과 같은 사람들은 그저 농촌에서 도시로 올라와 돈을 벌기 위해 일하는 '북쪽 아가씨(北妹)'나 '다공메이(打工妹, 이주 여성 노동자)'에 불과하며, 도시 주민들의 경멸과 편견의 대상일 뿐이라는 사실을 깨닫게 된다.

팡이멍은 서문에서 이 책을 '자전적 이야기(自述)'라고 표현하며, 자신의 경험을 기록하게 된 동기를 다음과 같이 설명한다.

나는 우리 같은 '다공족'에 대한 언론 보도를 많이 접했다. 어떤 이유에서인지 이들은 이주 남성보다 이주 여성에게 더 많은 관심을 기울였다. 이런 보도들에서 이주 여성들은 허영과 물질적 욕구를 채우기 위해 내연녀, 술집 여자, 창녀로 살아가는 타락한 여성이거나 혹은 개, 돼지의 삶보다도 존엄하지 못한 비참하고 우울한 인생을 겨우 버텨나가는 존재로 묘사된다. 둥관에서 수년간 일한 여성으로서 나는 이런 보도를 읽을 때면 정말 화가 났다(Fang, 2008).

계속해서 팡이멍은 이렇게 말한다.

내 삶에 관한 이 이야기는 이주노동자들의 삶에 대한 포괄적인 그림을 제시하려는 것이다. 나는 우리 같은 사람들이 중국의 경제적 번영에 기여한 엄청난 공헌의 증인이 되기를 바란다. 중국의 글로벌 공장은 나와 같은 수많은 사람의 피, 땀, 청춘으로 운영된다. 나는 앞으로 수년 후에도 사람들이 주강삼각주와 중국의 경제 기적을 칭송할 때, 우리 같은 사람들이 잊히지 않기를 바란다(Fang, 2008).

팡이멍의 『나는 떠다니는 꽃』은 자전적 이야기일 뿐 아니라 '기록 소설(紀實小說)'이자 일종의 '인터넷 문학(網絡文學)'으로도 묘사된다.* 이 책 4장에서 언급한 차오정루(曹征路)의 소설 『창망한 대지에 묻노니(問蒼茫)』(2009)에 나오는 류예예와 또래 소녀들은 왕하이옌처럼 구이저우(貴州) 산골의 외딴 마을에서 남부지역으로 가서 '다공메이'가 되고 싶어 한다. 하지만 왕하이옌과 달리 이들은 '다공' 생활을 시작하기도 전에 성-도덕 경제의 거래 비용이 얼마인지 경험하게 된다. 마을에서 어머니와 할머니의 삶을 반복하는 운명에서 벗어나기 위해 류예예와 친구들은 필사적으로 탈출의 기회를 찾는다. 그러던 중 이들은 곧 선전에서 인력 모집팀이 이 지역을 방

---

* 팡이멍의 소설은 원래 점차 증가하는 문학 출판 형식인 온라인 자가출판(self-publishing)의 형태로 출간되었다. 하지만 팡의 소설은 나중에 인쇄 출판사에서도 출간되었다.

문한다는 소식을 듣게 된다. 이 팀은 지역 정부와 협력하여 노동력을 파견하고자 하는 각 마을에 배정될 할당량을 결정하는데, 그 목적은 "지역 경제에 자금을 투입"하는 것이다. 하지만 마을을 위한 이 거래를 성사시키려면 그녀들의 순결이 필요하다는 사실을 몰랐다. 수치스러워하는 표정의 마을 촌장에게 소환된 이 소녀들은 일반적인 형태의 뇌물에 싫증이 난 "위에서 온" 세속적 대표단을 움직여 마을의 할당량을 확보하는 유일한 효과적인 방법은 "지역 처녀의 순결"을 선물로 바치는 것이라는 말을 듣게 된다. 류예예와 네 명의 친구들은 이들에게 제시된 믿을 수 없는 선택지에 큰 충격을 받았지만, 어쩔 수 없이 이를 묵인하고 산길을 따라 30마일을 걸어 방문단 대표들에게 순결을 바치기로 동의한다.

이러한 희생의 대가로 젊은 여성들은 원하는 것을 얻었고, 얼마 지나지 않아 선전에 있는 대만인 소유의 전자제품 공장에서 조립라인 노동자로 일하게 된다. 그러나 이들은 곧 이리저리 돌고 돌지만, 어디에도 갈 수 없는 자신의 인생 궤적이 마치 조립라인과 매우 흡사하다는 사실을 깨닫게 된다. 소설이 끝날 무렵, 이들은 모두 어떤 식으로든 자신의 '운명'을 찾는다. 한 명은 공장 화재로 사망하고, 한 명은 홍콩 사업가의 내연녀로, 또 한 명은 장애가 있는 시골 농부와 결혼하며, 또 다른 한 명은 직장 사장의 아버지인 음탕한 노인의 첩이 된다. 이들 중 유일하게 사랑과 도덕적 목적을 찾아 희망의 빛을 보게 된 사람은 류예예뿐인데, 그녀는 이야기의 결말에 노동 NGO 활동가가 되어 이주노동자의 권익 보호와 지원을 위해 자원봉사자로 분주하게 활동한다. 그리고 류예예는 공장주들이 위협을 목적으로 보낸 폭력배들에게 다리를 잃었지만, 이에 맞서 용감하게 싸우며 노동자 투쟁의 대의에 헌신하는 정직한 청년 탕위안에게 감정적인 애착을 갖게 된다.

『창망한 대지에 묻노니』는 구이저우 출신의 젊은 농촌 여성 다섯 명의 비극적인 통과의례로 시작하지만, 대만인 사장, 무자비한 공장 관리자, 정부 관료, 그리고 지역에서 이런저런 정치경제 관련 직업에 종사하는 사람 등 다양한 인물들이 이야기의 중심 무대를 공유한다. 원래 온라인에서 자체 출판되었고 1인칭 시점에서 쓰였으며 '다공메이'의 삶을 '증언'하려는 의도를 가진『나는 떠다니는 꽃』과 비교했을 때,『창망한 대지에 묻노니』는 전통적인 3인칭 사실주의 관점에서 쓰였으며 중국 남부지역의 산업화와 이에 따른 자본축적 과정을 배경으로 정치적·사회적·도덕적 경관에 대한 훨씬 더 크고 복잡하고 다차원적인 서사를 독자에게 제공한다. 이 소설은 역사적 깊이를 더하기 위해 포스트 사회주의 중국의 공장체제에서의 '자본-노동' 관계, 산업화의 사회적·환경적 비용, 강탈에 의한 축적 과정, 그리고 사회주의 시대에 가장 진보적인 세력으로 칭송받았던 중국 노동자의 정치적/도덕적 지위 등을 비롯한 광범위한 문제를 다룬다. 또 다른 중요한 차이도 있다.『나는 떠다니는 꽃』이 실제 과거의 '다공메이'가 자신의 삶을 이야기한 작품이라면,『창망한 대지에 묻노니』는 선전대학교(深圳大學) 문학과의 남성 교수이자 중국 명문 작가협회의 회원으로 국가적 존경을 받는 차오정루의 작품이라는 것이다.

　이러한 명백한 차이에도 불구하고, 두 소설은 모두 사회의 최하위 계층 문제를 다룬 이주민 '저층 문학(底層文學)'으로 묘사된다. 그리고 이전 장에서 살펴본 시와 함께 이러한 소설은 흔히 '다공 문학(打工文學)'*이라고도 불리며, 산업혁명 시기에 영국에서 출현한 '산업 소설'의 독특한 중국판 장르이다. 이 두 소설은 모두 전통적

---

*　여기서는 '다공 문학'과 '저층 문학'이라는 용어를 혼용해서 사용한다.

인 방식으로 출판되었지만, 온라인에서도 쉽게 무료로 접근할 수 있다. 그리고 두 경우 모두 성적 및 산업적 영역에서 농촌 출신 이주 여성 노동자로부터 '잉여 가치'를 추출한다.

이 작품들에서 이야기되는 이주민 여성의 경험은 행위성, 계급, 젠더, 섹슈얼리티, 그리고 이들 간의 관계를 협의하는 데 있어 대중문화의 역할에 관한 다양한 성찰 지점을 제공한다. 『나는 떠다니는 꽃』에 나오는 결혼 시장에서 자신의 선택사항을 합리적으로 저울질하는 농촌 출신 이주민 여성 공장 노동자의 숙고와 『창망한 대지에 묻노니』에서 집을 떠날 수 있는 자유와 순결을 교환하기로 한 다섯 명의 마을 소녀들의 집단적 결정은 독자들에게 다른 수단이 없는 상황에서도 최선을 다하려는 현실적인 젊은 여성들의 '실용적'인 결정으로 보일 수도 있다. 그러나 이 평범한 여성들의 이러한 합리화를 비범하게 만드는 것은 이들 결정의 (비)논리가 아니라, 그러한 전략이 마치 평범하고 합리적이며 떳떳한 것처럼 제시된다는 사실이다. 따라서 이들의 결정에 대한 설명은 이들과 비슷한 상황에 놓인 수많은 농촌 출신 이주민 여성들에게 완벽하게 이해될 수 있는 것처럼 보이지만, 대중문화의 영역에서 대부분의 서사문학이 인식하고 장려하는 도덕적-성적 경제와 비교했을 때 일상적인 '상식'은 결코 아니다.

이전 장들에서 우리는 영상 제작과 사진 촬영의 형태로 디지털 기술을 손쉽게 이용할 수 있게 되면서 지배적인 문화에 도전하는 것을 목표로 하는 '스몰 미디어 실천'의 출현이 가능해졌음을 알게 되었다. 그리고 7장에서 살펴본 것처럼 온라인 출판은 '다공 시인'들이 전통적인 출판 기관을 통하지 않고도 자신의 목소리를 낼 수 있게 해주었다. 한때 남성 엘리트 문인들의 영역이었던 이러한 출판의 민주화는 소설 창작에서도 똑같이 뚜렷하게 나타난다. 앞서 언급했듯이 팡이멍의 소설은 인터넷 문학으로 시작되었다. 이러한 온라인 자가출판의 잠재력은 '다공'의 삶, 농촌에서 도시로의 이주 경험, 도시 변두리에서 살아남은 이야기 등을 주제로 한 문학에서 특히 중요한 의미가 있다.

저명한 문학평론가이자 란저우대학(蘭州大學)의 겸임교수였던 레이다(雷達, 1943~2018)는 '다공 문학'을 사회적 이행과 전환의 특정 순간에 대한 한 집단의 경험을 문학적으로 형상화하기 위해 만들어진 역사적으로 특수한 표현 양식이라고 믿는다. 레이다에게 '다공 문학'은 문자 그대로 공장 조립라인에서의 삶에 관한 것으로만 이해되어서는 안 되며, 그보다는 노동과 자본, 농업 문명과 현대 시장 경제, 전통적인 도덕과 소비주의, 도시와 시골 사이의 갈등을 비롯한 다양한 갈등을 깊이 있게 다루는 문학 작품의 구현체로 간주해야 한다. 그리고 '다공 문학'은 "이러한 갈등에 휘말린 개인들이 느끼는 정신적 고통을 다뤄야 한다"고 말한다(Lei Da; Zhang H, 2007: 440에서 인용). 레이다가 열거한 갈등들은 실제로 '다공' 소설 창작의 소재이지만, 이 장에서 볼 수 있듯이 이들 문학에서 그러한 갈등은 거의 항상 농촌 출신 이주민의 섹슈얼리티라는 프리즘을 통해 나타난다. '다공 문학'은 성적 억압과 좌절뿐만 아니라, 성적 욕망에 관한 이야기로 가득하다. 그리고 한편으로는 이주민 개인들이 적극적으로 참여하는 선정적이고 기회주의적이며 전략적인 성(sex)과 다른 한편으로는 그들에게 강요되는 착취적이고 약탈적이며 때로는 폭력적인 성에 대한 서사이기도 하다. 이러한 이야기들은 성적 박탈, 잦은 이동으로 인한 가족 해체 및 기타 결혼생활의 위기, 불가능하지는 않더라도 사랑과 정서적 친밀감을 찾는 것의 어려움, 충족되지 않은 성적 욕망, 억압된 섹슈얼리티, 시골과 도시 간의 성적 관습의 차이에서 오는 혼동 등 광범위한 영역을 다루고 있다.

'저층'이라는 용어를 사용하는 중국 학자, 문학 평론가, 언론인들이 이 단어의 적합한 영어번역을 '서발턴(subaltern)'이라고 인식하고 있는지, 혹은 중국어보다 영어식 학술 언어에 더 익숙한 사람의 관점에서 볼 때 영어권 학자들이 일반적으로 '저층'이라는 중국어 표현을 '서발턴'의 번역어로 수용할 수 있을지는 분명하지 않다. '저층 문학'에 관한 중국의 방대한 문헌을 보면, 그중 어느 것도 서발턴과 저층 간의 직접적인 연관성을 밝히고 있지 않기에 적어도 좁은 학계 외부에서는 그 연관성이 명확하게 밝혀지지 않았다고 추측하는 것이 타당하다.* 그리고 저층의 의미가 무엇인지에 대해서도 합의가 없는 것처럼 보이지만, 논평가들 대부분은 저층을 사회의 가장 밑바닥에 자리하며 중국의 다양한 영역에서 심화하는 불평등을 가장 극심하게 겪고 있는 사람들을 지칭한다는 데 동의한다. 이는 '다공 문학'의 본질에 관한 방대한 학문적 연구들에서 매우 분명하게 드러난다. 하지만 여전히 중요한 질문이 남는다. 무엇이 진정한 저층 혹은 서발턴적 시각을 구성하는가?

이하에서는 이 질문을 세 단계로 나누어 살펴본다. 먼저 노동자와 농민의 섹슈얼리티를 배치하는 역사적, 이데올로기적 순열을 광범위하게 개괄한다. 나는 이러한 맥락화가 '저층 문학'에 배태된 전복적 잠재력을 이해하는 데 필수적이라고 주장한다. 둘째, 서발터니티 개념을 비판적으로 활용하여 서발턴 정치가 펼쳐지는 복잡한 문화적 지형을 고찰한다. 이를 통해 서발터니티가 표현되는 매

---

* 이에 대한 자세한 논의는 이 책 1장을 참조할 수 있다. 나와 대화를 나눈 문화연구 분야의 몇몇 중국 학자들은 '서발터니티' 개념을 인식하고 있으며, 이 용어의 가장 적합한 번역이 '저층'이라는 것에 동의한다.

끄럽고 유동적인 범주를 식별하는 일이 어렵지만, 꼭 필요하다는 사실을 보여줄 것이다. 셋째, 저층 장르의 구체적 사례인『북쪽 아가씨(北妹)』(2004)라는 소설을 세밀하게 검토하고, '다공메이'의 성적 경험에서 발견되고 식별되는 대안적인 성-도덕적 경제의 표현들을 확인한다.

혁명, 시장, 그리고 성

농촌에서 도시로 온 이주민들의 이야기는 흔히 도시에서의 일터, 일상생활, 사회적 상호작용을 배경으로 펼쳐진다. 여기에는 산업적 생산라인, 공장 기숙사, 임대 숙소, 사업장, 그리고 불균등한 사회 집단이 교류할 수 있는 다양한 장소(예컨대 숙박업소나 식당 등 대중에게 서비스와 접대를 제공하는 곳)가 포함된다. 이주민들은 고향을 떠나 도시로 왔지만, 농촌이나 북부 혹은 내륙 출신이라는 사실은 여전히 이들에게 불리하게 작용한다. 이러한 작품 대부분은 섹슈얼리티를 단순히 이야기 전개의 배경으로 사용하기보다는 섹슈얼리티와 이주민 경험 사이의 상호작용을 전면에 부각한다. 그리고 등장인물의 사회적 관계와 도덕적 경제의 극적인 변화를 기록하기 위해 쓰인 경우가 많으며, 도시와 농촌, 남부와 북부, 빈민과 부자 사이의 사회경제적 불평등을 뚜렷하고 의도적으로 성애화(sexualizing)한다. 이러한 측면에서 이들 작품은 기묘하게도 17세기 영국의 복고드라마뿐 아니라, 사랑이라는 주제가 점점 더 솔직하게 표현되고 소득과 재산 거래 수단으로서의 결혼에 대한 냉소주의가 나타나는 리처드슨(Samuel Richardson)과 필딩(Henry Fielding)의 소설을 연상시킨다(Williams, 1973).

'다공 문학'에서 섹슈얼리티를 다루는 방식은 중국의 프롤레타리아 문학 전통에서의 급진적 이탈을 나타낸다. 차이샹(蔡翔)은 혁명기(1949~1966년) 중국에서 제작된 문학 작품에서의 사랑과 섹슈얼리티의 구조에 관한 연구에서 개인의 경험에 기초한 혁명적 사랑 이야기가 계급 관계를 의미화하기 위해 재구성되고 재서술되는 과정을 포착한다(Cai Xiang, 2010). 이는 '혁명+사랑' 공식이 '사랑으로서의 혁명' 공식으로 대체되는 과정이며, 성애화된 신체와 성적 욕망은 거의 완전히 배제되어 있다. 이러한 문학 작품에서 성적 허용성과 욕망은 종종 착취나 억압 또는 도덕적 타락과 연관되며, 계급의 적과 반동 세력을 대표하는 사람들이 수행하는 것으로 나타난다. 이에 반해 혁명 영웅(남녀 모두)들은 탈성애화된 방식으로 묘사되며, 정치적 올바름과 도덕적 순결함을 상징한다. 성적 욕망을 자연스럽고 본능적인 표현으로 전시하는 것은 이러한 혁명 영웅들이 구현하는 혁명적 대의와 양립할 수 없는 것으로 제시된다. 차이샹은 『샤오얼헤이의 결혼(小二黑結婚)』(1943)과 『고채화(苦菜花)』(1954) 등의 소설을 비롯한 다양한 문학 작품의 분석을 통해 사랑 이야기도 언제나 정치적 이야기이며, 이러한 문학 작품들의 성적-도덕적 자원은 계급 투쟁의 원리에 의해 지배되고 혁명의 이름으로 배치된다는 결론에 이른다. 예컨대 혁명 이전부터 전해지던 『백모녀』(白毛女) 이야기에서 가난한 소작농 소녀 시얼(喜兒)은 아버지의 빚을 갚기 위해 부유한 지주 황 씨에게 팔리고, 그로 인해 연인이었던 다춘(大春)과 헤어지게 된다. 그런데 '새로운' 혁명 텍스트에서 시얼은 황 씨에게 성적 유린을 당한다. 그리고 탈출하여 산에 숨어 '백발 귀신'(길게 늘어뜨린 백발로 가끔 사람들에게 목격되는 귀신 같은 모습)이 된다. 이후 시얼은 마침내 공산당이 이끄는 군대의 일원이 된 다춘에 의해 구출된다. 그러나 이 혁명 텍스트에서 이들 젊은 연인의 재회는 육체적이거나 낭만적으로 표현되지 않고, 대신 노동자 계급을 정치적 주체로 완전히 변화시켜야 한다는 혁명적 요구에 대한 시얼의 응답으로, 그녀와 같은 처지의 모든 사람을 대표해 이러한 혁명적 요구와 자신을 동일시하는 것으로 의미화된다. 시얼은 자신의 경험에 대해 "낡은 사회는 인간을 유령으로 만들었지만, 새로운 사회는 유령을 다시 인간으로 만드는 중"이라는 유명한 말을 남긴다. 이러한 사회주의적 사랑 이야기에서 "성은 한 시대의 정치적, 도덕적 속박 내에서 코드화되고 제한된 말하기 방식을 특권화하는 미학적 원칙에 따라 서술"된다(Cai Xiang, 2010: 163).

그러나 마오쩌둥 이후 시대의 중국 남부에서 노동자나 농민 출신의 젊은 여성들은 시얼과는 달리 더는 혁명적 주체로 환영받기를 기다리는 '미개척' 개인들이 아니다. 오히려 이들은 잉여 가치를 계속 생산하지 않으면 비참한 운명을 맞게 될 신자유주의적 통치성의 대상으로 재구성된다(Yan, 2008). '북쪽 아가씨(北妹)'라는 표현은 보통 일반적으로 '다공메이'를 지칭하기 위해 환유적으로 사용되지만, 정확히 누가 '북쪽 아가씨'로 분류될 수 있는지는 누가 이 용어를 사용하는지, 그리고 더 중요하게는 어디에서 사용되는지에 따라 달라진다. 홍콩에서 '북쪽 아가씨'는 중국 본토에서 온 이주 여성 노동자를 의미하며, 주로 성 산업에 종사한다. 그리고 광둥성 지역 주민들에게 '북쪽 아가씨'는 광둥성 북쪽에서 온 모든 중국 여성들을 지칭한다. 마찬가지로 상하이에서 사용되는 '외래 아가씨(外來妹)'와 대만에서 사용되는 '대륙 아가씨(大陸妹)'와 같은 표현에서도 지역 중심적이고 성차별적인 논리가 작동한다. 그러나 거의 항상 경멸적인 의미로 사용되는 '북쪽 아가씨'의 배치는 지리적 의미뿐 아니라 성도덕적 의미도 내포하고 있다. 특히 홍콩에서 이 용어는 영화 〈두리안 두리안(榴槤飄飄)〉에 등장하는 여성처럼 홍콩이나 선전과 같은 남부 도시에서 일하는 매춘부를 묘사하는 데 자주 사용된다(Cartier, 2001: 193). 한편 셩커이(盛可以)의 소설 『북쪽 아가씨(北妹)』(2004)에서 이 용어는 직업과 관계없이 새로운 도덕적 성 경제를 수행하는 여성을 의미하는데, 여기에는 성 노동자뿐만 아니라 청소부, 호텔 객실 직원, 식당 접대원, 가정부, 회사 안내원 등이 포함된다. 따라서 '북쪽 아가씨'라는 용어는 비록 성범죄와 지울 수 없이 연관되어 있으며, 이들이 성 노동자로 일할 수 있고 실제 일하고 있다는 사실에도 불구하고, 반드시 '성 노동자'와 동의어인 것은 아니다. 이처럼 '다공메이'의 서발터니티는 젠더와 낮은 사회 경제적 지위만으로는 충분히 담보되지 않으며, 이러한 지리적 표식에 의해 이중적으로 강화된다.

국가, 자본, 국제 NGO, 초국적 문화 엘리트들은 모두 중국의 농민공을 대표하여 말하기 위해 경합하며, 농촌 출신 이주민 여성의 섹슈얼리티는 이러한 목소리의 교차점에서 나타나는 구성된 '다공메이' 정체성의 필수적 차원이다. 예컨대 '다공' 개인(남성과 여성)의 섹슈얼리티는 정책 및 학술 담론에서 모두 사회적 불안정과 도덕적 무질서의 근원으로 묘사된다. 마찬가지로 이들의 유동성은 산아제한 실행에 심각한 도전을 제기하는 것으로 여겨진다(Zou, 2007). 중국 학자들도 농민공들이 안정적이고 장기적인 관계를 유지하는 데 겪는 어려움에 주목했다(Cai L, 2008; Zhang Y, 2007; Zou, 2007). 이들의 연구를 통해 우리는 이주노동자들 사이에 우연하고 가벼운 성관계가 만연하고, 남성 노동자의 약 11%가 매춘업소에 출입한다는 사실을 알고 있다(Zhang Y, 2007: 125). 그리고 이러한 연구들은 이주노동자, 특히 여성에 대한 '성적 억압(性壓抑)'이 사회적 규범과 노동자들이 처한 상황 모두에 의해 광범위한 문제가 되고 있음을 보여준다. 여기에는 중국 남부의 산업 중심지에서 남성보다 여성이 더 많은 비중을 차지하고(Mao, 2007: 111), 많은 형태의 직장에서 단일한 성별 기숙사 시스템을 운영하고 있으며, 높은 수준의 이동성 때문에 장기적인 관계를 찾고 유지하기 어려우며, 성을 상품화된 교환으로 보는 경향이 증가하는 등의 다양한 요인이 작용한다.

이러한 연구들은 이주민 여성의 성적 충동을 그 자체로 자연스러운 것으로 인정하면서도, 동시에 사회적 안정과 질서, 도덕적 기준, 공중보건의 관점에서 이를 통제하거나 억제할 수 없다는 위험에 대한 불안감을 표출한다. 이주노동자들에 대한 국가의 권고는 흔히 도시에서 어떻게 행동해야 하는지에 관한 핸드북과 지침의 형태로 제공된다. 이러한 권고는 비효율적인 것부터 비현실적인 것까지 다양하다. 예컨대 혼외 성관계를 피하고 포르노를 보는 대신 건강한 취미를 가지라고 조언한다(Wemheuer, 2008). 이러한 조언은 노동자들의 성적 억압을 시민의 성 인권이라는 관점에서 거의 바라보지 않으며, 농촌 출신 이주노동자가 차지하는 성적 주체 위치의 범위나 이들이 이 영역의 문제를 이해하고 대처하며 해결하기 위해 이용할 수 있는 문화적 혹은 정서적 자원이 무엇인지에 대해서도 거의 알려주는 바가 없다.

국영 매체의 서사는 대체로 여성을 이분법적으로 묘사한다. 즉 한편에는 '열녀(烈女)' 담론이 있는데, 이는 공식 서사에서 흔히 장려되는 규범적인 주체 위치를 대표하며, 농촌 출신 이주민 여성들에게 끊임없는 자기 개선과 강한 자존감 및 자립심을 개발하도록 촉구하고, 좋은 '소양(素質)'을 달성하는 데 필수적이고 중요한 자질로 표현된다(Jacka, 2006; W. Sun, 2009a; Yan, 2008). 이러한 담론에 기반한 서사들은 개별 이주민 여성이 성적인 폭력과 괴롭힘으로부터 자신을 보호하기 위해 필사적으로 행동하는 모습을 묘사하고, 자신의 성적 순결이 생명보다 더 중요하며 영웅적으로 행동하지 못하는 것은 도덕적으로 의심스러운 일임을 암시한다. 예컨대 '중화전국부녀연합회(中華全國婦女聯合會)'가 이주 여성에 대한 조언에서 열녀(성적 폭력을 당하는 것보다 자살을 선호하는 여성) 담론을 지지하는 일은 가부장적 성도덕 질서에 현혹된 것이며, 결국 이주 여성의 성적 존엄성에 득보다 실이 더 클 수 있다(Jacka, 2006; W. Sun, 2004).

다른 한편으로 일부 이주민 여성은 손쉬운 돈벌이라는 유혹에 너무 쉽게 굴복했다거나, '부끄럽지 않은' 일에 종사하기보다는 뻔뻔하게 '몸을 팔았다거나', 또는 약탈적인 남성의 먹잇감이 될 정도로 순진하다는 이유로 공식 서사에서 흔히 비난을 받기도 한다(W. Sun, 2004). 이러한 서사에서 농촌 출신 이주민 여성은 종종 환심, 기회, 돈을 얻기 위해 성을 기꺼이 활용하는 것으로 묘사되어 도덕적으로 문제가 있고, 교육을 받지 못했으며, 교양이 부족하여 자기 개선과 자기계발이 필요한 존재로 나타난다(Davin, 1999; Dutton, 1998; Jacka, 1998, 2006; W. Sun, 2004; Yan, 2008). 그러나 이러한 서사들은 일반적으로 농촌 이주민 여성들에게 기회를 주기보다는 더 많은 구속과 제한을 가하는 도덕적 환경 및 사회경제적 세계에서 이들이 가족과 친구를 부양하기 위해 내리는 성적 결정이 많은 경우 용기와 이타심, 심지어 영웅적인 행위일 수도 있다는 사실을 인정하기를 꺼린다.

자기계발과 자기 개선 담론은 '다공메이의 집(Rural Migrant Women's Home, 打工妹之家)'과 같은 특정 이주민 지원 단체의 입장에도 영향을 미치는데 이들의 젠더에 관한 담론은 이주민 여성들에게 때때로 수용되지만, 거부되는 경우가 더 많다(Jacka, 2006). 다이애나 푸(Diana Fu)는 이 단체가 여성들에게 '강한 여성(女強人)'이 되도록 장려하고 자신에 대해 말할 수 있는 공간을 제공함으로써, 일정한 역량 강화를 부여한다고 인정한다. 그러나 단체의 구성원인 이주민 여성을 '다공메이' 주체성으로 '환영'하는 과정에서 결국 경제 개혁이라는 국가 담론을 재생산하고, 이 여성들을 유순하고 값싼 노동력으로 훈육하는 대리인이 된다. 이에 대해 푸는 '다공메이의 집'이 철옹성은 아니지만, 여성의 행위성을 가능하게 하는 동시에 제약하는 새장과 비슷하다고 말한다(Fu, 2009).

이윤 지향적인 미디어 서사는 종종 '다공메이'의 성애화된 이미지를 강화하고, 이들을 도덕적으로 해이하고 성적으로 통제 불능인 것으로 구성한다(W. Sun, 2004; T. Zheng, 2009b). 더욱이 '다공메이'는 욕망의 주체로서 패션과 화장품을 비롯해 이들을 '섹시'하게 보이도록 만드는 소비재와의 관계라는 맥락에서 주로 논의되어왔다(Jacka, 2006; Pun, 2005; Yan, 2008). 한편 상당수의 그리고 여전히 증가하고 있는 연구들은 '다공메이'의 신체가 상품화되었으며, 이로 인해 불안정한 여성 노동계급 주체가 출현했음을 지적한다(Fu, 2009; Gaetano and Jacka, 2004; Jacka, 2006; Pun, 2005; W. Sun, 2009a; Yan, 2008). 이러한 연구들은 이주민 여성들이 직면한 전통적 가치와 현대적 도시 생활양식 사이의 긴장에 대해서도 논평한다(Gaetano, 2004; Gaetano and Jacka, 2004; Jacka, 2006). 예컨대 베이징에서 나타나는 사례들을 보면 가사노동자들은 상습적으로 도시의 가정에서 성희롱의 피해자가 되지만, 여러 이유로 정의 추구는커녕 불평조차 할 수 없는 경우가 많다(W. Sun, 2009a). 또 베이징의 이주 여성들 사이에서 혼전 성행위가 증가하고 있으며, 이는 대개 피임 없는 성관계와 계획되지 않은 임신으로 이어진다. 그리고 성행위가 문제가 될 때, 여성이 남성보다 더 많은 비난의 대상이 된다(Jacka, 2006: 221).

'다공메이'들은 남성 이주민을 포함한 다른 사회 집단보다 자신들의 욕망을 추구할 수 있는 출구가 훨씬 적다는 추가적인 어려움에 직면해 있으며, 대체로 훨씬 더 제한적이며 궁핍하고 엄격하게 감시당하는 공간적 배열에서 살고 있다. 선전 지역의 농촌 출신 이주민 여성 노동자의 성적 특질에 관한 최근의 대규모 조사에 따르면 상당수가 성적 억압을 느낀다고 인정했고, 조사 대상의 17.5%만이 성관계 경험이 있으며, 대다수는 성적 욕구에 대처하는 방법으로 '자기 쾌락'(자위행위)과 '자기 조절'에 의존하는 것으로 나타났다. 이들은 성관계를 위해 돈을 지불하지 않으며, 금전적 이익을 위해 성적인 서비스를 제공하지도 않는다(Cai L, 2008).

'다공메이'의 도덕적 스펙트럼의 다른 쪽 끝에는 매춘부로 일하는 농촌 여성들이 있다. 중국 북부 다롄(大連)의 술집 여자들에 대한 정톈톈(Tiantian Zheng)의 민족지(T. Zheng, 2004, 2009b)는 공장의 조립라인 외에도 사창가, 술집, 유흥업소, 미용실 등 이주민 여성들이 일할 수 있는 수많은 일터가 있음을 상기시켜 준다. 흔히 '닭(雞)'이라는 속어로 불리는 성 노동자들은 공장 노동자와는 대조적으로 명백히 '위협적이고 오염시키는' 몸을 가진 것으로 여겨지며(T. Zheng, 2004: 88), 일반적으로 도시의 욕망, 불안, 매혹, 공포의 근원으로 묘사된다(W. Sun, 2004, 2009b; Zhao, 2002; T. Zheng, 2009b). 그러나 이 스펙트럼의 양쪽 끝에 있는 여성들은 매우 다른 일터에서 일함에도 불구하고, 모두 신체의 상품화 과정에 종속되어 있다. 즉 공장에서 일하는 '다공메이'들은 자신의 노동력을 자본에 판매하며, 매춘부는 고객들에게 성을 판매한다. 정톈톈이 지적했듯이 성 노동자들은 매춘에 대한 국가의 반대를 무시하고 자신의 몸을 "독립적이고 자율적이며 도구적인 용도"로 시장에 내놓는다(T. Zheng, 2009b: 12). 그러나 동시에 정톈톈은 이러한 성 노동자들의 전략은 이를 억제하고 가능하게 하는 남성적 국가구조의 외부가 아니라 바로 그 구조를 통해서 발현된다고 주장한다. 즉 "유순한 처녀/난잡한 창녀의 분열된 이미지를 정당화하고 자연화하는 헤게모니적 국가 담론을 되새기고 재생산함으로써 그들의 행위성을 역설적으로 구속하고 제한하며", 그 결과 "그들의 행위성이 비난받으며, 주변성과 낮은 지위를 강화"한다는 것이다(T. Zheng, 2009b: 241).

서발터니티와 서발턴 정치

무엇이 서발턴 문학을 구성하는가?

앞 장에서 논의했듯이 지난 30년 동안 선전과 둥관을 비롯한 주강삼각주 지역의 다른 도시들이 중국의 글로벌 공장 지대로 발전하면서 이주와 산업화를 특징으로 하는 독특한 지역문화가 생겨났다. 이러한 지역문화 형태는 '다공'을 지역 특색의 문학 장르로 정당화하는 데 큰 역할을 했다. 이 장르에 속하는 작품 대부분은 남방의 실제 또는 가상의 장소를 배경으로 하며, 때로는 이색적이고 때로는 위험한 이 남부지역에서 생계를 이어가는 내륙 및 북부 농촌 출신 이주민의 삶을 이야기한다. 선전과 광저우는 이러한 이야기의 무대장치(mise-en-scène)를 제공할 뿐만 아니라, 문학적·문화적 실천으로서 '다공 문학'의 발상지이기도 하다. 일찍이 1988년에 '특구문학(特區文學)'은 선전의 20만 임시 노동자 '다공'들의 동경과 열망을 기록한 천빙안(陳秉安)의 허구적 보고소설인 『여인국으로부터의 보고(來自女兒國的報告)』를 출판했다. 이 작품은 비록 허구의 형식이기는 하지만, 중국 남부의 농촌 출신 이주민 여성 노동자의 삶을 담은 최초의 기록 중 하나로 여겨진다.

최근에는 많은 '다공 문학'이 온라인 글쓰기로 시작된다. 일부 작품은 이미 온라인에서 큰 인기를 얻은 후에야 인쇄본으로 출판

되었다. 예컨대 아래에서 논의할 셩커이의 2004년 소설인 『북쪽 아가씨』의 모든 에피소드와 그녀의 다른 작품들은 모두 인터넷에서 쉽게 찾아볼 수 있다. 이처럼 새로운 미디어와 통신 기술의 확산이 '다공 문학'의 발전에 중요한 역할을 했음은 분명한 사실이다. '다공' 공동체의 개인들은 휴대전화와 인터넷의 열광적인 수용자이며(Qiu, 2009), 중국 남부의 공장 노동자들 사이에서 블로그와 마이크로 블로그, 온라인 출판, (주로 휴대폰을 통한) 소셜미디어 상호작용을 위한 공간이 등장하면서 출판계에 일정한 민주화를 가져왔다. 이러한 기술을 활용할 수 있는 기술적 소양을 갖춘 사람이라면 누구나 전통적인 출판심사 과정에서는 통과하지 못했을 자료들을 온라인으로 출판할 수 있으며, 휴대전화와 QQ 월간 이용권이 있는 사람이라면 누구나 온라인에서 자료를 읽거나 핸드폰에 다운로드할 수 있다.

점점 더 많은 출판사가 다운로드 수를 기준으로 이미 온라인에서 인기가 있는 것으로 입증된 작품들의 인쇄를 결정한다. 『나는 떠다니는 꽃』의 저자인 팡이멍은 2006년에 자신의 경험을 글로 표현할 것을 결심했지만, 자신의 이야기를 온라인에 게시할 생각은 훨씬 나중에서야 했다. 하지만 인터넷 문학을 게시하는 웹사이트인 'Tianya.cn'에 자신의 글을 조금씩 올리기 시작한 후, 이주민 여성의 삶에 대한 솔직하고 꾸밈없는 그녀의 이야기는 수많은 독자의 댓글과 함께 엄청난 지지를 끌어모았다. 실제로 팡이멍의 글은 너무 인기가 많아서 사이트 소유자들이 당국에서 이를 너무 '적나라'하다고 여길지 몰라 여러 번 삭제해야 할 정도였다. 팡이멍의 온라인 글은 출판사들의 주목을 받았고, 곧 새로운 연재를 중단하는 조건으로 출판 계약을 제안받았다. 이 계약에 따라 팡이멍은 온라인 게재를 중단했고, 『나는 떠다니는 꽃』이라는 제목의 책이 인쇄

본으로 출간되었다. 하지만 지금까지도 팡이멍 책의 초기 연재물은 여전히 온라인에서 볼 수 있으며, 독자들도 계속 메시지를 올리고 있다. 팡이멍은 현재 자신의 블로그에 글을 쓰며, 선전의 한 부동산 회사의 인사 부서에서 일하고 있다. 이 서발턴은 말을 하기를 원했고, 자신의 목소리를 증폭하기 위해 인터넷으로 눈을 돌렸다.

'다공 문학'의 출판 및 소비 방식이 다양하기에 독자층의 규모와 구성을 정확히 파악하기는 어렵다. 하지만 이러한 책들은 주로 이주노동자의 삶에 관심이 있는 학계, 언론계, 문학기관의 교육받은 도시 독자들이 구매한다고 추정해도 무방하다. 그렇지만 나는 현장조사 중에 '다공' 작가의 작품을 비롯해 다양한 독서 자료들을 온라인에서 핸드폰으로 정기적으로 내려받는 다수의 젊은 이주노동자들과 이야기를 나누기도 했다. 이주노동자 출신으로 현재 이주민 지원 단체에서 일하며 '다공' 생활에 관한 소설을 쓰고 있는 어떤 사람은 문학에 관심이 있는 '다공' 공동체의 많은 구성원이 자신의 경험을 글로 기록하고 싶어 하지만, 너무 바쁘거나 피곤해서 그러지 못한다고 말했다. 이들에게는 자신에게 익숙한 삶에 관한 다른 사람의 글을 읽는 것이 자신을 대신하여 표현하는 방법이 될 수 있다.

우리는 이미 '다공 문학'이라는 개념이 모호함으로 가득하다는 것을 살펴보았다. 앞 장에서 논의했듯이 모든 '다공 시인'이 다공 생활에서 가져온 주제로만 글을 쓰는 것은 아니지만, 다공 생활 특히 조립라인에서의 생활을 묘사한 시의 대부분은 비천한 다공 직업을 가진 사람들이 직접 썼다. 하지만 소설 영역은 이와는 다른데, '다공 작가'들이 이러한 방식으로 소설 분야에서 두각을 드러내기 어려운 데는 여러 가지 이유가 있다. 소설의 출판은 일반적으로 작가의 지위와 출판사와의 관계를 포함한 다양한 요인에 따라 결정된다. 그리고 짧은 시간 내에 흔히 즉흥적으로 작성할 수 있는 시와 달리 소설, 특히 완전한 형식을 갖춘 소설은 세밀한 계획, 규칙적인 작업 일상과 환경, 양질의 집필 시간을 확보하기 위해 상당한 시간과 자원을 투자해야 한다. '다공 작가'들은 이 중 어느 것도 당연하게 확보할 수 없다. 어떤 주제로든 소설을 쓰는 일은 공정한 경쟁의 장이 아니며, 팡이밍과 같은 노동자 작가들은 차오정루와 같이 이 일에 전념할 수 있고 제도적으로 지원을 받는 중산층 작가들과 경쟁해야 한다.

'다공'을 주제로 한 이야기가 '다공 소설'의 상당 부분을 차지하는 것은 분명하지만, 모든 이주민 문학이 농촌 출신 이주민의 삶에 관심이 있는 것은 아니며, 모든 작품이 '밑바닥 사람들'의 생존에 초점을 맞추는 것도 아니다. 사실 중국 남부의 이주민 문학은 매우 계층화되어 있으며, 저숙련 농민공의 일상적인 투쟁에는 대체로 관심이 없다. 이에 대해 중국의 한 문학 평론가는 농담조로 『선전: 열정적인 밤』은 연간 소득이 1만 위안인 독자를 위해, 『선전의 연인』은 연간 소득 10만 위안인 독자를 위해, 『천국은 왼쪽, 선전은 오른쪽』은 연간 소득 100만 위안인 독자를 위해 쓰였다고 말한다(Chen X, 2007: 40). 대부분 남성인 선전 기업가들의 모험을 그린 이 모든 소설은 사업과 성이라는 두 개의 엔진으로 돌아가는 세계를 배경으로 펼쳐진다. 그곳에서 성공은 주로 축적된 자본의 규모와 성적인 정복의 횟수에 따라 측정된다.

따라서 많은 중국 문학 비평가들이 '섹슈얼리티에 관한 저층문학'이라고 부르는 것은 성과 성적인 욕망을 주요 모티프로 하는 다른 두 장르와 구별되어야 한다. 첫 번째는 여성의 섹슈얼리티를 노골적이고 에로틱하게 묘사하는 것으로 잘 알려진 흔히 '미녀 작가들(美女作家)'이라고 불리는 도시 중산층 여성 작가 집단의 작품들이다. 미앤미앤(棉棉)의 소설 『사탕(糖)』(2000)과 웨이후이(衛慧)의 『상하이 보배(上海寶貝)』(Wei H. 1999 참조)가 이 범주에 속한다. 여성을 대상화하는 가부장적인 질서에 대한 투쟁의 외침으로 읽히도록 의도된 이 작품들은 대도시의 '욕망 기계'에 대한 다층적 반응이며, 여성 신체의 감각을 완전하고 노골적으로 표현하면서 개별 여성을 성적 행위성을 가진 '욕망하는 주체'로 설정한다(Wang S, 2007: 163). 중산층과 도시 중심적이며 사적 개인의 신체와 육체적 경험에 대한 성찰을 거침없이 드러내는 이러한 작품들은 욕망하는 주체로서의 여성이라는 관점에서 글을 써야 한다는 사명을 서발턴 여성 작가들의 작품과 공유하고 있음에도 불구하고, 사회적 불평등, 젠더, 계급, 농촌-도시 분할 등의 더 광범위한 문제에는 전혀 관심이 없다. 두 번째 장르는 "여행자와 도시 남성의 성적 욕망을 충족시키고 경제적 이익을 제공하기 위한" 잡지와 소설집에 실린 포르노적인 글로 구성된다(T. Zheng, 2009a: 11). 이러한 출판물은 일반적으로 기차역, 서적 노점상, 길거리 가판대 등의 공공장소에서 "합법적 교육" 자료로 위장되어 판매되며, 농촌 여성을 강간, 학대, 범죄의 대상으로 묘사하는 경우가 많다(T. Zheng, 2009a: 11). 이 장르에서 서발턴 여성의 섹슈얼리티는 오직 판매를 위한 보증수표로만 취급된다. 반면 노동 NGO가 운영하는 도서관과 열람실은 이런 종류의 간행물을 소장목록에서 철저하게 배제한다. 대신 쑤저우에서 농민공을 위한 독서실을 운영하는 첸구이룽이 내게 수차례 강조했듯이, 이들은 노동자들에게 '유익'하면서도 실질적인 관계가 있는 '건전한' 책과 출판물만 제공하는 것을 목적으로 한다.*

---

* 첸구이룽은 전업 노동 활동가일 뿐만 아니라, '다공' 시를 출판한 시인이자 소설가 지망생이기도 하다.

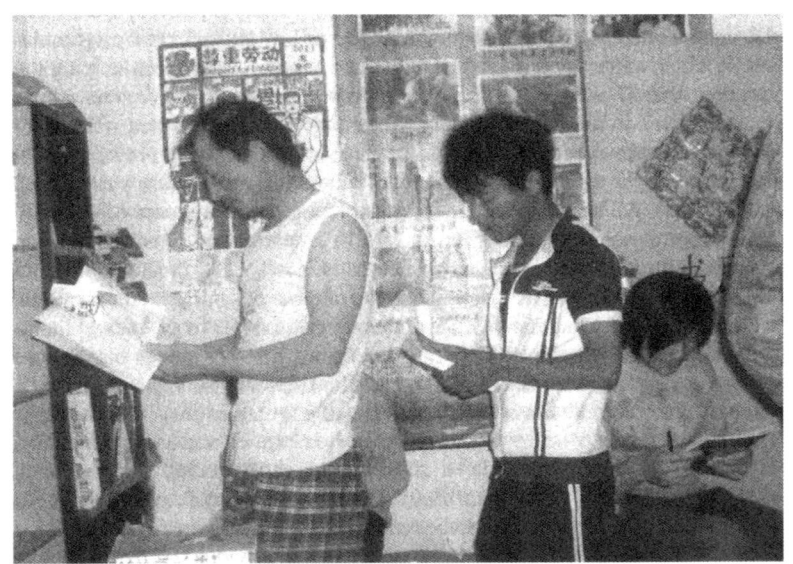

〈그림 8.1.〉 베이징의 NGO가 운영하는 독서실에서 책을 보는 농민공들.
사진은 멍샤오챵(Meng Xiaoqiang)의 허락을 받아 사용함.

좀 더 고려해야 할 복잡한 요소는 문화적 자본과 자원 및 소비력이 가장 부족한 사회 집단인 농촌 출신 이주민 남성들이 주로 타니 발로우(Tani Barlow, 2005)가 중국 도시의 '음란(smut)' 문학이라고 부르는 여성을 성애화하고 대상화하는 글과 시각적 재현의 표적 독자층이라는 사실이다. 이와 동시에 이주민 남성과 여성의 성적 경험을 그들의 일상적인 투쟁의 일부이자, 사회적 경험과 경제적 활동의 필수적인 측면으로 표현하려는 진정한 시도는 집단으로서의 남성 노동자들에게는 너무 '건전해' 보일 수 있다. 대신 이러한 시도들은 주로 문학에 관심이 많은 농촌 출신 이주자들뿐 아니라, 중국의 사회적 약자 집단의 삶에 호기심이 있거나 이들을 진정으로 걱정하는 도시의 독자들에게 매력적일 수 있다. 따라서 상품으로서의 성을 고려할 때, 성적인 주제를 다루는 작품과 관련하여 장르와 사회적 정체성 간에 상당한 미끄러짐이 존재한다. 이는 특히 원래 농촌 출신 이주민들이 직면한 사회적 문제를 표현하기 위한 목적에서 출발했던 일부 출판물이 이윤에 유혹되거나, 생존의 필요에 따라 (주로) 남성 독자들의 성적 취향을 노골적으로 충족시키기 시작했다는 점에서 분명하게 드러난다. 예컨대 이주 경험에 대한 이주민의 글을 출판하는 문학 잡지로 출발한 〈다펑완(大鵬灣)〉이 노출이 심한 여성, 성애물(性愛物), 성범죄를 특징으로 하는 대중 잡지로 변모한 것이 이를 증명한다(Nie, 2008: 93).

누가 서발턴 작가인가?

'다공 문학'은 그 개념이 정립될 때부터 정확히 누구를 '다공' 소설가라고 부를 수 있는지에 대한 논의에 시달려왔다. 흥미로운 사실은 노동자-작가들 스스로가 호명을 통해 주류 문학계에 의해 본질화되는 것을 불평하는 반면, 일부 '다공' 작가들의 발언에서는 이와 비슷한 본질주의적 경향이 뚜렷하게 나타난다는 점이다. 이들 중 일부는 '다공 문학'이라는 명칭은 공장이나 건설 현장에서 임금노동자로 일한 경험이 있는 사람에게만 적용되어야 하며, 이러한 기준에 따라 '다공' 경험을 소재로 글을 쓰는 도시 중산층 시인들은 '다공 작가'의 자격이 없다고 주장한다. 도시 중산층 시인들의 '다공' 경험에 대한 글쓰기가 어느 정도 노동계급의 신뢰를 받을 수는 있지만, 개인적인 '다공' 경험의 결핍으로 인해 진정한 '다공'적 관점을 갖지는 못한다는 것이다(Wu S, 2009: 71). 실제 '다공' 출신으로 가장 존경받는 작가이자 비평가인 류동우(柳冬嫵)가 왕안이(王安憶), 여우펑웨이(尤鳳偉), 쑨후이펀(孫惠芬) 등 다수의 중산층 작가들을 지목하며, 이들은 진정성 검증에 실패했다고 비판하는 것도 바로 이런 이유에서이다. 류동우는 "이들의 소설에서는 '다공'들의 실제 삶이 보이지 않는다. 이들의 뛰어난 작가로서의 경험은 그들의 글에 나오는 사람들에 대한 직접적인 지식의 결핍을 보완하기는커녕 오히려 부각한다"라며 신랄하고 무자비하게 비판한다(Liu Dongwu, 2006: 271). 류동우를 비롯한 많은 사람이 이러한 문화 엘리트와 중산층 작가들은 이주노동자들의 삶의 표면만 보여줄 뿐이라고 주장한다. 문학계 엘리트에 대한 이러한 불신은 앞서 언급한 첸구이롱과의 대화에서도 확인된다.

> 공장의 작업현장을 방문해 보았으니 공장에서 일하는 노동자들의 삶에 대해 말할 수 있다고 생각할 수 있어요. 하지만 겉모습은 기만적일 수 있습니다. 많은 노동자가 조립라인에서 바쁘게 움직이며 정확하고 민첩하게 일을 해요. 그리고 쉬는 시간에 함께 모여 앉아서 잡담할 때면 얼굴에 생기가 돌고 흥분하거나 기뻐하는 것을 볼 수도 있지요. 당신은 이런 방문을 통해 이 노동자들이 상당히 행복하고 자신의 현재에 만족하고 있다고 추론할 수 있어요. 하지만 아마도 이러한 행복과 만족의 표면 아래에는 조용한 절망이 있음을 깨닫지 못할 겁니다. 일부 노동자들은 동생의 학비나 다른 가족들을 위해 하루 최대 16시간씩 쉬지 않고 일해야 합니다. 그리고 이들에게는 이런 삶의 끝이 보이지 않아요(첸구이롱과의 이메일 교신, 2012년 1월 20일).

작가의 사회적 지위와 경험을 근거로 한 이러한 주장은 주류 문학계에서도 일부 공유되고 있다. 전국적으로 저명한 작가인 천젠공(陳建功)은 국가로부터 월급을 받는 중국작가협회(中國作家協會)의 회원인 쟈핑와(賈平凹)가 비록 넝마주이와 창녀의 사랑을 주제로 하는 농민공의 삶에 관한 이야기인 『기쁨(高興)』(2005)이라는 소설을 썼지만, 그를 '다공 작가'라고 부를 수는 없다고 주장한다. 천젠공은 "다공 문학은 다공 개인이 직접 제작한 작품을 의미"한다고 믿는다(Chen J, 2009: 1).

'서발터니티'의 의미에 대한 논쟁은 다양한 전선에서 벌어진다. 작가의 사회적 지위와 삶의 경험에 근거한 이러한 주장과는 대조적으로 '다공 문학/시'는 그 주제에 따라 정의되어야 한다는 견해가 있다. 당연하게도 이런 입장은 주로 기성 문단에서 활동하는 작가와 평론가들이 견지하고 있다. 한 평론가는 "다공의 삶과 관련된 작품이라면 작가가 누구인지와 상관없이 '다공 문학'의 범주에 들어가야 한다"고 말한다(Wu S, 2009: 73). 그리고 저명한 문학 평론가이자 지난대학(暨南大學) 중문과 교수이며 당위원회 서기와 광둥성 작가협회(廣東省作家協會) 주석을 역임한 장슈줘(蔣述卓)는 이러한 견해에 동의하면서도 더 나아가 "저층 문학은 개입주의적이고 암시하는 역할을 해야 하며, 저층 문학 작가들은 중국의 서발턴 집단이 상상되고 다뤄지는 방식에 영향을 미치는 것을 목표로 삼아야 한다"며 다음과 같이 말한다.

> '저층 작가'는 크게 두 범주로 나뉜다. 첫 번째는 본인이 주변화된 집단의 구성원은 아니지만, 중산층 전문직 종사자나 지식인으로서 우리 사회의 밑바닥에 있는 사람들의 곤경과 고난에 대한 강한 연민과 관심을 통해 서발턴 의식을 표명한 사람들이다. 그러나 이 범주에 속하는 일부 작가들은 자신이 묘사하는 삶과 다소 거리가 있으며, 때로는 허위에 의존하거나 과도한 동정심을 보이기도 한다. 두 번째는 농촌 출신 이주민으로 공장이나 하급 직종에서 '다공' 생활을 직접 경험한 작가들이다. 이들은 자신의 '다공' 경험을 바탕으로 이야기를 전개할 수 있기에 보

다 현실적인 경향이 있지만, 때로는 사기 고취를 위해 이상주의와 거짓 희망에 굴복할 수도 있다. 이 두 범주는 분명한 차이가 있지만, 모두 사회의 밑바닥에 있는 사람들의 고통에 대해 더 많은 대중적 관심을 끌어내고, 이들이 겪는 불의와 불평등에 항의하고자 하는 공통된 열망을 공유한다. 이를 통해 이들은 경제 개혁으로 인한 상대적 빈곤과 일시적 고통의 희생자에 대한 염려와 연민의 감정을 전달하고자 한다(Jiang S, 2007: 27-28).

장슈줘가 서발터니티에 대한 비본질주의적인 접근 방식을 선호한다는 것은 분명하다. 그러나 그의 깔끔한 범주화를 불안하게 만드는 한 가지 복잡한 문제가 있다. 바로 두 번째 범주에 속하는 일부 '다공 작가'들은 비천한 출신과 '정통' 다공 경험에도 불구하고, 문턱을 넘어 첫 번째 범주에 합류하기를 열망한다는 것이다. 그들의 '정통' 계급적 지위가 그들에게 훌륭한 '다공 작가'라는 칭호를 안겨주었을지 모르지만, 이것이 상향적 사회이동에 필수적인 문화적 자본으로 전환되면, 애초에 그들을 '그곳으로 인도한' 정통성에 대한 권리를 상실할 수 있다. 스피박(1988a)의 유명하고도 논쟁적인 말처럼, 일단 서발턴이 말을 하기 시작하면 이들은 이제 서발턴 되기를 멈춘다. 많은 '다공 작가'들에게 이는 기꺼이 수용할 수 있는 절충안이다. 예컨대 리쯔양(黎志揚)은 1990년대 초에 쓴 소설 『나이트클럽의 다공메이(打工妹在"夜巴黎")』로 데뷔했는데, 억압받지만 당찬 이주민 여성 술집 접대부의 경험을 서술함으로써 이 작품은 성 노동자들에게 존엄성과 도덕적 정당성을 부여한 최초의 '다공 문학' 작품 중 하나로 인정받고 있으며, '다공메이'와 성에 대한 지배적인 인식의 틀을 깨고 재구성했다는 찬사를 받았다. 리쯔양은 선전의 또 다른 '다공 문학' 선구자 네 명과 함께 '다공 작가 5

인방' 중 한 명으로 불렸다. 이후 그는 문학계에서 빠르게 승승장구했다. 〈푸샨문예(佛山文藝)〉의 편집자가 되었고, 자신의 글을 쓰는 것보다 다른 사람의 작품을 편집하는데 더 많은 시간을 보내야 했다고 말했다. 현재 그는 광저우에 정착하여 광고 회사를 운영하고 있다. 리쯔양은 여전히 다공 문학과 비평계에 관여하고 있지만, 지금은 "다공 문학이 처음에는 격렬한 노동-자본 갈등에 대한 자연주의적 설명으로 명성을 얻었지만, 이제는 주제를 다룰 때 좀 더 '밝은' 분위기와 '덜 무거운' 방식을 찾아야 하며, 더 많은 독자층을 확보하기 위해 유머와 희망으로 전환해야 한다"고 주장한다(Zhang H, 2007: 444).

'다공 문학'에 대한 이러한 '더 가볍고', '더 밝은' 관점은 널리 공유되지 않는다. '다공 작가' 커뮤니티 내에서 계급적 입장의 정치에 대한 주목할 만한 차이가 존재한다. 일부는 '다공 문학'은 항상 착취와 불의의 현실에 꾸준히 초점을 맞추면서, 사회적으로 소외된 집단의 관점을 대표해야 한다고 굳게 믿는다. 이들에게 '다공' 경험에 대해 지나치게 긍정적인 관점을 취하는 작가들은 사실 공식적인 인정과 '상향 이동'을 위해 기득권에 '매수'된 사람들로 인식된다.

안즈(安子)가 이의 대표적인 사례이다. 1990년대에 광둥성 시골에서 공장 조립라인에서 일하기 위해 선전으로 온 안즈는 여러 저임금 비숙련 일자리를 전전했다. 그녀는 생계를 위해 일하면서도 대학 학위 취득을 위해 열심히 공부했다. 항상 "자기 자신과 평범함을 초월하기 위해" 노력해야 한다는 신념을 바탕으로 안즈는 결국 성공한 작가가 되었고, 선전의 고위 공무원과 결혼했으며, 현재는 선전에서 4개의 가사노동자 대행업체를 운영하는 성공적인 사업가이자 저명한 작가로 활동하고 있다. 그녀는 1992년 베스트

셀러 자서전인 『청춘 여정: 선전 다공메이 실화(青春驛站: 深圳打工妹寫真)』에서 "모든 사람은 태양처럼 빛날 기회가 있다!"라는 명언으로 농촌 출신 이주민 여성 독자들에게 영감을 주었으며, 많은 저서를 통해 열심히 일해서 성공한 자신의 경험을 공유했다. 이후 안즈는 '다공'의 노동 생활을 다룬 소설 7권과 동기부여를 위한 자기계발서 4권을 집필했다. 처음에는 '다공 여왕(打工皇後)'으로 불렸던 그녀는 나중에는 '자기계발(勵志) 글쓰기의 여왕'으로도 칭송받았다. 안즈는 선전에서 가장 뛰어난 청년 10인 중 한 명으로 공식적인 인정을 받았으며, 1993년에는 공산주의청년단(共產主義青年團) 제13차 전국대표대회에 대표로 참석했다(Zhang H, 2007: 443). 안즈의 이야기에서 이주민 여성은 열심히 일하고, 출세하고, 사랑을 찾는다. 그녀의 이야기 속 등장 인물들에게 평등과 상호 존중에 기반한 성적 성취로 완성된 로맨스는 무한히 열려 있다(Cao K, 2009: 235).

안즈와 비교했을 때, 조립라인에서 경험하는 소외와 비인간화에 대해 냉정하면서도 설득력 있는 시각을 시에 투영한 이주민 여성 시인 정샤오치옹은 앞 장에서 보았듯이 훨씬 더 모호한 반응을 받았다. 하지만 안즈의 화려한 성공에는 대가가 따랐다. 그녀는 '다공 작가' 커뮤니티와 문학계 일각에서 국가 권력과 시장의 힘, 그리고 개인적 야망에 모두 굴복한 이후 노동자-작가로서의 신뢰도가 크게 추락해 단순한 유명인사로 널리 인식되고 있다. 한 평론가는 안즈가 만들어낸 "사탕발림"의 현실에 대해 비판하며, 그녀의 작품은 역경에 직면한 다공메이의 삶에서 "모든 쓴맛을 중화"하고, "단순한 성공 비법"과 "설득력 없는 미소"를 제시하는 "극도로 환원주의적인 재현"이라고 혹평했다(Cao K, 2009: 235에서 인용). 선전시 경제특구 문화연구센터(深圳特區文化研究中心)의 학술총감이자 선임 연구원인 마오샤오잉(毛少瑩)은 안즈의 유산에 대해 이렇게 말한다.

> 현실적으로 안즈의 성공은 상당 부분 우연적인 사건이다. 대부분의 다공메이는 여전히 미운 오리처럼 고군분투하고 있으며, 극소수만이 백조가 될 수 있다. 단순히 열심히 일해서 성공을 위해 노력하라고 사람들을 격려하는 것만으로는 충분하지 않다. 개인적인 경험을 바탕으로 한 안즈의 글은 젊은이들의 성공 의욕을 고취하고, 노동과 자본의 갈등을 완화하며, 서발턴의 불만을 해소하는 관점에서는 엄청나게 유익하다. 따라서 그녀는 정부의 승인과 지원을 받았다. 안즈의 성공 이야기에서 우리는 정치와 문학 간의 곤혹스러운 관계를 느낄 수 있다(Mao, 2007: 114).

안즈가 진정한 서발턴 작가인지에 대한 이러한 논의는 이 문제의 어려움과 공허함을 부각할 뿐이다. 주제, 작가의 사회적 위치, 전달된 진정성의 수준 등에 근거한 서발터니티의 기준에 대한 합의는 없는 것처럼 보인다. 마찬가지로 농촌 출신 이주민 노동자-작가 집단 내에서도 사회적 상향 이동을 달성한 사람과 그렇지 못한 사람, 국가 비전에 편입된 사람과 이를 거부하는 사람 간의 내부 경합이 논쟁을 계속 혼란스럽게 만들고 있음이 분명하다. 이러한 복잡한 상황을 고려할 때, 난징샤오좡대학(南京南京曉莊學院) 교수이자 이 논쟁의 주요 참여자인 우샨정(武善增)의 의견에 주목하는 것이 유익할 수 있다. 그에게 진정한 '저층 문학'의 핵심 측면은 위치성이다. 따라서 '다공 문학'은 작가의 사회경제적 지위나 주제에 의해서가 아니라, 뚜렷한 '다공 관점'의 존재 여부에 따라 정의된다(Wu S, 2009). 다시 말해 특정 글이 '다공 문학'이라는 칭호를 얻을 자격이 있는지를 결정하기 위해서는 여러 질문을 던질 필요가 있다는 것이다. 즉 '다공' 개인이 단순한 재현의 대상이 아닌, 말하는 주체로 묘사되고 있는가? 만약 그렇다면 이러한 말하는 주체에게 담론적 자율성이 부여되고 있는가? 그리고 '다공' 경험이 '다공' 특유의 관점에서 서술되고 있는가?

우샨정의 제안은 이러한 논쟁에서 제기된 여러 가지 주요 입장을 명확하게 교차하고 있기에 아무도 여기에 특별히 만족하지 못할 수도 있다. 그리고 특정 작품이 '진짜' 말하는 주체를 묘사하고 있는지, 아니면 '진정한' 다공 관점을 채택하고 있는지의 문제는 항상 이견의 여지가 있을 수 있다. 이러한 제약에도 불구하고 우샨정은 문학과 상업적 영역 모두에서 노동자-작가들이 공고히 하기 시작한 미약한 기반을 궁극적으로 무익하게 만들고 잠재적으로 파괴할 수 있는, 그래서 의견 갈등과 영역 다툼으로 매우 쉽게 빨려 들어갈 수도 있는 논의 지형에 매력적이고 논리적인 대안을 제공한다.

『북쪽 아가씨(北妹)』: 이주 여성의 자기-민족지

이 장의 앞부분에서 논의한 주류 담론의 이상적이고 독립적이며 도덕적으로 올바른 여성에 대한 서사와 농촌 출신 이주민 여성을 성애화하는 광범위한 관행과 대조적으로, 중국 남부지역 이주민 공동체 내의 일부 문학적 재능이 있는 사람들은 이동성과 섹슈얼리티에 대해 이러한 헤게모니적 재현을 뒤집는 관점을 만들어냈다. 그 결과 소위 '다공 문화'의 필수 요소가 된 문학은 포스트 마오쩌둥 시대의 중국 문화 경관에서 매우 환영할 만한 대안적 시각을 제공할 수 있는 희망적인 징후를 보여주고 있다. 위에서 이미 언급한 셩커이의 『북쪽 아가씨』가 바로 이러한 시각 중 하나를 제공한다. 이 소설은 중국 내 최대 농촌 출신 이주민 송출 지역 중 하나인 후난성 시골에서 남부 광둥성의 'S 도시'로 온 젊은 이주민 여성들의 삶을 이야기한다. 셩커이 역시 후난성 출신 이주민으로 처음 남부지역에서의 생존은 가난과 박탈감, 그리고 굴욕으로 점철되었다. 셩커이는 이제 "저층 문학의 꽃(底層之花)"(Yang H, 2007: 131)으로 묘사된다. 이 소설 속 '북쪽 아가씨'들은 종업원, 청소부, 가정부, 안마사 등으로 일하며 생계를 꾸려나간다. 이들은 유부남과 동침했다가 임신 후 버림받고, 돈이나 임시거주 허가를 위해 성매매를 하며, 공공장소에서 남자친구와 데이트하다가 현지 경찰에 체포되고, 가족계획 제도를 회피한다는 혐의로 강제로 불임 수술을 당하며, 대리모로 몸을 빌려주고, 잘못된 성관계로 잔인하게 강간당하고 살해되는 등 수많은 불안전한 성적 관계에 얽혀들게 된다. 이들의 이야기는 매우 직설적이고 사실적이며 거침없는 거의 다큐멘터리 스타일로 서술되며, 이러한 잔인하고 비극적인 경험이 실제로는 일상적으로 '생존의 문화'를 살아가는 수많은 다공메이들에게 상당히 익숙한 일이라는 메시지를 전달한다.

이 소설의 주인공인 첸샤오홍(錢小紅)이라는 캐릭터는 다공메이의 성적 경험을 더 세밀하게 묘사했기 때문이 아니라, 다공메이의 성적 행위성에 대한 대안적인 가능성을 제시하고, 또 그러한 가능성이 환대받을 수 없는 한계를 보여주기에 특별히 별도의 고찰이 필요하다. 후난성 시골에서 자란 샤오홍은 성적으로 조숙했는데, 열네 살에 형부에게 강제로 성폭행을 당했고, 여러 남자와 성관계를 맺어 마을에서 '창녀'로 소문이 났다. 비록 샤오홍은 성적으로 자유분방하고 문란하지만, 열여섯 살에 'S 도시'로 왔을 때 돈을 받고 몸을 파는 것은 거부한다. 다른 소녀들보다 눈에 띄게 큰 가슴을 가진 샤오훙은 성욕과 성매매가 넘쳐나는 S 도시에서 욕망의 대상이 된다. 드디어 형부에게서 벗어났다는 생각에 샤오훙은 자신이 원하는 사람과 원하는 시간에 원하는 주기와 조건에 따라 성관계를 가질 수 있는 자유, 그리고 무엇보다도 확실한 경제적 보상에도 불구하고 자신의 몸을 팔지 않을 수 있는 자유를 추구하기 시작했다.

샤오훙은 죄책감을 느끼지 않고도 어느 정도의 성적 자율성과 자유를 얻는 데 성공한다. 정서적 애착 관계를 형성한 유일한 남자가 다른 사람과 약혼했다는 사실에 실망하지만, 그녀는 독신 여성으로서 만족스러운 성생활을 위해 최선을 다한다. 더욱이 그녀는 자신의 조건과 정의관에 따라 남성과의 관계를 협상한다. 호텔 객실 직원으로 일하던 중, 그녀는 50대 공무원이 사용하는 방에 혼자 들어가게 된다. 그 공무원은 샤오훙과의 성관계가 가능할 것이라고 당연하게 가정한다.

> 샤오훙을 위아래로 탐욕스럽게 훑어보던 그 남자는 룸서비스로 주문한 맥주 비용 50위안을 건네며, "뭘 해야 할지 알겠어. 10위안이면 내가 휴지로 직접 해결해야 하고, 100위안이면 원하는 자세로 당신이랑 할 수 있어. 그리고 1,000위안이면 하루종일, 1만 위안이면 죽을 때까지 당신이랑 할 수 있어. 자 어떤 조건을 원해?"라고 말했다. 샤오훙은 그의 말을 듣고 잠시 생각한 다음, 그에게 다가가 옷을 모두 벗기고 "내가 먼저 당신 몸을 좀 살펴볼게요"라고 말했다. 그리고는 엉덩이가 축 늘어져 두꺼비 같고, 다리 사이에는 논에서 새로 돋아난 모종처럼 연약해 보이는 물건을 가진 남자의 몸을 살펴보았다. 샤오훙은 짐짓 진지한 목소리로 "아저씨, 죄송해요. 전 아직 처녀예요. 그냥 아저씨의 몸이 궁금했어요. 내가 옷을 벗겨 스트립쇼를 했으니, 이제 다시 옷을 입어요. 수고비로

50위안 줄게요. 제가 드리는 팁이에요"라고 말했다. 그리고 계속 손에 쥐고 있던 50위안짜리 지폐를 던지고 문밖으로 걸어 나갔다. (…) 그 공무원은 이 만남으로 큰 충격을 받았고, 호텔 프런트를 지나갈 때마다 감히 소녀들의 눈을 쳐다보지 못했다(Sheng, 2004: 154).

샤오훙은 왜 섹스가 시장에서 경제적 가치를 가져야 하는지 이해하지 못한다. 하지만 성적 만족을 원하는 것이 왜 거의 항상 남성만의 특권이어야 하는지도 이해하지 못한다. 마찬가지로 중요한 사실은 샤오훙의 성적 자유에 대한 추구는 흔히 다공메이의 신체에 대한 성애화(eroticization, 즉 그녀에게 섹스는 언제든 가능하다는 의미)와 잘 맞물리지만, 그녀가 똑같이 갈망하는 사랑과 애정은 훨씬 더 얻기 어렵다는 점이다. 샤오훙은 S 도시에서 새롭게 찾은 성적 자유를 즐기지만, 곧 다공메이라는 자신의 비천한 지위가 본인이 원하는 성적이고 정서적인 평등을 얻는 데 걸림돌이 된다는 사실을 깨닫는다. 미용실에서 보조로 일하던 중 샤오훙은 지역 폭력 조직의 잘생긴 청년의 관심을 끌고, 자신도 그에게 끌리게 된다. 샤오훙은 그와 침대에 누워 있으면서, 실망스럽게도 그가 자신에게 만족감을 주는 데 아무런 관심이 없다는 것을 알게 된다. 침대에서 '용무'를 마친 후, 그는 옷을 입고 확실히 만족하지 못한 샤오훙에게 짧은 관계의 증표로 반지를 던지며 "난 여자와 딱 한 번만 자"라고 담담하게 말한다.

'다공' 남성과 달리 다공메이들은 도시에서 성적 불만을 감당해야 할 뿐만 아니라 가부장적 질서, 결혼을 둘러싼 전통적인 기대, 젠더 예절 규범, 유동성과 부도덕(음란함)을 연결 짓는 대중적 고정관념의 맥락에서 이러한 불만을 관리해야 한다(Jacka and Gaetano, 2004: 5). 샤오훙은 명백한 '성적 매력(sexiness)'에도 불구하고, 돈이나 다른 이득을 위해 몸을 파는 일을 거부한다. 그러나 가족과 이웃에게 줄 선물을 잔뜩 들고 마을로 돌아왔을 때, 샤오훙은 언니와 아버지를 포함한 집안의 거의 모두가 자신이 성 노동자로 일한다고 여긴다는 사실을 알게 된다. 몸을 팔지 않고서는 도시에서 이런 선물을 살 수 없을 거라고 가정한 것이다. 이를 깨달은 샤오훙은 "젠장! S 도시로 돌아가면 바로 그렇게 할 거야. 몸을 팔 거야. 그러면 적어도 여기서 얻은 평판을 제대로 누릴 자격이 있겠지!"라고 내뱉는다.

다공메이가 직면한 가장 큰 도덕적 딜레마는 유동하는 여성에 대해 존재하는 일반적인 오해와 거의 매일 겪는 사회적 편견과 함께, 이들의 몸의 가치에 대한 경쟁적이고 모순적인 메시지를 중심으로 전개된다. 고향의 가족들은 샤오훙의 유동성 때문에 그녀의 성적 적절성에 의문을 제기하지만, 시장의 도덕적 경제는 "문란한 농촌 출신 이주민 여성"으로부터 쉽고 즉각적인 성관계가 이용 가능하다는 것을 전제로 한다(T. Zheng, 2009b). 젊은 시절의 전형적인 낙관주의와 순진함으로 무장한 샤오훙은 한편으로는 자유와 자율, 다른 한편으로는 구속과 예속 사이의 근원적인 긴장을 비교적 성공적으로 관리한다. 그러나 이러한 긴장은 결국 책의 마지막에 이르러 한계점에 도달하는데, 이제 이야기는 현실적인 서사 방식에서 판타지로 갑작스럽게 전환된다. 즉 샤오훙의 가슴이 초현실적인 차원으로 변하기 시작한다. 샤오훙은 계획에 없던 임신 후, 지금까지 성적 쾌감의 원천이자 남성들에게 매력적으로 다가갈 수 있었던 근원인 자신의 가슴에 '유선(乳腺) 증식'이라는 병이 생겼음을 알게 되고, 이로 인해 극심한 공포에 휩싸이게 된다. 샤오훙의 유방은 걷잡을 수 없이 커지기 시작해 "쌀 두 포대"만큼이나 무거워져 도시를 돌아다니기도 어렵게 되었다. 그녀는 이제 도시에서 보기

흉한 구경거리가 되었을 뿐만 아니라, 새롭게 변형된 몸에 비참하게 갇힌 신세가 된다.

『북쪽 아가씨』의 작가로 주로 알려진 성커이는 중국 문학계에서 "약하고 불우한 여성의 생존에 세심한 주의를 기울이고, 다공메이의 몸과 영혼의 고통을 풀어낸" 현대 중국의 가장 젊은 작가 중 한 명으로 칭송받고 있다(Zhou M, 2004). 그러나 이주 여성에 관한 꾸밈없고 날것 그대로의 생생한 이야기로 높은 평가를 받았음에도 불구하고 『북쪽 아가씨』를 해석하는 방법, 특히 첸샤오훙의 가슴이 마지막에 흉측하게 변형되는 것의 의미에 대해서는 상당한 이견이 존재한다. 이에 대해 출판사는 이 책에 대한 다양한 독해를 기대할 뿐만 아니라, 장려해야 할 일이라고 생각한다. 이는 실제로 이 소설의 서문에 실린 문학 비평 장르의 논문 세 편이 이에 대해 다양한 해석을 제공한다는 사실에서 입증된다. 마처(馬策)는 첫 번째 서평에서 가슴을 계급, 사회적 지위, 국적과 관계없이 자유와 자율성을 추구하는 인간 존재에 대한 은유로 독해한다(Ma C, 2004). 이 해석에 따르면 가슴은 샤오훙에게 높은 수준의 성적 자율성과 자유를 부여하지만, 무거운 짐이 될 정도로 기괴하게 비대해진 가슴은 인간 존재로 살아가야 할 한도 내에서의 자유와 자율성에 대한 외부적 한계를 나타낸다. 마처에게 샤오훙의 경험은 가부장적 질서와 거의 관련이 없으며, 『북쪽 아가씨』는 젠더 예속에 관한 이야기로 볼 수 없다. 그 대신 샤오훙은 세계 경제가 시장의 과도한 자유와 자율성에 대해 막대한 대가를 치러야 하는 것과 마찬가지로, "자유에 대한 과도한 방종"으로 인해 처벌을 받는 것으로 해석된다. 따라서 "신체의 한계에 대한 성커이의 비판은 동시에 인간의 행위성에 대한 질문"이라는 것이다(Ma C, 2004: 8).

마처의 독해와 달리 두 번째와 세 번째 서평은 뚜렷한 젠더적 관점을 보여준다. 먼저 런샤오원(任曉雯)에게 샤오훙의 가슴은 이중적인 상징적 의미를 지닌다(Ren, 2004). 즉 한편으로는 소외된 사회적 지위에도 불구하고, 꺼지지 않는 생명력과 여성으로서의 성적 자유를 위한 다소 본능적이지만 결연한 투쟁을 상징한다. 다른 한편으로는 남성이 지배하는 사회적 질서에서 여성의 예속과 그로 인한 여성의 성적 자유의 제한에 대한 은유이기도 하다. 세 번째 서평자인 우챵에게 샤오훙의 "유선 증식"은 이 세상을 살아가는 여성의 미래에 대한 작가 성커이의 불안을 구현한다. 확실히 샤오훙은 삶에 대한 낙관적인 태도를 유지하고 있으며, 그녀의 생존은 용기와 결단력 그리고 다소 선천적인 강인한 정의감 덕분이다. 하지만 샤오훙은 낙인, 도덕적 비난(자신의 가족 포함), 그리고 자신의 몸에 대한 노골적인 착취로 끊임없이 공격하는 세상과 맞서야 한다(Wu Q, 2004). 이러한 독해에서 샤오훙의 훼손된 가슴은 사회적 "종양", 즉 모종의 이름 모를 예속과 억압의 감각을 표출할 출구를 찾지 못해 억눌렸을 때 여성이 어떻게 되는지에 대한 적절한 은유이다. 이러한 관점에서 읽으면 이 소설은 디스토피아적인 결말을 가지며, 독자들에게 샤오훙과 같은 사람들의 미래에는 어떤 희망이 있을지 궁금함을 남긴다.

소설에서 샤오훙의 친구인 리스쟝은 후난성 출신의 또 다른 북쪽 아가씨이다. 광저우 외곽에 도착한 스쟝은 임시거주 허가증이 없으면 어디에도 자유롭게 갈 수 없고, 일자리도 구할 수 없다는 사실을 알게 된다. 스쟝은 후난성에서 온 동료 이주민인 먼 사촌으로부터 임시거주 허가증을 얻는 가장 쉽고 빠른 방법은 그 증명서를 발급할 권한이 있는 지역 구청장과 동침하는 것이라는 말을 듣는다. 스쟝은 처녀였고, "그들은 처녀와 성관계를 갖기 위해 항상 더 높은 가격을 지불할 준비가 되어 있었기에", 그녀에게 이런 기회는 더 많았다. 불법 거주민으로 체포될까 봐 두려웠고 일자리를 찾고 싶었던 스쟝은 구청장과 잠자리를 가졌다. 그 후 그녀는 태연하게 "처녀막이 뭐라고? 난 아무것도 잃은 게 없는 것 같아. 생각해 봐. 내일부터 우리는 자유로워질 거야"라고 말한다.

여우펑웨이(尤鳳偉)의 『미꾸라지(泥鰍)』(2002)는 농촌 출신 이주민의 섹슈얼리티를 소재로 한 또 다른 장편 소설이다. 펑웨이의 이야기는 시골에서 올라와 현재 도시에서 철거용역, 일용직 노동자, 주방 보조, 청소부, 건설 노동자로 일하는 궈루이(國瑞)의 성적 모험에 초점을 맞추고 있지만, 궈루이의 삶의 궤적에 등장하는 북쪽 아가씨들의 성적 경험에 대한 서사는 성적 행위성에 관한 새로운 문화정치를 보여준다. 궈루이에게는 함께 도시로 온 같은 고향 마을 출신의 여자친구가 있다. 하지만 그녀는 순결과 여성의 정숙이라는 전통적인 시골 가치관에 얽매여 궈루이가 아무리 애원해도 결혼 전까지는 자신의 몸을 허락하지 않는다. 그러던 중 친구의 주선으로 궈루이는 중년 여성인 공위의 가정 집사가 되어 정열적인 불륜 관계를 맺게 된다. 궈루이의 여자친구는 혼전 성관계는 절대 안 된다고 고집하는 반면, 또 다른 이주민 여성인 커우란은 전통적인 성적 예의범절을 가볍게 생각한다. 커우란은 궈루이의 여자친구는 아니지만, 궈루이도 모르는 사이에 그를 깊이 사랑하게 된다. 그녀는 폭력적인 남자친구로부터 자신을 구해준 궈루이에게 감사하며, 그를 구세주이자 목숨도 아깝지 않을 친구로 생각한다. 그래서 궈루이가 경찰에 부당하게 구금되었을 때, 그녀는 자신이 원하는 대상(궈루이)을 구출할 수 있는 유일한 방법은 그를 체포한 경찰관과 잠자리를 갖는 것뿐이라는 사실을 알게 된다. 그녀는 주저 없이 자신의 몸으로 경찰관을 매수하고, 일주일 후 궈루이는 석방된다. 많은 사람이 커우란을 '난잡'하거나 '쉬운' 여성으로 보지만, 그녀는 자신이 처한 무력한 처지를 고려할 때 일회성 성적 교환으로 친구를 구하는 것이 도덕적-경제적으로 합리적이라는 확고한 신념에서 분명하게 행동한다. 이 여성들이 성적 결정을 내리는 상황에 대한 서사적 설명은 앞서 언급한 공식 서사에서 흔히 조장하는 규범적인 '열녀' 담론과 극명하게 대조된다.

이러한 여성들의 결정과 선택은 "의식적 의도와 체현된 습속(habituses), 의식적 동기와 예상치 못한 결과 사이의 조율"에 존재하는 행위성의 표현이다(Ortner, 2001: 77). 그리고 이주민 여성의 섹슈얼리티를 사회적 이동성에 대한 은유로 구성하는 경향이 있는 국영 TV 드라마 시리즈에서 특히 두드러지는 또 다른 서사 흐름과 대조를 이룬다. 이러한 드라마에서 이주민 여성은 자신의 소양(素質)을 개선하기 위해 열심히 일하고, 우월한 사회적 지위를 가진 도시 남성의 성적 욕망과 사랑에 의해 보상을 받는 존재로 재현된다(H. Lee, 2006; W. Sun, 2009a). 이러한 "도덕적 고양"을 위한 이야기의 이면에는 이주민 가사노동자는 돈과 재산, 그리고 도시에서의 특권을 얻기 위해 늙은 고용주와 결혼하거나 섹스를 제공하는 "꽃뱀(gold digger)"이라는 영속적인 미디어 서사가 있다(W. Sun, 2010b). 이러한 하향식 관점과 비교할 때, 서발턴 이주민 문학 작품은 반드시 농촌 출신 이주민 여성의 집단으로서의 '전형적인' 성적 경험을 이야기하는 것은 아니며, 대중적 서사에서 볼 수 없거나 공식 담론에서 조장하는 "이상적인 여성" 서사의 기준에 따라 수용될 수 없는 다양한 주체적 위치를 재정립하는 기능을 하는 경우가 더 많다.

이러한 저술에 등장하는 이주민 여성들의 성적 결정은 사회적 교류, 대중문화 또는 문학 작품들에서 '북쪽 아가씨'라는 꼬리표가 붙을 만큼 관습을 거스르는 이들의 성적 관행을 이해하는데 유용한 단서를 제공한다. 그리고 이러한 작품들은 누가 '북쪽 아가씨'에 대한 헤게모니적 상상력을 영속화하거나 협상 혹은 경합하기 위한 '의미화 실천(signifying practices)'을 하는지에 관한 질문에 우리의 관심을 집중시킨다. 마지막으로 가장 중요한 사실은 비록 임시적이고 불완전하지만, '북쪽 아가씨'를 재배치할 수 있는 대안적인 성-도덕 경제에 대한 개념적·경험적 이해를 얻는 데 도움이 된다는 것이다. 이 새로운 배치에서 '북쪽 아가씨'는 더는 성적 뒤틀림으로 특징지어지는 획일적인 집단으로 상상되지 않으며, 다른 사회 집단과 마찬가지로 복잡하고 모순적인 성적-도덕적 행위성을 가진 끊임없이 변화하는 개인들의 집합체로 그려진다.

지배적인 대중문화 서사에서 '북쪽 아가씨'라는 용어는 도덕적 차원뿐만 아니라 뚜렷한 공간적 차원을 떠올리게 한다. 즉 이러한 호명은 중국 북부와 내륙 출신의 여성들에 대한 도덕적 혐오감을 강력하게 새겨넣으며, 남부 해안 도시에서 번성하는 교류 형태인 금전적 또는 기타 물질적 이익을 위해 성을 거래하는 여성으로 이들을 연상하게 한다. 이러한 서사에서 "이주민 신체의 기호학적 잠재력"(Cartier, 2006: 142)은 순전히 '북쪽 아가씨'에 대한 호명 및 착취를 통해 이익을 얻는 사람들을 위해서만 채굴되며, '북쪽 아가씨' 자신에게는 실질적인 이점이 거의 없는 것처럼 보인다. 그러나 여기서 제안된 성적 행위성에 대한 새로운 문화 정치적 관점에서는 '북쪽 아가씨'라는 호명에 담긴 도덕적 혐오감은 비워지고 대신 새로운 분석적 역할이 부여된다. 이 새로운 배치에서 '북쪽 아가씨'는 직업이나 성적 행동의 특수성이 아니라, 권력의 성-도덕적 기준과 척도에 도전하고 재구성하는 이들의 성적 행위성에 의해 정의된다. 이와 동시에 '다공메이'(푼 응아이의 저술에 나오는 공장 노동자들이 자신들을 상상하는 '가장 순수한' 형태)와 '매춘부'(매우 다른 유형의 '일하는 아가씨')로 분리되어 구성된 정체성과 달리, '북쪽 아가씨'는 이 분열된 이미지를 여전히 모호하지만 하나의 형상으로 통합하는 데 도움을 준다. 권력의 문화정치에 관심이 있는 사람들에게 '북쪽 아가씨'의 몸은 성별, 계급, 지리적 공간을 축으로 하는 다양한 형태의 불평등 거래를 의미하며, 따라서 우리는 이들의 몸을 남부와 북부, 남성과 여성, 도시 엘리트와 농촌 출신 이주민 사이의 불평등한 교환의 장소로 볼 수밖에 없다.

이러한 의미에서 『북쪽 아가씨』와 같은 문학 작품은 '다공메이' 집단의 자기-민족지의 중요한 형태로 기능하며, 따라서 농촌 출신 이주민 여성의 삶에 대한 통찰을 얻고자 하는 학자와 인류학자들은 이를 주의 깊게 독해할 필요가 있다. 주디스 파쿼(Judith Farquhar)는 신체와 일상에 대한 민족지에 관한 문학 작품들의 경험적 가치를 평가하면서, 중국 작가들의 허구적 작품이 "훌륭한 민족지학적 파트너"라는 사실에 주목한다. 그리고 "신체들과 이들이 구성하는 일상은 인류학적 해석을 직접적으로 제공하지 않으며, 어떻게든 단어와 이미지를 통해 이를 읽어낼 수 있어야 한다"고 말한다(Farquhar, 2002: 17). 마찬가지로 서발턴의 글쓰기도 허구적 형태이기는 하지만 "훌륭한 민족지학적 파트너"로서 자신을 제시한다. 이와 동시에 만약 우리가 이러한 관점을 견지한다면 이주민 서발턴 문학은 비록 최선의 호의에도 불구하고 농촌 출신 이주민 여성의 성적 결정과 경험의 도덕적 다양성 및 복잡성에 관한 매우 중요한 단서를 놓치는 경우가 많은 학술적인 민족지적 설명을 탈권위화하는 효과도 발휘할 수 있다. 따라서 이러한 문학적 구조는 문화적인 이유로 인해 농촌 출신 이주민 여성이 권력과의 관계에서 자신을 성적으로 어떻게 위치시키는지에 대한 일차적인 인류학적 자료를 얻기 쉽지 않다는 점을 고려할 때 특히 더 가치가 있다.

추가적 논의 주제

　여기에서 논의된 문학 작품들은 농촌 출신 이주민 여성들이 자신의 삶을 구성하는 선택을 할 때 익숙한 실제 상황, 도덕적 합리성, 정서적 결과에 대한 대안적인 관점을 제공한다. 이 장르의 작가들은 1인칭(예:『나는 떠다니는 꽃』)이든 3인칭(예:『창망한 대지에 묻노니』,『북쪽 아가씨』)이든 자신의 작품을 흔히 '사실적 묘사'라고 평가함으로써, 대중문화 영역에서의 지배적인 문화 구조에 대항하는 다양한 정치적 욕망, 목적, 계획에 관한 자신의 공로를 주장한다. 이러한 이야기들은 농촌 출신 이주민 여성이 극도로 계층화된 도시사회를 헤쳐나가기 위해 성을 사용하는 방식에 관한 대안적 설명을 제공함으로써, 이들은 자신의 몸과 섹슈얼리티 외에 다른 자원이 거의 없는 세상에서 사실상 합리적이고 전략적이며 심지어 '현명한' 결정을 내리고 있음을 분명하게 보여준다. 이러한 설명은 이주민 여성의 행동을 도덕적으로 비난하기보다는 도덕적 판단을 중지하고, 이들이 자신과 가족 및 친구의 생존을 위해 자신의 신체를 사용하는 것에 대한 공감적 묘사에 집중한다.

　따라서 이러한 작품의 '민족지학적 성격'에 대한 주장은 이를 개인으로서의 작가 자신에 대한 엄격한 자서전적 글이라기보다는, 무엇보다 사회적으로 주변화된 집단인 '다공메이' 또는 '북쪽 아가씨'들의 집합적 경험에 대한 설명으로 독해해야 한다는 의미로 받아들여야 한다. 셩커이는『북쪽 아가씨』의 서문에서 "북쪽 아가씨들의 살아 있는 경험은 소설 자체보다 훨씬 더 현실적이고 중요한 의미가 있다"고 썼다. 여기서 셩커이가 의도했든 아니든, 이러한 발언은 서발터니티에 대해서도 중요한 지적을 한 것으로 여겨질 수 있다. 즉 대중문화에서 이러한 서발터니티의 복합적인 양식이 구성되는 언어를 분석하고 설명할 수단이 없음을 깨닫지 못하면, 우리는 이를 인식하고 인지하고 이해하는 데 실패할 위험이 있다는 것이다.

농촌 출신 이주민 여성의 개인적인 계획, 욕망, 목적을 추구하는 능력에 대해서는 의심의 여지가 없지만, 이들이 상징적 질서에 자신을 삽입하고 대중문화의 장에서 도덕적·정치적 개입을 할 수 있는 능력은 거의 알려지지 않았다. 이러한 문학적 구조를 분석하는 작업은 1인칭 시점이든 3인칭 시점이든 독자들이 도시에서의 삶을 횡단하는 농촌 출신 이주민 여성과 같은 방식으로 세상을 간접적으로 경험할 수 있게 한다는 점에서 매우 유익하다. 따라서 독자들은 '다공메이'의 관점에서 이해하고, '다공메이'의 도덕적·물질적 세계에 부과된 제약과 한계와 관련하여 그들의 결정과 행동을 이해할 수 있다. 이러한 작품들은 부분적으로는 농촌 출신 이주민 여성의 성생활에 대한 경쟁력 있고 좀 더 설득력 있는 해석을 제공한다는 점에서 중요하다. 그러나 이보다 더 중요한 것은, 이러한 작품들은 주류 대중 서사가 열망하는 것보다 농촌 출신 이주민 여성의 경험에 대해 더 진정성 있는 무언가를 포착하기 때문에 매우 중대한 도덕적 개입을 구성한다는 사실이다.

이와 동시에 본 논의는 이러한 문학 작품이 대항헤게모니적인 문화 및 문학적 형식과 실천으로서 가지고 있는 실질적인 잠재력에도 불구하고, 진정한 전복적 장르로서의 전망에 대한 의문도 제기했다. 성을 중심으로 하는 중국 대중문화 경관의 복잡성과 복합성은 진정한 서발턴적 관점에 대한 우리의 탐색을 단일하고 깔끔하게 정돈된 재현의 영역 안으로 제한하려는 모든 시도에 대해 경고한다. 서발턴 문학의 정의를 특징짓는 유동성과 미끄러움은 이주노동자들 사이에서 이러한 장르의 독자층 규모를 측정하는 일을 불가능하게 만든다. 그리고 여기서 살펴본 것처럼, '다공 문학'의 장(field)은 다양한 외부적 힘들의 상호 교류와 침투 그리고 정치-경제적 공모에 취약하다. 새로운 기술의 출현과 중국 사회의 계층화가 심화하면서 문학 영역에는 새로운 기회가 창출되었을 뿐 아니라, 경쟁도 강화되었다. 이 영역의 인프라 구조는 더욱 복잡해졌고 수용, 출판, 보급의 경로도 더욱 다양해졌다. 전체 문학 장과 마찬가지로 '다공 문학'이라는 하위 영역도 부분적으로는 문화적·정치적 과정과 제도 및 이해관계, 또한 개인의 야망과 경력 궤적, 그리고 기업과 정부의 주도성에 의해 구성되며, 이러한 다양한 힘들 간의 상호작용은 말할 것도 없다.

하지만 노동자들의 독서 습관과 선호도에 대한 진술을 토대로 볼 때, 진정한 서발턴적 관점을 가진 소설 작품들이 이들의 일상적인 독서 경험에 거의 침투하지 못했다고 추정하는 것이 아마도 타당할 것이다. 한편 진정한 '저층 문학'을 구성하는 것이 무엇인지에 대한 명확한 이해의 어려움 때문에 학계와 문학계의 논쟁은 계속될 수밖에 없다. 이러한 논쟁은 '다공 문학' 자체에 대해서 만큼이나 논쟁 참여자들의 입장과 관점에 대해서도 많은 것을 우리에게 알려준다. 따라서 이러한 작품들은 한편으로는 계급에 기반한 진정성, 다른 한편으로는 계급에 기반한 권위와 상징적 권력을 둘러싼 현재 진행 중인 투쟁의 현장이다.

결론

몇 달 전 상하이에서 열린 미디어 및 커뮤니케이션 연구 학술회의에서 나는 농촌 출신 이주노동자들과 미디어를 통한 이들의 역량 강화에 관한 공개 토론에 참석했다. 미디어 학자와 활동가로 구성된 토론자들이 농촌 출신 이주노동자들을 실천 지향적인 연구에 참여시키기 위한 전략을 차례로 공유하자, 내 옆에 앉은 국제 저널리즘 분야의 중국인 교수가 다소 걱정스러운 어조로 "저들은 농민공들이 혁명을 일으키도록 하려는 건 아니겠죠?"라고 속삭였다.

몇 주 후 중국에서 돌아와 내가 근무하는 대학에서 주최한 점심 모임에서 한 법학 교수의 옆자리에 앉게 되었는데, 이때 다시 그 중국인 교수의 질문이 떠올랐다. 서로 소개를 한 후, 이 법학 교수는 중국의 농촌 출신 이주노동자에 대한 나의 민족지 연구 프로젝트에 관심을 보였다. 그녀는 표현의 자유와 반체제 인사에 대한 반인권적 처우 등의 널리 알려진 문제를 제외하고는 중국에 대한 지식이 거의 없는 호주 출신의 법학 전문가였지만, 농촌 출신 이주민의 도시에서의 거주 지위, 노동조건, 전반적인 복지 상황에 대해 예리한 질문을 던졌다. 나는 간단히 대답하려고 했지만, 이내 유쾌한 사교적 대화가 오가는 소란스러운 자리에서 호구 제도가 무엇인지, '농민공'이라는 신조어가 어떻게 기능하는지, '소양(素質)'이 무엇을 의미하는지, 농촌 출신 이주민 '다공'의 일상이 어떤지를 설명하고 있는 나를 발견했다. 중국 농촌 출신 이주노동자들의 고단한 삶에 감동한 그녀는 다소 농담 섞인 말투로 "전혀 몰랐어요! 당신은 왜 그들이 혁명을 일으키지 않는지 궁금하겠어요!"라고 말했다. 그녀는 나중에 생각난 듯 자조적으로 "그리고 저는 (식사의) 두 번째 코스가 무엇인지 궁금해요!"라고 덧붙였다.

억압이 반란을 낳는다는 마오쩌둥의 혁명 논리를 따른다면, 중국과 호주 출신의 두 학자가 보여준 혁명의 가능성에 대한 자동적인 반응은 그리 터무니없는 일만은 아니다. 어쨌든 광범위하고 고착화한 경제적 착취, 사회적 불의, 체계적 주변화의 결합이 혁명의 가장 강력한 동력이며, 중국은 이를 입증할 길고도 극적인 혁명 역사를 갖고 있다.

그러나 많은 사람에게, 특히 중국에서는 이러한 반응이 자극적이거나 공상적인 선정주의에 불과할 수 있다. 이 책에서 탐구한 문제들을 차분히 살펴보면, 폭력적인 권력 장악 형태이든 평화적이지만 근본적인 정치사회 시스템의 변화이든 혁명은 거의 불가능해 보인다. 앞서 살펴보았듯이 혁명의 전제조건이자 혁명 과정 자체의 일부인 혁명을 이야기할 수 있는 장치가 마오쩌둥 이후 중국에서 점차 해체되거나 거의 작동하지 않게 되었기 때문이다. 따라서 노동의 가치, 불평등의 원인, 역사를 만드는 노동자와 농민의 역할 등 혁명과 계급 투쟁에 대한 사회주의적 서사에서 '상식'으로 여겨졌던 관점들은 이제 거의 상상할 수 없게 되었다. 그 결과, 사회주의적 유토피아 비전에서 가장 정당한 정치적 주체였던 '대중'(노동자와 농민)은 근본적으로 변형되어야 했으며, 점점 더 신자유주의적 질서에 계속 봉사할 수 있도록 다시 한번 재상상되어야 했다. 이러한 재상상의 하나로 여전히 풀리지 않는 다양한 질문들에 대한 낡은 사회주의 시대의 응답을 대체할 새로운 해답이 발명되어야 했다. 즉 우리 사회에서 소득 격차는 어떻게 그리고 왜 존재하는가? 노동자는 어떻게 대우받아야 하는가? 노동자와 경영진 간의 관계는 어떻게 협상하고 관리되어야 하는가? 그리고 노동의 의미는 무엇인가?

이 책에서 제시되고 논의된 연구 결과는 중국 서발턴의 전망에 대한 단순하면서도 대중적인 견해를 바로잡는 데 어느 정도 도움이 될 것이다. 이러한 견해들은 주류 미디어와 문화 기관에 의한 지배와 통제라는 운명을 부여하고, 소수의 주변화된 장소에서의 저항 공간만 허용한다. 이처럼 편향적인 관점에서는 노동계급에 대한 하향식 또는 외부에서 부과된 헤게모니적 재현 시스템과 노동자들 자신으로부터 유기적으로 발생하는 자발적이고 자연적인 자기-재현 시스템 간의 기본적인 구별이 내포되어 있다. 이러한 구별은 흔히 다양한 방식으로 펼쳐진다. 예컨대 일부 사람들은 노동자들이 아직 자체적인 문화 기구가 없고, 그러한 자율성을 개발하기 위한 토대를 마련할 공식적으로 승인된 독립적인 담론 공간이 결핍되어 있기에, 이들에게 행위성과 목소리를 실행하도록 허용될 가능성은 없다고 생각한다. 한편 어떤 사람들은 진정한 서발턴적 관점은 외부의 사회경제적 힘에 의한 전유나 결탁 없이 노동자들의 자기-재현을 통해서만 나올 수 있으며, 이러한 서발턴적 관점에 의해 창조된 공간에서만 참된 서발턴 의식이 형성될 수 있다고 믿는다. 이러한 견해에는 산발적인 파업과 기타 형태의 집단행동에서 볼 수 있듯이, 착취라는 조건이 노동자의 프롤레타리아화와 정치사회적 변화에 대한 열망으로 이어진다고 가정하는 선형적이고 단계적인 계급 형성 전망을 채택하려는 유혹이 있다.

우리는 이제 이러한 입장 중 어느 것도 유지될 수 없다고 결론을 내릴 수 있다. 그렇더라도 이러한 입장은 현대 중국 정치에서 지배 체제와 서발턴 정치가 어떻게 작동하는지에 대한 부적절한 이해 때문에 지속하고 있다. 행위성에 대한 질문을 매우 중요하게 생각하는 정치학자들에게 누가 행위성을 실행하고, 누가 결정을 내리는지, 그리고 당-국가가 전체 과정을 조정하고 있는지 등의 질문에 대한 답은 필연적으로 실망스러울 수밖에 없다. 이 책은 우리에게 이러한 질문에 대한 총체적인 해답을 제공하지는 않으며, 다만 이러한 문제는 모두 특정 순간과 장소에서 국가와 시장의 관계가 어떻게 전개되는지에 달려 있음을 보여준다. 그리고 자오위에즈(趙月枝)의 말처럼 "세계화 시대의 국가 및 시장 권력의 특정한 배열과 중국 시민 사이의 상호 구성"에 달려 있다(Zhao, 2008: 3-4).

이 책은 대중적인 믿음과는 달리 당-국가와 상업적 주류로 구성된 지배 체제는 주변부에서의 투쟁과 경합하며, 이에 대응하여 끊임없이 자신을 방어해야 함을 보여주었다. 즉 지배 체제는 정치적 정당성과 사회적 안정을 유지하기 위해 인정의 문화정치에 대한 새로운 접근 방식과 서발턴적 존재를 관리하기 위한 다양한 전략을 계속해서 실험해왔다. 중국의 지배 체제는 전면적인 사상 통제나 노골적인 대중 설득을 행사하려는 열망을 포기한 지 오래지만, 계속 진행 중인 경합에도 불구하고 전반적인 지배 지위는 위협받기보다는 오히려 안정된 것처럼 보인다. 이 체제는 비록 그 형태와 형식은 끊임없이 진화하고 있지만, 여전히 통치하고 있다. 따라서 '주선율'을 생산하는 기계가 여전히 존속하고 헤게모니를 유지하고 있지만, 이는 그것이 단일한 정도로 여겨진다거나 교활함 혹은 교묘한 설득을 통해 침투력을 발휘하기 때문이 아니다. 오히려 저널리즘에서의 뉴스와 시사, 영화 장르의 도시 코미디 등 미디어와 문화적 형식이 끊임없는 자기-재발명(self-reinvention)과 탈정치화를 가능하게 하기 때문이다. 국가의 헤게모니적 권력을 지탱하는 것은 더는 강압에 대한 의지가 아니라, 여러 이질적인 영역에 놓여 있다. 즉 대중문화의 자원을 집결하는 기술의 심화, 탄력성, '문제'를 흡수·억제·중화하고 현실 인식과 갈등 해결을 위한 '상식적인' 방식을 만들어내는 능력, 새롭고 바람직한 주체적 위치를 제시하는 지략 등이다. 상황에 대한 정치적 논리와 안정유지의 필요성에 기반한 명령에 따라 사회적 조화, 국민적 통합, 모두를 위한 번영이라는 선율은 다양한 변주를 거쳐왔다. 그러나 이러한 변주들 사이의 관계를 특징짓는 것은 새로운 선율로의 대체나 선형적 전환이 아니라 진동, 치환, 적응의 패턴으로 나타난다.

나의 연구 프로젝트가 마무리될 즈음에 시진핑과 리커창이 이끄는 새로운 지도부가 출범한 중국공산당 제18차 전국대표대회도 막을 내렸다. 장쩌민의 '3개 대표' 이론과[*] '조화로운 사회' 건설이라는 후진타오-원자바오의 주문에 더해 이제 새로운 지도부는 '번영하는 중국과 지구상에서 가장 위대한 문명의 부흥'이라는 '중국몽(中國夢)'의 비전을 제시했다. 퇴임을 맞은 후진타오 주석은 당 대회 업무보고에서 지난 10년간의 성과를 개괄하고 아직 해결해야 할 기존의 문제를 확인하면서 사회적 갈등이 증가하고 있으며 농촌과 도시, 내륙과 해안 간의 소득 격차가 심각하다고 지적했다. 그리고 '호구 제도'의 개혁이 다시 또 달성해야 할 목표 목록에 올랐다. 오랫동안 호구 제도의 개혁에 관한 논의가 있었지만, 명확한 시기와 이로 인해 어떤 결과가 발생할 것인지에 대해서는 아직 명시적인 언급이 없었다. 2012년 국무원에서 8개 성을 대상으로 설문조사를 실행한 결과, 호구 제도 개혁에 대해 전반적으로 열의가 없는 것으로 나타났는데, 조사 대상자 대부분이 농촌 출신 이주민들

---

[*] 이에 대해서는 63쪽의 역주 참조.

에게 도시 호구를 부여하는 데 따른 지출과 비용 증가를 가장 큰 이유로 언급했다(Jia, 2013). 시진핑-리커창 지도부는 '민생 개선'이라는 개념에 새로운 수사학적 초점을 맞추는 동시에 경제적 발전과 사회적 안정유지에 대한 당의 의지를 새롭게 했으며, '공식적 진실'이 사회주의의 핵심 가치를 복구, 개선, 복원하기 위해 계속 적극적으로 작동해야 한다는 신호를 보냈다. 그러나 모든 국민이 대체로 편안하고 풍족한 생활을 누리는 '샤오캉 사회(小康社會)'를 위한 노력이 후진타오 주석의 보고서에서도 끊임없이 반복됨에도, 이러한 집단적 노력에서 농촌 출신 이주민들의 기여에 대한 인정은 저렴한 노동력으로서의 경제적 가치에 대한 승인 이상으로는 거의 확장되지 않았다. 당의 어떠한 수사학에서도 이 주변화된 사회 집단에 부과된 구조적이고 체계적인 불이익에 대한 명시적인 인정은 여전히 부재하다. 심지어 호주 정부가 원주민에게 사과했던 방식으로 농촌 출신 이주민들이 경험한 불의에 대해 사과할 가능성은 더욱 희박하다.

    이 책은 또한 중국에서 서발턴 정치가 직면한 제약과 곤경에 대한 세밀한 이해의 결핍을 해결하는 데 어느 정도 진전을 이루었다. 서발턴 의식의 형성은 울퉁불퉁하고, 부분적이며, 국지적이고, 불균등한 과정으로 나타나며, 농촌 출신 이주민 공동체 전체에 걸쳐 존재하는 것으로 가정할 수 없다. 이 연구에서 밝혀진 것은 통일되고 잘 조율된 사회적 운동이 아니라, 파편화되고 산발적인 서발턴 정치의 흔적이다. 이제 우리는 서발터니티의 스펙트럼과 서발턴 의식의 점진성에 관해 이야기하는 일이 가능하다고 결론 내릴 수 있다. 농민공 집단의 대다수는 다양한 정도로 사회경제적 불의, 물질적 박탈, 도시 거주민으로부터의 차별적 대우를 경험한다. 이러한 경험이 일부 개인을 정치화할 수는 있지만, 반드시 다른 사람들의 정치 참여로 이어지는 것은 아니다. 일부 농민공, 특히 가사 서비스나 소규모 사업체에서 일하는 교육 수준이 낮은 중년 이상의 여성들은 도시에 있는 것이 시골 마을에 있는 것보다 훨씬 낫다고 생각하며 자신의 상황에 상당히 만족하고 있다. 이들은 도시에서 최대한 많은 돈을 벌어서 다시는 일할 필요 없이, 고향 마을로 돌아가는 것을 목표로 삼는다. 그리고 다른 사람들은 자신의 처지에 만족하지는 않지만 가난하고, 시골에 살며, 교육을 받지 못했거나 완전히 '불행한' 존재라는 자신의 운명에 어떻게든 체념한다. 또 다른 사람들은 자신의 종속적인 지위에 불만을 품고 고용주, 도시 주민, 정부로부터의 부당한 대우에 대해 목소리를 높이며, 더 나은 삶을 위해 무엇을 할 수 있을지 적극적으로 고민하고 있다.

스피박의 주장처럼 서발턴을 계급적 이동성의 결핍이라는 측면에서 정의한다면, 중국 도시의 농촌 출신 이주민 대부분은 이러한 정의에 부합한다(Spivak, 2010: 228). 그러나 역설적이게도 중국의 서발턴들 사이에 널리 퍼져 있는 것은 반란에 대한 열망이 아니라, 비록 아무리 미약할지라도 희망에 대한 감각이다. 이러한 희망은 자기 자신과 좀 더 일반적으로는 자녀들의 더 나은 미래에 대한 희망을 포함하여 무수히 많은 형태를 취한다. 여기서 희망은 양날의 검으로 작동한다. 많은 사람이 언젠가는 도시에 정착할 방법을 찾기를 바라며, 열심히 일하면 자녀들에게 미래를 위한 더 나은 기회가 주어질 것이라고 희망한다. 그러나 농촌 출신 이주민들의 이러한 희망은 국가와 시장 모두에게 중요한 도덕적 자원이기도 하며, 노동력을 고취하기 위한 당의 요구에도 깔끔하게 부합한다. 이처럼 농촌 출신 이주민들에게 삶의 개선에 대한 강력하고 내면화된 낙관주의를 주입함으로써, 이들이 중국의 경제적 성공을 창출하고 유지하는 데 필수적인(비록 하찮은 일이라도) 역할을 계속 수행하도록

하는 것이 바로 신자유주의적 프로젝트의 본질적 측면이다. 따라서 이러한 고도로 개인화된 형태의 희망은 집합적인 서발턴 목소리와 정체성의 형성을 억제하고, 동원과 의식화를 목표로 하는 활동가 및 지원 단체의 노력에 방해가 될 수도 있다. 하지만 이와 동시에 이러한 희망 외에는 아무런 동기가 없는 농촌 출신 이주민들의 도시에서의 생존에 대한 집념과 결의가 장기적으로 심대한 사회변화를 초래할 잠재력이 있음을 완전히 배제할 수 없다. 결국, 중국의 혁명 역사가 말해주듯이 더 나은 미래에 대한 희망은 노동자와 농민의 계급 의식 형성에서 강력한 동기를 부여하는 전조(前兆) 역할을 한다.

이에 비해 가장 높은 수준의 서발턴 의식을 실천한 사람들은 NGO 소속 노동 활동가들이다. 이들의 대행적(vicarious) 형태의 서발터니티는 노동계급의 사회경제적 종속성에 대한 높은 수준의 자각을 보여주며, 노동자 집단을 대신하여 권력에 맞서 다양한 종류의 주장을 제기하고 행동하려는 강한 의지를 특징으로 하는 이상적인 서발턴적 주체로서의 입장을 분명하게 드러낸다. 그러나 이러한 이상적인 서발턴적 주체의 입장과 농촌 출신 이주민 노동자들의 집단으로서의 실제 서발턴 경험 사이에는 논리적인 불일치가 존재한다. 이상적인 서발턴적 주체에 대한 노동자들의 반응은 무반응과 비참여에서부터 의욕과 투쟁심 고취에 이르기까지 다양하며, 노동자들 대다수는 주저하고 확신은 없지만 특정한 지역적인 원인에 대해 잠재적으로 동원 가능한 회색 지대에 존재한다. 더욱이 감정, 지식, 경험 등 모든 것이 상품으로 전환될 수 있는 시대에 서발터니티는 소중한 자원이 되었다. 독특한 문학적 상품을 만들 수 있는 재료로서 서발터니티는 상징적 영역에서 잉여 가치를 생산할 수 있으며 학자, 지식인, 문화 중개인들이 활발하게 추구하는 문화 경제적 교류에서 거래될 수 있다. 이들은 모두 이러한 문학적 상품의 참신성, 진정성, '제품 차별화'의 가능성을 통해 이익을 얻는다.

서발턴 정치는 지배적인 문화 및 정치세력에 독립적이기보다는 적어도 부분적으로는 이에 대응하여 존재하며, 결과적으로 주류 문화에 지울 수 없는 영향력을 형성한다. 활동가들은 자신들을 무력화하는 상황에 의해 제한을 받는다. 그리고 사회적 행동을 위한 서발턴의 추동력은 개별 활동가들의 사회적 신분 이동과 문화적 자본에 대한 꿈과 열망, 당-국가와의 관계에서 구별화된 위치, 대리인 및 중개인과의 연결을 위한 내부적으로 다양한 전략에 의해 더욱 감소한다. 이 책에서 분석한 소셜미디어와 디지털 기술을 통한 자기역량 강화의 모든 사례는 농촌 출신 이주민의 온라인 및 디지털 세계로의 흡수가 이들의 정치적 참여의 전망을 강화하기보다는 오히려 훼손한다는 것을 암시하는 수많은 상반된 증거들을 보여준다. 마찬가지로 노동 NGO와 풀뿌리 활동가들이 웨이보(微博, 마이크로 블로그 사이트)와 휴대전화 및 기타 디지털 플랫폼을 통해 서발턴 의식을 성공적으로 동원한 사례들도 많지만, 이들이 기득권과 타협하거나 심지어 포섭된 사례도 수없이 많다.

한편 노동자 행동주의, 노동 NGO의 역할, '스몰 미디어(small media)' 실천에 대한 일부 설명은 노동자 계급 정치의 부상 가능성과 '노동자-지도자' 및 '노동자-지식인'이 맡아온 '프롤레타리아 선봉대' 역할의 중심성을 지적한다. 디지털 비디오 다큐멘터리와 휴대전화 카메라를 통한 시각적 미디어 행동주의는 제작 및 유통 규모와 제한된 인력 자원으로 인해 '소규모'라는 특징을 갖는다. 그러나 완전히 성숙하고 공식적으로 합법화된 노동계급의 문화 기구와 실천이 아직 잘 보이지 않기에, 이러한 '스몰 미디어' 행동주의의 중요성을 쉽게 무시할 수 없다. 그렇더라도 이 책에서 진행한 스몰 미디어에 관한 나의 논의는 노동자들의 사회적·정치적 조건에 미치는 즉각적인 영향에 대한 냉정한 평가라고 할 수 있다. 1979년 이란 혁명의 맥락에서 '스몰 미디어'가 '큰 혁명'에 기여할 수 있는 역량을 가지고 있다는 모하마디 등의 발견과는 달리(Sreberny-Mohammadi, Annabelle, and Ali Mohammadi, 1994), 이 책의 독자들은 중국에서 필연적이거나 극적인 사회변화가 발생할 것이라는 낙관론에 주의해야 한다. 다윗 대 골리앗이라는 시나리오에서 중국 노동자 공동체의 문화적 지도자들은 수많은 타협, 협상, 공모가 뒤얽힌 힘겨운 전투를 수행하고 있다.

마지막으로 나의 연구는 서발턴 정치가 도시 공간에서 몸으로 시위를 벌이고, 농촌 출신 이주민을 포섭하려는 주류 미디어의 헛되고 어설픈 시도를 비웃으며, 일상생활과 열악한 노동조건을 담은 디지털 이미지를 휴대폰을 통해 동료들에게 일상적으로 유통하고, 권력에 대항하는 미디어 텍스트를 제작하려는 의식적인 노력을 하는 등 다양한 플랫폼에서 작동한다는 사실을 보여주었다. 이러한 플랫폼은 공장의 조립라인과 건설 현장의 영역 외부에 존재하지만, 파업, 임금 인상 요구, 노동조건에 대한 경영진과의 단체교섭 및 협상 등 노동관계 이슈의 성격 변화와 본질적으로 연결되어 있다.

그러나 아마도 가장 중요한 사실은 이러한 플랫폼의 분산적이고 확산적인 특성이 중국의 서발턴 정치가 높은 수준의 대규모 동원을 위한 역량 부족으로 인해 어려움을 겪는 이유를 설명할 수도 있다는 것이다. 혁명 시대의 국가가 공인한 서발턴 정치와 달리, 오늘날 중국의 서발턴 정치는 집합적으로 동원된 운동이라기보다는 미디어와 문화적 행동주의의 고립되고 모듈화된 사례로 존재한다. 이에 대해 독특한 '동원의 문법'을 가리키는 특정 관용어와 새로운 용어로 정체성을 부여할 수는 있지만, 전반적으로 이들은 대체로 임시방편적이고 즉흥적이며, 조직적으로나 도덕적으로 일관되고 효과적인 높은 수준의 지도력이 부재하다는 특징이 있다. 이러한 활동가주의적 진취성으로부터 출현한 것은 집합적인 프롤레타리아 주체가 아니다. 여기에는 체제를 전복하고 '번신'(翻身, 이 책 2장 참조)을 완성하여 '국가의 주인'이라는 혁명 시대의 지위를 되찾겠다는 명료하고 통일된 목표가 존재하지 않는다.

이러한 동원 능력 결핍의 한 가지 이유는 단순한 접근성 문제 때문이다. 역사상 유례가 없는 기술의 가용성과 편의성에도 불구하고, 광범위한 배급 및 유통 채널에 대한 적절한 접근성이 없으면 서발턴적 관점은 대중에게 다가갈 수 없고, 따라서 대부분 효과적이고 널리 공감되는 발화행위로 발전하지 못한다. 또 다른 이유는 중국 노동자들의 역사 속 위치를 재배치하고, 집단행동에 참여하도록 동원하며, 미래에 대한 정치적 운명을 재상상할 수 있는 미래지향적인(visionary) 언어가 부족하기 때문이다. 물론 노동자들의 시, 문학, 다양한 디지털 기반 시각 자료들은 뚜렷한 서발턴적 관점을 지닌 수많은 저항, 증언, 자기-민족지 형태의 서사적 전의(轉意, trope)를 낳았으며, 이는 NGO 소속 활동가와 조력자들이 '담론적으로 말하기'에서 일정 수준의 성공을 거두었다는 반박할 수 없는 증거이다. 그러나 본 연구를 통해 우리는 이러한 서사적 전의는 현재 크게 변화된 이념적 경관 속에서 작동하기 때문에 그 효과가 제한적이라는 사실도 알게 되었다. 사회주의 시대의 동원은 새로운 존엄의 정치, 즉 새로운 중국을 건설하기 위해 일하는 노동자들에게 '국가의 주인'이라는 존엄성을 부여함으로써 효과적으로 선전했다. 이러한 노동계급에 대한 인정의 정치는 노동자들을 산업화의 숭고한 목적과 동일시하도록 고취함으로써, 산업 소외와 당-국가에 의

한 노동력 착취의 문제를 교묘하게 회피하여 사회주의적 대의에 대한 막대한 에너지와 헌신을 창출했다(Cai X, 2010). 이와는 달리 오늘날의 노동자 활동가들은 혁명적 수사의 도덕적 힘에 자유롭게 호소할 수 있지만, 더는 당-국가의 구조적이고 정치적인 지원을 받지 못한다. 이러한 대조는 매우 극명하게 나타난다. 여전히 전체 인구의 대다수를 차지하는 오늘날의 농촌 출신 이주민은 이제 다양한 인정의 정치의 대상, 즉 다양한 종류의 호의에 기반한 인정을 부여받아야 하는 집단이 되었다. 따라서 서발턴 정치에 참여하는 사람들은 사회주의 시대의 전례에서처럼 도덕적 지도력을 주장하기보다는 자신의 존재를 알리고, 자신의 이익과 권리가 존중받을 수 있도록 싸우는 '인정을 위한 투쟁'의 자세를 취해야 한다.

재현의 문화정치에 대한 분석은 중국 당-국가와 그 문화 기관의 존재를 고려하지 않고서는 서발턴 정치에 관해 이야기하는 것이 불가능함을 시사한다. 국가는 농촌 출신 이주민의 자기-재현을 위한 시도와 관련하여 자비로운 후원과 유용한 지원에서부터 정의로운 개입에 이르기까지 다양한 역할을 한다. 이와 마찬가지로 시와 소설을 통한 노동자들의 자기-재현의 노력은 문화적 중개, 협력, 전략적 동맹을 목표로 하는 기성 문학 및 문화적 기관들의 진취성과 함께 진행된다. 서발턴적 표현들에 대한 미디어 보도 범위, 학술적 해석, 비판적 평가 등의 형태로 진행되고 있는 서발턴 목소리에 대한 지속적인 논쟁이 이러한 복잡한 시나리오의 증거이다.

이 책은 21세기 중국 농민공들의 문화적 실천에 초점을 맞춤으로써, (비록 체계적으로 수행하지는 않았지만) 이러한 실천이 혁명적 과거로부터 어떠한 역사적 연속성과 단절을 만들어냈는지를 파악하고자 시도했다. 이를 통해 사회적 변화를 문화로서, 그리고 문화를 통해 이해하려는 마르크스주의적 역사 유물론의 유산을 갱신하고 혁신하려는 지역적 노력을 보여주었다. 문화적 과정과 계급 형성 사이의 관계를 완전하게 이해하기 위해서는(Williams, 1958; 1961; 1973; [1974] 2003; 1977; 1983), 문학과 미디어가 어떻게 계급 관계를 구성하는지에 초점을 맞추는 것만으로는 더는 충분하지 않다. 이제 우리는 중국 노동자들이 점점 더 디지털화, 미디어화, 탈영토화, 하이퍼텍스트화, 네트워크화, 순간화된 상징적 공간에서 어떻게 시각적으로 매개된 정체성으로 존재하는지를 질문해야 한다.

이러한 방식으로 구성된 이 책은 세 가지 중요한 개입을 시도했다. 첫 번째는 전반적으로 나의 연구는 중국의 사회변화를 이해하기 위한 목적의 학문에 문화적 전환을 촉구했다. 나는 사회적 변화에 대한 설명에서 문화가 경제와 정치를 대체한다고 주장하지 않는다. 그리고 어떠한 사회적 또는 경제적 변화에는 반드시 문화적 원인과 결과가 존재한다는 것을 입증하려는 의도도 없다. 그 대신 나는 문화가 사회적 과정과 사회적 변화 그 자체의 구성적 측면이며, 이러한 과정에 독립적이거나 부수적인 것이 아니라는 점을 설명하고자 했다. 이를 통해 나는 문화 이론가들과 마찬가지로 규범, 관습, 서사 구조, 의미화 실천들이 의미를 만들어내고 이데올로기적 입장을 각인하며, 따라서 물질적(사회적, 경제적) 영역의 사건 및 과정과 관련하여 "자체적 기준의 결정성을 갖는" 것으로 연구되어야 한다고 주장한다(Rosalind Coward; Wolff, 1997: 170-171에서 인용).

두 번째 개입은 노동 연구 분야와 관련이 있지만, 첫 번째 개입을 기반으로 한다. 미디어와 문화적 산물이 문화의 '물질성'을 구성한다는 문화 이론가들의 주장에 다시 한번 공감하며(Wolff, 1997: 170), 이러한 맥락에서 방금 논의한 의미의 구성에 대한 나의 분석은 노동 정치가 건설 현장과 공장의 조립라인에서와 마찬가지로 뉴스, 다큐멘터리, 소설을 생산하고 소비하는 담론적 전장에서도 형성된다는 것을 보여주었다. 이러한 개입은 노동관계와 노동계급의 정체성 형성에 관한 연구가 그 어느 때보다 기술의 매개 능력을 고려해야 하는 21세기 전반기에 더욱 절실하다. 서사적 기호 체계나 관습과 함께 기술은 "특정 이데올로기 프로젝트를 대변하도록 만들어진다는 부담, 위신, 논란을 짊어지기 위해" 배치되기도 한다(Ginsburg, Abu-Lughod, and Larkin, 2002: 20). 노동계급 문화에 있어 역사가들이 관심을 가져온 문해력과 정치적 의식 사이의 관계에 대한 오래된 질문은 그 어느 때보다 시의성이 높아졌으며, 디지털-정치적 리터러시가 발전하는 구체적인 상황에 주목하는 것이 필수가 되었다.

셋째, 농촌 출신 이주노동자를 젠더, 계급, 장소, 국가의 교차점에 존재하는 서발턴 주체로 배열함으로써, 이 책은 중국의 박탈당한 사회적 집단이 권력 엘리트에 대한 경제적일 뿐만 아니라 정치, 사회, 문화적인 종속을 협상하는 과정을 설명하는 새로운 비판적 언어를 포착하고자 했다. 이는 나의 연구 프로젝트는 무엇보다 목소리와 가시성의 문화정치에 관한 것이기 때문이다. 이러한 협상 과정을 설명함으로써 이 연구는 인도에서 중국으로의 서발턴 연구 여정을 촉진하고자 시도했지만, 채터지가 구상한 것처럼 "민족지, 현실, 일상, 지역"을 특권화하는 새로운 방향으로의 서발턴 연구를 수행하기도 했다(Chatterjee, 2012: 49).

스피박의 정의에 따르면 서발터니티는 사회적 이동성을 부정당하고, 자신들의 불만이 인정되고 인식될 수 있게 하는 구조와 제도에 대한 접근이 거부당하는 존재에 관한 것이다(Spivak, 2010: 228). 이를 기준으로 보면 중국 농민공의 대다수가 서발턴이라는 사실을 알 수 있다. 그러나 식민지 인도의 폭력적이고 반체제적인 반란군과 달리 마오쩌둥 이후 중국의 대다수 서발턴은 시각적으로 매개되고 디지털로 연결되어 있으며, 정치적 불만이 현저히 적다. 일상생활에서 새로운 미디어와 정보 기술의 사용이 증가하고 시각적 생산이 민주화되면서 농촌 출신 이주민들은 자신들의 서발터니티를 구성하는 제도에 반박할 수 있는 더 많은 역량과 기회를 얻었지만, 이러한 기술이 자동으로 효과적인 동원으로 이어지지는 않았다. 오히려 정치적 의식을 완화하고 소멸시키며 방해하는 효과가 있는 것처럼 보인다.

여기에 제시된 증거는 또한 노동자, 활동가, 프롤레타리아 전위대가 문화적 자원을 적절히 전유하고 최신 기술을 활용하는 다양한 수준의 역량과 효능에 주목한다. 이 책에 등장하는 이주민 노동자들은 '정보 소외'의 회색 지대에 거주하며(Cartier, Castells, and Qiu, 2005), 디지털-정치적 리터러시 수준이 매우 이질적이다. 일부 노동자 활동가들은 미디어 논리를 활용할 필요성에 대한 인식이 높아졌다. 이들은 개인으로서 또는 집단을 대표하여 정의를 위한 투쟁에서 목소리와 가시성을 확보하기 위해 미디어화 과정에 적극적으로 참여한다. 이에 관한 생생한 사례로는 노동자들이 임금 체불 분쟁을 해결하기 위해 건설 현장의 높은 건물에서 뛰어내리겠다고 위협하거나, 지방 정부 청사 앞에서 소란을 피우고, 자해나 자살과 관련된 스펙터클한 장면을 연출하는 등의 끊임없이 반복되는 미디어 기사들에서 잘 나타난다. 그렇지만 이러한 사건은 사적 소비를 위해 디지털 시각 이미지를 만드는 일상적인 실천에 참여하는 이주민 노동자들과 비교하면 훨씬 적은 비중을 차지한다. 일반적으로 미디어화 과정에서 노동자들의 역할은 적극적인 선동에서부터 마지못한 참여에 이르기까지 다양하다. 이주민 노동자들은 스펙터클을 선호하는 미디어의 논리를 활용할 수 있는 능력을 증명했지만, 역설적으로 자신들에게 부과된 미디어화 과정에서 벗어날 수 없는 경우가 많다.

이와 마찬가지로 분명한 것은 미디어와 문화적 실천이 현대 중국에서 서발턴적 정체성의 구축에 필수적인 측면이라는 사실이다. 농촌 출신 이주민들은 '문화가 없는(沒文化)' 또는 '소양이 없는(沒素質)' 사람으로 불리는 것이 성별이나 인종에 기반한 그 어떤 비방보다 더 모욕적이고 불쾌한 일임을 누구보다 잘 알고 있다. 서발턴으로 취급된다는 것은 명백한 사회경제적 박탈과 함께 문화적 자본이 없는 사람으로 취급받는다는 의미이기도 하다. 서발턴 정치가 효과를 발휘하려면 자신만의 독특한 미디어 및 문화적 형식과 실천을 갖춰야 한다. 오늘날 농촌 출신 이주민의 미디어와 문화적, 기술적 실천은 이전 세대와 달리 서발턴 정치의 외부에 있거나 선행하지 않는다. 이 책에서는 서발턴적 주체성이 미디어와 문화적 표현의 생산 및 소비와 독립적으로 존재하지 않음을 보여주었다. 오히려 각 개인은 이러한 문화적 표현의 형식과 내용을 생산, 평가, 내면화, 전유, 저항하는 과정에서 아마도 유동적이고 불안정할지라도 특정한 주체적 위치를 차지하는 것으로 나타난다.

레이먼드 윌리엄스는 『기나긴 혁명』(1961)의 서문에서 과거 시대의 민주주의 혁명과 산업혁명에 이은 세 번째 종류의 혁명으로 '문화혁명'을 언급한다. 윌리엄스는 문화혁명이 특히 "장기적인 혁명"이고 "모든 혁명 가운데 가장 해석하기 어려운 혁명"이라고 말한다. 그리고 "우리가 민주주의 혁명, 산업혁명, 문화혁명을 별개의 과정으로 생각한다면, 우리와 관련된 변화의 과정을 이해할 수 없을 것"이라고 주장한다(Williams, 1961: 12). 나는 윌리엄스의 이 말이 반세기 전에 그가 썼을 때와 마찬가지로 오늘날의 중국에서도 똑같이 진실이라고 확신하며, 이 책을 위한 연구를 수행했다. 여기에 요약된 연구 결과에 따르면 많은 도시 중산층 중국인들이 품고 있는 정치적 혁명에 대한 두려움이 적어도 가까운 미래에 실현될 가능성은 적지만, 문화 영역에서의 혁명은 그 과정이 길고 구불구불할 수 있으며, 초기 궤적이 예측 불가능하고 불분명할지라도 이미 실제로 시작되었다. 우리의 과제는 아무리 어렵더라도 그 과정을 해석하기 위해 끊임없이 탐구하는 것이다. 마오쩌둥 주석이 중국 혁명에 대해 했던 유명한 말처럼, "앞날은 밝지만, 그 길은 구불구불할 것(前途是光明的, 道路是曲折的)"이다.

부록

이주민 노동자의 미디어 및 문화 소비에 관한 설문지*

칭화대학교 저널리즘 및 커뮤니케이션학부는 북경에 있는 농민공들의 미디어와 문화 소비 습관을 깊이 있게 이해하기 위해 이 설문 조사를 수행하고자 합니다. 귀하의 솔직한 의견을 들을 수 있기를 바랍니다. 귀하가 제공한 모든 개인 정보는 엄격하게 기밀로 유지되며, 어떤 경우에도 공개되지 않습니다. 감사합니다.

면접관 이름: 면접 날짜:

면접 장소: 면접 대상자 이름:

설문 대상자 선별 질문 사항

---

* 설문지의 원본은 이 책의 저자가 직접 설계하고 중국어로 작성했다. 칭화대학교 저널리즘 및 커뮤니케이션학부에서 이를 실행하기 위해 도움을 주었으며, 필요한 경우 자신들의 자료 수집 요건을 충족하기 위해 수정했다. 이 설문지의 영어 번역은 존 알렉산더(John Alexander)가 했다.
[역주] 이 책에서는 중문본과 영문본을 함께 참조하여 번역했으며, 하나로 통합하여 수록했다.

S1. 베이징에 거주한 지 얼마나 되었나요? (하나만 선택)
1. 10년 이상   2. 7-10년   3. 4-6년   4. 1-3년   5. 6-12개월
6. 3-6개월   7. 3개월 미만(여기서 설문조사 종료)*

1부: 농민공의 미디어 수용

QA1. 평소에 어떤 유형의 미디어를 가장 많이 접하나요? (하나만 선택)
1. 신문   2. 잡지   3. 도서   4. 웹사이트   5. 라디오   6. 텔레비전
7. 모바일 뉴스   8. 모바일 웹사이트
9. 미디어와 거의 접촉하지 않으며, 퇴근 후에는 그냥 쉰다(QC1 질문으로 이동).
10. 기타(상세설명:)
* 만약 1-8번을 선택하신 경우, 해당 신문, 잡지, 도서, 웹사이트, 라디오 방송국, 텔레비전 채널, 모바일 뉴스, 모바일 웹사이트의 이름을 적어주시기 바랍니다.
(   )

QA2. 이러한 유형의 미디어를 접할 때마다 보통 얼마나 많은 시간을 소비하나요? (하나만 선택)
1. 10분 이내   2. 10-30분   3. 30-60분   4. 1-2시간
5. 2시간 이상   6. 잘 모르겠음

QA3. 이러한 유형의 미디어를 매주 몇 번이나 이용하나요? (하나만 선택)

*   이 설문조사는 베이징에 최소 3개월 이상 거주한 사람들만을 대상으로 했다.

1. 거의 매일   2. 3-5회   3. 1-2회   4. 1회 미만   5. 잘 모르겠음

QA4. 이러한 유형의 미디어를 자주 이용하는 이유는 무엇인가요?
(2개 이하로 선택)
1. 정보가 풍부해서   2. 사용이 편리해서   3. 비용이 저렴해서
4. 친구나 가족의 추천으로   5. 직장에서 제공되기에
6. 기타(상세 설명:)   7. 잘 모르겠음

QA5. 이러한 유형의 미디어를 자주 이용하는 목적은 무엇인가요?
(3개 이하로 선택)
1. 업무상 필요   2. 오락/휴식   3. 권리 수호   4. 지식 습득   5. 시야 확장
6. 지인과의 연락   7. 쇼핑 할인 등 생활 정보   8. 투자   9. 시사 이해
10. 국제 동향 이해   11. 기타(상세 설명:)

QA6. 당신이 자주 이용하는 미디어에 만족하십니까? (하나만 선택)
1. 매우 만족   2. 비교적 만족   3. 보통   4. 만족하지 않음   5. 매우 불만족

2부: 농민공의 미디어 사용

QB1. 농민공에 관한 책을 읽어본 적이 있나요?
1. 예   2. 아니오

QB2. 농민공의 시를 읽어본 적이 있나요?
1. 예   2. 아니오

QB3. 농민공의 삶에 관한 글을 쓴 적이 있나요(출판 여부와 상관없이)?
1. 예　2. 아니오

QB4. 신문사나 잡지사에 글을 기고해본 적이 있나요?
1. 예　2. 아니오

QB5. 라디오 청취자 전화연결에 전화해본 적이 있나요?
1. 예　2. 아니오

QB6. 정보 상담 전화를 통해 자문을 얻은 적이 있나요?
1. 예　2. 아니오

QB7. 일기를 자주 쓰시나요?
1. 예　2. 아니오

QB8. 당신은 농민공으로 일하면서 독학으로 국가시험에 응시한 적이 있나요?
1. 예　2. 아니오

QB9. 당신은 어떤 종류이든 직업 훈련이나 교육에 참여한 적이 있나요?
1. 예　2. 아니오

QB10. 가장 좋아하는 문학 유형은 무엇인가요? (하나만 선택)
1. 판타지　2. 로맨스　3. 사랑　4. 무예　5. 고전

6. 독서를 별로 하지 않음   7. 기타(상세 설명:)

QB11. 가장 좋아하는 잡지 유형은 무엇인가요? (하나만 선택)
1. 격려와 자기계발   2. 전기   3. 유머   4. 무예   5. 생활상식   6. 감정
7. 기타(상세 설명:)   8. 잡지를 잘 읽지 않음

QB12. 다음 중 가장 즐겨 읽는 잡지는 무엇인가요? (하나만 선택)
1. 读者   2. 故事会   3. 知音   4. 青年文摘   5. 打工族
6. 기타(상세 설명:)

QB13. 보통 책과 잡지는 어떤 경로를 통해 구하시나요? (하나만 선택)
1. 새것을 구매   2. 친구에게 빌림   3. 대여   4. 중고로 구매
5. 무료 혹은 선물로 받음   6. 기타(상세 설명:)

QB14. 책을 읽는 주요 목적은 무엇입니까? (하나만 선택)
1. 정보 검색   2. 심화 학습 준비   3. 여가 및 오락   4. 정서/감정 고취
5. 격려, 자기계발   6. 기타(상세 설명:)   7. 별로 읽지 않음

QB15. 일반적으로 독서 자료에 어떻게 접근하시나요? (하나만 선택)
1. PC방   2. 휴대폰   3. 책/잡지   4. 공공 게시판   5. 무료 유인물
6. 기타(상세 설명:)   7. 별로 읽지 않음

QB16. 어디에서 주로 독서를 하나요? (하나만 선택)
1. 집   2. 기숙사   3. 직장(휴식 시간)   4. 도서관   5. 서점
6. 기타(상세 설명:)

QB17. 도시에서 사람들과 교제하는 방법을 배울 때, 다음 중 무엇으로부터 가장 유용한 조언을 얻나요? (하나만 선택)
1. 도시의 동료 및 친구   2. 영감을 주는 개인 전기   3. 사교 방면에 관한 책
4. 고향에 있는 친구 및 친척   5. 잡지에 실린 명언   6. 기타(상세 설명:)

QB18. 자신의 이익을 보호하기 위해 유용한 법률 지식을 배우는 가장 좋은 방법은 무엇이라고 생각하시나요? (하나만 선택)
1. 친구/동료와 경험 공유   2. 뉴스 기사를 통해 배우기   3. 법률 관련 자료 검토
4. 변호사 또는 무료 법률 서비스 찾기   5. 모르겠다
6. 기타(상세 설명:)

QB19. 도시에서 일하는 농민공에게 가장 중요한 정보 분야는 무엇인가요? (하나만 선택)
1. 취업   2. 주택   3. 노동 관련 법률   4. 보건/의료   5. 교육(본인 및 자녀)
6. 기타(상세 설명:)

QB20. 농민공에게 가장 시급한 뉴스 주제는 무엇이라고 생각하십니까? (하나만 선택)
1. 임금 체불   2. 교육   3. 고용   4. 건강보험   5. 직업훈련   6. 주거
7. 기타(상세 설명:)

QB21. 농민공의 임금 협상과 관련된 언론 보도를 어떻게 평가하십니까? (하나만 선택)
1. 매우 도움이 됨   2. 약간 도움이 됨   3. 도움이 되지 않음   4. 역효과가 있음
5. 기타(상세 설명:)

QB22. 어떤 유형의 뉴스에 가장 관심이 있나요? (하나만 선택)

1. 국가적 사안   2. 국제뉴스   3. 지역사회 뉴스(법률 및 범죄 포함)
4. 이주노동자들의 생활과 관련된 뉴스   5. 도시와 이주 정책에 관한 뉴스
6. 기타(상세 설명:)

QB23. 다음 중 가장 신뢰할 수 있는 정보 출처는 무엇인가요? (하나만 선택)

1. TV 다큐멘터리   2. CCTV의 저녁 뉴스   3. 온라인 정보   4. 리얼리티 TV
5. 휴대폰 문자 광고   6. 기타(상세 설명:)

QB24. 다음 중 가장 신뢰할 수 없는 정보 출처는 무엇인가요? (하나만 선택)

1. TV 다큐멘터리   2. CCTV의 저녁 뉴스   3. 온라인 정보   4. 리얼리티 TV
5. 휴대폰 문자 광고   6. 기타(상세 설명:)

QB25. 다음 중 당신의 삶과 가장 밀접한 관련이 있는 TV 프로그램 유형은 무엇입니까? (하나만 선택)

1. 교육   2. 과학기술   3. 경제   4. 법률   5. 군사   6. 스포츠   7. 생활양식
8. 기타(상세 설명:)

QB26. 다음 중 가장 이해하기 쉬운 TV 프로그램 유형은 무엇인가요? (하나만 선택)

1. 국제뉴스   2. 교육/기술   3. 경제   4. 법률   5. 군사   6. 스포츠
7. 기타(상세 설명:)

QB27. 다음 중 가장 이해하기 어렵다고 생각하는 TV 프로그램 유

형은 무엇인가요? (하나만 선택)

1. 국제뉴스   2. 교육/기술   3. 경제   4. 법률   5. 군사   6. 스포츠

7. 기타(상세 설명:)

QB28. 만약 상황이 허락된다면, 당신은 누구와 함께 TV를 시청하는 것을 가장 좋아합니까? (하나만 선택)

1. 혼자   2. 가족   3. 친구   4. 직장 동료   5. 낯선 사람   6. 기타(상세 설명:)

QB29. 도시에서 일할 때 당신은 얼마나 자주 TV를 시청할 수 있나요? (하나만 선택)

1. 좋아하는 프로그램을 볼 수 없음   2. 가끔 좋아하는 프로그램을 볼 수 있음

3. 좋아하는 프로그램을 자주 시청할 수 있음

4. 매일 좋아하는 프로그램을 볼 수 있음

5. 기타(상세 설명:)

QB30. 가장 좋아하는 영화 유형은 무엇인가요? (하나만 선택)

1. 코믹, 긴장 해소   2. 이주노동자의 삶   3. 감동, 애정   4. 무예

5. 청춘, 암흑세계, 판타지   6. 기타(상세 설명:)   7. 영화를 보지 않음

QB31. 온라인에서는 주로 무엇을 하나요? (하나만 선택)

1. 컴퓨터 게임   2. QQ에서 친구들과 대화   3. 동영상 및 음악 감상

4. 정보 검색   5. 소설 읽기   6. 기타(상세 설명:)

QB32. 컴퓨터로 비디오 게임을 하는 동기는 무엇인가요? (하나만 선택)

1. 승리하여 성취감을 느끼기 위해   2. 다른 플레이어와 교류하기 위해

3. 현실 세계에서 벗어나기 위해   4. 시간을 보내고 휴식을 취하기 위해

5. 컴퓨터로 비디오 게임을 하지 않음   6. 기타(상세 설명:)

QB33. 통화와 메시지 이외에 휴대전화를 어떤 용도로 가장 많이 사용하시나요? (하나만 선택)

1. QQ 채팅   2. 독서   3. 음악 감상   4. 사진 촬영   5. 음악 녹음

6. 이러한 기능을 사용하지 않음   7. 기타(상세 설명:)

QB34. 외롭거나 기분이 좋지 않을 때, 이러한 감정을 해소하기 위해 무엇을 하시나요? (하나만 선택)

1. 일기를 쓴다   2. 가족이나 친구와 대화를 나눈다   3. QQ 채팅을 한다

4. 술, 담배, 카드 게임을 한다   5. 기타(상세 설명:)

QB35. 평소에 쇼핑을 즐겨하시나요? (하나만 선택)

1. 예   2. 아니오

QB36. 쇼핑을 좋아하는 주된 이유는 무엇입니까? (하나만 선택)

1. 필요한 물품을 구입하기 위해   2. 유행하는 옷과 화장품을 구입하기 위해

3. 기분전환을 위해   4. 친구들과의 사교를 위해

5. 기타(상세 설명:)

QB37. 힘든 하루를 마무리할 때 어떻게 휴식을 취하나요? (하나만 선택)

1. TV 시청   2. 독서(온라인 및 모바일 포함)

3. 휴대폰 및 문자를 통해 친구들과 채팅   4. 쇼핑(아이쇼핑 포함)   5. 수면

6. 기타(상세 설명:)

3부: 개인정보

QC1. 당신의 성별은 무엇인가요? (하나만 선택)
1. 남성   2. 여성

QC2. 당신의 학력 수준을 선택해 주세요. (하나만 선택)
1. 대학   2. 전문대   3. 고등학교/기술학교/직업학교   4. 중학교
5. 초등학교 이하

QC3. 결혼 여부를 선택해 주세요. (하나만 선택)
1. 기혼   2. 미혼   3. 이혼

QC4. 자녀가 있으신가요? (하나만 선택)
1. 예   2. 아니오

QC5. 현재 거주하고 있는 주택의 유형은 무엇인가요? (하나만 선택)
1. 본인 임대   2. 회사 제공 숙소

QC6. 당신의 호구 소재지를 적어주세요.
_____ 省 _____ 市 _____ 县 _____村

협조에 감사드립니다.

참고문헌

An Zi. 1992. *Qingchun yizhan: Shenzhen dagongmei xiezheng* [Journey of my youth: The true story of a *dagongmei* in Shenzhen]. Haikou: Haitian Press.

Anagnost, Ann. 1997. *National Past-Times: Narrative, Representation, and Power in Modern China*. Durham, NC: Duke University Press.

―――. 2008. "From 'Class' to 'Social Strata': Grasping the Social Totality in Reform-Era China." *Third World Quarterly* 29 (3): 497–519.

Anderson, Benedict. [1983] 2006. *Imagined Communities: Reflections on the Origins and Spread of Nationalism*. London: Verso. (베네딕트 앤더슨, 서지원 역, 『상상된 공동체』, 길, 2018)

Barlow, Tani. 2005. "Pornographic City." In *Locating China: Space, Place, and Popular Culture*, edited by Jing Wang, 190–209. London: Routledge.

Barthes, Roland. 1972. *Mythologies*. London: Paladin/Collins. (롤랑 바르트, 정현 역, 『신화론』, 현대미학사, 1995)

Beijing Migrant Workers' Home. 2009. *Dagong juzhu zhuangkuang baogao* [A report on rural migrant workers' accommodation and housing situation]. Beijing: Beijing New Worker Cultural Centre.

Beller, Jonathan. 2006. *The Cinematic Mode of Production: Attention Economy and the Society of the Spectacle*. Hanover, NH: Dartmouth College Press.

Bennett, Tony, Mike Savage, Elizabeth Silva, Alan Warde, Modesto Gayo-Cal, and David Wright. 2010. *Culture, Class, Distinction*. London: Routledge.

Benson, Rodney, and Erik Neveu. 2005. *Bourdieu and the Journalistic Field*. Cambridge, UK: Polity.

Berry, Chris. 2007. "Getting Real: Chinese Documentary, Chinese Postsocialism." In Zhang Z. 2007, 115–36.

Berry, Chris, Xinyu Lü, and Lisa Rofel, eds. 2010. *The New Chinese Documentary Film Movement: For the Public Record*. Hong Kong: Hong Kong University Press.

Berry, Chris, and Lisa Rofel. 2010a. "Introduction." In Berry, Lü, and Rofel 2010, 3–13.

———. 2010b. "Alternative Archive: China's Independent Documentary Culture." In Berry, Lü, and Rofel 2010, 135–54.

Bird, S. Elizabeth, and Robert W. Dardenne. 1988. "Myth, Chronicle and Story: Exploring the Narrative Qualities of News." In *Media, Myths, and Narrative: Television and the Press*, edited by James W. Carey, 67–86. Beverly Hills, CA: Sage Publications.

Biswas, Amrita. 2009. "Research Note on Subaltern Studies." *Journal of Literature, Culture and Media Studies* 1 (2): 200–205. http://www.inflibnet.ac.in/ojs/index.php/JLCMS/article/viewFile/44/42.

Bourdieu, Pierre. 1984. *Distinction: A Social Critique of the Judgement of Taste*. Translated by Richard Nice. Cambridge, MA: Harvard University Press. (피에르 부르디외, 최종철 역, 『구별짓기 상·하』, 새물결, 2005)

———. 1991. "Universal Corporatism: The Role of Intellectuals in the Modern World." *Poetics Today* 12 (4): 655–69.

———. 1993. *The Field of Cultural Production*. New York: Columbia University Press.

Bowlby, Rachel. 1985. *Just Looking: Consumer Culture in Dreiser, Gissing, and Zola*. London: Methuen.

Braester, Yomi. 2010. "Excuse Me, Your Camera Is in My Face: Auteurial Intervention in PRC New Documentary." In Berry, Lü, and Rofel 2010, 195–216.

Bu Wei. 2012. "Nongmingong chunwan weihe ganren" [Why does the rural migrants' Spring Festival Gala move us so much?]. *People's Daily*, January 20. http://culture.people.com.cn/GB/87423/16933220.html.

———. 2013. "How Class Identity Impacts on Research: Differences, Relationships, and Interactive Construction between Scholars and Research Participants." Paper presented at the Media and the Cultural Politics of Class in China Workshop, University of Technology, Sydney, December 4–5.

Cai Li, ed. 2008. *Shenzhen nu laowu gong hunlian zhuangkuang yanjiu* [A study of love and marriage among rural migrant women in Shenzhen]. Beijing: Shehui kexue wenxian chubanshe [Social Sciences Academic Press].

Cai Xiang. 2010. *Geming/xushu: Zhongguo shehui zhuyi wenxue-wenhua xiangxiang (1949–1966)* [Revolution/narrative: Cultural and literary imaginary in socialist China (1949–1966)]. Beijing: Beijing University Press.

Cao Keying. 2009. "Furong shengzai jiujiang shang, buxiang dongfeng yuan weikai:

Qianxi An Zi zuoping zhong de nuxin zhuti yishi" [A preliminary analysis of the construction of female subjectivity in An Zi's work]. In Yang H. 2009, 233–40.

Cao Zhenglu. 2009. *Wen cangmang* [Asking heaven]. Beijing: Renmin wenxue chubanshe [People's Literature Press].

Carrillo, Beatriz, and David S. G. Goodman. 2012. "Introduction: The Sociopolitical Challenge of Economic Change—Peasants and Workers in Transformation." In *China's Peasants and Workers: Changing Class Identities*, edited by Beatriz Carrillo and David S. G. Goodman, 1–14. Cheltenham, UK: Edward Elgar.

Cartier, Carolyn. 2001. *Globalizing South China*. Oxford, UK: Blackwell.

———. 2006. "Symbolic City/Regions and Gendered Identity Formation in South China." In Oakes and Schein 2006b, 139–54.

Cartier, Carolyn, Manuel Castells, and Jack Linchuan Qiu. 2005. "The Information Have-Less: Inequality, Mobility, and Translocal Networks in Chinese Cities." *Studies in Comparative International Development* 40 (2): 9–34.

Casetti, Francesco. 2011. "Back to the Motherland: The Film Theatre in the Postmodern Age." Screen 52 (1): 1–12.

Chakrabarty, Dipesh. 2000. "Subaltern Studies and Postcolonial Historiography." *Nepantla: Views from South* 1 (1): 9–32.

Chan, Anita, and Kaxton Siu. 2012. "Chinese Migrant Workers: Factors Constraining the Emergence of Class Consciousness." In *China's Peasants and Workers: Changing Class Identities*, edited by Beatriz Carrillo and David S. G. Goodman, 105–32. Cheltenham, UK: Edward Elgar.

Chan, Jenny, and Ngai Pun. 2010. "Suicide as Protest for the New Generation of Chinese Migrant Workers: Foxconn, Global Capital, and the State." *Asia-Pacific Journal* 37 (2). http://japanfocus.org/-Jenny-Chan/3408.

Chan, Jenny, Ngai Pun, and Mark Selden. 2013. "The Politics of Global Production: Apple, Foxconn and China's New Working Class." *Asia-Pacific Journal* 11 (32). http://www.japanfocus.org/-Jenny-Chan/3981.

Chan, Jenny, and Mark Selden. 2013. "Class, Hukou, and the New Generation of Chinese Rural Migrant Workers." Paper presented at the Media and the Cultural Politics of Class in China Workshop, University of Technology, Sydney, December 4–5.

Chan, Kam Wing, and Will Buckingham. 2008. "Is China Abolishing the Hukou System?" *China Quarterly* 195: 582–606.

Chang, Leslie. 2009. *Factory Girls: From Village to City in a Changing China*. New York: Spiegel and Grau.

Chatterjee, Partha. 2012. "After Subaltern Studies." *Economic and Political Weekly* 47 (35): 44–49.

Chen Hongmei. 2004. "Dazhong meijie yu shehui bianyuan ti de guanxi yanjiu: Yin tuo qian nongmingong gongzi baodao weili" [On the relationship between the mass media and marginalized social groups: A case study of media coverage of rural migrants' failure to receive payment]. *Xinwen daxue* [University of journalism] (Spring): 6–10.

Chen Jiangong. 2009. "Dagong wenxue shi dangdai wenxue buke huoque de chengguo" [Dagong literature is an integral part of contemporary Chinese literature]. In Yang H. 2009, 1–4.

Chen Jun. 2011. "Zhongguo zhontie siju bei" [China railway photography cup], September 14. http://www.ipa001.com/a/news/yingsaizixun/2011/0914/2460.html.

Chen Xiaomin. 2007. "Chengshi wenxue: Wufa xiansheng de da ta zhe" [Urban literature: The big invisible Other]. In *Quangqiu yujin xia de dangdai dushi wenxue* [Contemporary urban literature in the era of globalization], edited by Yang H., 1–41. Beijing: Shehui kexue wenxian chubanshe [Social Sciences Academic Press].

Cheng Peng. 2009. "Xiang chou" [Nostalgia]. In *Zhongguo dagong shige jingxue, 2008* [Selection of dagong poems in China, 2008], edited by Xu Q., Luo D., and Chen Z., 2. Shanghai: Shanghai Arts Press.

Chi Zihua and Lin Zhu. 2004. *Liumin shenghuo lueyin* [A glimpse of mobile populations in Chinese history]. Changchun: Shengyang chubanshe [Shengyang Press].

Cohen, Stanley. 1973. Folk Devils and Moral Panics: The Creation of Mods and Rockers. London: Paladin.

Couldry, Nick. 2004. "Theorising Media as Practice." *Social Semiotics* 14 (2): 115–32.

Davin, Delia. 1999. *Internal Migration in China*. London: Macmillan.

Davis, Deborah, and Feng Wang, eds. 2009. *Creating Wealth and Poverty in Postsocialist China*. Stanford, CA: Stanford University Press.

de Certeau, Michel. 1984. *The Practice of Everyday Life*. Translated by Steven F. Rendall. Berkeley: University of California Press.

Donald, James. 1999. *Imagining the Modern City*. London: Athlone Press.

Donaldson, E. Laura. 1995. "Launcelot's Feast: Teaching Poststructuralism and the New Mastiza." In *Order and Partialities: Theory, Pedagogy, and the "Postcolonial,"* edited by Kostas Myrsiades and Jerry McGuire, 189–202. Albany, NY: SUNY Press.

Dornfeld, Barry. 2002. "Putting American Public Television Documentary in Its Places." In Ginsburg, Abu-Lughod, and Larkin 2002, 247–63.

Duan Yahong and Honghua Zhang. 2009. "Dagong wenxue yu goujian hexie shehui" [Dagong literature and the building of a harmonious society]. In Yang H. 2009, 10–17.

Dutton, Michael. 1998. *Streetlife* China. Cambridge: Cambridge University Press.

Elliot, Stuart. 2011. "Sign of Arrival, for Xinhua, Is 60 Feet Tall." *New York Times*, July 25. http://www.nytimes.com/2011/07/26/business/media/xinhuas-giant-signto-blink-on-in-times-square.html.

Fang Yimeng. 2008. *Woshi yiduo piaolin de hua* [I am a floating flower]. Beijing: Xiandan chubanshe [Contemporary Press].

Farquhar, Judith. 2002. *Appetites: Food and Sex in Post-Socialist China*. Durham, NC: Duke University Press.

Franceschini, Ivan. 2012. "Labour NGOs in China: A Real Force for Political Change?" Unpublished manuscript.

Fraser, Nancy. 2000. "Rethinking Recognition." *New Left Review* 3:107–20.

Frisby, David. 1986. *Fragments of Modernity*. Cambridge, MA: MIT Press.

Fu, Diana. 2009. "A Cage of Voices: Producing and Doing Dagongmei in Contemporary China." *Modern China* 35 (5): 527–61.

Gaetano, Arianne M. 2004. "Filial Daughters, Modern Women: Migrant Domestic Workers in Post-Mao Beijing." In Gaetano and Jacka 2004, 41–79.

Gaetano, Arianne M., and Tamara Jacka, eds. 2004. *On the Move: Women in Ruralto-Urban Migration in Contemporary China*. New York: Columbia University Press.

Gai Bo. 2009. "A World through the Camera Phone Lens: A Case Study of Beijing Camera Phone Use." *Knowledge, Technology, Policy* 22:195–204.

Ginsburg, Faye D. 1995. "The Parallax Effect: The Impact of Aboriginal Media on Ethnographic Film." *Visual Anthropology Review* 11 (2): 64–76.

———. 2002. "Mediating Culture: Indigenous Media, Ethnographic Film, and the Production of Identity." In T*he Anthropology of Media: A Reader*, edited by Kelly Askew and Richard R. Wilk, 210–36. Malden, MA: Blackwell.

Ginsburg, Faye D., Lila Abu-Lughod, and Brian Larkin, eds. 2002. *Media Worlds: Anthropology on New Terrain*. Berkeley: University of California Press.

Gong Guangzhi. 2012. "Dagong siji ge" [Four seasons of dagong life]. In *Laodong jie da gongdi shige jiaoliu hui* [Exchange of poetry on the construction site on Labor Day], 4. Beijing: Beijing Xin Zai Renjian Cultural Development Center.

Gong Qian. 2008. "A Trip Down Memory Lane: Remaking and Rereading the Red Classics." In *TV Drama in China*, edited by Y. Zhu, M. Keane, and R. Bai, 157–72.

Hong Kong: Hong Kong University Press.

―――. 2012. "Living Red: Production, Consumption and Local Memory of Revolutionary Culture in Linyi." In *Mapping Media in China: Region, Province, and Locality*, edited by Wanning Sun and Jenny Chio, 176-92. London: Routledge.

Guha, Ranajit. 1988. "On Some Aspects of the Historiography of Colonial India." In *Selected Subaltern Studies*, edited by Ranajit Guha and Gayatri Chakravorty Spivak, 37-44. Oxford: Oxford University Press.

Guo Yingjie. 2008. "Class, Stratum and Group: The Politics of Description and Prescription." In *The New Rich in China: Future Rulers, Present Lives*, edited by David S. G. Goodman, 38-52. London: Routledge.

Gusu wanbao [Gusu evening post]. 2009. "Dagong shi yi mai" [Dagong poems for auction]. May 29. http://blog.sina.com.cn/u/5ee108be0100dlj5.

Hall, Stuart, Chas Critcher, Tony Jefferson, John N. Clarke, and Brian Roberts. 1978. *Policing the Crisis: Mugging, the State and Law and Order*. London: Palgrave Macmillan.

Hamilton, Peter. 1997. "Representing the Social: France and Frenchness in Post-War Humanist Photography." In R*epresentation: Cultural Representations and Signifying Practices*, edited by Stuart Hall, 75-150. London: Sage Publications.

Hartley, John. 1992. *Uses of Television*. London: Routledge.

―――. 1996. *Popular Reality: Journalism, Modernity, Popular Culture*. London: Arnold.

Harvey, David. 2005. *A Brief History of Neoliberalism*. Oxford: Oxford University Press. (데이비드 하비, 최병두 역, 『신자유주의: 간략한 역사』, 한울, 2014)

He Yanhong. 2007. "Dagong shige bingfei wode quanbu" [Dagong poetry is not all there is to me: Interview with Zheng Xiaoqiong]. Accessed November 4, 2013. http://blog.sina.com.cn/u/1168473392.

Henan wenhua wang [Henan cultural network]. 2009. "Huashuo nongmingong shezhi zu zai zhumadian caifang paishe" [Crew for *Talking about Rural Migrant Workers* filming interviews in Zhumadian]. April 15. http://www.chnmus.net/html/20090415/970537.html.

Hershatter, Gail. 1993. "The Subaltern Talks Back: Reflections on Subaltern Theory and Chinese History." *Positions: East Asia Cultures Critique* 1 (1): 103-30.

―――. 2007. "Forget Remembering: Rural Women's Narratives of China's Collective Past." In *Re-envisioning the Chinese Revolution*, edited by Ching Kwan Lee and Guobin Yang, 69-92. Stanford, CA: Stanford University Press.

Hexie luntan [Harmony forum]. 2010. "Huojiang gonggao" [Announcement of prizes].

December 15. http://bbs.workercn.cn/thread-24140-1-1.html.

Himpele, Jeff D. 2002. "Arrival Scenes: Complicity and Media Ethnography in the Bolivian Public Sphere." In Ginsburg, Abu-Lughod, and Larkin 2002, 301–16.

Hinton, William. [1966] 1997. Fanshen: *A Documentary of Revolution in a Chinese Village*. Berkeley: University of California Press. (윌리엄 힌튼, 강칠성 역, 『번신: 혁명은 중국의 한 농촌을 어떻게 변화시켰는가? 1, 2』, 풀빛, 1986)

Hjorth, Larissa, Jean Burgess, and Ingrid Richardson. 2012. "Studying the Mobile: Locating the Field." In *Studying Mobile Media: Cultural Technologies, Mobile Communication, and the iPhone*, edited by Larissa Hjorth, Jean Burgess, and Ingrid Richardson, 1–10. New York: Routledge.

Hjorth, Larissa, Rowan Wilken, and Kay Gu. 2012. "Ambient Intimacy: A Case Study of the iPhone, Presence, and Location-Based Social Networking in Shanghai, China." In *Studying Mobile Media: Cultural Technologies, Mobile Communication, and the iPhone*, edited by Larissa Hjorth, Jean Burgess, and Ingrid Richardson, 43–62. New York: Routledge.

Honig, Emily. 1992. *Creating Chinese Ethnicity: Subei People in Shanghai, 1850– 1980*. New Haven, CT: Yale University Press.

Horst, Heather, Larissa Hjorth, and Jo Tacchi, eds. 2012. "Rethinking Digital Ethnography Today." Special issue, *Media International Australia* 145.

Hu, Xinying. 2011. China's New Underclass: Paid Domestic Labour. New York: Routledge.

Huang Chuanhui. 2011. *Zhongguo xinshengdai nongmingong* [China's new-generation rural migrant workers]. Beijing: Renmin wenxue chubanshe [People's Literature Press].

Huang, Dianlin. 2012. "Framing Migrant Workers: News Media and Discursive Construction of Citizenship in Transitional China." PhD diss., Macquarie University, Australia.

Huang Yan. 2012. "Zhu san jiao diqu nongmingong zhuzhi de fazhan zhilu" [Path of development for rural migrant organizations in the Pearl River Delta]. In *Jujiao dangdai Zhongguo shehui laodong redian wenti* [Focus on hot issues in China regarding labor relations], edited by Feng T., 225–36. Beijing: China Workers' Press.

Huang Yurong. 2009. "Dagong wenxue de wenhua jiangou" [The cultural structure of dagong literature]. In Yang H. 2009, 108–38.

Innis, Harold A. [1950] 2007. *Empire and Communications*. Toronto: Dundurn Press.

Jacka, Tamara. 1998. "Working Sisters Answer Back: Representation and

SelfRepresentation of Women in China's Floating Population." *China Information* 13 (1): 43–75.

———. 2006. *Rural Women in Urban China: Gender, Migration, and Social Change*. Armonk, NY: M. E. Sharpe.

———. 2009. "Cultivating Citizens: Suzhi (Quality) Discourse in the PRC." *Positions: East Asia Cultures Critique* 17 (3): 523–35.

Jacka, Tamara, and Arianne M. Gaetano. 2004. "Introduction: Focusing on Migrant Women." In *On the Move: Women in Rural-to-Urban Migration in Contemporary China*, edited by Arianne M. Gaetano and Tamara Jacka, 1–38. New York: Columbia University Press.

Jameson, Frederic. 1994. "Remapping Taipei." In *New Chinese Cinemas: Forms, Identities, Politics*, edited by Nick Browne, Paul G. Pickowicz, Vivian Sobshack, and Esther Yau, 117–50. New York: Cambridge University Press.

Jhally, Sut. 2002. "Image-Based Culture: Advertising and Popular Culture." In *The Anthropology of Media: A Reader*, edited by Kelly Askew and Richard Wilk, 327–36. Malden, MA: Blackwell.

Jia Dongting. 2013. "Chengzhenghua, nongmin jincheng beihou de liyi zai fengpei—zhuanfang Li Tie" [Urbanization, rural migrants going to the city, and the redistribution of interests: An exclusive interview with Li Tie]. *Shenghuo Zhoukan* [Life week magazine] 9:70–72.

Jiang Shuzhuo. 2007. "Xianshi guanhuai, diceng yishi yu xin renwen jingsheng" [Compassion, subaltern consciousness, and neohumanism]. In *Dagong wenxue beiwanglu* [Labor literature: A memorandum], edited by Yang H., 26–34. Beijing: Shehui kexue wenxian chubanshe [Social Sciences Academic Press].

Jiang Yaping. 2010. "Cui Yongyuan pengji 'tiao lou xiu' shuofa" [Cui Yongyuan criticizes the term "show jumping"]. *Beijing Bao* [Beijing news], April 8. http://www.china.com.cn/info/movies/2010-04/08/content_19765080.htm.

Jiang Zhigao. 2009. "Sheying shi Zhang Xinmin: Yong jingtou jilu yiqie" [Photographer Zhang Xinmin: Recording everything with a camera]. *Shidai Renwu Zhoubao* [Time and people weekly], July 14. http://blog.sina.com.cn/s/blog_5ee108be0100e5ny.html.

Karp, Ivan. 1986. "Agency and Social Theory: A Review of Anthony Giddens." *American Ethnologist* 13 (1): 131–37.

Lamont, Michele. 2000. *The Dignity of Working Men: Morality and the Boundaries of Race, Class, and Immigration*. Cambridge, MA: Harvard University Press.

Lee, Ching Kwan. 2002. "From the Specter of Mao to the Spirit of the Law: Labor Insurgency in China." *Theory and Society* 31 (2): 189–228.

———. ed. 2007. *Working in China: Ethnographies of Labor and Workplace Transformation*. London: Routledge.

Lee, Ching Kwan, and Mark Selden. 2008. "Inequality and Its Enemies in Revolutionary and Reform China." *Economic and Political Weekly* 43 (52). http://www.epw.in/china-1978/inequality-and-its-enemies-revolutionary-and-reform-china.html.

Lee, Ching Kwan, and Guobin Yang. 2007. "Introduction: Memory, Power, and Culture." In *Re-envisioning the Chinese Revolution*, edited by Ching Kwan Lee and Guobin Yang, 1–20. Stanford, CA: Stanford University Press.

Lee, Haiyan. 2006. "Nannies for Foreigners: The Enchantment of Chinese Womanhood in the Age of Millennial Capitalism." *Public Culture* 18 (3): 507–29.

Leung, Parry, and Alvin Y. So. 2012. "The Making and Re-making of the Working Class in South China." In *Peasants and Workers in the Transformation of Urban China*, edited by Beatriz Carrillo and David S. G. Goodman, 84–104. Cheltenham, UK: Edward Elgar.

Li Hongyan. 2009. *Xiangcun chuanbo yu chengxiang yitihua* [Rural communication and urban–rural integration]. Beijing: Shehui kexue wenxian chubanshe [Social Sciences Academic Press].

Li Qiang. 2004. *Nongmingong yu Zhongguo shehui fengceng* [Rural migrant workers and social stratification in China]. Beijing: Shehui kexue wenxian chubanshe [Social Sciences Academic Press].

Li Qintong. 2009. "Xiju zitai yu beiju jinsheng" [The style of comedy in films about rural migrants]. *Dangdai Dianying* [Contemporary cinema] 9:118–20.

Li Xianmin. 2009. "Zhongyang dianshi tai caifang jianqiao, zhuanti paizhe huashuo nongmingong" [CCTV visits Jiangqiao county and makes documentary, Talking about Rural Migrant Workers]. Accessed November 7, 2013. http://61.186.175.229/ post/24332.

Li Yanhong. 2006. "Yige chayi renqun de qunti sumiao yu shehui shenfen jiangou" [A profile of an Othered social group and their construction of their social identity]. *Chuanbo yu xinwen yanjiu* [Communication and journalism research] 13 (2): 2–14.

Liu Dacheng. 2007. "Nanfang xingyin" [Poems from the southern journey]. In *Zhongguo dagong shige jingxue* [Selection of dagong poems in China], edited by Xu Q., Luo D., and Chen Z., 29–35. Zhuhai: Zhuhai Publishing House.

Liu Dongwu. 2006. *Chong xiangcun dao chengshi de jinsheng taiji—Zhongguo dagong shige yanjiu* [The spiritual birthmark in the rural-to-urban transition: Research on China's dagong poetry]. Guangdong: Huacheng chubanshe [Huacheng Press].

Liu Rong, and Wang Qi. 2010. "Women jilu lishi" [We record history]. *Renmin Huabao* [People's pictorial] 42 (July).

Liu Zhingguang. 2010. "Women jianzheng bianqian" [We witness transformation]. *Renmin Huabao* [People's pictorial] 745:72–74.

Long Zhiben. 2007. "Shenzhen laogong weiquan zuzhi fuzeren beikan shijian diaocha" [Investigation of the stabbing of a labor group leader in Shenzhen]. *Nanfang Dushi Bao* [Southern metropolitan daily], December 16. http://news.sina.com.cn/c/2007-12-16/023413086539s.shtml.

Lü Xinyu. 2003. *Jilu Zhongguo: Dangdai Zhongguo xinjilu yundong* [Documenting China: The contemporary documentary movement in China]. Beijing: Sanlian Shudian [SDX Joint Publishing Company].

———. 2010. "Rethinking China's New Documentary Movement: Engagement with the Social." In Berry, Lü, and Rofel 2010, 15–48.

Luo Deyuan. 2007. "Liu Huangqi, wode dagong xiongdi" [Liu Huangqi, my dagong brother]. In *Zhongguo dagong shige jingxue* [Selection of dagong poems in China], edited by Xu Q., Luo D., and Chen Z., 61–88. Zhuhai: Zhuhai Publishing House.

Ma Ce. 2004. "Shenti pipan de shidan" [The age of critiquing the body]. First prefatory reading in Sheng 2004.

Ma Zhong. 2007. "Bengpao de xiangtu" [Hometown running]. In *Zhongguo dagong shige jingxue* [Selection of dagong poems in China], edited by Xu Q., Luo D., and Chen Z., 197–98. Zhuhai: Zhuhai Publishing House.

Manuel, Peter. 1993. *Cassette Culture: Popular Music and Technology in North India*. Chicago: University of Chicago Press.

Mao Shaoying. 2007. "Dagong wenxue yu xiaceng zhiye nuxin" [Dagong literature and working women from low classes]. In *Dagong wenxue beiwanglu* [Dagong literature: A memorandum], edited by Yang H., 106–21. Beijing: Shehui kexue wenxian chubanshe [Social Sciences Academic Press].

Marcus, George E. 1996. "Introduction." In *Connected: Engagements with Media*, edited by George Marcus. Chicago: University of Chicago Press.

———. 1998. *Ethnography through Thick and Thin*. Princeton, NJ: Princeton University Press.

Massey, Doreen. 1993. "Power-Geometry and a Progressive Sense of Place." In *Mapping* the Futures: Local Cultures, Global Change, edited by Jon Bird, Barry Curtis, Tim Putnam, and George Robertson, 59–69. London: Routledge.

McClintock, Anne. 1995. *Imperial Leather: Race, Gender and Sexuality in the Colonial Contest*. New York: Routledge.

McLuhan, Marshall. [1964] 1994. *Understanding Media: The Extensions of Man*. Cambridge, MA: MIT Press.

Meng Yifei. 2008. "Shi shei zhizaole Zheng Xiaoqiong?" [Who has manufactured Zheng Xiaoqiong?]. *Shige Bao* [Poetic magazine], July 8. http://www.shigebao.com/html/articles/12/2745.html.

Mian Mian. 2000. *Tang* [Candy]. Beijing: China Theatre Press.

Morrison, Zoë. 2010. "On Dignity: Social Inclusion and the Politics of Recognition." Social Policy Working Paper 12, Centre for Public Policy, University of Melbourne, Melbourne, Australia. http://www.bsl.org.au/pdfs/Morrison_On_dig nity_2010.pdf.

Mu Xuequan, ed. 2011. "China to Give Top Priority to Improving People's Livelihood: Premier Wen." Xinhua News Agency, September 30. http://news.xinhuanet.com/english2010/china/2011-09/30/c_131170331.htm.

Nakajima, Seio. 2006. "Film Clubs in Beijing: The Cultural Consumption of Chinese Independent Films." In *From Underground to Independent: Alternative Film Culture in Contemporary China*, edited by Paul G. Pickowicz and Yingjin Zhang, 161–208. Lanham, MD: Rowman & Littlefield.

———. 2010. "Watching Documentary: Critical Public Discourses and Contemporary Urban Chinese Film Clubs." In Berry, Lü, and Rofel 2010, 117–34.

Nie Wei. 2008. *Wenxue dushi yu xinyxiang minjian* [Literary metropolis and cinematic suburb]. Guilin, Guangxi: Guangxi Normal University Press.

Niu Jiaoli. 2010. "Shige de diceng shuxie" [Writing poetry about the bottom of society]. Accessed November 12, 2012. http://blog.sina.com.cn/s/blog_4a8fc3f20,100jbih.html.

"Nongmingong tiao lou tao xin beihou de xinsuan" [The sad story behind the migrant worker who jumped from a building over wages]. 2009. *Xinjing Bao* [Beijing news], June 10. http://www.cctv114.com/kjny/zjbw/2009/1223/533732.html.

Oakes, Tim, and Louisa Schein. 2006a. "Introduction." In Oakes and Schein 2006b, 1–35.

———. eds. 2006b. *Translocal China: Linkages, Identities, and the Reimagining of Space*. London: Routledge.

Ortner, Sherry. 2001. "Specifying Agency: The Comaroffs and Their Critics." *Interventions*

3 (1): 76–84.

Pun Ngai. 2005. *Made in China: Women Factory Workers in a Global Workplace*. Durham, NC: Duke University Press.

Pun Ngai and Huilin Lu. 2010a. "A Culture of Violence: The Labor Subcontracting System and Collective Action by Construction Workers in Post-Socialist China." *China Journal* 64:143–58.

———. 2010b. "Unfinished Proletarianization: Self, Anger, and Class Action among the Second Generation of Peasant-Workers in Present-Day China." *Modern China* 36 (5): 493–519.

Qiao Tongzhou and Hongtao Li. 2005. "Nongmingong shehui chujing de zaixian: Yige ruoshi qunti de meiti touying" [The representation of the social reality of rural migrants: A media projection of a disadvantaged group]. *Xinwen daxue* [Journalism university] (Winter): 32–37.

Qiu, Jack Linchuan. 2009. *Working-Class Network Society: Communication Technology and the Information Have-Less in Urban China*. Cambridge, MA: MIT Press.

———. 2012. "Network Labor: Beyond the Shadow of Foxconn." In *Studying Mobile Media: Cultural Technologies, Mobile Communication, and the iPhone*, edited by Larissa Hjorth, Jean Burgess, and Ingrid Richardson, 173–89. New York: Routledge.

Rai, Amit. 2009. *Untimely Bollywood: Globalization and India's New Media Assemblage*. Durham, NC: Duke University Press.

Ramzy, Austin. 2009. "The Chinese Worker." Time, December 16. http://www.time.com/time/specials/packages/article/0,28804,1946375_1947252_1947256,00.html.

Rancière, Jacques. 1981. *The Nights of Labor: The Workers' Dream in NineteenthCentury France*. Philadelphia: Temple University Press. (자크 랑시에르, 안준범 역, 『프롤레타리아의 밤』, 문학동네, 2021)

Ren Xiaowen. 2004. "Bei mei: Shehui diceng qunfangtu" [Northern girls: A picture of girls at the bottom of society]. Second prefatory reading in Sheng 2004.

Renmin wang [People's Daily online]. 2003. "Mingong 'tiao lou xiu' ying shouyancheng?" [Should migrant workers' "show jumping" be punished severely?]. January 15. http://review.jcrb.com.cn/ournews/asp/readNews.asp?id=135449.

Rofel, Lisa. 1999. *Other Modernities: Gendered Yearnings in China after Socialism*. Berkeley: University of California Press.

———. 2007. *Desiring China: Experiments in Neoliberalism, Sexuality, and Public Culture*. Durham, NC: Duke University Press.

Rose, Gillian. 1993. *Feminism and Geography: The Limits of Geographical Knowledge*.

Cambridge, UK: Polity Press.

Schein, Louisa. 2002. "Mapping Hmong Media in Diasporic Space." In Ginsburg, Abu-Lughod, and Larkin 2002, 229–46.

Schudson, Michael. 2002. "News, Public, Nation." *American Historical Review* 107 (22): 481–95.

Shandong shangbao [Shandong business daily]. 2011. "Ershi duo nongmingong bai xinxing tao cheng minxing gongcheng shiqi xin sui" [More than twenty rural migrant workers line up to form a love heart in order to show that they are heartbroken]. January 1. http://news.163.com/11/0101/02/6P9H09SK00014AED.html.

Shen Daoyuan. 2009. "Denggao zifen tao xin nongmingong tongguo tiaojie taohui jiuqian yuan" [Migrant worker who threatened suicide over wages receives accommodation of nine thousand yuan]. Weihai Wanbao [Weihai evening news], December 23. http://www.cctv114.com/news/hyzx/2009/1223/533704.html.

Sheng Keyi. 2004. Bei mei [Northern girls]. Wuhan: Changjiang wenyi chubanshe [Yangzi River Art Press].

Shih, Shu-mei. 2007. *Visuality and Identity: Sinophone Articulations across the Pacific*. Berkeley: University of California Press. (스수메이, 고혜림·조영경 역, 『시각과 정체성』, 학고방, 2021)

"Shoujie Zhongguo nongmin yishu jie" [The inaugural rural migrants' Shenhao Cup Photography Exhibition]. 2010. Accessed November 9, 2012. http://www.pop photo.com.cn/main/news/NewsView.shtml?id=700.

Solinger, Dorothy J. 1999. *Contesting Citizenship in Urban China: Peasant Migrants, the State, and the Logic of the Market*. Berkeley: University of California Press.

———. 2010. "The Urban Dibao: Guarantee for Minimum Livelihood or for Minimal Turmoil?" In *Marginalization in Urban China: Comparative Perspectives*, edited by Fulong Wu and Chris Webster, 253–77. Basingstoke, UK: Palgrave Macmillan.

Spivak, Gayatri Chakravorty. 1988a. "Can the Subaltern Speak?" In *Marxism and the Interpretation of Culture*, edited by C. L. Nelson and L. Grossberg, 271–313. Basingstoke, UK: Macmillan Education. (가야트리 스피박 외, 태혜숙 역, 『서발턴은 말할 수 있는가?』, 그린비, 2013)

———. 1988b. "Subaltern Studies: Deconstructing Historiography." In *Selected Subaltern Studies*, edited by Ranajit Guha and Gayatri Spivak, 3–32. New York: Oxford University Press.

———. 1990. *The Post-Colonial Critic: Interviews, Strategies, Dialogues*. Edited by Sarah Harasym. New York: Routledge. (가야트리 스피박, 이경순 역, 『스피박의 대

담』, 갈무리, 2006)

―――. [1993] 2009. *Outside in the Teaching Machine*. New York: Routledge. (가야트리 스피박, 태혜숙 역, 『교육기계 안의 바깥에서』, 갈무리, 2006)

―――. 1996. "Subaltern Talk." In *The Spivak Reader*, edited by Donna Landry and Gerald Maclean, 287–308. London: Routledge.

―――. 1999. *A Critique of Postcolonial Reason: Toward a History of the Vanishing Present*. Cambridge, MA: Harvard University Press. (가야트리 스피박, 태혜숙·박미선 역, 『포스트 식민 이성 비판』, 갈무리, 2005)

―――. 2004. "Terror: A Speech after 9-11." *boundary 2* 31 (2): 83–111.

―――. 2007. "Resistance That Cannot Be Recognized as Such." In *Conversations with Gayatri Spivak*, edited by Swapan Chakravorty, Suzana Milevska, and Tani E. Barlow, 57–86. London: Seagull Books.

―――. 2010. "In Response: Looking Back, Looking Forward." In *Can the Subaltern Speak: Reflections on the History of an Idea*, edited by Rosalind Morris, 227–36. New York: Columbia University Press.

Sreberny-Mohammadi, Annabelle, and Ali Mohammadi. 1994. *Small Media, Big Revolution: Communication, Culture, and the Iranian Revolution*. Minneapolis: University of Minnesota Press.

Sun Qingfeng. 2010. "Xieshi: Yu wenhua wuguan" [Writing poems has nothing to do with culture]. In *Zhongguo dagong shige jingxue, 2009–2010* [Selection of dagong poems in China, 2009–2010], edited by Xu Q., Luo D., and Chen Z., 106. Shanghai: Shanghai wenyi chubanshe [Shanghai Art Press].

Sun Tao. 2009. "Shenzhen Henggang: Cong gongye qu dao shangye qu shiwu fenzhong de juli" [Shenzhen Henggang: Fifteen minutes from industrial zone to commercial zone]. *Nanfang dushi bao* [Southern metropolitan daily], November 14. http://gcontent.oeeee.com/9/8d/98d0c2a2816ff306/Blog/d72/38d836.html?t=1292488818.

Sun, Wanning. 2002. *Leaving China: Media, Migration, and Transnational Imagination*. Lanham, MD: Rowman & Littlefield.

―――. 2004. "Indoctrination, Fetishization, and Compassion: Media Constructions of the Migrant Woman." In Gaetano and Jacka 2004, 109–28.

―――. 2006. "The Leaving of Anhui: The Southern Journey towards the Knowledge Class." In Oakes and Schein 2006b, 238–61.

―――. 2009a. *Maid in China: Media, Morality, and the Cultural Politics of Boundaries*. London: Routledge.

———. 2009b. "Making Space for the Maid: Metropolitan Gaze, Peripheral Vision and Subaltern Spectatorship in Urban China." *Feminist Media Studies* 9 (1): 57–71.

———. 2010a. "Narrating Translocality: Dagong Poetry and the Subaltern Imagination." *Mobilities* 5 (3): 291–309.

———. 2010b. "Sex, City, and the Maid: Between Socialist Fantasies and Neoliberal Parables." *Journal of Current Chinese Affairs* 39 (4): 53–69.

———. 2012a. "Poetry of Labour and (Dis)articulation of Class: China's WorkerPoets and the Cultural Politics of Boundaries." *Journal of Contemporary China* 21 (78): 993–1010.

———. 2012b. "The Poetry of Spiritual Homelessness: A Creative Practice of Coping with Industrial Alienation." In *Chinese Modernity and the Individual Psyche*, edited by Andrew Kipnis, 67–88. New York: Palgrave Macmillan.

Sun, Wanning, and Yuezhi Zhao. 2009. "Television Culture with 'Chinese Characteristics': The Politics of Compassion and Education." In *Television Studies after TV: Understanding Television in the Post-Broadcast Era*, edited by Graeme Turner and Jinna Tay, 96–104. Oxford, UK: Routledge.

Tang, Yihong. 2010. "Wo zai yixiang zuo tuoluo" [I am a spinning top in a foreign land]. In *Zhongguo dagong shige jingxue*, 2009–2010 [Selection of dagong poems in China, 2009–2010], edited by Xu Q., Luo D., and Chen Z., 9. Shanghai: Shanghai wenyi chubanshe [Shanghai Art Press].

Taylor, Charles. 1994. *Multiculturalism: Examining the Politics of Recognition*. Princeton, NJ: Princeton University Press.

Thompson, E. P. [1963] 1991. *The Making of the English Working Class*. London: Penguin. (에드워드 파머 톰슨, 나종일 외 역, 『영국 노동계급의 형성 상·하』, 창비, 2000)

Tong Feifei. 2012. "Wangluo shehui yu xing gongren jieji de xincheng" [The network society and the making of the new working class]. Master's thesis, Beijing University.

Turner, Terence. 2002. "Representation, Politics and Cultural Imagination in Indigenous Video: General Points and Kayapo Examples." In Ginsburg, Abu-Lughod, and Larkin 2002, 75–89.

Unger, Jonathan, and Anita Chan. 2007. "Memories and the Moral Economy of a State-Owned Enterprise." In *Re-envisioning the Chinese Revolution: The Politics and Poetics of Collective Memories in Reform China*, edited by Ching Kwan Lee and Guobin Yang, 119–40. Washington, DC: Woodrow Wilson Center Press.

Viviani, Margherita. 2011. "The Digital Revolution: Documentary-Making and Citizenship in Contemporary China." PhD diss., University of Western Australia.

Wallis, Cara. 2013. *Technomobility in China: Young Migrant Women and Mobile Phones*. New York: New York University Press.

Wang, Fei-ling. 2005. *Organizing through Division and Exclusion: China's Hukou System*. Stanford, CA: Stanford University Press.

Wang Hui. 2009. *The End of the Revolution: China and the Limits of Modernity*. London: Verso.

Wang Kan. 2012. "Fei zhenshi tuanti, qiye nei zhuzhi jiqi dui laodong guanxi de yingxiang" [Informal identities, organizations within enterprises, and their impact on labor relations]. In *Jujiao dangdai Zhongguo shehui laodong redian wenti* [Focus on hot issues in China regarding labor relations], edited by Feng T., 236–45. Beijing: China Workers' Press.

Wang Suxia. 2007. "Cuangru, jiudu, yu youdang, chuanyue" [Transgression, redemption, wandering, and traversing]. In *Quangqiu hua yujin xia de dangdai dushi wenxue* [Contemporary urban literature in the era of globalization], edited by Yang H., 158– 70. Beijing: Shehui kexue wenxian chubanshe [Social Sciences Academic Press].

Wang Wenkai. 2010. "Sanshi yu nongmingong huanghe bian sha ji koutou qiu he shen xianling bang tao xin" [More than thirty wage-seeking rural migrant workers slaughter chickens to pay homage to the river king, hoping to see the miracle of their prayers answered]. *Da he wang* [Big river net], October 12. http://www.h1365.com/Topics/News_Content.php?ID=5632.

Wei Fengjing. 2004. "Dazhong chuanmei yu nongmin huayu quan: Cong nongmingong tiao lou xiu tan qi" [Mass media and rural migrants' rights to speak: A case study of rural migrants' acts of jumping off buildings]. *Xinwen yu chuanbo yanjiu* [Journalism and communication studies] 11 (2): 2–12.

Wei Hui. 1999. *Shanghai baobei* [Shanghai baby]. Shengyang: Chunfeng Arts and Literature Press.

Wemheuer, Felix. 2008. "Governing the Body of the Peasant Worker in China's Cities: Dangerous Sexual Desires of the 'Other' in the Official Discourse." Unpublished manuscript. Accessed October 3, 2013. http://www.irmgard-coninx-stiftung.de/fileadmin/user_upload/pdf/urbanplanet/identities/ws1/023%20Wemheuer.pdf.

Whyte, Martin K. 2010. *Myth of the Social Volcano: Perceptions of Inequality and Distributive Injustice in Contemporary China*. Stanford, CA: Stanford University

Press.

Williams, Raymond. 1958. *Culture and Society*. London: Chatto and Windus.

———. 1961. *The Long Revolution*. Harmondsworth, UK: Penguin. (레이먼드 윌리엄스, 성은애 역, 『기나긴 혁명』, 문학동네, 2021)

———. 1973. The Country and the City. London: Chatto and Windus. (레이먼드 윌리엄스, 이현석 역, 『시골과 도시』, 나남출판, 2013)

———. [1974] 2003. *Television: Technology and Cultural Form*. London: Routledge. (레이먼드 윌리엄스, 박효숙 역, 『텔레비전론』, 현대미학사, 1996)

———. 1977. *Marxism and Literature*. London: Oxford University Press. (레이먼드 윌리엄스, 박만준 역, 『마르크스주의와 문학』, 지만지, 2009)

———. 1983. *Writing in Society*. London: Verso.

———. 1989. "Hegemony and the Selective Tradition." In *Language, Authority, and Criticism: Readings on the School Textbook*, edited by Suzanne de Castell, Allan Luke, and Carmen Luke, 56–60. London: Falmer.

Wolfe, Tom. 1973. *The New Journalism*. London: Harper and Row.

Wolff, Janet. 1997. "The Global and the Specific: Reconciling Conflicting Theories of Culture." In *Culture, Globalization, and the World-System: Contemporary Conditions for the Representation of Identity*, edited by Anthony D. King, 161–73. Minneapolis: University of Minnesota Press.

Wu Qiang. 2004. "Mohuan de rufang" [The phantasmagorical breast]. Third prefatory reading in Sheng 2004.

Wu Shangzeng. 2009. "Dagong wenxue de huayu kunjing" [The discursive dilemma of dagong literature]. In Yang H. 2009, 70–85.

Wu Yongkui. 2009. "Guo Jianxun: Rang dagong wenxue zai xuedi li san dian ye" [Guo Jianxun: Let dagong literature play like a child in the snow]. In Yang H. 2009, 339–43.

Xie Enzhu. 2004. "Shenhua xiong deming shi ge beiai" [The mythological Xiong Deming is sorrowful]. *Xin xi bu* [New west] 1. Accessed October 3, 2013. http://qkzz.net/article/75379f47-7014-454e-908a-315720e74e98.htm.

Xie Juezai. 2004. "Minzhu zhenzhi de shiji" [The pragmatics of democratic politics]. In *Yan'an minzhu moshi yanjiu ziliao xuanbian* [Yan'an's democratic model research project], 42. Xi'an: China Northwest University Press.

Xinhua. 2011. "Zhongguo liudong renkou fazhan baogao 2011: 80 hou jian cheng liudong dajun zhujiao" [2011 report on China's floating population: Post-80s generation has become the mainstay of floating population]. Xinhua News Agency, October 10.

http://news.xinhuanet.com/politics/2011-10/10/c_122134374_3.htm.

Xinshan Lengyan. 2011. "'Huomai shi' zhihou, bu yao zai bi mingong chuangxin 'tao xin xiu' le" [What happens after they bury themselves alive? Don't force rural migrant workers to stage more stunts for the sake of getting paid]. August 12. http:// blog.sina.com.cn/s/blog_640f8fed0100v99f.html.

Xu Shu. 2009. "Xiong Deming yangfei 200 duo tou 'fangxin zhu' xie xin qing zongli lai yunyang" [Xiong Deming raises over 200 "quality assured" pigs, writes letter inviting Prime Minister to Yunyang to have a taste]. Chongqing shangbao [Chongqing business daily], November 20. http://www.cq.xinhuanet.com/news/2009-11/20/content_18282775.htm.

Xu Xin. 2007. "Zhongguo nongmingong weihe yi si kang zheng" [Why do Chinese migrant workers commit suicides to protest]. Ershiyi shiji [Twenty-first century] 100:114–23.

Yan Hairong. 2008. *New Masters, New Servants: Migration, Development, and Women Workers in China*. Durham, NC: Duke University Press.

Yang Dunxian. 2005. "Meijie chuanbo yu nongmingong liyi biaoda" [Media communication and the expressions of rural migrants' interests]. In *Dangdai chuanbo* [Contemporary communication] 6:77–78.

Yang Honghai. 2007. "Shenzhen wenxue: Xin dushi xinlin beiwang lu" [Shenzhen literature: Memorandum of the soul in the new city]. In *Quangqiu hua yujin xia de dangdai dushi wenxue* [Contemporary urban literature in the era of globalization], edited by Yang H., 125–31. Beijing: Shehui kexue wenxian chubanshe [Social Sciences Academic Press].

———. 2009. *Dagong wenxue zhongheng tan* [An overview of migrant worker literature]. Beijing: Shehui kexue wenxian chubanshe [Social Sciences Academic Press].

Yang Meng. 2010. "Jilu pian li kandong Zhongguo: Nongmingong zai guitu lie che shang mitu" [Documentary film understands China: Migrant workers lost on the train home]. Nandu zhoukan [Southern weekly], April 19. http://news.sina.com .cn/c/sd/2010-04-19/095620104129_3.shtml.

Yong Feng. 2008. "Changjiang qihao—Zhongguo ban de ET" [CJ7—The Chinese version of ET]. March 29. http://blog.sina.com.cn/s/blog_44f9341501008y1j.html.

Young, Iris Marion. 1997. *Intersecting Voices: Dilemmas of Gender, Political Philosophy, and Policy*. Princeton, NJ: Princeton University Press.

Zang, Xiaowei. 2008. "Market Transition, Wealth and Status Claims." In *The New Rich*

> in China: Future Rulers, Present Lives, edited by David. S. G. Goodman, 53–70. London: Routledge.

Zeng Fanbin. 2005. "Meijie suyang jiaoyu yu goujian shehui hexie de guanxi" [The relationship between media literacy and the construction of social harmony]. Xinwen daxue [Journalism university] (Winter): 13–15.

Zhang Hemin. 2007. "Dagong wenxue ruhe zoude genghao" [How can dagong literature travel to a better future]. In *Dagong wenxue beiwanglu* [Labor literature: A memorandum], edited by Yang H., 439–46. Beijing: Shehui kexue wenxian chubanshe [Social Sciences Academic Press].

Zhang, Li. 2001a. "Contesting Crime, Order, and Migrant Spaces in Beijing." In China Urban: *Ethnographies of Contemporary Culture*, edited by Nancy N. Chen, Constance D. Clark, Suzanne Z. Gottschang, and Lyn Jeffrey, 201–24. Durham, NC: Duke University Press.

———. 2001b. *Strangers in the City: Reconfigurations of Space, Power, and Social Networks within China's Floating Population*. Stanford, CA: Stanford University Press.

———. 2002. "Spatiality and Urban Citizenship in Late Socialist China." Public Culture 14 (2): 311–34.

Zhang Shougang. 2007. "Zai dagong qunluo li shenzhang de ci" [Poems that grow out of the dagong community]. In *Zhongguo dagong shige jingxue* [Selection of dagong poems in China], edited by Xu Q., Luo D., and Chen Z., 36–53. Zhuhai: Zhuhai Publishing House.

Zhang, Yingjin. 2004. *Chinese National Cinema*. London: Routledge.

———. 2006. "My Camera Doesn't Lie? Truth, Subjectivity, and Audience in Chinese Independent Film and Video." In *From Underground to Independent: Alternative Film Culture in Contemporary China*, edited by Paul Pickowicz and Yingjin Zhang, 23–46. Lanham, MD: Rowman & Littlefield.

———. 2007a. "Thinking Outside the Box: Mediation of Imaging and Information in Contemporary Chinese Independent Documentary." Screen 48 (2): 179–92.

———. 2007b. "Rebel Without a Cause? China's New Urban Generation and Postsocialist Filmmaking." In Zhang Z. 2007, 49–81.

Zhang Yuejin. 2007. *Zhongguo nongmingong wenti jiedu* [An interpretation of the issues facing China's rural migrant workers]. Beijing: Guangming ribao chubanshe [Guangming Daily Press].

Zhang Zhen, ed. 2007. *The Urban Generation: Chinese Cinema and Society at the Turn of the Twenty-First Century*. Durham, NC: Duke University Press.

Zhao, Yuezhi. 1998. *Media, Market, and Democracy in China: Between the Party Line and the Bottom Line*. Urbana: University of Illinois Press.

―――. 2002. "The Rich, the Laid-Off, and the Criminal in Tabloid Tales: Read All about It!" In *Popular China: Unofficial Culture in a Globalizing Society*, edited by Perry Link, Richard P. Madsen, and Paul G. Pickowicz, 111–35. Lanham, MD: Rowman & Littlefield.

―――. 2008. *Communication in China: Political Economy, Power, and Conflict*. Lanham, MD: Rowman & Littlefield.

―――. 2010. "Chinese Modernity, Media, and Democracy: An Interview with Lü Xinyu." *Global Media and Communication* 6 (1): 5–32.

Zheng Lihong. 2009. "Di san jie dagong wenxue luntai jing juxing" [The third dagong literature forum is held today]. In Yang H. 2009, 352–53.

Zheng Suxia. 2010. "Nongmingong meijie suyang xianzhuang diaocha yu fenxi" [An investigation and analysis of the level of media literacy among rural migrant workers]. *Xiandai chuanbo* [Modern communication] 171:121–25.

Zheng, Tiantian. 2004. "From Peasant Women to Bar Hostesses: Gender and Modernity in Post-Mao Dalian." In Gaetano and Jacka 2004, 80–108.

―――. 2009a. "Performing Media-Constructed Images for First-Class Citizenship: Political Struggles of Rural Migrant Hostesses in Dalian." In *Media, Identity, and Struggle in Twenty-First Century China*, edited by Rachel Murphy and Vanessa L. Fong, 6–26. London: Routledge.

―――. 2009b. *Red Lights: The Lives of Sex Workers in Postsocialist China*. Minneapolis: University of Minnesota Press.

Zheng Xiaoqiong. 2012. "Shiji nugong ji houji" [Prologue to a biography of a female worker]. Accessed November 12, 2013. http://blog.sina.com.cn/s/blog_45a57d300101bdgm.html.

Zhonghua renmin gongheguo guojia tongji ju [National Bureau of Statistics of China]. 2013a. "China's Economy Achieved a Stabilized and Accelerated Development in the Year of 2012." Press release. January 18. http://www.stats.gov.cn/english/PressRelease/201301/t20130118_72247.html.

―――. 2013b. "2012 nian quanguo nongmingong jiance diaocha baogao" [2012 national monitoring survey report on rural migrant workers]. May 27. http://www.stats.gov.cn/tjsj/zxfb/201305/t20130527_12978.html.

Zhou Manzhen. 2004. "Jielu dagongmei linrou cangsang" [An exposé of rural migrant women's suffering in body and soul]. In *Wuhan chengbao* [Wuhan morning post], April 21. http://www.anhuinews.com/history/system/2004/04/21/000627139.shtml.

Zou Xinshu. 2007. *Zhongguo chengshi nongmingong wenti* [The problems of China's rural migrant workers]. Beijing: Qunyan chubanshe [Qunyan Press].

찾아보기

ㄱ

가사노동(domestic work)   32-34, 37-38, 64, 85-86, 179, 191, 205, 229-238, 356, 368, 379
가야트리 스피박(Gayatri chakravorty Spivak)   48, 54-57, 64, 118, 367, 391, 398
〈건설 현장(工地)〉   200-202, 204
고통 말하기(speaking bitterness, 訴苦)   59-62, 64, 73, 118, 277, 302, 305
공동부유(共同富裕)   50
관객됨(spectatorship)   142, 144, 168
귀더강(郭德綱)   162
귀젠쉰(Guo Jianxun)   338
국가광보전영전시총국(國家廣播電影電視總局)   147
국유기업(State-Owned Enterprise, SOE)   31, 69
게일 허샤터(Gail Hershatter)   59-60
〈꽃들(繁花)〉(2008)   196, 198

ㄴ

『나는 떠다니는 꽃(我是一朵飄零的花)』(2008)   343-344, 346-347, 359, 382
〈낙엽귀근(落葉歸根)〉(2007)   162, 165, 181
노동 NGO   20, 25, 46, 67-68, 78, 86-88, 119-120, 146, 171, 183-184, 212, 220, 271, 279, 287, 315, 345, 362, 393
농민공(農民工)   13-23, 25-27, 29-35, 37, 39-40, 42, 44-45, 51-52, 64, 66-70, 72, 77-80, 86, 95, 102-104, 106, 108, 111, 117, 120, 122, 127, 133-134, 136, 139, 142, 144-145, 147-150, 152, 154-155, 159, 161, 163, 170-172, 177, 179, 181, 184, 189, 194-195, 199, 202, 210, 212, 214-215, 220, 224, 226-228, 239, 246, 248-249, 253-265, 267-269, 271, 276, 279, 283-288, 291, 293, 296-297, 303, 307-309, 313-314, 318, 332, 339, 353, 361-362, 366, 385, 390-391, 396, 398

〈농민공을 말하다(話說農民工)〉(2009) 194, 196
뉴스 가치(News Value) 23, 102, 105, 123, 137
닉 콜드리(Nick Couldry) 77, 80
〈내게 빚진 10만 5천 위안(欠我十萬零五千)〉(2009) 117, 161, 165-166, 175, 181
낸시 프레이저(Nancy Fraser) 71

ㄷ

다공(打工) 20, 69, 180, 215, 292, 294, 296-297, 300-301, 303-307, 309-313, 317-320, 322-323, 326, 329, 336-341, 343, 348, 353, 358-361, 364-371, 374, 385
다공 문학(打工文學) 20, 49, 292-293, 319, 322, 331, 337-338, 346, 348-349, 351, 358-360, 364, 366-368, 370, 384
다공메이(打工妹) 20, 48, 63-64, 317, 343-344, 346, 350, 352-353, 356-357, 367, 369-370, 372, 374-376, 380-383
다공메이의 집(Rural Migrant Women's Home, 打工妹之家) 212, 230-233, 236-237, 355-356
다공 시(打工詩) 20, 66, 292-293, 295-298, 300-306, 308-311, 313, 315-323, 325-326, 328-332, 334-341, 347, 360, 362
〈다공시인(打工詩人)〉 305, 318, 320, 332
다공 춘완(打工春晚) 20-22, 226-227
다이렉트 시네마(Direct Cinema) 208
다큐멘터리(紀實片) 19, 38, 44, 118, 141, 151, 189-195, 197-211, 213, 216, 220-227, 230, 234, 236, 239-241, 261, 276-277, 279, 372, 393, 397
〈다펑완(大鵬灣)〉 317, 364
덩샤오핑(鄧小平) 24, 108
〈도농 접경지(城鄕結合部)〉(2001) 208
도로시 솔린저(Dorothy Solinger) 50
도시영화(urban cinema) 41, 43, 140-141, 189
도시 코미디(urban comedies) 43, 139, 144, 160, 164, 167, 174-175, 181-182, 185-186, 388
드 세르토(de Certeau) 140, 180
디지털 리터러시(digital literacy) 46, 77, 190, 249, 285
디페시 차크라바르티(Dipesh Chakrabarty) 53
대중문화(popular culture) 48, 58, 73, 80, 104, 209, 246, 295, 309, 347, 379-380, 382-383, 389
데이비드 하비(David Harvey) 72

ㄹ

라나지트 구하(Ranajit Guha) 52-54, 59
런샤오원(任曉雯) 377
롤랑 바르트(Roland Barthes) 119, 259
루이자 쉐인(Louisa Schein) 82
류다청(劉大程) 312, 320
류동우(柳冬嫵) 304, 325, 332, 364-365
류황치(劉晃棋) 303-304
리다쥔(Li Dajun) 145-146, 154, 156, 160, 167-168, 179, 315-316

리사 로펠(Lisa Rofel) 61, 301, 309
리샤오샨(李曉山) 209
리양(李楊) 164
리창(李强, Li Qiang) 95
리커창(李克强) 24-25, 389-390
리쯔양(黎志揚) 367-368
레이다(雷達) 348
레이먼드 윌리엄스(Raymond Williams) 25, 74-75, 184, 249, 330, 340, 400
뤄더위안(羅德遠) 303, 318, 322-323, 333, 337
뤼신위(呂新雨, Lü Xinyu) 19-20, 51, 62, 198, 205

ㅁ

마샬 맥루한(Marshall McLuhan) 249
마오샤오잉(毛少瑩) 369
마오쩌둥(毛澤東) 22, 24, 52, 61, 76, 156, 158, 193, 226, 301, 352, 371, 386, 398, 401
마종(馬忠) 300
마처(馬策) 376
멍샤오챵(Meng Xiaoqiang) 269-279, 281, 287
문화대혁명(文化大革命) 19, 61, 302, 309-310
문화적 실천(culture practice) 13, 15-16, 22, 33, 37, 39, 77, 85, 260, 288, 294, 331, 358, 396, 400
문화정치(cultural politics) 26, 39, 51, 65, 82, 85, 139, 192, 235, 295, 378, 381, 388, 396, 398
미셸 라몽(Michelle Lamont) 170
미앤미앤(棉棉) 362

민족지(ethnographic, 혹은 문화기술지) 13, 15-16, 39, 42, 44, 46, 57-58, 63, 65, 80-87, 89-90, 96, 102, 144, 191, 213, 233-235, 238, 245, 248, 267, 273, 287-288, 296, 302, 332, 357, 381-382, 385, 395, 398

ㅂ

바링허우(八零後) 266
발화행위(speech act, 혹은 화행) 42, 60, 62, 64, 73, 239, 277, 324, 395
번신(翻身) 51-52, 395
복수 현장 민족지(multi-sited ethnography) 80, 82
부웨이(Bu Wei, 蔔衛) 21
북쪽 아가씨(北妹) 343, 350, 352-353, 359, 371-372, 376-382
베네딕트 앤더슨(Benedict Anderson) 249
베이징 노동자의 집(北京工友之家) 20-21, 214-215, 226, 264
베이징 설문조사(北京調查) 78-80, 120, 122, 132-133, 160-161, 267-268, 329
〈베이징에서 멀리 떨어진 집(遠在北京的家)〉(1993) 204
브라이언 라킨(Brian Larkin) 82

ㅅ

사회성(sociality) 23, 37, 76, 81, 141-144, 168, 174-175, 230, 244
사티(sati) 56
상흔 문학(傷痕文學) 302
샤오캉 사회(小康社會) 390

서발터니티(subalternity) 26, 39, 45, 47, 52, 55, 59-62, 65-66, 72, 81, 89, 142, 156, 165, 222, 277, 316-317, 331, 349, 353, 366-367, 370, 382-383, 390, 392, 398-399

서발턴(subaltern) 19-20, 26-27, 39, 41-48, 51-66, 68-70, 72-73, 77, 81-84, 86, 89, 99, 103, 107, 117-118, 123, 127, 135, 137, 141-144, 155-158, 173, 182-186, 212, 219, 222, 225, 233-234, 237-238, 241-242, 250, 259, 266, 269, 272, 277-278, 284, 286, 288, 292, 294-296, 302, 313, 319-320, 324, 328, 331-332, 338-341, 349, 360, 362, 366-367, 370, 379, 381, 383-384, 387-388, 390-396, 398, 400

서발턴 연구집단(Subaltern Studies Group) 40, 52-55, 57, 59, 62, 65, 90

성변촌(城邊村) 120, 230-232, 235, 279-282

셔드슨(Michael Schudson) 99

셩커이(盛可以) 353, 359, 372, 376-377, 382

소양(素質) 64, 68-69, 155, 231, 253, 266, 297, 325, 354, 359, 379, 385, 400

송단단(宋丹丹) 162

송차오(宋朝) 252, 255, 263

순회식 민족지(itinerant ethnography) 82

슝더밍(Xiong Deming) 93, 99, 103-104

스몰 미디어(small media) 44-45, 190, 241, 347, 393-394

스수메이(史書美) 168

시민 저널리즘(citizen journalism) 247

시진핑(習近平) 24-25, 50, 389-390

시차 효과(parallax effect) 84

신노동자 문화예술제(新工人文化藝術節) 264

신다큐멘터리 운동(新紀錄運動) 19, 207

신좌파(新左派) 67, 332-333

셰미엔(謝冕) 321

쉬신(徐昕) 134

쉬쥔(徐俊) 208-209

쑨즈강(孫志剛) 314

쑨헝(孫恒) 214-215, 329

쑨후이펀(孫惠芬) 364

ㅇ

아룽(Ah Lung) 264, 272

아밋 라이(Amit Rai) 143, 178

아부-루고드(Abu-Lughod) 82

아이리스 영(Iris Young) 71

안정유지(維穩) 136, 138, 389-390

안즈(安子) 317, 368-370

양훙하이(楊宏海) 291-293, 317, 319, 322, 331

여우펑웨이(尤鳳偉) 364, 378

오스틴 램지(Austin Ramzy) 252, 255

〈우리 민공(阿拉民工)〉(2008) 208

우샨정(武善增) 370-371

〈인민화보(人民畫報)〉 250-253

인정의 정치(politics of recognition) 40, 44, 56, 70-71, 73, 101, 106, 111, 138, 183, 189-190, 198, 202, 210-211, 239, 248, 287, 316, 395-396

〈인재경도(人在囧途, 2010)〉 161, 163-164, 175, 181

의미화 실천(signifying practices) 71,

143, 380, 397
에드워드 파머 톰슨(E. P. Thompson) 73-75, 77, 128, 330
〈엑스트라(群眾演員)〉(2001) 209
앤 아나그노스트(Ann Anagnost) 60
옌 하이롱(Yan Hairong) 64, 210
앨런 긴즈버그(Allen Ginsberg) 324
왕더즈(王德志) 21, 199, 214, 216-229, 238, 278
왕바오챵(王寶強) 163-165, 182
왕안이(王安憶) 364
왕후이(Wang Hui, 汪暉) 39-40, 67
원자바오(溫家寶) 24-25, 93, 104-105, 108, 389
윌리엄 힌튼(William Hinton) 52
웨이후이(衛慧) 362

ㅈ

자오번샨(趙本山) 162, 182
자오위에즈(趙月枝, Zhao Yuezhi) 388
자크 랑시에르(Jacques Rancière) 268, 294
〈장강7호(長江7號)〉(2008) 168-171, 182
장슈줘(蔣述卓) 366-367
장신민(張新民) 261-264, 276
장잉진(張英進) 240
장웨이밍(張偉明) 317
장전(Zhang Zhen) 140-141
장쩌민(江澤民) 24, 63, 389
장진허(Zhang Jinhe) 113-115
장잔칭(張戰慶) 208
쟈핑와(賈平凹) 365
저우총셴(周崇賢) 337

저층(底層) 26-27, 349-350, 366
저층 문학(底層文學) 346, 349, 361, 366, 370, 372, 384
전략적 본질주의(Strategic Essentialism) 48, 340
전의(轉意, trope) 183, 395
정당한 문화(legitimate culture) 294-295
정동 노동(affective labor) 83, 168
정샤오치옹(鄭小瓊) 311, 323-324, 333-334, 369
정치적 요구 만들기(political claims-making) 70-73
정톈톈(Tiantian Zheng) 357
조지 마쿠스(George Marcus) 80, 212
조화사회(和諧社會) 108, 140-141, 157, 183, 186, 240, 334
주디스 파쿼(Judith Farquhar) 381
주선율(主旋律) 70, 103, 147, 155-157, 194, 204, 209-211, 230, 335, 388
주성치(周星馳) 168-169, 171, 182
주촨밍(朱傳明) 209
중국몽(中國夢) 389
『중국 신세대 농민공(中國新生代農民工)』 13
중국영화집단(中國電影集團) 147
중앙뉴스다큐멘터리영화제작소(中央新聞紀錄電影制片廠) 192
중화전국총공회(中華全國總工會, All China Federation of Trade Unions) 112, 194
지아장커(賈樟柯) 150-151, 154, 161, 167, 207-208, 222
지청 문학(知青文學) 302
〈집으로 가는 기차(歸途列車)〉(2009) 206-207, 239

잭 치우(Jack Qiu) 116, 286

ㅊ

차오정루(曹征路) 177-178, 344, 346, 361
차이샹(蔡翔) 219, 351
찰스 테일러(Charles Taylor) 70
『창망한 대지에 묻노니(問蒼茫)』(2009) 177, 344, 346-347, 382
천샤오칭(陳曉卿) 204-205
천젠공(陳建功) 365-366
추이융위안(崔永元) 21, 110
취약 집단(弱勢群體) 27, 98

ㅋ

카라 월리스(Cara Wallis) 245

ㅌ

타니 발로우(Tani Barlow) 363
〈타임(TIME)〉 250-255, 263
탕이홍(唐以洪) 314
톰 울프(Tom Wolfe) 302
텍스트 밀렵(textual poaching) 140
〈특구문학(特區文學)〉 317, 358
특집 프로그램(專題片) 194, 196-197, 204-205, 221, 230

ㅍ

파르타 차테르지(Partha Chatterjee) 57-58
파예 긴즈버그(Faye Ginsburg) 82, 84, 190-191
판리신(範立欣) 206-207, 239
팡이멍(房憶蘿) 343-344, 348, 359-361
폭스콘(富士康, Foxconn) 86, 322-323
피에르 부르디외(Pierre Bourdieu) 260, 294, 336
피춘(皮村) 20, 199, 213-216, 218, 222-223, 264, 329
〈피춘 기록(皮村紀事)〉(CCTV, 2012) 199-200, 227
푼 응아이(Pun Ngai, 潘毅) 63, 117, 299, 304-305, 324, 380

ㅎ

한산핑(韓三平) 147
호구 제도(戶口制度) 27-29, 32, 106, 136, 183, 385, 389
후진타오(胡錦濤) 24, 105, 108, 252-253, 389-390
해롤드 이니스(Harold Innis) 249
행동주의(activism) 56, 84, 89, 102, 118, 132, 190, 218-220, 228, 231, 237-238, 246, 249, 277, 288, 295, 316, 393-394
행위성(agency) 21, 57, 59, 65, 90, 134, 137, 197, 199, 210, 240, 254, 271, 288, 347, 356, 358, 362, 372, 376, 378-380, 387-388
황촨후이(黃傳會, Huang Chuanhui) 13-14

지은이 완닝 순(Wanning Sun)

시드니공과대학(UTS) 미디어커뮤니케이션학과 교수. 주로 중국 미디어와 문화연구, 현대 중국의 농촌에서 도시로의 이주와 사회변화, 그리고 디아스포라적 중국 미디어에 관해 연구하고 있다. 주요 저서로는 『Leaving China: Media, Migration, and Transnational Imagination』(Rowman & Littlefield, 2002)와 『Maid in China: Media, Morality and the Cultural Politics of Boundaries』(Routledge, 2009)가 있다.

옮긴이 정규식

성공회대학교 노동사연구소 연구교수. 주로 중국의 사회문화와 정치경제적 변동에 관심을 두고 이를 산업과 노동, 통치와 저항의 차원에서 연구하고 있다. 주요 저·역서로는 『노동으로 보는 중국』(나름북스, 2019), 『인공지능, 플랫폼, 노동의 미래』(빨간소금, 2023, 공저), 『도시로 읽는 현대중국 2』(역사비평사, 2017, 공저), 『아이폰을 위해 죽다』(나름북스, 2021, 공역), 『중국 신노동자의 미래』(나름북스, 2018, 공역), 『중국 신노동자의 형성』(나름북스, 2017, 공역)이 있다.

서발턴 차이나
농민공과 미디어 그리고 문화적 실천

초판 1쇄 발행 2025년 6월 30일

지은이 완닝 순
옮긴이 정규식
펴낸이 강수걸
편집 이혜정 강나래 오해은 이선화 이소영 유정의 한수예
디자인 권문경 조은비
펴낸곳 산지니
등록 2005년 2월 7일 제333-3370000251002005000001호
주소 부산시 해운대구 수영강변대로 140 BCC 626호
전화 051-504-7070 | 팩스 051-507-7543
홈페이지 www.sanzinibook.com
전자우편 sanzini@sanzinibook.com
블로그 sanzinibook.tistory.com

ISBN 979-11-6861-463-5 93300

* 책값은 뒤표지에 있습니다.
* 잘못된 책은 구입하신 곳에서 교환해드립니다.
* 이 저서는 2022년 대한민국 교육부와 한국연구재단의 지원을 받아 수행된 연구임
  (NRF-2022S1A5C2A02091373)